FELIZ NAVIDAD

Feliz Navidad

TRADICIONES Y COSTUMBRES
DE LA MEJOR ÉPOCA DEL AÑO

ROLANDO SABIN

Para todos aquellos que no conocen la Navidad
o se les ha prohibido celebrarla y disfrutarla.
La Navidad es para todos los hombres
y para todo el hombre.
Y especialmente para ellos.

CONTENIDO

AGRADECIMIENTOS

La ayuda y cooperación recibida generosamente de familiares y amigos ha sido eje central para poder culminar estas páginas. A todos agradezco profundamente y desde el corazón. Sin vuestra ayuda y vuestra paciencia, no habría podido continuar. Escribir es una labor solitaria. Las largas horas delante de un ordenador se hacen más llevaderas gracias a la cercanía y el apoyo de aquellos más cercanos. Y cuando falta un dato o se duda ante él, las vivencias y sabiduría de muchas personas, quienes desde su gran amabilidad, comparten contigo sin reservas, hacen que seguir adelante sea un placer y un deber.

Ana Margarita Blanco comparte mi vida y mi realidad. Ha sido paciente en mi *ausencia* creativa y ha sabido animarme y acompañarme en estos meses, ofreciendo sus opiniones y buscando en la memoria recuerdos de sucesos, libros y villancicos. Gracias por todo ello y por tu sonrisa, que siempre me anima a seguir adelante.

Elaivis Sosa, a pesar del océano que nos separa físicamente, fue solícita para buscar información o confirmarla y siempre ha estado atenta al curso de esta historia. Gracias también a sus padres, Hortensia y Pancho, a quienes he molestado, a través suyo, con preguntas sobre sus recuerdos de la celebración de la Navidad en Cuba.

Hilda Elena Hernández y Antonio Hernández respondieron a mi llamado de ayuda, buscaron información y la compartieron amablemente conmigo. Eso y más. En los amigos se puede confiar y ellos siempre lo han demostrado con creces.

Para Carmen Suárez también mi agradecimiento, porque aportó sus recuerdos oportunos y su contribución a este trabajo ha sido valiosa.

Lo mismo puedo decir de su hermana, María Elena Suárez, a quien sus amigos y familia llamamos cariñosamente Maye. Revisó parte de las páginas sobre la pintura y la Navidad y me dio precisiones que aprecio y he volcado en el libro. También contribuyó listando autores y obras. Su opinión sobre arte es siempre muy apreciada.

Algunos amigos y compañeros de trabajo han tenido que soportar mis conversaciones sobre el libro y me han ayudado infinitamente con sus aportes. Les agradezco su cercanía y el estar pendientes de su crecimiento.

Inés Mariantt de Freitas, en medio de un cambio de vida e intensos estudios, encontró el tiempo para documentar y compartir información sobre la celebración de la Navidad en Venezuela, especialmente en las secciones de música y gastronomía.

De la misma forma, Alazne Vázquez, Coral Castro y Sandra María Loira también tuvieron la paciencia de escucharme y compartieron sus vivencias y recuerdos sobre la celebración de la Navidad en Galicia y en España.

Beatriz Aparicio tuvo la amabilidad de escucharme y animarme a seguir adelante.

José Carlos Vasconcelos, uno de los más conocidos y queridos compositores de música religiosa cubana, recopiló para este libro los títulos de sus villancicos, muchos de los cuales son parte de la liturgia católica de la Navidad cubana.

A todos, muchas gracias por su tiempo y su generosidad.

Otro capítulo merecen aquellos que contribuyeron a mi vivencia personal de la Navidad y de toda la vida de fe.

Los primeros, mis padres, Gloria y Armando. Ellos creaban un ambiente familiar navideño, modesto y en medio de las presiones y carencias que ya he relatado, que marcaron para siempre mi vida y las de mis hermanos y mi primo.

En la Parroquia del Cerro crecí y aprendí el sentido de la Navidad y que su centro, Jesús, el Mesías, es también el Señor de nuestras vidas. Desde sus vivencias personales, agradezco profundamente a monseñor Alfredo Petit, siempre sabio y bueno detrás de un carácter en apariencia fuerte; y Francisco Mascaró, Panchito, nuestro querido patriarca, quien descubrió para los de mi generación un universo maravilloso no solo en el ámbito navideño, sino de la fe, de la cultura y la vida. Oswaldo Payá vivía la Navidad con alegría cristiana que nos contagiaba. Y tantos nombres de quienes entregaban su tiempo, tan precioso, para que su comunidad y su entorno pudiese vivir la Navidad y hacerla llegar a tantos y tantos que no la conocían, pero la intuían y la añoraban, unos porque la vivieron y otros porque nunca habían escuchado hablar de ella. Solo menciono algunos nombres, pero si olvido el tuyo, que sepas que estás grabado en mi corazón a fuego: Alejandro Payá, Angelli Sánchez, Adolfo Rojo (Fito), Marta Rodríguez, Elaivis Sosa, Rosa María Payá, Lissette y Pipo.

En la parroquia se vivía intensamente la Navidad. La liturgia se preparaba con esmero y agradezco y doy gracias por haberlo vivido y haberlo experimentado en plenitud. Desde mi infancia recuerdo las representaciones teatrales, el belén y tantas personas involucradas para que la Navidad pudiese vivirse plenamente en medio de un mundo obligado a olvidarla. Conciertos de villancicos, con interpretaciones memorables y los propios villancicos para la misa, que preparaban e interpretaban con esmero los miembros del coro bajo la guía y cooperación, en diferentes momentos de Marta Rodríguez, sor Nadieska Almeida, hc, o Adolfo Rojo. Las cenas de Navidad o Año Nuevo de los diferentes grupos y las celebraciones festivas de despedida de año quedaron en la memoria colectiva de la gran familia que fuimos y somos. Y así, en medio de una realidad que ignoraba o atacaba la Navidad y toda la vida de fe, aprendimos y a vivirla y a disfrutarla. A la parroquia y a todos sus parroquianos no puedo dejar de agradecer hoy, porque de ellos es este libro y en buena parte, es para ellos.

Con el pasar de los años, en otro contexto eclesial, la Navidad fue entrega y compartir en la persona de las Hijas de la Caridad, para quienes los pobres y los ancianos son su razón de ser y el destino de sus vidas centradas en Cristo. Una Navidad enriquecida en el servicio y la entrega a los más desfavorecidos, siempre con alegría sincera y entrega absolutas. Las recuerdo y agradezco a todas, pero hay nombres que dejaron huella profunda en mi corazón y que de alguna manera enriquecieron mi experiencia de Navidad: Sor Iliana Suárez, sor Mónica Cabodevilla, sor Farah González. Sor Olga Gómez y sor Elvira García.

Quedan nombres y grupos por mencionar. Pido perdón a quienes pueda olvidar involuntariamente.

A todos, una vez más, ¡gracias!

ANTES DE
COMENZAR A LEER

Entre todos los días del año, hay uno capaz de despertar emociones y añoranzas, sentimientos de amor, paz y bondad, como ningún otro. Cada 25 de diciembre el mundo se viste de luces y colores, de música y celebraciones, de alegría y ternura. La Navidad es ese momento único que ha estado presente en las vidas de muchas personas desde la infancia, y que nos va dejando al pasar los años, infinidad de recuerdos, anécdotas, bien en la memoria o en fotografías, vídeos o escritos.

La celebración tiene su sentido e identidad, su razón de ser y significado, en el nacimiento de un niño en Belén de Judá, hace dos

1

milenios. Este niño, al que llamaron Jesús y es conocido como el Cristo, el Mesías, el Salvador, es el Hijo de Dios y es Dios mismo. Sus seguidores celebran con gozo y alegría este hecho. El sentimiento de cariño, amor y ternura que ha despertado siempre, está en el origen de infinidad de tradiciones, costumbres y curiosidades navideñas en cualquier lugar.

Aunque no es necesario ni imprescindible para la celebración, sí es un bien añadido todo el universo de cultura que el hombre ha creado en torno a la fecha. Creo que no hay otra ocasión, en ningún rincón del mundo, más universal que la celebración de la Navidad. En casi todos los rincones de la Tierra, la mayoría de las personas saben lo que se celebra y conocen, como algo cotidiano, las tradiciones que la acompañan. Es cierto que la comercialización y algunos intereses mundanos en los tiempos recientes, han ido creando una navidad paralela que pretende ignorar que no hay Navidad sin nacimiento de Cristo. Puede ser otra cosa, pero no es Navidad. Lo cierto es que, aun los que la odian, la atacan, la denigran o la ignoran, en su inmensa mayoría, saben qué es realmente y por qué se celebra esta fiesta con tanto amor.

Iluminar las calles, las casas y edificios, las plazas y los templos; cantar villancicos, reunirse en familia para cenar, participar en la Misa del Gallo o en el culto navideño, ir de compras, compartir regalos, preparar y disfrutar de platillos que solo se cocinan en estos días de diciembre, compartir una película con tema navideño… son muchas las actividades que han conformado lo que llamo cultura navideña a lo largo de todo el mundo, desde el mayor de los países a la menor de las islas.

Para otros, sin embargo, la realidad es muy diferente. A muchos se les ha prohibido celebrar la Navidad. Sé bien lo que es, porque viví durante muchos años esa realidad y puedo dar testimonio de ella. Para esas personas que nunca han escuchado hablar de la Navidad, para aquellos que han crecido ignorándola, no por decisión propia, para los que saben que existe, pero desconocen todas las tradiciones y costumbres en torno a la más universal de las festividades, he decidido reunir estos daros en un libro. Y si es útil a alguien, si en alguna persona despierta el deseo de conocer más e investigar, si en este proceso descubre que toda la celebración se centra en el nacimiento de Jesús de Nazaret, el hijo del carpintero, que es también y, sobre todo, el Hijo de Dios, y llega a conocerle personalmente, me daré por satisfecho. Para ellos es este libro, para los que no han tenido acceso conocer la Navidad y sus tradiciones, a celebrarla ni a vivirla.

Todo proceso creativo y toda actividad humana tiene una motivación. El hombre es producto de su historia. Yo he vivido en una isla durante mucho tiempo. Las islas están, por definición, rodeadas de agua por todas partes, lo cual puede ser una bendición o una maldición. En la isla estuvo prohibida la celebración oficial de la Navidad durante décadas. Podía celebrarse privadamente en las casas o en el interior de los templos, pero no externamente. La pobreza iba reinando cada año más profundamente en los hogares de los isleños y los medios para celebrar eran cada vez más escasos. No se hablaba de la Navidad en la escuela, ni en los medios de prensa, la radio o la televisión. Y si se mencionaba, siempre era para atacarla o denigrarla. Dejaron de venderse productos navideños, con lo cual los adornos que guardaban las familias fueron deteriorándose sin poder ser reemplazados. Ir a la iglesia a misa se convirtió en un estigma que podía condenarte a no poder estudiar, a perder un trabajo o una promoción laboral. Muchas familias optaron por ocultar su fe, a no mostrar al exterior sus opiniones o creencias. Otras directamente adjuraron de ellas y algunas se convirtieron en perseguidoras y represoras. Un pequeño resto las mantuvo, en las comunidades religiosas, en los templos y en las familias cristianas, principalmente. Probablemente fueron las mejores navidades de nuestras vidas, las más auténticas. Porque, en definitiva, para celebrar la Navidad lo único que se necesita es un corazón dispuesto y centrado en lo verdaderamente importante.

De aquella constatación y mis vivencias personales, nacen estas páginas. En mi historia personal la Navidad ha sido una festividad muy importante y querida. Te ruego me perdones que traiga aquí algunas de esas experiencias, quieren mostrar el camino vivencial por el cual se ha ido formando mi experiencia navideña, que nació en los primeros años de vida y se ha quedado grabada a fuego para siempre.

Mis primeros recuerdos vienen de mis padres, Gloria y Armando. De mi madre aprendí las primeras oraciones. Mi padre, cada Navidad, montaba un enorme belén o nacimiento, con su correspondiente arbolito, a lo largo del salón de la casa, que en la isla suele llamarse sala. Un gran ventanal lo hacía visible desde la calle y eran muchos los que se acercaban a disfrutarlo. De aquellos años guardo uno de los más vívidos recuerdos, la Nochebuena. La cena de toda la familia, entonces numerosa, en torno a la mesa de la abuela. Y cómo los pequeños quedábamos a su cuidado, cuando los mayores iban a Misa de Gallo. Les esperábamos despiertos hasta su regreso. La tradición de la cena familiar se mantuvo, algunas veces en la casa de mis padres y otras en la de mi hermana. Con el pasar de los años, las figuras del belén y los adornos del árbol fueron rompiéndose, sin posibilidad de reponerlos, porque no se vendían en las tiendas. En los primeros años el gobierno comunista pretendió usar en su favor la celebración, en 1969 la prohibió con la excusa de la zafra azucarera. Las nuevas generaciones crecieron sin saber quién es Jesús, qué es la Navidad, las tradiciones se fueron olvidando. No solo las religiosas, también muchas de las que identificaban al cubano. Las conservarían con amor y dedicación la enorme y creciente masa de exiliados, uno de los mayores exilios del mundo.

Junto al familiar, fue la Iglesia el otro ámbito en el cual se forjó mi vivencia de la Navidad. Especialmente en una pequeña parroquia de la capital de la isla, la parroquia El Salvador del Mundo, más conocida como la Parroquia del Cerro, por el municipio de La Habana donde se encuentra. Una comunidad parroquial singular y muy especial, en la que varias familias mantuvieron su fe en medio de ataques y presiones. De su párroco, el padre Alfredo Petit, quien llegó a ser obispo auxiliar de la diócesis habanera, recibí la formación religiosa y humana y aprendí a celebrar la Navidad, como parte de una Fe con mayúsculas. Allí, como hacía la Iglesia desde los tiempos medievales, un matrimonio creaba y preparaba obras navideñas que lograban transmitir con fuerza y belleza singulares el misterio de la Navidad. Francisco Mascaró, al que todos llamamos con cariño Panchito, y su esposa Rosita Payá, daban lo que tenían y más por aquellas representaciones catequéticas. Mi generación les debe muchas cosas, y entre ellas, el haber aprendido a amar la Navidad. Panchito es un creador, escribía los guiones de las obras, entre los dos creaban los trajes, eran verdaderas proezas que lograban transmitir con dignidad a los parroquianos y a quienes se atrevían a acercarse al templo, la Buena Noticia del nacimiento del Salvador. Cuando marcharon al exilio, muchos intentamos mantener la tradición hasta nuestros días. No puedo dejar de mencionar aquí a Alejandro Payá, Angelli Sánchez y Elaivis Sosa quienes, en diferentes momentos, han asumido esta difícil tarea.

De la parroquia del Cerro procede otra persona que ha sido muy importante en mi vida, como amigo y hermano. Oswaldo Payá es ya un nombre conocido y respetado, varias veces nominado al Premio Nobel de la Paz, Premio Sajárov para la Libertad de Conciencia en 2002, merecedor de otras distinciones internacionales, por ser fiel a su fe y su patria, incluso hasta la muerte. Oswaldo era un hombre que amaba cada celebración de la fe, y entre ellas, disfrutaba y amaba la Navidad. Son muchas sus anécdotas relacionadas con la Navidad, cuya celebración él animaba siempre con la alegría que le caracterizaba, tanto en su familia como en el seno eclesial. Algunas ya las he contado y las narra David E. Hoffman en su excelente biografía *Give Me Liberty: The True Story of Oswaldo Payá and his Daring Quest for a Free Cuba*. Solo quiero compartir dos de ellas. Como ya he dicho, no solo se prohibió la celebración oficial de la Navidad en la isla, sino que se eliminó toda mención que no fuese denigrante y ofensiva. Y las nuevas generaciones crecieron en la ignorancia y el temor. Un día, Oswaldo tuvo una idea para anunciar al barrio que estábamos en Navidad. Nos propuso crear una gran pancarta para felicitar la Navidad a los vecinos. Con muy escasos recursos, se utilizó una sábana que alguien donó, en la cual se dibujó un pesebre con el niño y la frase Feliz Navidad. La ayudamos Santiago Cárdenas Jr., al que llamamos con cariño Chaguito y yo. Y la colocamos en el campanario del templo, en una maniobra bastante riesgosa. Duró unas horas, porque el viento sopló con fuerza y se llevó nuestra obra. Con temor y reverencia nos habíamos quedado los primeros minutos al pie del templo, para escuchar los comentarios de los que pasaban por allí y poder así medir el impacto. Muchos se quedaban mirándolo, algunos no entendían el dibujo, muy primitivo, del pesebre, y decían que era una nube. Hay que tener en cuenta que, en un ambiente profundamente represivo, esta pancarta implicaba también un riesgo enorme de ser reprimidos. En la siguiente Navidad, y con la experiencia de la sábana efímera, Oswaldo había madurado nuevas ideas. Quería hacer un cartel lumínico. Perfiló el mensaje en una enorme tabla de bagazo e ideó y creó un mecanismo que lograba encender y apagar las luces… como las de cualquier árbol navideño. Y volvimos a colocarlo en el campanario, que podía ser visto desde casi todo el barrio y aún en la distancia desde edificaciones vecinas. Y esta vez sí fue todo un éxito y duró toda la Navidad. Nadie, en tantos años de prohibición, había tenido tal osadía, que se repitió en el año siguiente y que, posteriormente, fue replicada en algún que otro templo.

La segunda anécdota se refiere al discurso de aceptación que pronunció Oswaldo ante el Parlamento Europeo cuando le concedieron el Premio Sajárov. Me comentó que muchos le habían advertido sobre mencionar su fe en el discurso ante un Parlamento empeñado en olvidar las raíces cristianas de Europa y en un laicismo mal entendido. Posiblemente no sería bien visto. El parlamento de una Europa nacida cristiana que en esos días deseaba a los ciudadanos Felices Fiestas y no Feliz Navidad. La ceremonia tuvo lugar en Estrasburgo, el 17 de diciembre de 2002.

A las puertas de la Navidad. Las palabras de Oswaldo fueron como él: justas, impecables, precisas, dejando sentencias y frases que quedaran en la historia como faro y guía. Y cuando llegó el momento de concluirlas, aquellas dos oraciones que me llenaron de profunda emoción, si era posible aún más después de lo escuchado, porque conocía bien al hombre que las había pronunciado: *Ante el Señor de la historia, que fue acostado en un humilde pesebre, depositamos este homenaje y nuestras esperanzas. Gracias y feliz Navidad.*

Con todo lo dicho, puede comprenderse porqué la Navidad es muy importante en mi vida personal y de fe. Convivir con tantas personas a las que se le ha ocultado o deformado la información referente a la fe, me ha creado una deuda que quiero saldar con este pequeño libro, en un intento para acercarles las tradiciones, las costumbres navideñas y su impacto en el mundo a todos aquellos que deseen saber más. Principalmente para quienes no las conocen o quizás han escuchado hablar de algunas de ellas sin más información. Para muchos, estas páginas pueden ser una obviedad. Las he escrito pensando en aquellos para los cuales no lo es. Y también para quienes quieren acercarse a la Navidad y todo el enorme caudal de riqueza cultural que la celebración ha generado y creado a través de los siglos. No es un libro académico, ni sobre la teología. He recopilado información sobre tradiciones, costumbres, y también curiosidades en torno a la celebración navideña por todo el mundo y su presencia en las artes y en la vida cotidiana. Si al leer todo el libro o algún fragmento quieres saber más, dejo en los anexos numerosas referencias y algunos libros muy recomendables. Estas páginas puedes leerlas desde la primera a la última, o puedes solo ir al detalle que deseas conocer. Si has encontrado algo que no sabías, si he motivado el deseo de investigar más, si vas a mirar la Navidad con otros ojos, me daré por satisfecho. Y si descubres su verdadera razón de ser, ya no puedo pedir más.

Gracias por acercarte a estas páginas.

Vigo, diciembre de 2021 – noviembre 2023

NAVIDAD

LA PALABRA

L A razón de ser de este libro y la temática que centra sus páginas, no es otra que la Navidad. Siete letras y apenas tres sílabas para definir un acontecimiento único, una celebración singular y una vivencia que, a lo largo de la historia, ha dejado su huella en las personas, las familias, en pueblos y poblados, en países y naciones, en las iglesias y en la cultura humana. Procede, por tanto, como primer paso, intentar definir aquello de lo que hablamos.

La palabra **Navidad** tiene su origen en el latín tardío *nativitas*. Significa nacimiento, según nos dice el Diccionario de la Real

Academia Española (RAE).[1] Se refiere, siempre según el diccionario, tanto a la celebración que cada año se realiza del nacimiento de Jesús, como al propio día 25 de diciembre, en el cual celebramos la Navidad. Y también a los días comprendidos entre el 25 de diciembre y el 6 de enero, a los que se llama **tiempo de Navidad**. El diccionario nos deja una cuarta acepción: edad de una persona, y lo ejemplifica con la frase: *el abuelo tiene ya muchas navidades.*

La Navidad es, por lo tanto, una celebración religiosa de resonancia universal. Si bien actualmente existen dos ámbitos de la festividad, el religioso y el profano, y existen muchos intentos para desvirtuar su razón de ser, sigue siendo una fiesta entrañable de la cual es difícil abstraerse, con una influencia creciente en todas las culturas de la tierra.

La Navidad ha sido en la historia del hombre un acontecimiento de gran importancia. Incluso el calendario utilizado en la actualidad, conocido como calendario gregoriano, cuenta los años partiendo del nacimiento de Cristo y divide la historia en dos grandes etapas: antes de su nacimiento y después del mismo.[2] Antes y después de la Navidad. Identificamos así un año determinado de la historia como, por ejemplo, 2022 a.C. o d.C. (antes de Cristo, después de Cristo).

En algunos idiomas, la palabra designada para definir la Navidad también se refiere a **nacimiento**, como es el caso del italiano *Natale*, el francés *Nöel*, el gallego y catalán, *Nadal,* o el portugués *Natal*. En otros, hace referencia al mismo Cristo. En inglés se utiliza *Christmas* (*mass on Christ's Day*, misa en el día de Cristo o misa de Cristo) y en alemán *Weihnachten*, noche sagrada.[3] (ver Anexo I, La Navidad en diferentes idiomas). Y así ocurre en todos los idiomas, en los cuales la palabra se refiere bien al natalicio o al pequeño recién nacido.

EL ORIGEN DE LA CELEBRACION

Los primeros cristianos no celebraban la Navidad. Por diferentes razones. La Enciclopedia Católica[4], citando a Orígenes, recuerda que *en la Sagrada Escritura solo los pecadores y no los santos, celebraban la fecha de su nacimiento*. Sin embargo, su existencia fue ganando adeptos con el paso del tiempo.

Debieron transcurrir los primeros 200 años luego del nacimiento de Cristo, para encontrar la primera referencia a la Navidad en un escrito de Clemente de Alejandría afirmando que *ciertos teólogos egipcios "de manera bastante curiosa" indican, no solo el año, sino también el día del nacimiento de Cristo*.[4] A partir de esta fecha, aparecen numerosas alusiones e incluso cálculos de la probable fecha del nacimiento del Salvador. De hecho, la fecha llegó a fijarse en todos los meses del año, según los diversos cálculos realizados.[4,5]

Lo cierto es que, a partir del siglo IV, todos los calendarios de Occidente la sitúan el 25 de diciembre[4]. Lo importante no es la fecha en sí, sino el hecho de celebrar la natividad del Señor. Para lo cual era y es importante disponer de un día propio. Este hecho no está reñido con la investigación y la intención de determinar, con la mayor exactitud, una fecha tan importante, aunque los datos de que se dispone son a veces escasos y pueden llegar a ser contradictorios. Como lo es la historia en sí misma.

LAS FUENTES

Para poder definir un hecho histórico, se recurre a textos, documentos, cartas, testimonios, libros, a los cuales se denomina fuentes. Conocemos, por ejemplo, la fecha de nuestro cumpleaños, porque nos lo han dicho nuestros padres, a quienes hemos considerado una fuente confiable; y porque está inscrita en un registro y aparece en nuestro DNI o carné de identidad, etc. La dificultad estriba en documentar un suceso acaecido hace dos mil años. Pero los historiadores saben dónde buscar. Y saben que hay que interpretar esos documentos según los criterios de la época en que fueron creados y no teniendo en cuenta los criterios actuales, por regla general muy diferentes. También ha de tenerse en cuenta la intención del que escribía, las tradiciones y costumbres, los usos del lenguaje de la época que se trata. Axioma válido también en la traducción entre idiomas contemporáneos, o entre el habla del mismo idioma en diferentes países o, incluso, entre las regiones de un mismo país. Por citar un ejemplo, la palabra coche en España es un automóvil, en México es la parte trasera de un tren, en Argentina un cochecito de bebé, y en Guatemala puede ser una persona con mala higiene. El automóvil en España es un coche, en Argentina y Chile le llaman auto, en Cuba y Venezuela carro, y en Cuba también le llaman máquina. Con lo cual puede verse la dificultad, que aumenta enormemente si se trata de diferentes idiomas y culturas, a las que distancian los siglos.

La fuente más importante sobre la vida de Jesús son los Evangelios. Fueron escritos, como toda la Biblia, inspirados por Dios para transmitir su Palabra. Es la razón por la cual llamamos a las Sagradas Escrituras, Palabra de Dios.

En realidad, la Biblia es un conjunto de libros que fueron escritos por diferentes autores a lo largo de los siglos. Tiene dos grandes partes o colecciones de libros: la primera y más antigua, escrita mayormente en hebreo, es conocida como Antiguo Testamento. La más reciente, conocida como Nuevo Testamento, es la literatura de la primitiva comunidad cristiana. Ambos están unidos y guardan una relación íntima y complementaria, puesto que el mismo Espíritu inspiró a los autores de todos los libros.[6] Y es la razón primera y última por la cual el autor de la Biblia es el mismo Señor de la Historia.

La Biblia es un libro capital y único, tanto por su naturaleza como por su impacto en la historia y en las vidas de todos los hombres. Lo es por su origen divino. Para millones de cristianos, es El Libro. La Palabra de Dios. De hecho, es el libro más traducido. Según Fréderic Ibanez[7] en la actualidad pueden encontrarse traducciones en 704 lenguas y dialectos, lo que ha hecho posible que llegue a 6100 millones de personas en el planeta. Si tomamos en cuenta otra opinión, en este caso el ranking de libros más traducidos de la historia, de Aire Traducciones de Madrid[8], la Biblia es el libro más leído y vendido, traducida de forma parcial a más de 2000 idiomas y a 450 idiomas de forma completa.

El Nuevo Testamento contiene cuatro Evangelios. La palabra evangelio viene del griego *euaggelion* (eu, bien; argello, traigo un mensaje) y originalmente significaba "recompensa de buenas noticias", y del latín *Evangelium*, forma que ha pasado a diversos idiomas modernos como el español, el francés, el alemán, el italiano y otros.[9] Los cuatro evangelios incluidos en el Nuevo Testamento se conocen con el nombre del autor a quien se atribuye y se les llama Evangelio según san Mateo, san Marcos, san Lucas y san Juan.

Jesús no mandó a sus discípulos a escribir sus palabras, sino a predicarlas. De manera que fue la tradición oral, propia del pueblo hebreo y otros pueblos de la antigüedad, la forma de transmitir el mensaje. Se conoce como el Evangelio oral: un relato de las palabras y obras de Cristo que constituía la enseñanza oral de los apóstoles.[7] Llegó un momento en el cual, ante diferentes situaciones, se decidió poner por escrito dichas enseñanzas. Así es como los conocemos en la actualidad. Debo añadir que se escribieron muchos evangelios, de los cuales nos han llegado los títulos de unos cincuenta. Sin embargo, solo se conserva información de 20 de ellos. En el Anexo II dejo un listado de estos, tomado de la Enciclopedia Católica[9]. Los Evangelios de Mateo, Marcos, Lucas y Juan, son los llamados canónicos, fueron los únicos reconocidos por la Iglesia como inspirados por Dios. Al resto se le conoce como apócrifos.

De los cuatro evangelios, solo los de Mateos y Lucas nos hablan de la Navidad. Ambos coinciden en puntos importantes, y difieren en los detalles. Pato Acevedo nos deja un resumen de estas concordancias y discrepancias, que comparto[10]:

Ambos evangelistas coinciden, categóricamente, en las siguientes afirmaciones:

- La madre de Jesús era una virgen llamada María
- Estaba prometida con José, un varón descendiente de David
- Antes de hacer vida en común, la joven se encontró embarazada de Jesús
- El niño nació en Belén, siendo Herodes el gobernante de Judea
- La familia se estableció finalmente en Nazaret de Galilea.

Por otra parte, tienen diferencias en sus textos. Hay que recalcar que estas diferencias son normales y lógicas. Lejos de restarles veracidad, en realidad la confirman. No hicieron un "copia y pega", sino que cada cual resalta un detalle u otro, según su propia memoria o su intención al escribir. Marcos, por ejemplo, que se centra en la vida pública de Jesús, no escribe sobre su nacimiento. Te propongo un razonamiento: tú y yo escribiremos sobre un suceso ocurrido hace diez años, del cual ambos fuimos testigos. Probablemente coincidiremos en los esencial, pero cada uno recordará detalles diferentes.

Del evangelio de Mateo provienen:

- Los sueños de José y su decisión de no denunciar a María
- La estrella de la Navidad
- Los reyes magos
- La profecía según la cual el Mesías debía nacer en Belén y de una virgen
- La matanza de los inocentes
- El viaje de la sagrada familia a Egipto

En el evangelio de Lucas, en cambio, encontramos:

- La aparición del ángel a Zacarías
- La visita del ángel a María
- La visita de María a su parienta Isabel
- El censo de Quirino y el viaje de Nazaret a Belén
- El pesebre
- La aparición a los pastores

Seguramente has notado que, en películas o felicitaciones navideñas, coexisten mezclados elementos de uno u otro relato. E incluso otros que no aparecen en los evangelios, pero que se han popularizado con el tiempo. La mayoría provienen de los evangelios llamados apócrifos.

La palabra apócrifo proviene del griego *apokryfos*, que significa oculto. Teniendo en cuenta que los evangelios canónicos (Marcos, Mateo, Lucas y Juan) no nos hablan de largos períodos de la vida de Jesús, o de María y José, es comprensible que los cristianos de los primeros siglos sintiesen curiosidad por conocer detalles, pues todo lo concerniente al Salvador les era de interés. Como lo es para nosotros. Y surgieron emprendedores que escribieron sobre el tema. Muchos tomaron como base los cuatro evangelios y les añadieron detalles en ocasiones fantasiosos y románticos. Entre estos autores los había cristianos, pero también gnósticos[11]. En la Edad Media, muchas de estas historias se fundieron con la piedad popular, pasando a formar parte no solo de la fe del pueblo sino incluso de obras de arte que todos admiramos actualmente.

Provienen de los evangelios apócrifos[11,12,13] y no aparecen en los evangelios canónicos:

- El nombre de los abuelos maternos de Jesús, Joaquín y Ana (Protoevangelio de Santiago) o Evangelio de la Infancia de Jesús; también en el Libro sobre la Natividad de María)
- El nacimiento de Jesús en una gruta o cueva (Protoevangelio de Santiago y Evangelio del Pseudo Mateo)
- La sagrada familia viajaba en un burro (Evangelio del Pseudo Mateo)
- La Virgen María era joven (Según el evangelio sobre la Natividad de María, tenía 14 años y según el Protoevangelio de Santiago, 12. No eran raros en aquella época los matrimonios a estas edades)
- La Virgen viste de azul (Protoevangelio de Santiago y evangelio sobre la Natividad de María)
- San José es un anciano (Evangelio del Pseudo Mateo)
- La mula y el buey (Evangelio del Pseudo Mateo)

15

- Los nombres de los Reyes Magos (el evangelio Armenio de la Infancia los nombra como Melkon (Melchor), Gaspar y Baltasar e incluso cita sus orígenes: Persia, Arabia e India.)

Para un acercamiento a la Navidad, recomiendo la lectura de la narración del nacimiento de Jesús en los evangelios de Mateo y Lucas. Y, como complemento, el libro de Benedicto XVI, La infancia de Jesús.

LAS FECHAS

La festividad de la Natividad de Cristo ya se celebraba en Roma antes del año 354 en la fecha del 25 de diciembre. Ese día comienza en la Iglesia Católica el tiempo de Navidad. Algunos piensan que se extiende hasta el 6 de enero, Epifanía del Señor o día de Reyes, pero en realidad termina con la fiesta del Bautismo del Señor, el primer domingo después de la Epifanía.

El 25 de diciembre celebran la Navidad la Iglesia Católica, la Comunión Anglicana, algunas comunidades evangélicas y la mayoría de las iglesias ortodoxas.

Sin embargo, algunas iglesias no aceptaron el calendario gregoriano y continúan utilizando el juliano, decretado por el emperador Julio César hacia el año 47-46 a.C. El juliano es un calendario solar, pero es 11 minutos más largo que el año solar real, por lo cual aproximadamente cada 120 años, las fechas de los solsticios y equinoccios retroceden un día[14]. Este hecho determina una diferencia de 13 días con el gregoriano (diseñado por encargo del Papa Gregorio XIII en 1582 para corregir dicha inexactitud). De manera que, aunque celebran la Navidad el 25 de diciembre de dicho calendario, en el gregoriano se corresponde con el 7 de enero. La diferencia entre ambos calendarios aumenta con el tiempo, así, se celebraba la Navidad el 6 de enero a inicios del siglo XX y será el 8 de enero a inicios del siglo XXII[15].

El calendario gregoriano se introdujo gradualmente, mientras que el juliano se mantuvo en Gran Bretaña hasta 1752, en Bulgaria hasta 1916, en el Imperio Otomano hasta 1917 y en Rusia hasta 1918. En 1923 la mayoría de las Iglesias Ortodoxas abandonaron el calendario juliano adoptando el llamado "calendario juliano revisado", que en esencia es el gregoriano sin darle ese nombre[14]. La celebración de la Navidad en estas Iglesias es el 25 de diciembre.

No obstante, algunos patriarcados dentro de la Iglesia Ortodoxa decidieron mantener el uso del calendario juliano hasta nuestros días. Se trata de los patriarcados de las Iglesias Ortodoxas de Jerusalén, Rusia, Serbia, Georgia, Macedonia, y la comunidad griega en el Monte Athos. Celebran la Navidad el 25 de diciembre según el calendario juliano, que se corresponde con el 7 de enero de nuestro calendario. También se utiliza actualmente en gran parte de Marruecos. No se incluye la Iglesia Ortodoxa Griega, que utiliza el calendario gregoriano.

Algunos de los países en los cuales se celebra la Navidad el 6 o 7 de enero, son Armenia, Bielorrusia, Ucrania, Macedonia, Egipto, Etiopía, Georgia, Rusia y Kazajstán, entre otros.

La Iglesia Apostólica Armenia celebra la Navidad el 6 de enero, junto con la Epifanía, excepto en Israel.

La Iglesia de Jesucristo de los Santos de los Últimos Días, también conocidos como mormones, celebra la Navidad el 6 de abril[16].

CURIOSIDADES

Dada la diversidad de fechas señalada, se dan algunos casos curiosos.

Por ejemplo, en Ucrania se celebra la Navidad 2 veces: el 7 de enero ha sido la fecha tradicional, pero desde 2017, ante la influencia de Occidente, se añadió el 25 de diciembre, de manera que los ucranianos tienen dos navidades por año[15].

En Israel no se celebra de manera oficial, pero sí en las comunidades cristianas. De manera que en Tierra Santa la Navidad se celebra el 25 de diciembre, el 7 de enero, y los armenios de Israel la celebran el 18 de enero.

Otro hecho curioso es el de Rusia. El enorme país euroasiático, aunque se rige por el calendario gregoriano, vuelve al juliano para celebrar las fiestas navideñas[17].

LA NAVIDAD, PROHIBIDA A TRAVES DE LA HISTORIA

La celebración de la Navidad ha sufrido persecuciones a lo largo de la historia. Y en 2022 aún sigue estando prohibida en algunas regiones.

Hagamos un breve repaso de las principales prohibiciones.

La reforma protestante. La celebración navideña fue prohibida por algunas iglesias. Se le llegó a llamar "trampa de los papistas" y "garras de la bestia". Sin embargo, la posición de los principales reformadores no fue unánime. Al respecto, Fernando E. Alvarado, ha escrito en su artículo La Navidad en el protestantismo[18].

Martín Lutero, el más carismático de los reformadores, amaba la Navidad y predicó sobre ella en varias ocasiones. De hecho, tuvo un importante rol en la instauración de otra tradición navideña: el árbol de Navidad.

Por el contrario, Ulrico Zuinglio, el más radical, rechazó todos los días festivos eclesiásticos en Zurich[19]. Su oposición férrea a cualquier celebración que no estuviese explícitamente mencionada en los textos bíblicos fue la misma que llevó a los presbiterianos escoceses y a los puritanos ingleses a rehusar celebrar la Navidad.

La posición adoptada por Juan Calvino fue la intermedia entre las dos anteriores. Aunque aceptaba el principio de Zuinglio, opinaba que cada congregación local podía decidir si celebrar la Navidad o no, y el modo de hacerlo. De hecho, en una carta de enero de 1551, afirma que él sí celebró "el nacimiento de Cristo". Y en carta de marzo de 1555, afirma que cada Iglesia tiene libertad en Cristo para celebrarla o no[20].

Estas tres posturas se mantienen en el pueblo evangélico hasta el día de hoy.

Inglaterra. Por orden de Oliver Cromwell, la celebración de la Navidad estuvo prohibida en Inglaterra durante 17 años, entre 1644 y 1660. La fecha fue declarada día laborable, las tiendas debían permanecer abiertas, y se prohibió a los ingleses emborracharse y comer en exceso (no, no has leído mal). La decisión provocó revueltas e incluso derramamiento de sangre en Canterbury.

Carlos II abolió la ley anti navideña luego de ser coronado. Pero los puritanos siguieron considerándola una celebración pagana y la llamaban *Yuletide Fooltide* (Pascua de Navidad, Pascua de Tontos) [4, 21]. Consideraban Cromwell y sus seguidores que la celebración de la Navidad como fiesta sagrada no se encuentra en la Biblia y le atribuían un origen pagano. Además, la consideraban una celebración católica, otro motivo para rechazarla. Hacia 1820 las tensiones se habían aliviado, y varios escritores comenzaron a dar importancia al tema. Destaca entre ellos Charles Dickens, quien con su obra **Un cuento de Navidad**, publicado en 1843, contribuyó a una nueva visión de la Navidad como una época de celebración familiar, en el que predominan los sentimientos de buena voluntad y compasión[22].

Estados Unidos de América. En las colonias, fundadas muchas de ellas por puritanos procedentes de Inglaterra, se mantuvo el rechazo a la Navidad. En Boston estuvo prohibida su celebración entre 1659 y 1681. La multa por violar esta ley era de cinco chelines. No obstante, no se persiguió a quienes la celebraban en sus casas. Pese a levantarse la prohibición en Massachusetts en 1681, la Navidad continuó sin celebrarse oficialmente, en parte porque, luego de la Independencia, se la consideró una costumbre inglesa. Permaneció siendo día laborable hasta 1800. También estuvo prohibida en Virginia, Nueva York, Nuevo Hampshire, Maryland, Connecticut, Rhode Island, Delaware, Carolina del Norte, Nueva Jersey, Pensilvania y Georgia, aunque debe decirse que tuvo menor seguimiento en regiones alejadas del área de influencia de la colonia de Massachusetts. Y no fue hasta 1870 que dejó de ser día laborable, pasando a ser festivo laboral durante el gobierno del presidente Ulysses S. Grant[23, 24].

Escocia. La prohibición de celebrar la natividad de Jesucristo en Inglaterra fue extensiva a todos sus territorios. Cuando esta prohibición fue levantada, Escocia decidió mantenerla durante alrededor de 400 años. La Iglesia Presbiteriana de Escocia desalentaba las vacaciones navideñas y las celebraciones. No fue hasta 1958 que el día de Navidad pasó a ser un festivo oficial[25, 26].

Francia. La Revolución Francesa de 1789, entre otros cambios, adoptó un nuevo calendario, canceló y persiguió las celebraciones religiosas y sustituyó algunas fechas por celebraciones propias. De hecho, el día 4 del mes de Nivôse (25 de diciembre) se celebró el día del nacimiento de la diosa razón[21]. Entre 1789 y 1793 se van tomando medidas para suprimir la Iglesia y la fe, hasta que en 1799 el nuevo régimen consular restablece la libertad de cultos y el concordato de 1801 y con ello la convivencia entre la Iglesia Católica, que ha estado a punto de desaparecer en Francia, y el Estado francés.

Alemania. La obsesión de Adolfo Hitler y su Partido Nacional Socialista Obrero Alemán con los judíos, los llevó a intentar cambiar el sentido de la Navidad, como parte de un intento de descristianizar la sociedad alemana. Intento que no sería el primero ni el último de estos procesos en intentarlo, pues ha sido una obsesión para todos los regímenes socialistas y comunistas de la historia, que más temprano que tarde la emprenden contra ella y contra la fe, curiosamente siempre con los mismos argumentos.

Abolir la Navidad era el ideal nazi, les era totalmente repulsivo celebrar el nacimiento de un niño judío, hijo de padres judíos. De manera que la *nazificaron*. Durante 12 años, de 1933 a 1945, esa será la realidad para Alemania. Ya en 1921, Hitler, en un discurso en una cervecería de Múnich, llamó a la Navidad como "la celebración más germana de todas". En 1938 se prohibió el canto de villancicos con sus letras tradicionales, que fueron sustituidas por textos nazis. Se le cambió el nombre por *Julfest*, se cambió la fecha al 21 de diciembre para celebrar el solsticio de invierno. El abeto lo mantuvieron, pero lo adornaban bolas con la esvástica o con el rostro de Hitler. Hasta Papá Noel o Santa Claus fueron sustituidos por el dios Odín, que para los nazis era el auténtico origen de la figura de Santa Claus[27, 28]. Por supuesto, como en todos los casos anteriores, con la desaparición del régimen nazi, Alemania retomó a las celebraciones navideñas.

La Unión Soviética. Tras la Revolución de octubre de 1917 y con la creación de la Unión de Repúblicas Socialistas Soviéticas (URSS) el 30 de diciembre de 1922, comienza el reinado del comunismo en el mundo. En la Unión Soviética, desde 1929 quedó prohibida la celebración navideña a un pueblo profundamente religioso. En la Nochebuena de ese año, fueron encarcelados un gran número de intelectuales cristianos, en lo que se llamó «noche de la lucha contra la religión»[29]. Esta prohibición duró hasta 1935. En esa fecha se comienza a celebrar el Año Nuevo, despojado de todo sentimiento navideño, aunque se le decora con abetos y árboles llenos de adornos de vidrio o porcelana, coronados por una estrella roja en el lugar de la estrella de Belén. Se los colocaba en plazas, escuelas, palacios de pioneros. Ya no se le llamaba árbol de Navidad sino árbol de Año Nuevo.

Se llegó a iluminar las calles con guirnaldas y se hacían regalos en el Año Nuevo. Adaptan personajes como *Ded Moroz*, el Abuelo Frío, y su nieta *Snegúrochka* o Doncella de nieve, que llevan regalos a las casas, pero entran por la puerta en lugar de la chimenea. Se asociaba esta celebración a Vladimir Ilich Lenin, el cual aparecía idealizado en cuadros, postales y libros como un anciano bondadoso que jugaba con niños y les hacía regalos[30, 31].

Con la caída del muro de Berlín y la política de Glasnost de Mijaíl Gorbachov, se inicia una lenta recuperación de las tradiciones públicas navideñas. En 1990 la Navidad ortodoxa se convirtió en un festivo oficial en la República Federativa Soviética de Rusia y así continúa siendo en la actualidad[32]. La importancia de la celebración navideña ha ido en aumento, teniendo en cuenta que en 1990 apenas el 30% de la población se declaraba ortodoxa mientras que en 2010 esta cifra ha llegado a un 70%[30].

Cuba. En 1969 el dictador cubano Fidel Castro abolió la celebración de la Navidad en Cuba, justificando la decisión con problemas económicos por dificultades en la zafra azucarera. Lo cierto es que, reproduciendo el esquema soviético, se promovía la descristianización de la sociedad y la celebración del triunfo de la mal llamada revolución, que coincidía con el 1 de enero. Sin esa coincidencia, tampoco se hubiese celebrado el arribo de un nuevo año. La prohibición se mantuvo durante 28 años, en los cuales la continuaron celebrando los fieles en las iglesias y las familias cristianas en sus casas. Como parte del acoso estatal a las familias y personas, no era raro que el día de Navidad se convocasen exámenes importantes para los estudiantes.

Juan Juan Almeida, hijo del comandante de la revolución Juan Almeida Bosque, narra en su artículo *Así se prohibió la Navidad en Cuba*, otra posible causa de la decisión anti navideña del tirano. No puedo saber si es cierto, pero dada la cercanía, en buena parte de su vida, al entorno castrista y sabiendo la soberbia que caracterizaba a Fidel Castro, me resulta perfectamente creíble, si no como causa única, si como una de sus motivaciones. La principal, en mi opinión, era la intención programada de descristianizar la sociedad.

Cuenta Juan Juan Almeida que, el 24 de diciembre de 1968, el tirano seguía la transmisión radial del vuelo espacial del Apolo 8[33]. Uno de los astronautas de la misión americana, Frank Borman, afirmó en una entrevista en 2008[34] que les habían dicho que en "Nochebuena tendríamos la mayor audiencia que jamás haya escuchado una voz humana". Y así fue. Millones de personas alrededor del mundo pendientes de la radio. Incluido el asesino de Birán. Entonces se escuchó la voz de otro astronauta, Bill Anders leyendo los primeros versículos del libro del Génesis. Lo cual habría enfurecido al comandante. Pero hubo más, prosigue Almeida. Anders concluyó su alocución con estas palabras: "Y por parte de los tripulantes del Apolo 8 terminamos diciendo: Buenas noches, Buena suerte, Feliz Navidad y que Dios los bendiga a todos, a todos ustedes en la buena Tierra"[33]. Ante estas palabras el tirano montó en cólera y se le escuchó una palabrota seguida por una sentencia: se acabó la Navidad.

El Papa Juan Pablo II visitó la isla entre el 21 y el 25 de enero de 1998. Había solicitado expresamente al gobierno devolver a los cubanos el derecho de celebrar la Navidad como un día festivo. Inesperadamente, en diciembre de 1997, días antes de la visita, el tirano concedió el día 25 de diciembre como no laborable. Y a partir de 1998 se oficializó[35]. Sin embargo, debe acotarse que, aun así, es práctica habitual no hacer ninguna mención oficial de la Navidad. Aunque todos lo saben, la soberbia castrista ignora la fecha y es el único día feriado en el año del cual no se menciona su causa. Es un día no laborable, pero los medios de comunicación de la isla no lo llaman Navidad. Es el típico rechazo para mencionar por su nombre al enemigo y, para ellos. la fe es uno de los enemigos más temidos.

PAISES QUE NO CELEBRAN OFICIALMENTE LA NAVIDAD

En las situaciones mencionadas anteriormente, han existido prohibiciones y limitaciones para la celebración navideña durante determinados períodos de tiempo, transcurridos los cuales la Navidad ha recuperado el terreno perdido en la memoria de los diferentes pueblos. y se la ha reconocido oficialmente por los estados como un día festivo especial. Con la salvedad de Cuba, pues como hemos comentado, se ha concedido el 25 de diciembre como día laborable sin hacer mención expresa de la Navidad celebrada en esa fecha. Vale que todos en la isla lo saben, pero no se trata de eso.

Sin embargo, existen países en la actualidad donde no se celebra la Navidad. Cada fin de año, muchos artículos en diversos periódicos hacen revista de estos países donde la Navidad solo se puede celebrar en ámbitos privados o en templos. En algunos está totalmente prohibida.

Afganistán. Es un país de mayoría musulmana, con una mala relación con el cristianismo por décadas. Lo cual empeoró notablemente con la llegada de los talibanes al poder[36].

Arabia Saudita. En Arabia Saudita no se ha celebrado la Navidad por décadas y las familias que la celebran públicamente pueden ser perseguidas[37]. El gobierno habría emitido una regulación para prohibir los signos visibles de la celebración. Sin embargo, según reportaba The Arab Weekly en 2020 se pudo ver en comercios de Riad, la capital, como aparecían a la venta artículos navideños, una señal de aflojamiento de las restricciones, luego de las declaraciones del príncipe heredero Mohammed bin Salman, comprometiéndose a dirigir el reino hacia un "islam abierto y moderado"[38].

Argelia. Otro país de mayoría musulmana que no ha observado ninguna celebración oficial de la Navidad desde que obtuvo la independencia de Francia en 1962, aunque los emigrantes africanos cristianos suelen hacer pequeñas celebraciones[36].

Bután. Nación de tradición budista, con una población cristiana de apenas el 1%. No contempla las celebraciones navideñas en su calendario[36].

Brunéi. Desde 2015 está prohibida cualquier celebración pública navideña. La violación de esta norma está penada con penas de cinco años de cárcel o de 20 000 dólares, o ambos. Los no musulmanes pueden celebrarla en privado, pero no hacer ninguna manifestación pública de ella[36, 37].

China. En la República Popular China, aunque se permiten adornos tradicionalmente navideños en esta época del año, principalmente en tiendas, las autoridades han tomado medidas cada vez más enérgicas en su contra y en muchas ciudades se ha ordenado a los ciudadanos no celebrar la Navidad. En su lugar, deben centrarse en promover la cultura tradicional china, según afirma un artículo en The Guardian[39] de 2018. Sin embargo, en los últimos años la celebración ha ido llegando a centros comerciales y restaurantes internacionales, que se decoran con motivos navideños y la fiesta se va expandiendo, aunque muchos la celebran sin saber muy bien su significado[40]. En cualquier caso, es el adorno externo el que va llegando y no la verdadera Navidad.

Corea del Norte. En el norte de Corea, donde la población debe adorar al dictador y a sus familiares como si fuesen dioses, la Navidad está prohibida. Es curioso que Kim Il-sung, fundador de Corea del Norte y abuelo del actual dictador, nació en el seno de una familia cristiana. Pero con el tiempo comenzó a perseguir el cristianismo para asegurar su poder absoluto[41]. Desde 2016 está prohibido celebrar la Navidad, aunque en los hoteles que reciben turistas internacionales puedes ver algunos adornos navideños en las fechas, tales como árboles decorados. Eso sí, ninguno con sentido religioso. Pero no hay que llamarse a engaño. Kim Jong-un no solo ha prohibido la celebración de la Navidad en el país, sino que ha impuesto a sus conciudadanos la obligación de festejar ese día el cumpleaños de su abuela, Kim Jong-su, considerada la madre de la revolución[42]. En la Lista Mundial de la Persecución religiosa, que elabora cada año Puertas Abiertas, agrupando los 50 países donde más son perseguidos los cristianos, Corea del Norte ocupa el triste primer lugar[43].

Irán. En la República Islámica de Irán, con una población musulmana que ronda el 98%, la celebración de la Navidad pasa casi desapercibida, salvo en las pequeñas comunidades cristianas, que agrupan apenas el 1% de una población de 83 millones de personas[44]. En 2021 fue noticia que el jefe de la Judicatura de Irán, Gholam Hussein Mohseni Ejei, concedió a los presos cristianos la posibilidad de solicitar un permiso especial de 10 días para celebrar la Navidad con sus familias[45].

En el Anexo III podemos consultar una lista de países donde no se celebra la Navidad, bien porque está prohibida o perseguida, bien porque la minoría cristiana es exigua. Lo cierto es que la persecución navideña es solo una arista de la persecución religiosa, una situación muy tensa que empeora cada año. Y que constituye una grave violación de los derechos humanos. Como ha dicho el Padre Bernardo Cervellera, misionero del Pontificio Instituto para las Misiones Extranjeras y director de la agencia AsiaNews, en su editorial Navidad y rechazo: la Navidad *es vista como una fiesta peligrosa, porque nos recuerda que la dignidad del hombre es Dios y no el poder*, y ha afirmado que *es parte del misterio de la Navidad ser perseguido y pisoteado*[46, 47].

EL TIEMPO DE NAVIDAD

Cómo he comentado anteriormente, la Navidad no se celebra sólo en una jornada, sino durante varios días, a los cuáles llamamos tiempo de Navidad. Comienza el 25 de diciembre y termina el primer domingo después del 6 de enero, día en el cual celebramos el Bautismo de Jesús. Hay quienes piensan, erróneamente, que termina el día de la Epifanía, o día de los Reyes Magos, pero ya hemos visto que no es así.

Esta tradición tiene su origen en los tiempos litúrgicos.

La liturgia es la celebración de la Iglesia, el culto. Sin embargo, tal y como dice el papa Pío XII, *no es solamente la parte exterior y sensible del culto, ni mucho menos el aparato de ceremonias o conjunto de leyes y reglas…, es el ejercicio del oficio sacerdotal de Cristo*[48, 49]. Para san Juan Pablo II *en la Liturgia es donde la Iglesia manifiesta y comunica a los fieles la obra de la salvación, realizada por Cristo una vez para siempre*[50].

La fe se trata de un encuentro entre Dios y el hombre, de un encuentro personal en el cual el Señor nos llama y nosotros respondemos o no. Es un diálogo entre el Creador y nosotros. A ese diálogo, esa conversación, la llamamos oración. Y la celebración litúrgica juega un papel importante y clave en esa relación.

La palabra liturgia tiene su origen en el griego, y significa originariamente un deber público, un servicio, que llega a tener un significado religioso en el servicio de los sacerdotes en la Iglesia. El sacerdote comprende que parte de su mediación consiste en celebrar a Jesucristo, y el culmen de dicha celebración es la Eucaristía, a la cual solemos llamar también Misa. El término liturgia se puede utilizar además para designar un rito (por ejemplo, el rito o liturgia bizantinos)[49].

No es objetivo de este libro centrarse en una extensa exposición sobre este tema, pero baste saber que la liturgia se fue organizando poco a poco, de tal manera que se celebrase toda la vida y ministerio del Señor, dando origen a distintos tiempos. La Iglesia Católica distingue, durante el año litúrgico, 5 tiempos: Adviento, Navidad, Cuaresma y Pascua, que son llamados tiempos fuertes, y el Tiempo Ordinario.

En el Anexo IV puede verse un resumen sobre estos tiempos, su duración y los colores litúrgicos u ornamentos que utiliza el sacerdote en la celebración.

El tiempo litúrgico de Navidad comprende una serie de celebraciones. Habrás visto a través de los años que algunas no siempre tienen lugar en la misma fecha. Esto ocurre teniendo en cuenta las siguientes normas[51, 52, 53]:

24 de diciembre: Misa del Gallo

25 de diciembre: Misa de Navidad (Solemnidad de la Natividad del Señor)

Domingo siguiente a la Navidad: la Sagrada Familia (si la Navidad cae en domingo, la Sagrada Familia se celebra el 30 de diciembre)

26 de diciembre al 1 de enero: Octava de Navidad

6 de enero: Epifanía (en algunas regiones es fiesta variable y se celebra el domingo posterior al 1 de enero)

Domingo siguiente al 6 de enero: Bautismo del Señor (si la Epifanía se celebra en domingo y este cae el 7 u 8 de enero, el Bautismo del Señor se festejará el lunes siguiente.

El eje del tiempo ronda en torno al 25 de diciembre. En este día se celebran cuatro misas. La Navidad es la única solemnidad católica que es celebrada con cuatro misas distintas en la misma jornada, afirma Carlos Jiménez en un artículo sobre Las cuatro misas de la Navidad[54].

En la tarde del 24 de diciembre tiene lugar la primera de ellas, la **Misa de Vísperas o de la Vigilia**. Aunque se celebra la tarde anterior, el día 24, se considera ya una misa de Navidad. La explicación tiene su origen en la Biblia. Para los judíos, el día comienza con el crepúsculo y no a las 12 de la noche. En el libro del Génesis, el Creador dice: *Haya lumbreras en el firmamento celeste* **para separar el día de la noche, y hagan de señales para las solemnidades, para los días** *y para los años* (Gn 1,14). Al finalizar la narración de cada día de la creación, dice el autor sagrado: *Y atardeció y amaneció el día primero.* Y así cada día. Primero atardece y luego amanece. Es decir, el criterio del comienzo del día será astronómico, al atardecer, con el crepúsculo. Así lo mantiene la Iglesia en su liturgia. Con esta misa comienza, *oficialmente*, el tiempo de Navidad.

Hacia la medianoche ocurre la celebración más conocida y popular, la llamada **Misa del Gallo** o **Misa de la Noche o de Medianoche**. Su nombre viene de la costumbre romana de denominar al comienzo del día como Canto del Gallo. Debe celebrarse a la noche, idealmente a las 00 o las 12, aunque la liturgia admite que puede celebrarse cuando ha caído el sol. Es una celebración muy hermosa y solemne que se enfoca en el Nacimiento del Salvador. La tercera es la **Misa del alba o de la aurora**, que actualmente, según el mismo autor, no se observa en la mayoría de los templos, salvo en conventos o monasterios. Se suele celebrar sobre las 6 o 7 de la mañana. Es la misa de la adoración de los pastores, los primeros en ser avisados por el ángel, quienes acuden prestos a adorar al recién nacido. La cuarta es la **Misa del día**, en la que la lectura del Evangelio siempre es el prólogo del Evangelio de San Juan: *En el principio era el Verbo, y el Verbo estaba con Dios, y el Verbo era Dios*[55]. También pudiera hablarse de las misas del día, pues en templos con muchos feligreses suelen celebrarse varias, según la necesidad.

En las Iglesias Ortodoxas, se celebran los oficios de las **Horas Grandes**, las **Vísperas** y la **Divina Liturgia de San Basilio** durante la tarde noche del 24. Y ya en el día de la Natividad, se ofician **Maitines** y la **Divina Liturgia de San Juan Crisóstomo**[56]. Debe señalarse que existen tres liturgias dentro de la Iglesia Ortodoxa y cada una de ellas se celebra únicamente en determinados momentos del año. Aparte de las dos señaladas, existe además la **Liturgia de San Gregorio.**

A las celebraciones centrales del tiempo de Navidad, se unen otras que están íntimamente relacionadas con el misterio de la manifestación del Señor. Hagamos un breve bosquejo cronológico de las mismas[57].

La noche de Navidad. Se celebra el 24 de diciembre. También la llamamos Nochebuena. Es el tiempo que transcurre desde las primeras Vísperas de Navidad y la celebración eucarística de medianoche. Acoge algunas tradiciones entrañables, como la cena de Navidad, los nacimientos vivientes, en algunos lugares la inauguración del árbol de Navidad y el Oficio de Lecturas, al cual la Iglesia recomienda que participen los fieles como preparación a la celebración Eucarística de medianoche. En ocasiones se le sustituye por una vigilia con cantos y lecturas.

El día de Navidad. La fiesta de la Natividad del Señor se celebra el 25 de diciembre. La celebración litúrgica es muy solemne y hermosa, especialmente la Misa del Gallo. Suele ser la de mayor participación de fieles. Es costumbre que después de la Misa del mediodía, el papa envíe un mensaje de Navidad a todos los fieles del mundo con su bendición. Se conoce como *Urbi et Orbi* (traducido del latín, a la Ciudad de Roma y al resto del mundo). Es un mensaje que retransmiten las televisiones de muchos lugares del mundo.

Es un día festivo en muchos países y suele compartirse en familia.

San Esteban. La fiesta de san Esteban se celebra el 26 de diciembre. Fue uno de los primeros diáconos y el primer mártir cristiano, el primero en dar su sangre por Cristo. Así que no sorprende que su fiesta se celebre justo después de la Navidad. Antiguamente se celebraba una segunda fiesta de san Esteban el 3 de agosto, para conmemorar el descubrimiento de sus reliquias, pero fue suprimida por el papa Juan XXIII en 1960. Tenemos información de primera mano sobre él en los Hechos de los Apóstoles (Hch 6,1-8,2)

El 26 de diciembre comienza la octava de Navidad.

San Juan. La fiesta de san Juan Evangelista, el discípulo amado de Jesús se celebra el 27 de diciembre. Es el autor del cuarto evangelio, del libro del Apocalipsis y de 3 epístolas. Fue un judío, natural de Galilea, hijo de Zebedeo y hermano de Santiago el Mayor. Juan era el más joven de los apóstoles y fue el único de los doce que estuvo en el Calvario, al pie de la cruz, donde Jesús le entregó a su madre para que se hiciera cargo de ella. Fue el único de los apóstoles que no murió mártir. Falleció pacíficamente en la isla de Éfeso, a los 94 años, según el testimonio de san Epifanio.[58]

Los Santos Inocentes. El 28 de diciembre recuerda la Iglesia la matanza de los niños menores de dos años, ordenada por el rey Herodes el Grande. El rey había pedido a los magos de Oriente informarle el paradero de Jesús, el Mesías. Al saber que estos no regresaron, decidió ordenar la matanza de los niños, con la esperanza de que entre ellos se encontrase el pequeño Mesías.

De este hecho solo hay noticias procedentes de fuentes bíblicas, específicamente en el Evangelio de san Mateo, lo cual hace que algunos pongan en duda su autenticidad. Joseph Ratzinger, en su libro La Infancia de Jesús, comenta que teniendo en cuenta las crueldades cometidas por Herodes, el hecho de que no haya menciones en documentos fuera de los textos sagrados no demuestra que no se hubiera cometido el crimen.[59] Un argumento que puede explicar la ausencia de menciones fuera de la Biblia radica en un detalle histórico: la población de Belén para la fecha era de unas 800 personas. Podían ocurrir unos 20 nacimientos en un año, por lo que la cifra de menores de 2 años pudo ser tan. pequeña que no trascendió lo suficiente para estar en los anales, a pesar de su extrema crueldad.

Más allá de esto, permanece en el calendario litúrgico y en la memoria popular, que lo suele llamar el **Día de los Inocentes**. Se ha hecho tradición gastar bromas o inocentadas cada 28 de diciembre, incluso en los medios públicos. Una tradición popular que no debe hacernos olvidar el trágico origen de la celebración de este día.

Fiesta de la Sagrada Familia. Es la fiesta de Jesús, María y José. Nos recuerda que el Señor quiso nacer en una familia y, al hacerlo, el Hijo de Dios ha santificado a la familia humana. Se celebra el domingo en la octava de Navidad, es decir, el primer domingo después del 25 de diciembre. Aunque la familia de Nazaret se nos muestra en los evangelios, su figura como *Sagrada Familia* es una construcción relativamente tardía. Nace en Canadá, a mediados del siglo XVII, cuando el religioso san François de Laval fundó la primera parroquia dedicada a la Sagrada Familia, en la isla de Orleans, región de Quebec, en 1684. Es el punto de partida para que se propague el culto en algunos sitios de la cristiandad.

Poco a poco irán surgiendo cofradías dedicadas a la Sagrada Familia, la primera de las cuales fue fundada por el propio san François de Laval. Durante los siglos XVII y XVIII aparece una abundante iconografía inspirada en la temática. El papa León XVIII establece en Roma, en junio de 1892, la Asociación de la Sagrada Familia, para unificar todas las cofradías que tenían el mismo nombre. En 1893 decreta que la fiesta se celebre en todos los lugares donde ya recibía culto y le otorga una misa nueva y unos himnos creados por él. El 26 de octubre de 1921, durante el papado de Benedicto XV, la Sagrada

Congregación para la Liturgia amplió la Fiesta de la Sagrada Familia a la Iglesia Universal. Se celebró el domingo después de la Epifanía (6 de enero) hasta 1969, durante el papado de san Pablo VI, cuando se trasladó al domingo después de Navidad.[60, 61]

Desde entonces es una fiesta entrañable dentro de la Iglesia Católica.

El 31 de diciembre. Es el día que finaliza el año civil en la mayoría de los países de Occidente. También se le llama Nochevieja. Es un día de fiestas y de celebración familiar. Los creyentes suelen dar gracias a Dios con una celebración litúrgica. En España es tradición la espera para despedir el Año Viejo y celebrar la llegada del Año Nuevo con fiestas en lugares específicos en cada ciudad. La más conocida es la celebración de la Puerta del Sol en Madrid, tomando una uva por cada campanada que marca los últimos segundos del año que termina.

Son tradicionales los fuegos artificiales en las grandes ciudades. Se van sucediendo en la medida que se va recibiendo el año nuevo en cada huso horario y son seguidos a través de las emisiones de la televisión o de internet.

El 31 de diciembre se puede celebrar, además, una de las dos memorias de la octava de opción libre, dedicada a San Silvestre I, papa en el siglo IV en tiempos de Constantino el Grande. Al caer dentro de la octava se convierte en conmemoración, porque en las octavas la Iglesia no celebra ninguna memoria particular. La otra conmemoración libre dentro de la octava de Navidad es la del 29 de diciembre, santo Tomás Becket.

La Solemnidad de Santa María, Madre de Dios. El día 1º de enero, comienza el año nuevo. Suele ser un día festivo en la mayoría de los países. La Iglesia Católica celebra este día la fiesta mariana más antigua: la fiesta de Santa María, Madre de Dios. Comenzó a celebrarse en

Roma, alrededor del siglo VI, posiblemente junto con la dedicación de una de las más antiguas iglesias marianas: Santa María la Antigua, en el Foro Romano.

Son testimonio de este sentir de los primeros cristianos los dibujos o pinturas encontrados en las Catacumbas, con el nombre de *Theotókos* (María, Madre de Dios). Tal era su importancia para el mundo cristiano, que cuando en el año 431 el hereje Nestorio se atrevió a afirmar que María no es Madre de Dios, se reunieron 200 obispos, número bastante elevado para la fecha de la cual hablamos, y declararon: *La Virgen sí es Madre de Dios porque su hijo, Cristo, es Dios.* Y lo hicieron en Éfeso, la ciudad donde María pasó sus últimos años. Luego de la declaración, se hizo una gran procesión, acompañados por los pobladores de la ciudad.

En 1931, el papa Pío XI, en ocasión de conmemorarse el XV centenario del Concilio de Éfeso, instituyó esta fiesta mariana para celebrarse el 11 de octubre de cada año. Y así se mantuvo hasta el Concilio Vaticano II, cuando con la reforma del calendario litúrgico, se trasladó al 1° de enero.[62]

La solemnidad de la Epifanía del Señor. El 6 de enero se celebra la solemnidad de la Epifanía del Señor, conocida popularmente como Día de Reyes o de los Reyes Magos. *Epifanía* significa manifestación, Jesús se da a conocer, en este caso, a los Magos o Sabios que han venido a visitarle. Según la Enciclopedia Católica, la celebración tuvo su origen en la Iglesia Oriental. En Occidente se adoptó luego de la introducción de la Navidad el 25 de diciembre[63]. Es tradición en este día, principalmente en Iberoamérica, hacer regalos a los niños en memoria de la generosidad y presentes obsequiados por los magos a Jesús. Los pequeños escriben cartas a los reyes, en las cuales les cuentan cómo ha sido su año y les solicitan los regalos que desean. Aguardan con ilusión la noche del 5 de enero y ansían el despertar del día 6 para buscar los presentes que les han dejado los reyes.

La fiesta del Bautismo del Señor. La fiesta del Bautismo del Señor es celebrada el domingo siguiente a la fiesta de Epifanía, y con ella termina litúrgicamente el tiempo de Navidad y se da paso al tiempo ordinario.

La octava de Navidad. Contando a partir de la noche del 24 de diciembre, los 8 días siguientes, es decir, desde el 25 de diciembre al 1º de enero, se celebra la octava de Navidad. La Iglesia celebra también una octava de Pascua. Es una formar de festejar una fiesta u acontecimiento importante. Algunos piensan que su origen se hunde en el Antiguo Testamento, por la costumbre judía de celebrar algunas fiestas durante 8 días. Se remonta a la alianza del Señor con Abraham y su descendencia, cuyo signo es la circuncisión el octavo día después del nacimiento[64]. Aunque otros investigadores piensan que pudo ser una costumbre que creció espontáneamente en suelo cristiano[65].

Lo cierto es que, aunque para los helenos el número 8 era sinónimo de perfección, no era así para los hebreos, para quienes el número 7 es el que desempeña el papel principal y domina el ciclo del año. Aunque en algunas ocasiones importantes, como la Fiesta se los Tabernáculos, por ejemplo, al octavo día tenía lugar una solemnidad que puede considerarse una octava.

En cualquier caso, es la costumbre actual de marcar estas dos festividades tan importantes de la vida de Jesús, con las octavas de Pascua y de Navidad, en las cuales la fiesta en cuestión se celebra durante ocho días como si fueran un único día. Durante las mismas no pueden celebrarse memorias propias, salvo las dos mencionadas de la octava de Navidad. Antiguamente se observaba, además, una Octava de Pentecostés, que fue suprimida en 1969.

EL TIEMPO EN NAVIDAD

Por regla general, las representaciones navideñas suelen mostrar dos escenarios: o bien parajes desérticos con alguna palmera y un cielo sin nubes donde brilla la estrella de Belén, o bien parajes nevados que han dado nombre a una de las más bellas piezas musicales de esta época del año, Blanca Navidad.

El tiempo que disfrutaremos en Navidad estará definido, para nosotros, por el lugar del orbe donde vivimos. En el hemisferio norte, la Navidad está asociada a temperaturas invernales, más o menos frías según el país, y formará parte de nuestro acervo cultural asociar las celebraciones a las condiciones invernales. Pero si nuestra residencia se sitúa en el hemisferio sur, el solsticio de verano será entre el 21 y 22 de diciembre y la Navidad estará asociada a temperaturas veraniegas.

La difusión de una Navidad invernal ha sido la más publicitada y este hecho ha suscitado multitud de controversias, bien de quienes la apoyan o de quienes se muestran contrarios, principalmente porque, arguyen, en la primera Navidad no había nieve. He visto, en Cuba, como se escenificaban los sucesos en un bohío, sin tener en cuenta que tampoco había bohíos en Israel.

¿Cómo fue, entonces, el tiempo en la primera Navidad? La respuesta a esta pregunta se antoja difícil de responder.

La primera cuestión es definir la fecha probable en que nació Jesús. Una pregunta que ha sido motivo de encendidos debates y a la cual los cristianos han tratado de dar respuesta a lo largo de los siglos. Más importante que el detalle histórico, es el hecho real de que nació y su nacimiento fue el acontecimiento salvífico más importante de la humanidad. Es lo que celebramos cada 25 de diciembre.

Los Evangelios no nos dan una fecha exacta. Mateo precisa dos datos importantes según los usos de la época. En Mt 2,1 nos dice que *Jesús nació en Belén, un pueblo de Judea, en tiempos del rey Herodes.* Y ofrece otros dos detalles de importancia: nos brinda una genealogía de Jesús y nos habla de una estrella nueva que guiaba a los magos. Marcos no escribe nada sobre el nacimiento del Salvador. Lucas también sitúa los hechos en tiempos del rey Herodes, pero abunda en Lc 2,1-2: *En aquellos días apareció un decreto del emperador Augusto ordenando que se empadronasen los habitantes del imperio. Este censo fue el primero que se hizo durante el mandato de Quirino, gobernador de Siria.* Juan tampoco ofrece detalles del natalicio.

Ya con estos datos, podemos destacar algunos elementos. Según los textos sagrados, el nacimiento de Cristo ocurrió en un lugar preciso, Belén de Judá, cuando Herodes era rey de Judea, Cesar Augusto era emperador en Roma y en Siria era gobernador Quirino. Nos dice además que hubo un censo y nos habla de la aparición de una estrella nueva.

A estos datos se suman otros también tomados en consideración en los esfuerzos por precisar la fecha del nacimiento del Salvador y que también tienen un origen bíblico. Por ejemplo, el servicio de Zacarías en el Templo. Según la Enciclopedia Católica[4] las veinticuatro clases de sacerdotes judíos servían en el Templo cada uno durante una semana. Zacarías pertenecía a la octava clase, los Abías. Conociendo que el Templo fue destruido en el año 9 Ab, 70 d.C., nos dice la tradición rabínica tardía que en ese tiempo servía la primera clase, los Jojarib. Con lo cual se pudiera calcular, teniendo en cuenta la sucesión semanal y asumiendo que esta no falló por ninguna causa durante 70 años, lo que parece improbable, que la octava clase sirvió durante la semana del 2 al 9 de octubre del año 748 A.U.C., con lo cual se deduce que la concepción de Cristo fue en marzo y su nacimiento en diciembre[66]. Otros investigadores muestran cuan imposible puede ser el cálculo de la semana de servicio de Zacarías, partiendo de cualquier punto de referencia posterior o anterior. Pero el ejemplo es válido para acercarnos a todos los esfuerzos que se realizaron para calcular la fecha de la Natividad.

Ha de tenerse en cuenta, además, que los primeros cristianos eran judíos que se vieron separados del judaísmo y entraron en un mundo con una profusión de calendarios diversos, lo cual no facilitaba las cosas. Necesitaron precisar sus propios momentos para celebrar, por ejemplo, la Pasión del Señor, la cual sí era una prioridad. La fecha de la Pascua fue utilizada con posterioridad para el cálculo de la fecha del Nacimiento. Aquí fue clave la determinación del día de la muerte del Señor. Según los Evangelios sinópticos ocurrió en la Pascua de los judíos mientras Juan la sitúa en la víspera de la Pascua[66]. La primitiva Iglesia siguió a Juan y creyó que la muerte del Salvador tuvo lugar el 14 del mes de Nisán, según el calendario lunar judío. En la actualidad hay acuerdo en que la muerte de Cristo pudo ocurrir en el año 30 o el 33 d.C. pues fueron los únicos años de esa época en los que la Vigilia de Pascua pudo caer viernes. De manera que las fechas pudieron ser el 4 de abril del 30 o el 3 de abril del 33.

Sin embargo, los cristianos latinos del siglo II en Roma y África del norte, hacia la época de Tertuliano, habían concluido que Jesús murió el 25 de marzo del 29, lo cual no parece posible porque no fue viernes. Los cristianos griegos quisieron encontrar una fecha correspondiente al 14 de Nisán en su calendario. Esta fecha fue el 6 de abril. Ambas se tomaron como válidas, influidas probablemente por la creencia en el judaísmo de que los profetas de Israel murieron en la misma fecha de su nacimiento o su concepción. De manera que fue considerado el 25 de marzo como fecha de la concepción y, 9 meses después, su nacimiento: el 25 de diciembre. No parece probable, por todo cuanto hemos comentado, que esta fuera la fecha exacta de la primera Navidad, pero su determinación fue fruto del esfuerzo de los primeros cristianos latinos para averiguar la fecha histórica de la muerte de Cristo[66].

Este hecho me trae a colación una aseveración que circula profusamente en la actualidad: que la determinación del 25 de diciembre como fecha del nacimiento de Jesús fue una apropiación de los padres de la Iglesia de la festividad pagana de Nacimiento del Sol Invicto, *Natalis Invicti*. En realidad, es todo lo contrario. La festividad fue instituida por el emperador Aurelio el 25 de diciembre de 274 como un intento de crear una alternativa pagana a una fecha que ya gozaba de cierta importancia entre los cristianos romanos, mientras que el culto al sol en Roma no tenía ningún sentido religioso en el calendario festivo pagano en tiempos anteriores a Aurelio[4, 67].

Teniendo en cuenta todo lo comentado anteriormente, no sabemos cuál fue la fecha exacta del nacimiento del Salvador. Nos encontramos con diversos escenarios: o bien ocurrió en diciembre, o en marzo, o en algún otro momento del año. Así que vamos a considerar otra variable: el estado del tiempo en Belén.

Según la página *Weather Spark*, la temperatura en Belén oscila durante el año entre 5°C y 30°C. Rara vez baja de 1°C o sube más de 33°C. Los veranos suelen ser largos, calurosos, áridos y despejados mientras que los inviernos son fríos y mayormente despejados[68]. Con estos datos, según la época del año, la Navidad pudo ocurrir en un clima cálido o frío. Sin embargo, debemos ser cuidadosos al generalizar, ya sabemos que podemos encontrar días cálidos en el invierno y viceversa.

En Israel, con un clima mediterráneo y subtropical, rodeado de los desiertos de Asia y África por una parte y el mar Mediterráneo por la otra, se produce una encrucijada de influencias climáticas de tal magnitud, que se han distinguido hasta 40 tipos distintos de clima en su reducida superficie.[69] Los vientos provenientes del entorno, también influyen. Así, los Vientos del Norte, también llamados del Aquilón o Septentrión, generan frío y tiempo despejado, mientras el Viento del Sur, también llamado Austral o del Mediodía, origina tormentas y calor. El Viento del Oeste o Poniente, da lugar a nubes y lluvias, y el Viento del Este, Levante, Oriental o Solano, produce sequía, nubes de arena y polvo. Y bandadas de langostas[70]. Lo cual hace que determinar el estado del tiempo con precisión histórica sea muy difícil.

Lucas nos dice en su Evangelio, que *Había en aquellos campos unos pastores que pasaban la noche al raso velando los rebaños* (Lc 2,8)[71]. El invierno transcurre en la llamada época de lluvias, desde octubre-noviembre a abril, lo cual, unido a las bajas temperaturas, hace difícil que los pastores puedan estar al raso durante la noche. De hecho, suelen llevar sus rebaños al redil para pasar el invierno. Argumento válido para anotar en contra de que el suceso ocurriese en un día invernal.

¿Y la nieve? Solemos representar el belén en un ambiente nevado. Un hecho cierto es que sí nieva en la región. De hecho, han ocurrido grandes nevadas en Belén, por ejemplo, en los años 1992 y 2013. De manera que no es del todo imposible que nevase hace dos mil años, aunque sí que es cierto que la nieve no es un fenómeno frecuente.

Para terminar, todos hemos sido testigos de cómo el estado del tiempo y el clima han ido cambiando en las últimas décadas y esa es una realidad normal en la historia. En dos mil años, pueden haber ocurrido muchos cambios importantes, aunque saber cómo es el tiempo actualmente nos permite aproximarnos a la realidad del Belén bíblico.

No obstante, si leemos algunos textos de las Escrituras o autores de la época, la región no parece tan árida y seca como en la actualidad. En el Génesis (Gn 13,10) el autor nos dice: *Lot levantó los ojos y vio toda la vega del Jordán, toda ella de regadío (…)* **como el jardín de Yahveh**[72]. Y en el Éxodo (Ex 3,8): *He bajado para librarle de la mano de los egipcios y para subirle de esta tierra a una tierra buena y espaciosa; a una tierra que mana leche y miel.*[73] La baja Galilea, donde Jesús transcurrió gran parte de su vida, parece haber sido la región más exuberante de Israel. El historiador Flavio Josefo, gran conocedor de la zona, narra: *Su naturaleza es maravillosa, así como su belleza; su suelo es tan fructífero que toda clase de árboles crecen en él* y más adelante señala que *se puede llamar a este lugar la ambición de la naturaleza*[74].

Podemos concluir que, en general, en tiempos de Jesús el clima era más moderado y húmedo que en la actualidad. La desertificación, que ya era un problema, por ejemplo, en la guerra con los romanos hacia los años 67-70 d.C. Se ha ido agravando, principalmente en los últimos siglos. Y el clima navideño pudo variar en dependencia de la época del año en la cual haya ocurrido la Navidad. Los elementos de que disponemos no nos permiten una aproximación mayor.

GEOGRAFIA DE LA NAVIDAD

Belén. El lugar del nacimiento de Jesús, como toda la Tierra Santa, ha cambiado con el paso de los años. Hoy Belén es una ciudad de unos 30 km² y con alrededor de 30 000 habitantes. Pero en tiempos de Jesús probablemente su población era de entre 100 y 800 personas. Está situada a unos 9 kilómetros al sur de Jerusalén, en las montañas de Judea, a 775 metros sobre el nivel del mar. En la actualidad, pertenece a Cisjordania, Palestina. Tiene un clima mediterráneo, con veranos secos y calurosos e inviernos fríos[75].

Fue fundada por los cananeos 3000 años a.C. y es el lugar donde murió Raquel, la esposa de Jacob. Su tumba se conserva en la zona norte. Es también el lugar de nacimiento y coronación del Rey David, de ahí que en los evangelios se le llame *ciudad de David*. Mateo la llama *Belén de Judea* (Mateo 2,1), que san Jerónimo traduce del griego, erróneamente, como Belén de Judá[76]. Y, además, en los textos bíblicos se le llama Belén Efratá.

A pesar de lo referido, era un poblado sin mucha importancia, el cual, con apenas 20 a 120 casas, debió verse muy sobrepasado con la avalancha de personas convocadas por el censo, entre los cuales estaban María y José. Es la razón de que no encontrasen posada. No obstante, la profecía era clara: *Mas tú, Belén-Efratá, aunque eres la menor entre las familias de Judá, de ti me ha de salir aquel que ha de dominar en la casa de Israel, y cuyos orígenes son de antigüedad, desde los días de antaño.*[77] (Mi 5,1)

Belén, en hebreo בית לחם, *Beth-lehem*, significa *casa del pan*.

Nazaret. José y María vivían en Nazaret y a la misma regresaron después del nacimiento de Jesús, de manera que es el lugar donde creció y se formó el pequeño Jesús y vivió hasta el comienzo de su vida pública. Es también el lugar donde ocurrió la Anunciación y el sí de María.

Según la Oficina Central de Estadísticas de Israel, Nazaret (en hebreo, נְצֶרֶת, *Natzrat*) contaba en noviembre de 2018 con unos 76 558 habitantes[78]. Tiene una superficie de 16,5 km² y se encuentra al sur de los montes del Líbano, en el norte del actual Estado de Israel, en la región de Galilea.

En los tiempos bíblicos, Nazaret no parece haber sido una ciudad importante. De hecho, no se le menciona en el Antiguo Testamento ni en los apócrifos ni es nombrada por los rabinos judíos ni por Flavio Josefo. Probablemente tenía entre 600 metros de longitud por 200 de ancho, por lo cual es difícil que albergara más de 400 habitantes[79]. Sin embargo, descubrimientos arqueológicos relativamente recientes sí la mencionan.

De Nazaret a Belén. Nos dice el Evangelio que el emperador convocó un censo para contar la población. María, que ya estaba en avanzado estado de gestación, debió desplazarse junto a José, su esposo, hasta Belén. Era la costumbre, contar en el pueblo de procedencia y José, descendiente de David, era de Belén. De manera que no les quedaba otra que emprender la marcha y recorrer la distancia entre ambas localidades.

En la actualidad, si consultamos un mapa, podemos ver que Belén se encuentra a unos 155 km de distancia de Nazaret. Se pueden recorrer en unas 2 o 3 horas en coche, según la ruta elegida. Pero hacer el recorrido a pie llevaría unas 33 horas, aunque ha de tenerse en cuenta que este sería el tiempo invertido si se recorre sin detenernos a descansar, comer, reponer fuerzas o dormir.

El viaje que enfrentó la pareja probablemente duró más tiempo y debió ser duro y difícil para ellos. María estaba ya en avanzado estado de gestación, muy cerca del momento del parto. Los caminos no estaban asfaltados. Es posible que contasen con un asno para llevar las provisiones y para que a María le fuese menos penoso el trayecto.

Probablemente tuvieron que hacer cinco o seis estancias y pernoctar en los albergues de la ruta[80].

¿QUIÉNES VIVIERON LA PRIMERA NAVIDAD?

Los acontecimientos de la Navidad fueron vividos por un pequeño grupo de personas, de los cuales hemos tenido noticias por las Escrituras.

Veamos brevemente quienes fueron.

Jesús de Nazaret. Jesús es el centro de la Navidad, su razón de ser. La Navidad celebra su nacimiento y las circunstancias en las que ocurrió. Un nacimiento esperado con ansias durante siglos por el pueblo de Israel, al cual el Padre prometió enviarles un Salvador, el Mesías, el Señor.

Jesús, al que también llamamos Jesucristo, fue un personaje histórico, de ello no cabe ninguna duda. Su lugar en la historia no solamente se debe a predicar un mensaje nuevo y liberador, ni al ser muerto en una cruz en lo que, a la sazón, era el peor escarnio de la época sino, principalmente, porque venció a la muerte y resucitó. Es un misterio de la fe que vivimos los creyentes, pero que es el centro de la vida cristiana. No en balde, diría san Pablo: *Y si no resucitó Cristo, vana es nuestra predicación, vana también nuestra fe* (1 Co 15,14)[81]

Pretender descristianizar la Navidad, olvidando o silenciando su razón de ser, intentando convertirla en un festival de invierno o en una fiesta sin más, es despojarla de su significado, de su origen, de su intención, de su sentido. Sin Jesús, no es Navidad.

María de Nazaret. María es otro de los actores de primer orden de la Navidad. La joven hebrea que llevó en su vientre al Hijo de Dios y al cual dio a luz en aquella noche singular. La madre que le alimentó y le enseñó sus primeros pasos y palabras, la que le acompañó hasta los dolorosos momentos al pie de la Cruz, la misma que estuvo presente con los discípulos hasta el final de sus días en la tierra. La madre de Jesús, del cual creemos que es Dios. Y, por lo tanto, a ella la llamamos Madre de Dios. Porque lo es.

Si Jesús es imprescindible para entender la Navidad, también lo es María de Nazaret. La joven judía fue interpelada por el ángel en nombre del Señor de Israel, había sido elegida para ser la depositaria de la promesa. Y se le peguntó por su opinión. La joven dudó, se sintió turbada, pero finalmente aceptó. En aquel Sí se hizo madre del Salvador y madre nuestra. De su papel en la historia nunca se dirá lo suficiente y, por ello, es y ha sido una figura tan querida en la cristiandad.

José de Nazaret. A José nos lo presenta Mateo como un hombre justo. Estaba prometido con María e hizo las veces de padre de Jesús, puesto que su verdadero padre es Dios. Las únicas fuentes fiables sobre él son los evangelios de Mateo y Lucas, precisamente en los pasajes sobre el nacimiento e infancia de Jesús, y luego ya no se le menciona más. Pero hay un detalle común, ambos incluyen una genealogía que detalla sus ancestros hasta el rey David, del cual era descendiente.

José era un *tekton,* palabra que significa tanto mecánico en general como carpintero en particular, según nos dice la Enciclopedia Católica[82], añadiendo que San Justino se inclina por carpintero y así lo ha aceptado la tradición, interpretación que también es seguida por la Biblia inglesa o Biblia de Douay.

José hará las veces de padre, será el custodio y sostén de la familia. A pesar de lo poco que nos dicen los evangelios, todos le tenemos en mente aceptando la entrega de María al Señor, confiando en ella, acompañándola en el viaje a Belén, buscando posada en la pequeña aldea, asistiendo al Nacimiento, poniendo a salvo a su familia ante el aviso del ángel, y la consiguiente huida a Egipto.

Los ángeles. La palabra ángel proviene del latín *angelus*, en griego es *aggelos*, y del hebreo MLAK, cuya raíz MAK significa *uno que va* o *enviado*[83]. Es decir, mensajero. En sentido bíblico, los ángeles son mensajeros de Dios. Y, dicho sea de paso, también sus servidores[84]. En los acontecimientos en torno a la Navidad, lo ángeles estuvieron muy presentes. Hagamos un breve resumen de su actuar en aquellos días, según el testimonio de Mateo y Lucas en sus evangelios[85, 86, 87], cuando estos los mencionan expresamente.

Según el Evangelio de Mateo:

El **ángel del Señor** se aparece a José en sueños y le pide no tener reparos en recibir a María, quien concebirá un hijo que viene del Espíritu Santo y al que ha de llamar Jesús.

Nuevamente en sueños, el **ángel del Señor** comunica a José que debe huir a Egipto, con Jesús y María, y permanecer allí, hasta que él les avise.

Cuando muere Herodes, **el ángel** comunica a José, nuevamente en sueños, que ya pueden regresar a la tierra de Israel.

Según el Evangelio de Lucas:

El **ángel del Señor** se aparece a Zacarías mientras sirve en el templo, para anunciarle que su esposa Isabel concebirá un hijo, al que ha de llamar Juan. Ambos son viejos, así que Zacarías duda. Y eso hace que el ángel se identifique: *Yo soy Gabriel*, antes de comunicarle que quedará mudo por no haber creído en sus palabras.

El **ángel Gabriel** es enviado a una joven hebrea, María, para anunciarle que concebirá y dará a luz un hijo, al que pondrá por nombre Jesús. Este suceso lo conocemos y celebramos como la Anunciación.

Después del nacimiento de Jesús, cuenta Lucas que estaban por allí unos pastores, velando al raso, y se les apareció un **ángel del Señor** anunciándoles una gran alegría, que también lo será para todo el pueblo: ha nacido un Salvador, que es el Mesías, el Señor. Y les dice cómo identificarlo: encontraran a un niño envuelto en pañales y acostado en un pesebre. Y ocurre otro suceso singular. Nos narra Lucas que, de repente, se junta al ángel **una multitud del ejército celestial** para alabar a Dios diciendo: ¡Gloria a Dios en las alturas y en la tierra paz a los hombres en quienes él se complace!

El rey Herodes. El rey Herodes será quien reciba a los Magos y los conmine a avisarle cuando encuentren al Mesías, con la supuesta intención de ir también a adorarle. Y como los Magos no regresan, decide dar la cruel orden para que todos los niños de Belén menores de 2 años sean ejecutados. Lo cual concuerda con la sucesión de crueldades que ordenó perpetrar en su propia familia.

Herodes, conocido como Herodes el Grande, nació el 73 a.C. y la primera mención conocida sobre él es como gobernador de Galilea. Accedió a la corona de Judea gracias a la intercesión de Antonio y Marco ante el Senado romano. Asesinó a Hircano y Aristóbulo, abuelo y hermano de su esposa, Mariamne, la cual también fue ejecutada en el año 29 a.C. La misma suerte corrió la madre de esta el año siguiente[88].

Según Flavio Josefo, se casó con diez mujeres[89] con las cuales tuvo muchos hijos, a algunos de los cuales también ordenó asesinar.

Fue un gran constructor, es sabido que los tiranos se perpetúan en piedra. A él se debe la construcción de ciudades y templos, algunos dedicados a falsos dioses. Su obra mayor fue la construcción del Templo de Jerusalén.

Los pastores. En todas las representaciones de la Navidad, veremos a un grupo de pastores. Nos dice el Evangelio que, mientras velaban en la noche, el ángel del Señor les anunció la buena nueva y ellos fueron en busca del pequeño, para adorarle. Los pastores fueron los primeros en recibir la Buena Nueva y los primeros en ir al encuentro de Jesús y por ello se afirma que fueron los primeros cristianos.

En su libro La Infancia de Jesús[59], Benedicto XVI se refiere a ellos como los primeros testigos del gran acontecimiento, añadiendo que era normal encontrar pastores custodiando sus rebaños en los campos fuera de las ciudades. Para el papa Ratzinger, ellos representan a los pobres de Israel, a los pobres en general: los predilectos del amor de Dios

Los magos. La historia de la Navidad nos parece incompleta sin la aparición de los Reyes Magos, en número de 3, de los cuales incluso sabemos sus nombres: Melchor, Gaspar y Baltazar. Sin embargo, la principal fuente por la cual sabemos de ellos, el Evangelio según san Mateo, no menciona nada de esto. Ni que eran reyes, ni que fueran 3 ni sus nombres.

Ya he citado anteriormente que la fuente de estos datos se encuentra principalmente en los evangelios apócrifos[90]. El evangelio armenio de la infancia revela sus nombres. El número de 3 probablemente es una deducción derivada del número de regalos que presentaron: oro, incienso y mirra. Sin embargo, en Oriente la tradición habla de 12 y si buscamos en las pinturas del arte cristiano primitivo, podemos encontrar dos, tres, cuatro y hasta ocho.

Nuevamente en su libro La infancia de Jesús, Benedicto XVI nos explica que el término mago (*mágoi*) tenía diferentes significados. A saber, la palabra designaba a la casta sacerdotal persa, o bien a aquellos dotados de saberes y poderes sobrenaturales y también a los brujos. Incluso podía designar a embaucadores y seductores. Más adelante en el capítulo IV, que dedica por completo a los Magos de Oriente y la huida a Egipto, nos dice que, aunque no pertenecían exactamente a la clase sacerdotal persa, sí que tenían un conocimiento religioso y filosófico que se había desarrollado y aún persistía en aquellos ambientes. Todo lo cual habría influido en el hecho de que se pusieran en camino al percibir en el lenguaje de la estrella un mensaje de esperanza. Con lo cual concluye que estos magos, hombres sabios de Oriente, representan el camino de las religiones hacia Cristo. Los ve como predecesores, precursores, de los buscadores de la verdad[59].

OTROS *TESTIGOS* DE LA NAVIDAD

Gran importancia tienen en esta historia no solo las personas que la protagonizaron, sino también los lugares donde ocurrió y los objetos y animales que pudieron estar presentes, hasta el punto de haber pasado a formar parte de la memoria navideña popular y eclesial. En este apartado, revisaremos algunos de estos mudos testigos del acontecimiento más importante de la historia.

El pesebre. El pesebre era el sitio donde se ponía la comida de los animales. Podía estar hecho de madera, barro o piedra. El ángel dice a los pastores: *encontraran a un niño envuelto en pañales y acostado en un pesebre.* María y José no encontraron lugar en las posadas de Belén y tuvieron que refugiarse en las afueras. Y probablemente no había otro lugar donde acostar al pequeño. El Hijo de Dios no solo nace pobre, sino que su madre tiene que ponerlo en un lugar destinado a comedero de animales. Y así, este lugar destinado a la comida de los animales acoge al pan bajado del cielo[59], el alimento de los cristianos.

La estrella de Belén. Ya he comentado anteriormente que, al intentar calcular la fecha del nacimiento de Cristo, hubo un error. Hoy sabemos que este acontecimiento debió ocurrir en torno a los años 6 o 7 a.C., lo cual es un dato que cobra particular importancia cuando hablamos de la estrella de Belén.

Según narra Mateo en su Evangelio, los magos fueron guiados por una estrella hasta el portal de Belén. De hecho, en todas las representaciones de la Navidad, la estrella es una constante. Su presencia ha motivado disquisiciones teológicas e, incluso, astronómicas.

Se ha dicho que pudo ser un cometa, y muchas veces se la representa como tal. Precisamente, la palabra que usa el evangelista es *aster*, que puede significar cometa. Pero no existen registros de ningún cometa que pueda corresponderse con la estrella[91].

Benedicto XVI, al que volvemos nuevamente en su imprescindible libro La infancia de Jesús[59], nos cuenta como Johannes Kepler, fallecido en 1630, calculó que entre los años 7 y 6 a.C. *ocurrió una conjunción de los planetas Júpiter, Saturno y Marte* a la cual se habría añadido también una supernova. Era de la opinión que la estrella bíblica era una supernova. También cita a Friedrich Wieseler, quién encontró unas tablas cronológicas chinas que hablan de la aparición, en el año 4 a.C., de una estrella luminosa.

En la actualidad, parece un hecho cierto que ocurrió esta conjunción y que pudo ser la señal que movió a los magos a ponerse en camino, sobre todo si se tiene en cuenta la importancia que se daba a la astrología en la antigüedad. Pero, y de nuevo cito a Ratzinger, este fenómeno pudo ser el impulso, aunque por sí solo no pudo hablarles si no hubiesen sido movidos interiormente por la esperanza.

La gruta. Lucas no habla del lugar donde ocurre el nacimiento, sencillamente nos dice: *Mientras estaban en Belén le llegó a María el tiempo del parto, y dio a luz a su primogénito, lo envolvió en pañales y lo acostó en un pesebre, porque no había sitio para ellos en la posada* (Lc 2,6-7)[71]. Por otra parte, Mateo nos dice que los magos *entraron en la casa* (Mt 2,11)[92] aunque hay que tener en cuenta que la llegada de los magos se sitúa en un momento posterior al nacimiento.

Si María acostó al niño en un pesebre, la conclusión de que se trataba de un establo es lógica. Benedicto XVI, citando a Stuhlmacher, nos dice que, *en la región en torno a Belén, se usaban grutas como establo.*[59] Y abunda sobre la tradición, desde Justino y Orígenes, según la cual el nacimiento de Jesús ocurrió en una gruta. Cita cómo, después de la expulsión de los judíos de Tierra Santa en el siglo II, Roma convirtió la gruta en un lugar de culto a Tammuz-Adonis, con lo cual se pretendía borrar la memoria cristiana del lugar.

La gruta de Belén, que probablemente se utilizaba como establo, fue el refugio de la sagrada familia el día del nacimiento del Salvador y ha quedado como parte inseparable de la memoria navideña.

La mula y el buey. Los Evangelios nada dicen de ellos. Pero se puede suponer que algunos animales también fueron testigos del nacimiento, teniendo en cuenta que probablemente la gruta era utilizada como establo. La inclusión del buey y la mula, o el asno, parecen deberse a san Francisco de Asís, cuando organizó la primera representación de un belén viviente, en el año 1223.

RELIQUIAS DE LA NAVIDAD

Las reliquias han sido parte de la forma de vivir la fe en sectores del cristianismo, así como en otras religiones. En realidad, es una práctica que también tiene lugar en otros ámbitos de la vida humana, tales como los museos de cualquier tipo, en los cuales podemos encontrar expuestas, por ejemplo, las ropas de determinadas personalidades de la historia.

La palabra reliquia proviene del latín *reliquiae*, que significa restos. De ahí que, según el Diccionario de la Real Academia de la Lengua Española, con reliquia nos podemos referir bien a parte del cuerpo de un santo, como a todo el cuerpo, o aquello que, por haber tocado el cuerpo de un santo, es digno de veneración[93]. De hecho, la sexta acepción también se refiere a un objeto o prenda con valor sentimental, generalmente por haber pertenecido a una persona querida. Probablemente es la razón por la cual comenzaron a conservarse las reliquias.

Ya desde los primeros siglos del cristianismo hay testimonios de la consideración por los restos u objetos relacionados con los mártires, de tal manera que, al terminar las persecuciones, se difundió el respeto a las reliquias y la búsqueda de objetos relacionados con Jesús o personas que convivieron con él. Sin embargo, con el pasar de los años, se llegó a verdaderos abusos y falsificaciones, denunciados incluso por algunos Santos Padres, como san Jerónimo y san Agustín.[94, 95] Diversos Concilios, entre ellos los de Trento y el Vaticano II han apostado por poner orden en el tema.

No es objeto de este libro debatir sobre este asunto. Me limito a exponer una breve relación de algunas reliquias relacionadas con la Natividad del Señor.

La reliquia de la Santa Cuna. Son unos fragmentos de madera, de los cuales se afirma formaron parte de la cuna o pesebre donde la Virgen acostó a su hijo recién nacido. Se conservan en la Basílica de Santa María la Mayor, en Roma. La impresionante iglesia es una de las cuatro basílicas papales, también conocidas como basílicas mayores. Fue edificado un primer templo en la cumbre de la colina del Esquilino, a instancias del papa Liberio, en un lugar marcado por una milagrosa nevada ocurrida el 5 de agosto de 358. Fue dedicado a Nuestra Señora de las Nieves.

Sobre esta iglesia, hacia el 432, el papa Sixto III ordenó construir otro templo también dedicado a la Virgen, luego que el Concilio de Éfeso del 431 proclamó el dogma de la maternidad divina de María. Allí mandó construir una gruta de la Natividad, similar a la del pesebre.[96]

Las reliquias de la cuna habrían llegado a Roma, procedentes de Tierra Santa, durante el pontificado del papa Teodoro (640-649), para protegerlas de los vándalos y de la invasión musulmana. En la actualidad, son 5 fragmentos de madera de sicómoro, del cual algunas variedades crecen en Israel. Estos fragmentos de madera debieron formar parte del soporte donde se colocaba el pesebre.[97] Uno de ellos no se considera auténtico y faltaría un sexto madero.[98].

En 1606, la reina de España, Margarita de Austria, ofreció un relicario de plata para guardarlos, el cual desapareció en los disturbios de 1797. Los fragmentos están contenidos actualmente en un hermoso relicario en forma de cuna, construido en cristal y plata, obra del arquitecto italiano Giusseppe Valadier y ofrenda de la duquesa española Manuela de Villahermosa.[99] El *cunabulum*, como también se le conoce, se encuentra actualmente, en su relicario, debajo del altar mayor.

En la Navidad de 2019, fue titular en muchos medios que las reliquias de la Santa Cuna regresaban a Tierra Santa. El papa Francisco donó uno de los maderos a Belén, de donde habían salido 1400 años antes. El papa ofreció un nuevo relicario en forma de ostensorio, perteneciente al siglo XVII o XVIII.[96, 100]

Reliquias de los pañales. Se trataría de pequeños trozos de tela, provenientes de los pañales con los que fue envuelto el pequeño Jesús. Se les suele llamar *panniculum*.

En la basílica de Santa María la Mayor se conserva un pequeño fragmento de 20 x 15 cm. A inicios del siglo V las emperatrices Eudocia y Pulqueria habrían obtenido del Patriarca de Jerusalén pañales del Niño Jesús, algunos de los cuales pudieron llegar a Roma junto con la Santa Cuna[101].

Otro fragmento, en este caso de lino, de unos 20 x 25 cm, se conserva en el Museo Diocesano de Spoleto, en Italia, muy cerca de la catedral. Tiene un certificado de autenticidad que data de 1175. Estuvo perdido durante 30 años, olvidado en uno de los armarios de la antigua sacristía, hasta que fue redescubierto en 1996, durante obras de restauración en la catedral. Se conserva en un relicario de plata de 1670. Suele ser exhibido en la Nochebuena.[101, 102]

Una reliquia del Santo Pañal está relacionada con Lérida (Lleida). Se trata del *Sant Drap* o primer pañal. Habría llegado a la ciudad catalana gracias al mercader Arnau Solsona, quien lo obtuvo en Túnez. Se desconoce cómo llegó de Jerusalén a Túnez. Arnau lo donó a la catedral en 1297, poco antes de morir. Allí fue custodiado durante siete siglos. En 2021 se encontró una documentación, procedente del Banco de España, según relata el diario español La Razón, según la cual el 26 de abril de 1937 se registró un depósito de alhajas *constituido por José Vidal Ruiz a disposición del Gobierno de la Generalitat de Cataluña* con una caja de madera que contenía el fragmento de pañal, y una nota al margen: *incautado por los rojos*[102]. Desde entonces se desconoce su paradero, aunque sí han sobrevivido algunos hilos del pañal, los cuales se conservan en la Iglesia de Escalona del Prado, en Segovia, y otros son propiedad de la familia Puig, de Barcelona[103].

En la catedral croata de Dubrovnik también se custodian unos restos de los pañales, en un relicario de plata. La antigua catedral debe su origen a Ricardo Corazón de León. Fue destruida en el terremoto de

1667 y reconstruida hacia 1713. El relicario con el fragmento del pañal forma parte de los tesoros de la catedral, tenidos en gran estima por los habitantes de la ciudad. Tanto es así que, según se dice, los raguseos (Dubrovnik se llamó anteriormente Ragusa) aseguraron el tesoro con tres llaves. Una quedó en posesión del duque, la otra en las manos del obispo y la tercera del secretario de la República. Solamente girando las tres al unísono se podía acceder al tesoro[104, 105, 106].

La gruta de la leche. Muy cerca de la Iglesia de la Natividad, a 5 minutos andando los 350 metros que las separan, se encuentra la Gruta de la Leche. Si se pudieran caminar en línea recta, hacia el sur, serían apenas 200 metros.

Según la tradición, después de la natividad, María, José y el Niño Jesús se refugiaron brevemente aquí antes de su huida a Egipto. María cuidaba al pequeño y lo alimentaba y, durante este acto, algunas gotas de leche habrían caído en la roca. La superficie de la gruta, que era rojiza, se tornó blanca.

El sitio fue venerado por primera vez en el siglo IV. El papa Gregorio XI reconoció la gruta en 1375. En 1872 se construyó una iglesia franciscana a su alrededor y en 2007 una capilla moderna, conectada a la antigua por un túnel[107].

En la actualidad la roca sigue siendo blanca y muchas mujeres, tanto cristianas como musulmanas, acuden a ella para pedir a la Virgen abundancia de leche. Igualmente, piden a la Madre que interceda para obtener la bendición de un embarazo. En el interior de la Gruta hay un lugar donde se guardan centenares de cartas de personas de los más diversos lugares del mundo, en las que aseguran haber recibido una gracia especial de Nuestra Señora de la Leche. Según Fray Fadi Shallufi, a quien cita el portal Primeros Cristianos, en 2017 se recogieron unos 450 milagros[108]. Desde 2004 a 2016, los franciscanos han recibido más de cuatro mil cartas de padres agradecidos por haber logrado tener un hijo luego de la visita a la Gruta[109].

La devoción se extendió a Europa después del regreso de los Cruzados desde Tierra Santa, como Nuestra Señora de la Leche y del Buen Parto.

Otros templos también custodian gotas de la leche de la Virgen, probablemente en relación con el polvo de la roca de la Gruta de la Leche de Belén. En el Museo de la Catedral de Murcia existe una redoma de cristal adornada con una estrella de oro que contiene leche solidificada que se licuaba el 15 de agosto, festividad de la Asunción, y que nadie en décadas se ha molestado en comprobar[110]. El simple hecho de que se conserve en el museo en lugar de en el templo evidencia las dudas sobre su autenticidad.

Existen otros relicarios con la leche de la Virgen en la Colegiata de San Lorenzo de Montevarchi en Arezzo, Italia; en la Sainte Chapelle de París; en la Abadía de Nuestra Señora d'Evron y en la Catedral de Chartres[111].

El relicario de los Reyes Magos. La catedral de Colonia es famosa por muchos motivos. Es un hermoso templo gótico. Comenzó a construirse en 1248 y las obras concluyeron en 1880, siendo en aquel momento el edificio más alto del mundo, con 157,38 metros de altura, podio que ocupó hasta 1884[112]. Es el monumento más visitado de Alemania y alberga diversos tesoros, entre los que destacan sus vitrales medievales. El más famoso, sin embargo, es un hermoso relicario, origen de la construcción del templo. Según afirma la tradición, contiene los restos de los 3 Reyes Magos.

La Biblia no dice nada sobre los magos después de los sucesos de la Navidad. Aparte de los evangelios apócrifos, también tratan sobre el tema la obra *Opus imperfectum in Mattheum*, de un escritor arriano posterior al siglo VI, y el libro del siglo XIV *Historia Trium Regum* (Historia de los Reyes Magos), obra de John of Hildesheim, que se basaba en leyendas de los siglos V y VI.

Según estos escritos, los Magos habrían sido bautizados por santo Tomás y trabajado mucho para la propagación de la fe, hasta su muerte[113]. La tradición se mezcla con la leyenda para ofrecernos versiones distintas sobre su final. Las dos más extendidas son que murieron mártires hacia el año 70 d.C., o bien que fallecieron con pocos días de diferencia entre ellos, los tres siendo centenarios. Ambas dan por sentado que eran tres. Y afirman que fueron enterrados juntos.

Santa Elena, la madre del emperador Constantino, habría recuperado sus cuerpos en la India, aunque otra versión afirma que fue en Tierra Santa, y los llevó a la gran iglesia de santa Sofía en Constantinopla.

Entre los años 343 y 349 d.C., san Eustorgio fue arzobispo de Milán. Se dice que acudió a Constantinopla para recibir el visto bueno del emperador Constantino. Recibió algo más: un sarcófago que contenía las reliquias de los magos. El arzobispo tenía intención de llevar las reliquias a la basílica de Santa Tecla, pero llegando a Milán, ante la *Porta Ticinese*, los bueyes que tiraban del carro donde transportaba los restos, se detuvieron inexplicablemente y se negaron a continuar la marcha. Al buen santo no le quedó más remedio que desistir de su idea original. Y ordenó construir allí, fuera de las murallas de la ciudad, un templo para albergarlos. En la actualidad se le conoce como basílica de San Eustorgio y es uno de los templos milaneses más antiguos[114].

En la basílica de san Eustorgio permanecieron hasta el siglo XII. Por esta época, los milaneses se rebelaron contra el emperador del Sacro Imperio Germánico, Federico I, conocido como Barbarroja. El emperador pidió ayuda al arzobispo de Colonia, el cual recuperó la ciudad milanesa para el imperio. En agradecimiento y ante las insistentes súplicas del arzobispo, el emperador regaló las reliquias al arzobispo y este las llevó a Colonia en 1164 [115].

En 1248 se comenzó a construir la actual catedral para albergar el relicario, que ya por entonces recibía la visita de miles de peregrinos.

Allí podemos admirarlo actualmente, detrás del altar mayor.

El relicario tiene forma de basílica y es una cuidada pieza de orfebrería medieval, de extraordinaria belleza. Probablemente es el relicario de mayor tamaño de la cristiandad. Obra del artista francés Nicolás Verdún, mide 220 centímetros de longitud, 110 de ancho y 153 de alto. Está construido sobre una base de madera cubierta por baño de oro y plata, con filigranas, esmalte y unas mil piedras preciosas. Pueden admirarse 74 figuras en bajorrelieve de plata dorada, sin contar otras figuras adicionales más pequeñas. Su peso es de aproximadamente 350 kilogramos[116].

El relicario fue abierto el 21 de julio de 1864 y se descubrió que contiene los restos de tres esqueletos casi completos, de un joven de 12 años y dos hombres mayores, de 30 y 50 años. Las edades encajan con antiguas representaciones de los magos, principalmente un mosaico del siglo VI en Rávena. En 1979, se analizó la tela en que se habían envuelto los huesos. Se trataba de un damasco de seda y púrpura del siglo II o III después de Cristo. Sin embargo, el análisis de los huesos no se ha realizado, por lo que siguen existiendo criterios a favor y en contra de que los restos sean los de los magos[117].

En cualquier caso, como afirma Norbert Feldhoff, se trata de una cuestión de devoción.

Entre 1903 y 1906, gracias a diligentes gestiones del cardenal Andrea Carlo Ferrari, obispo de Milán, una pequeña parte de las reliquias regresó a la basílica de San Eustorgio. Se trata de dos peronés, una tibia y una vértebra, conservados en un ataúd, cerca del gran sarcófago que contenía antiguamente los restos[118, 119].

Como pasa con sus vidas, no hay evidencias arqueológicas firmes que nos permitan afirmar que estos son realmente los restos de los Magos. Tampoco las hay para negarlo.

En 2014 se cumplieron 850 años del traslado de las reliquias de Milán a Colonia. Para la conmemoración, el papa Francisco nombró al cardenal Angelo Scola, arzobispo de Milán, como su representante en los festejos.

Otras reliquias. Existen otras reliquias relacionadas con la Navidad, menos conocidas, pero no por ello menos interesantes.

En el Santo Monasterio de San Pablo, en el Monte Athos, en Grecia, se conserva lo que es un tesoro para la iglesia ortodoxa griega: los llamados Tres Dones. Se trataría de los regalos presentados por los Magos al niño Jesús, a saber, oro, incienso y mirra. El oro se conservaría en forma de 28 tejas planas talladas con esmero, con diversas formas (poligonales, trapezoidales, rectangulares) que miden unos 5 x 7 cm. El incienso y la mirra se conservan como una mezcla en forma de sesenta y dos pequeñas cuentas esféricas del tamaño de una aceituna. La Virgen habría conservado, entre otros, estos recuerdos de la vida de su hijo y los habría dejado posteriormente a la iglesia de Jerusalén[120]. Las reliquias han estado expuestas en Moscú, Minks, Kiev y San Petersburgo, habiendo sido visitadas por miles de peregrinos.

Por otra parte, en la iglesia de San Bartolomeo, en la ciudad italiana de Brugherio, a unos 14 kilómetros de Milán, se conservan tres falanges que se atribuyen a los magos. La ciudad se construyó cerca de un monasterio del siglo XI, erigido a su vez sobre la casa del siglo VI donde vivió santa Marcelina, a la cual su hermano, san Ambrosio, regaló las referidas falanges de los dedos de los magos. El relicario donde se conservan se expone a los fieles cada año, en la Epifanía, ocasión de solemnes fiestas en la ciudad[121].

Una reliquia curiosa, singular y con pocos visos de verisimilitud, es el llamado Santo Prepucio Tiene su origen en la narración del Evangelio Árabe de la Infancia (uno de los apócrifos del Nuevo Testamento), según el cual *se lo circuncidó en la caverna, y la anciana israelita tomó el trozo de piel (otros dicen que tomó el cordón umbilical), y lo puso en una redomita de aceite de nardo*[122]. Se atribuye su aparición en alrededor de 32 ciudades europeas y habrían reclamado su autenticidad 14 lugares. Lo cierto es que ya a principios del siglo XX el Santo Oficio había prohibido su veneración[123].

TEMPLOS DEDICADOS A LA NAVIDAD

Como no podía ser de otra manera, muchos templos en el orbe cristiano se han dedicado al nacimiento del Salvador, si bien es cierto que no son los más numerosos entre los distintos títulos de las iglesias. Me centraré en algunos de los más conocidos, sin pretender abarcar todos los existentes. En general, encontramos aquellos dedicados a la Natividad de Cristo o a Nuestra Señora de la Natividad, en segundo lugar, los dedicados a los Reyes Magos o a la Epifanía, y los dedicados a la Estrella de Belén.

En el Anexo V dejo un recopilatorio de algunos de estos templos a lo largo del mundo. He encontrado templos de las iglesias católica, ortodoxa, principalmente la rusa, pero también griega, armenia, rumana y búlgara, y de la iglesia bautista.

Basílica de la Natividad. Si hay un templo que destaca entre todos los que han sido dedicados a algún momento de la Navidad, la Basílica de la Natividad, en Belén, es el más importante de todos ellos. Es uno de los templos cristianos en uso más antiguos del mundo y centro de peregrinaciones que tienen su origen en todo el orbe.

Forma parte de un complejo al que podemos llamar Iglesia de la Natividad, formado por varios edificios, ocupando un área de doce mil metros cuadrados. Entre ellos destaca la basílica, que tiene forma de cruz latina y cinco naves, con una longitud de 53,90 metros y 26,20 metros de ancho. La nave central está bordeada por 44 columnas rosadas, construidas en piedra caliza, distribuidas en 4 filas[124].

Se construyó sobre la gruta donde nació Jesús. Diversos testimonios dan fe que los habitantes de Belén, durante los primeros siglos, recordaban lo sucedido en aquella gruta. San Justino, natural de aquella región, comenta ya en el siglo II sobre estos recuerdos, transmitidos de padres a hijos: la gruta utilizada como establo donde había nacido el Salvador. Orígenes, en los inicios del siglo III, da testimonio de que el lugar era perfectamente conocido en la localidad, incluso entre los no cristianos[125]. Tanto es así, que lo mismos romanos intentaron borrar el significado de la gruta, especialmente para los cristianos, y sembraron toda el área con árboles que formaban un bosque sagrado en honor del dios Adonis[126]. San Cirilo de Jerusalén escribió que vio los terrenos donde estaba la gruta, cubiertos de árboles[127]. Es sabido que, en tiempos del emperador Adriano, los romanos construyeron templos paganos en lugares sagrados para los cristianos, como el Santo Sepulcro y el Calvario, con el propósito de borrar el recuerdo de Jesús. Por todo lo dicho, la autenticidad del lugar no parece ofrecer muchas dudas.

En el siglo IV, el emperador Constantino I ordenó construir una basílica alrededor de la gruta. Fue consagrada el 31 de mayo de 339, en una ceremonia a la cual asistió su madre, Santa Elena, que tantos esfuerzos dedicó a la búsqueda de reliquias y lugares santos relacionados con el cristianismo. La basílica fue saqueada y destruida en una rebelión de los samaritanos, en 529 d.C. Justiniano ordenó entonces, la construcción de una nueva basílica, de mayor tamaño, en el lugar donde estaba la anterior. Es la que conocemos actualmente, con sus quince siglos de antigüedad[126]. Logró sobrevivir a las invasiones de los persas en 614 y la invasión musulmana de 647.

La basílica, al custodiar la gruta del nacimiento de Jesús, ha sido un lugar muy importante para los cristianos a través de la historia. Durante las cruzadas, los monarcas de los reinos cruzados de Jerusalén preferían ser ungidos en sus tronos en este templo. En 1347, se concedió el derecho de la custodia de la gruta y la basílica a los franciscanos de Tierra Santa. Entre 1645 y 1669 se concedió el mismo derecho a los ortodoxos griegos y, entre 1810 y 1829, a los armenios ortodoxos.

El control sobre la basílica ha sido motivo de disputa en muchas ocasiones. En 1852 se alcanzó el Acuerdo de Statu Quo de los Santos Lugares, que definió los derechos y privilegios sobre la Iglesia de la

Natividad. Dos años más tarde, en 1854, surgió una nueva disputa, esta vez entre Francia y Rusia. Por aquel entonces la controlaba la Iglesia Ortodoxa Griega, pero Napoleón III convenció al Sultán Abdul Mejid I, para que retirar dicho control a los greco-ortodoxos y cederlo a la Iglesia Católica, nombrando a Francia protectora soberana de Tierra Santa[126].

Dos acuerdos internacionales posteriores, en Berlín, 1878 y París, 1888, regularon el control sobre los lugares santos. Desde entonces, es tradición que los cónsules generales de España, Italia, Francia y Bélgica, los países que participaron en aquellos acuerdos, participen en la misa de Nochebuena en la basílica de Belén.

En la actualidad, la Iglesia Ortodoxa Griega posee la mayor parte del lugar, a saber: el cuerpo principal de la basílica, incluida la nave, los pasillos, el *Katholicon* (coro y santuario), el crucero sur y el altar de la Natividad. La Iglesia Católica regenta el altar de la Adoración de los Reyes y la Gruta del Pesebre. También tiene la propiedad de la estrella de plata que marca el lugar del nacimiento del Salvador. Los ortodoxos armenios tienen derecho de paso y procesión. Los ortodoxos siriacos y coptos tienen derechos menores. Por acuerdo, se distribuyen los horarios, ceremonias litúrgicas, derechos y deberes entre estas iglesias.

A la basílica se accede por una puerta diminuta, de apenas metro y medio, que obliga a entrar de uno en uno y a inclinarse. Según Benedicto XVI, antiguamente era un portal de cinco metros y medio de altura, que fue tapiado dando paso al actual, al que se llama Puerta de la Humillación o Puerta de la Humildad, por el hecho de tener que inclinarte para entrar, en lo cual él ve un gesto de humildad ante el lugar sagrado[124]. El objetivo primario era evitar el acceso a caballo en un lugar donde a través de la historia han ocurrido tantos desencuentros y así proteger el interior de la basílica.

La gruta de la Natividad la podemos encontrar bajo el presbiterio. Es estrecha, casi rectangular, mide unos 12 metros de longitud por 3,5 metros de ancho. Veremos un altar, en cuyo suelo de mármol, una estrella de plata, de 14 puntas, marca desde 1717 el lugar donde nació Jesús. Teniendo en cuenta que el suelo original ha sido cubierto con mármol, un orificio en la estrella permite admirarlo. La estrella tiene grabada una leyenda: *Hic de Virgine Maria Iesus Christus natus este* (Aquí, de la Virgen María, nació Jesucristo). Del techo, cuelgan 15 lámparas votivas. Seis de ellas pertenecen a la Iglesia Ortodoxa, cinco a la Armenia y cuatro a la Iglesia Católica[128, 129, 130]. Cabe imaginar la emoción de los fieles al visitar el lugar sagrado y pensar que allí nació, hace dos milenios, el Salvador, el Mesías, el Señor.

Un par de metros a la derecha está la Capilla o Gruta del pesebre, en donde una oquedad en la roca indica el lugar donde habría estado colocado. También ha sido recubierto de mármol. Justo al frente del mismo, hay un altar dedicado a los Reyes Magos. Y muy cerca del presbiterio, el llamado Pozo de los Reyes Magos, una cisterna donde se habría reflejado la luz de la Estrella que les guio hasta Belén.

Partiendo de la gruta, hay túneles que nos llevan hasta la Gruta de San José, la Gruta de los Inocentes, y la Gruta de San Jerónimo, donde el Doctor y Padre de la Iglesia se cobijó[129].

Después de 500 años, las paredes de la basílica estaban ennegrecidas por el humo de miles de cirios que los fieles han encendido a través de los siglos en su interior. A partir de 2013 se emprendió una monumental obra de restauración, en varias etapas. Contó con la colaboración y acuerdo de todas las iglesias que tienen derechos, pero también deberes, en la basílica, en lo que ha sido considerado una muestra de ecumenismo ejemplar. Hoy pueden admirarse en su estado original 125 metros cuadrados de mosaicos limpiados y reparados con minuciosidad, de los dos mil metros cuadrados originales. El resto ha desaparecido por obra de la humedad, el paso del tiempo, la falta de mantenimiento, los terremotos o las guerras[131].

Anexa a la Basílica de la Natividad, se encuentra la Plaza del Pesebre. Actualmente es solo peatonal y es un punto de confluencia obligado. A ella dan también la Iglesia de Santa Catalina, de los franciscanos, la mezquita de Omar, el edificio del Municipio de Belén y el Centro de Paz. En la plaza confluyen vías conectadas a la historia bíblica, como la Calle de la Estrella y la Calle de la Natividad.

Capilla de la Gruta de la Leche. Por su cercanía con la Basílica de la Natividad y su posible vinculación con un lugar de descanso de la sagrada familia en su huida a Egipto, así como la tradición que la vincula a un posible milagro relacionado con algunas gotas de leche que habrían caído a la roca mientras la Virgen amamantaba al Niño en las prisas por la huida, es una capilla singular que merece ser conocida.

La capilla abarca la gruta. Data de 1872, pero aún pueden observarse fragmentos de mosaicos, motivos y cruces de la estructura del siglo IV[107], una iglesia bizantina. Pertenece a la Iglesia Católica, siendo propiedad franciscana desde el siglo XVI. Fue proyectada por los arquitectos Louis Lions y Rovatti Chiara.

En 2006 se inauguró una nueva iglesia, dedicada a la *Theotokos*, la Madre de Dios, construida sobre la antigua gruta y más grande. En este mismo año llegaron al monasterio adyacente las Adoratrices Perpetuas del Santísimo Sacramento. Desde entonces siempre hay una monja en oración en la capilla del monasterio Nuestra Señora de Belén, en el cual está expuesto perennemente el Santísimo Sacramento[132]. El monasterio se conecta con la Gruta por un túnel.

En la gruta, aparte del milagro de la leche, afirma la tradición que fue el lugar donde José recibió del ángel el aviso para huir a Egipto. Y encontramos referencias a este hecho en todo el lugar, junto a los de la *Virgo Lactam* o Virgen amamantando al niño.

La fachada de la capilla fue decorada en 1935 por artesanos de Belén, trabajando la piedra como si fuera madreperla. Una vez dentro, se accede descendiendo por unas escaleras que nos llevan a una primera gruta (en realidad son 3), en la cual encontramos un altar decorado en su parte baja con misterios del rosario y la imagen del Niño de Belén. Frente al mismo, el Sagrario. Justo en la entrada, a la izquierda, un conjunto escultórico con el tema de la Sagrada Familia huyendo a Egipto. Frente al altar se ha habilitado una pequeña capilla desde la cual los fieles pueden participar en misa. Y desde esta, por un túnel, se accede a la Capilla de la Adoración Perpetua del Santísimo Sacramento[132, 133, 134].

Al fondo hay otra gruta, donde la Virgen habría amamantado al Niño.

Existe una sala donde se exponen las cartas y fotografías de niños concebidos por parejas que lograron el embarazo luego de la visita a esta singular capilla de la gruta de la leche.

FELIZ NAVIDAD

TRADICIONES Y COSTUMBRES NAVIDEÑAS

La Navidad es capaz de generar en el ser humano sentimientos de ternura, amor y paz como no lo puede hacer ninguna otra época del año. Es normal que, a lo largo de los siglos, las comunidades cristianas hayan querido celebrar el nacimiento del Salvador, no solo con actos litúrgicos, sino como se festeja a cualquier niño recién nacido. Con un detalle singular: en este caso, se trata del Hijo de Dios, por lo cual la imaginación popular fue tejiendo muchas tradiciones para estas fechas, con el objetivo de darles un sentido único. Es cierto que, con el paso del tiempo, también se ha incurrido en abusos e, incluso, se ha pretendido distorsionar el verdadero sentido de la celebración.

En las páginas siguientes, os invito a realizar un recorrido por muchas de estas tradiciones. Algunas han tenido más eco que otras. Pero en todas subsiste el deseo de festejar el nacimiento del pequeño de Belén, con el cariño que le impregna la cultura de los lugares donde han surgido y se han nutrido, convirtiéndose a su vez en cultura, la cultura de la Navidad.

PERSONAJES NAVIDEÑOS

La imaginación popular, mezclada en ocasiones con la historia, ha creado una serie de personajes a los cuales es muy fácil asociar con la Navidad. La mayoría de ellos han trascendido en el tiempo, algunos han traspasado fronteras mientras otros quedaron en las raíces de determinados pueblos y regiones. A alguno lo ha identificado el cine y ciertas tendencias han pretendido hacerlo sinónimo de la Navidad en sí, olvidando que la verdadera y única razón de la Navidad es la celebración del nacimiento del Hijo de Dios.

En esencia, son personajes cuya tarea principal es repartir regalos, algo lógico pues se celebra el nacimiento de un niño. Una tradición inspirada en los magos que visitaron a la sagrada familia y le presentaron regalos en forma de oro, incienso y mirra. Unos cuantos siglos después, la tradición de hacer regalos en Navidad fue poco a poco tomando forma y color, encarnada la mayoría de las ocasiones en estos personajes simpáticos y peculiares.

Según el historiador y escritor canadiense Gerry Bowler, en su libro *Santa Claus: A biography*[135], ya en la Edad Media la temporada navideña se asociaba a los regalos y en Inglaterra era común que los niños salieran a solicitar obsequios visitando las casas del vecindario. Una práctica similar a lo que sucede en el Thanksgiving Day en los Estados Unidos. Hacia el año 1100 unas monjas francesas invirtieron esta práctica al comenzar a dejar regalos en las casas de los niños pobres, durante la noche de San Nicolás. Lo hacían de incógnito y daban el crédito al santo. Esta costumbre se fue extendiendo por Europa occidental y central, aunque no al sur católico. Luego de la reforma protestante, en algunos países se comenzó a ver mal la práctica de hacer regalos el día de San Nicolás, aunque debe decirse que Lutero no lo creía así. La costumbre se desplazó a la Nochebuena.

En las páginas siguientes vamos a leer sobre algunos de estos personajes y conocer un poco de sus historias y las tradiciones que representan.

San Nicolás. El personaje de Papá Noel, o Santa Claus, que suele inundar las televisiones, tiendas y muchas calles y casas en la época navideña con su abultado cuerpo y rojas vestiduras, tiene su origen e inspiración en este santo del siglo IV. San Nicolás es, desde la Edad Media, uno de los santos más populares. Tiene, incluso, el privilegio de pertenecer tanto a la iglesia griega como a la latina. Su figura es, sin embargo, una de las menos históricas y los datos que tenemos sobre él se confunden entre la historia y la leyenda.

San Nicolás fue obispo de Mira, de ahí que se le conozca como san Nicolás de Mira, principalmente en oriente. Aunque también se le conoce como san Nicolás de Bari, pues un grupo de 47 marineros de esa localidad, a instancias de dos sacerdotes, se llevaron su cuerpo de Mira, en Turquía, a la ciudad italiana de Bari, donde se conservan en la actualidad[136]. Estos sucesos habrían ocurrido en 1087. En 1089 el papa Urbano II consagró la cripta donde son venerados[137].

Se cree que nació en Patara, Asia Menor, en 270 d.C. Su muerte se sitúa el 6 de diciembre de un año entre 345 y 352. Su fiesta se celebra precisamente en este día y se le considera patrón de los niños, los marineros, los prestamistas y de naciones como Grecia o Turquía.

A partir de aquí, la historia se confunde con la leyenda. Se le atribuyen numerosos prodigios desde su nacimiento. La tradición más famosa y la que más se narra en la época navideña, se refiere a cómo salvó a tres doncellas casaderas muy pobres. La miseria empujaba a su padre a entregarlas a la prostitución. Nicolás supo de la trágica situación y arrojó tres bolsas de oro a través de la ventana de su casa, lo cual permitió que las jóvenes se casasen honradamente. Es esta narración del santo dejando el presente áureo a través de la ventana la que inspirará la labor de Papá Noel. Algunas variantes de esta historia quieren ver que Nicolás lanzó una bolsa de oro por la chimenea del hogar, con lo cual tuvo su dote la hija mayor. Al intentar entregarles una segunda bolsa, tirándola sobre la pared del patio de la casa, se enredó con la ropa que estaba tendida para secar y el padre lo descubrió y pudo así agradecerle su generosidad[138, 139].

Incluso en la institución de su episcopado se citan milagros. Cuenta la tradición que obispos y sacerdotes de Mira estaban reunidos en el templo para la elección del nuevo obispo, pues el anterior había muerto. Como suele suceder, no se ponían de acuerdo, de manera que dijeron: *elegiremos al próximo sacerdote que entre por esa puerta*. Y en ese momento, sin saber lo que ocurría, entró Nicolás, que fue elegido por aclamación[135]. Lo cierto es que la vida de Nicolás está llena de actos de bondad, misericordia y solidaridad con las personas que encontraba a su paso. Era un obispo que acostumbraba a viajar para llevar el mensaje del Evangelio y allí donde iba hacía el bien.

Suele representársele con vestiduras rojas, por su condición de prelado, otro detalle en el que parece haber tenido inspiración la ropa de Santa Claus.

Y así están servidos los antecedentes en los cuales se basará el personaje navideño tan común: ropas rojas, entregar regalos utilizando la chimenea de las casas, los viajes.

En octubre de 2022, mientras se escribía este libro, la agencia turca oficial de noticias, *Demirören Haber Ajansi*, conocida por sus siglas DHA, dio a conocer la noticia del descubrimiento de la tumba original de San Nicolás. Un grupo de arqueólogos del sur de Turquía localizó en la ciudad de Damre, al sur de la provincia de Antalya, el lugar donde fue enterrado el santo. Desde finales del siglo XX los arqueólogos trabajaban allí. Descubrieron una iglesia más antigua que estaba sepultada por la arena. El presidente de la Junta Regional de Preservación del Patrimonio Cultural de Antalya, Osman Eravşar, al anunciar el descubrimiento, señaló que se descubrió un fresco que representa la figura de Jesús sosteniendo una Biblia en su mano izquierda y bendiciendo con su derecha. Bajo el mismo se haya un lugar especial donde una baldosa de mármol con la inscripción en griego *como gracia,* se piensa puede marcar el lugar exacto de su tumba[363, 364, 365].

Papá Noel o Santa Claus. Con sus orígenes en la historia de San Nicolás de Bari, surge un personaje ficticio con la tarea de repartir regalos en la noche del 24 de diciembre. Tiene diferentes nombres, según la cultura desde la cual se trate: Santa Claus, Papá Noel, *Kris Kringle.* Se trata del anciano de largas barbas blancas, vestido de rojo con ribetes blancos, que viene montado en un trineo tirado por renos. Todos hemos visto, año tras año, su imagen en las calles, comercios, tiendas, películas y series, postales de felicitación y camisetas. Incluso aparece en las situaciones más inverosímiles.

La tradición de San Nicolás llevando regalos a los niños en la noche del 5 de diciembre se extendió por Europa. En los Países Bajos, donde se hizo muy popular, se le conocía como *Sinterklaas.* Vestía de rojo y blanco y en lugar de la gorra que conocemos, llevaba la mitra del obispo. La tradición nos dice que llegaba a la antigua Holanda desde España y no desde Laponia.

Ya sabemos que luego de la Reforma protestante, la celebración de la Navidad se prohibió en algunos países, mientras en otros decayó sensiblemente. En la Alemania protestante se vio mal que un santo católico fuera el encargado de llevar los regalos. La tarea recayó en el Niño Jesús, aunque el propio Lutero hablaba de la coexistencia de ambos repartiendo los regalos. Los alemanes le llaman *Christkind*[140] (el niño Jesús). Ya desde el siglo XVII era mal vista en este ámbito la relación con el santo, así que la fecha de la entrega de regalos se desplazó desde el 5 de diciembre a la Nochebuena[135].

Cuando los holandeses llegaron a América y fundaron Nueva Ámsterdam, llevaron sus costumbres, entre ellas la de *Sinterklaas,* nombre que se fue americanizando primero como Sancte Claus y luego como Santa Claus[141, 142], versión que habría aparecido por primera vez gracias a la pluma del escritor Washington Irving en su Historia de Nueva York, de 1809. En 1823, Clement Clarke Moore lo describe como un duende enano y delgado que conducía un trineo tirado por renos, en un texto donde hace su primera aparición el archiconocido Rudolph o Rodolfo el Reno[143].

En cuanto a su imagen gráfica, en el libro para niños *The Life and Adventures of Santa Claus* (Vida y aventuras de Santa Claus), de L. Frank Baum, se le describe como un anciano de barba cana y prominente barriga, que viste ropa verde con puntos negros y borde blanco[143]. La primera pintura al óleo que conocemos se remonta a 1837. Se la conoce como Santa Claus, o San Nicolas. Se autor fue Robert Weir[135]. El aspecto más conocido de Santa se debe al dibujante alemán Thomas Nast, quien en 1863 habría hecho la primera ilustración. En 1931, Coca Cola encargó a Haddon Sundblom rediseñar sus ropas con los colores de la compañía y desde entonces viste de rojo[143].

Es bueno comentar que, en el siglo XIX, según cuenta Bowler en su libro[135], en los Estados Unidos se tomaron muy en serio la *resacralización* de la Navidad. Hay que recordar que su celebración estuvo prohibida. En las escuelas dominicales de muchas iglesias se llegó a utilizar la figura de Santa Claus, provocando las protestas de la publicación metodista *Sunday School Advocate* y el *Luteran Observer*.

La otra transformación importante de las fiestas navideñas que influyó en el desarrollo posterior del personaje de Santa se debe a Charles Dickens y su obra *A Christmas Carol* (Canción de Navidad) en la década de 1840. Con una visión cristiana y sentimental de la temporada navideña, se impulsó la caridad, el amor y el perdón como signos de estas celebraciones, las cuales en algunos casos se habían perdido. Y la figura de Santa Claus se vio asociada a muchas organizaciones que buscaban brindar ayuda y amor, como Cruz Roja, asociaciones de ayuda para la investigación médica y un largo etcétera[135].

También se le asoció al sector comercial, apareciendo cada vez con mayor frecuencia en campañas comerciales. En 1850, H. W. Pease produjo las primeras tarjetas de felicitación navideñas, en blanco y negro, en algunas de las cuales aparecía la imagen del gordito bonachón[135]. En 1890, el Ejército de Salvación, necesitado de dinero para pagar las cenas navideñas gratuitas que repartían entre familias sin recursos, comenzó a vestir a algunos desempleados como Santa Claus y les envió a solicitar donaciones por las calles de Nueva York, dando comienzo a una tradición que perdura, pues actualmente es frecuente encontrarles con su habitual toque de campanas, en las calles y comercios[144].

Santa Claus regresó a Europa, adoptando nombres como *Père Noël* en Francia, *Father Christmas* en Gran Bretaña o *Papá Noel* en España[135, 145]. En francés, *Noël* es Navidad, de manera que le llaman Padre de la Navidad, tal como los ingleses.

Con el tiempo el mito ha ido creciendo y adornándose con florituras. Así, nació una Señora Claus, como esposa de Santa, y las tradiciones sobre su posible lugar de residencia. La mayoría sitúa este lugar en Finlandia, en el pueblo de Rovaniemi, en Laponia, Círculo Polar Ártico. En las afueras del poblado podemos encontrar la *Santa Claus Holiday Village*, que sería el famoso hogar. También podemos visitar la Oficina Postal de Santa Claus, gestionada por la Oficina de Correos de Finlandia y a donde los niños pueden escribirle[146]. Es su base más pública y comercial. En otro pueblo cercano, *Korvatunturi*, también finlandés, tendría su residencia secreta y privada. Los interesados pueden visitar la casa de Papá Noel, siempre custodiada por guardias[147].

Como parte del juego, los niños pueden seguir el recorrido del viaje de Santa. El NORAD (*North American Aerospace Defense Command*, en español Mando Norteamericano de Defensa Aeroespacial), tiene una página web, noradsanta.org, desde la cual se puede hacer el seguimiento. Y hasta Google se ha sumado a la tendencia con su santatracker.google.com, con iguales objetivos.

En los últimos tiempos, Santa Claus ha sido objeto de protestas cada vez más numerosas, porque ciertamente su invasiva presencia universal hace olvidar el verdadero sentido y objetivo de la temporada navideña. Si bien en un inicio su creación vino acompañada de la intención de resacralizar la Navidad, en la actualidad el resultado es ciertamente el contrario.

En diferentes culturas, Santa Claus tiene diferentes nombres. Se le conoce como *Papai Noel* o *Bom Velhinho* en Brasil, *Noel Baba* en Turquía, *Dun Che Lao Ren* en China, en Alemania *Nikolaus* o *Weihnachtsmann* (hombre de Navidad), *Kanakaloka* en Hawai o *Mikulás* en Hungría. En Italia le llaman *Babbo Natale*. En gallego es Pai Nadal y en catalán Pare Noel. En Japón *Hoteiosho* y también *Santa Kurohsu*. Los japones creen que tiene ojos en su espalda para poder vigilar el comportamiento de los niños. En Hispanoamérica se extendió el nombre de Papá Noel procedente de España. En Chile, donde a la Navidad suele denominársele Pascua, le llaman Viejito Pascuero. En Costa Rica, Colacho.

Los Reyes Magos. La tradición de los Reyes Magos dejando regalos en las casas está profundamente arraigada en España e Hispanoamérica. Se vive en la noche del 5 al 6 de enero, cuando se celebra la Epifanía o fiesta de los Reyes Magos. Ya he comentado anteriormente sobre ellos. La del 6 de enero es una celebración popular que, sin academicismos, quiere que sean tres, que sean reyes y que se nombren Melchor, Gaspar y Baltasar. De hecho, hubo épocas de la historia en las que la palabra mago originaba sospechas, eran épocas de magia negra y leyendas sobre brujas, por lo que algunas regiones de Europa fue común escribir en las puertas de las casas y establos las letras GBM, las iniciales de los nombres de los Magos, para proteger a personas y animales de los ataques tanto de demonios como de brujas[148].

En España la tradición parece remontarse al siglo XVI. Hasta entonces era común repartir juguetes o dulces como aguinaldo, una tradición feudal francesa de origen pagano. En este siglo se prohibió tal práctica y se estableció la celebración de la Epifanía dando protagonismo a los Reyes como portadores de los regalos de Navidad[149]. Desde entonces se ha consolidado como una celebración de las más queridas y esperadas.

De España pasó a Hispanoamérica, donde también ha conservado su arraigo. En Cuba se celebró hasta 1960, fecha en que el gobierno comunista prohibió las manifestaciones religiosas y en algún momento posterior incluso llegó a inventarse un día de los niños en julio, con la intención de hacer olvidar a los Reyes. En muchas familias se mantuvo la tradición, aunque el drama de poder dar un regalo a los pequeños era cada vez más grande, dada la escasez de bienes reinante.

Especial arraigo tiene la fiesta en Puerto Rico, a donde llega de la mano de la emigración canaria y tiene algunas peculiaridades. Las tallas de los Reyes Magos puertorriqueños no van en camellos, sino en caballos. Y otra hermosa tradición son los rosarios cantados, ofrecidos a los Reyes cuando la petición que se les ha hecho se cumple. Estos rosarios pueden extenderse hasta el amanecer y se suele beber alcohol, de ahí se origina la frase común en varios países de Hispanoamérica: *acabó como el rosario de la aurora*. Es tradición cantar décimas a los Magos[150].

En Paraguay, según David Galeano Olivera, fundador y presidente del Ateneo de Lengua y Cultura Guaraní, la celebración de los Reyes Magos es más fuerte que la de Papá Noel. Se celebran cabalgatas en las que los Reyes suelen montar dromedarios en lugar de camellos. Y luego del 6 de enero, la tradición es voltear en el pesebre a reyes y camellos, como si fueran a volver a sus lugares de origen[151].

En México, la costumbre se remonta a los primeros años de la Evangelización del Nuevo Mundo. También es un día especial para los niños, con los consiguientes regalos, en República Dominicana. En algunas regiones de Venezuela se hacen representaciones de la adoración de los Magos al Niño. En Bolivia se suele llevar los pesebres a misa en este día, para que sean bendecidos y guardados en casa hasta la próxima Navidad. También suelen dejar figuras del nacimiento usadas en las puertas de las iglesias, para que el año siguiente puedan ser utilizadas por personas de pobres recursos.

En Perú la llaman Bajada de los Reyes. Es una celebración familiar donde se colocan en el belén imágenes de los Magos a los pies el Niño. También se celebra una cabalgata el día 5 de enero.

Brasil celebra la Folia de Reyes Magos, donde grupos de hombres salen a pie, a caballo o en barcos, para visitar los hogares cantando versos sobre los viajes de los Reyes para visitar al pequeño Jesús.

Pero no solo en Hispanoamérica se conserva la tradición. República Checa y Lituania también tienen cabalgatas. En Francia se comen dulces típicos y en Filipinas se colocan lámparas con forma de estrellas en las ventanas de las casas[152].

La tradición quiere que los niños escriban cartas a los Reyes Magos, contándoles cómo se han portado durante el año y exponiendo sus pedidos. Toca entonces jugar su papel al paje real, el encargado de recoger las cartas y hacerlas llegar a los Reyes. Lo hacen de los buzones y también puede vérselos en comercios, hospitales y escuelas. Los niños esperan con ansiedad la llegada de la noche del 5 de enero.

En España y otros países se organizan cabalgatas para celebrar y dar la bienvenida a los Reyes en cada pueblo y ciudad. Suelen ser desfiles donde sus majestades vienen en carrozas individuales, acompañados de una multitud de pequeños. Es habitual que se incluyan fantasías diversas y es costumbre lanzar caramelos a los pequeños. Al terminar la cabalgata, en algunos sitios los Reyes van ante el belén para dejar los regalos al Niño Jesús. Normalmente son recibidos allí por las autoridades del lugar y posteriormente se dirigen a todos los reunidos. Ya los Reyes Magos están en la ciudad, solo queda esperar.

La emoción de los niños en esta noche suele ser muy grande y su ilusión indescriptible. Antes de acostarse, dejarán los zapatos en el balcón, o en un lugar visible. No pueden olvidar dejarles agua y pan para los camellos, en algunos lugares hierba o heno. Y para que los Reyes recuperen fuerzas, un poco de licor o un vaso de leche y turrones. Es indescriptible la emoción del pequeño que había intentado no dormirse para esperar la ansiada llegada, pero al final cae rendido por el sueño. Al despertar muy temprano, en la oscuridad palpa el lugar de la mesilla donde dejó el pan para los camellos y lo encuentra vacío, solo unas pequeñas migas… ¡los Reyes han pasado por aquí!

Toca entonces ir a por los juguetes y regalos. Quiere la tradición que, si un niño se ha portado mal durante el año precedente, el regalo será un trozo de carbón… usualmente un dulce que lo imita.

Después de los regalos, en España toca el turno del roscón de Reyes, un dulce del cual hablaremos más adelante y que suele acompañarse de una chocolatada.

En las iglesias y catedrales católicas, se celebra la Misa de la Epifanía y se bendice a los niños y a las embarazadas.

Aunque España es el país europeo con mayor tradición del día de Reyes e, incluso, es un día festivo, no es el único. De hecho, es festivo nacional en 14 países europeos, 9 americanos y 7 regiones alemanas y suizas.

Alemania, Bélgica, Austria y Polonia celebran la festividad. En Polonia tiene lugar una cabalgata el domingo más próximo al 6 de enero. En Irlanda la celebración se conoce como Little Christmas, o Navidad de las mujeres, pues ese día las mujeres tienen el día libre y los hombres cocinan[153].

Bolivia, Honduras, Perú, Puerto Rico y República Dominicana tienen como festivo el día 6 de enero y Colombia lo celebra el día 9, según su calendario de trabajo[154].

En España el día 6 de enero tiene lugar para los adultos, el sorteo de la lotería conocido como sorteo de El Niño, del cual abundaré más adelante. Suele repartir muchos premios, aunque de menor cuantía que la lotería de Navidad.

Los émulos locales de los Reyes y Papá Noel. Mención hecha de los Reyes Magos, Papá Noel o el propio Niño Jesús, como portadores de regalos y obsequios en estas fechas, debo señalar que cuentan con algunos competidores, si bien en un ámbito local y sin alcanzar nunca le prominencia de los antes mencionados. Veamos algunos de ellos.

En España existen personajes, en las distintas regiones, que tienen grandes similitudes entre sí. Aparecen en la Navidad, algunos desde hace siglos y otros desde hace pocos años. El **Olentzero** es un carbonero que cada Navidad baja de su morada para recorrer los pueblos del País Vasco. Su origen es controvertido. Hay quien sostiene que su historia tiene al menos 400 años y otros lo sitúan en fechas mucho más recientes. La palabra *olentzero* en vasco tiene diversas variantes y significa noche buena o Vigilia de Navidad. También se daba ese nombre a un tronco que arde en los caseríos vascos en Navidad[155]. Los niños escriben una carta a este carbonero barrigudo, pidiéndole regalos y deseos. Como a los Reyes Magos, también se le deja algo de comer y beber, pues tiene un apetito insaciable. En algunos pueblos de País Vasco, Navarra y el País Vasco francés, suele celebrarse la víspera de la Navidad, una cabalgata con el muñeco o el personaje del *Olentzero* encarnado por algún paisano. En ocasiones, le acompaña su mujer, **Mari Domingi**, y ambos reparten caramelos y dulces a los más pequeños[156].

En Galicia existe un personaje muy parecido. También es un carbonero gigante y le llaman *O Apalpador* o **El Apalpador**. Tendría su origen en una antigua costumbre, según la cual se palpaba la barriga se los niños para ver si habían comido bien durante el año. Y eso haría el Apalpador, bajando como el *Olentzero* de las montañas en las fiestas navideñas, para palpar las barrigas de los pequeños y dejarles un puñado de castañas. Si han sido buenos, les dejará, además, un regalo. La leyenda tendría su origen en las montañas de Caurel y las Sierra de los Ancares, en el sur de Lugo y norte de Ourense[157]. Algunos dicen que baja el 24 de diciembre y otros que el 31 del mismo mes. Antes de marchar de su visita a los pequeños, pronuncia estas palabras: *Por seres obediente e estares ben alimentado, con estas castañas e este agasallo desexote fartura e bon ano* (Por ser obediente y estar bien alimentado, con estas castañas y este regalo te deseo abundancia y buen año).

El *Olentzero* y el Apalpador, tienen su émulo en Asturias con *L'Angeleru*, un pescador de angulas que viste de amarillo y que desde 2008 abandona el mar de los Sargazos, donde vive, y va a repartir regalos por el territorio. Personajes similares son el **Tientapanzas** de Écija, o el ***Tió de Nadal*** de Cataluña y Aragón. Este último es un tronco, lo cual lo emparenta con los orígenes del *Olentzero*. Tiene sus raíces en una tradición rural, según la cual se cubre un tronco grueso y se le deja comida cada noche durante el invierno, mientras se le cubre con una manta roja, para que no pase frío. En la Nochebuena, los niños lo golpean con bastones al tiempo que cantan, con el objetivo de que el tronco *cague* regalos y dulces por debajo de la manta. La ceremonia se conoce como *cagatió*. Existen eventos similares en otras regiones, tales como el ***tizón de Nadal*** de Galicia, la **tronca de Nadal** de Aragón, el ***Cachafuòc*** o ***Soc de Nadal*** de Occitania o el ***Yule Log*** de Reino Unido[158, 159].

La mayoría de estas tradiciones han sido impulsadas por diferentes autores a partir de la década de 2000-2010, si bien tienen en mayor o menor medida raíces en las tradiciones locales.

En Cantabria ha ido cobrando fuerza la figura del ***Esteru***, también llamado el Santa Claus cántabro, muy emparentado con los anteriores, aunque no es un carbonero sino un leñador que deja su hacha al llegar la Navidad para bajar de las montañas a visitar a los niños y dejarles regalos. Existe controversia sobre sus orígenes, pues parece ser una creación reciente más que una tradición cántabra[160].

En Alemania, surgió en el siglo XVI la figura de **Kris Kringlel**. Su paternidad se debe a Martín Lutero, quien quería con ello sustituir a San Nicolás. Lutero le llamó inicialmente **Heiligen Chris**. Es un niño de aproximadamente 5 años, que viste de blanco y dorado, en ocasiones con alas de ángel y lleva regalos a niños y adultos. La grafía en alemán sería **Christkind** o Cristo Niño, aplicada al niño santo que trae regalos en la Nochebuena. También se le conoce como **Christkindchen** o **Christkindl**. Además de Alemania, es parte de las culturas de Italia, Suiza, Austria, República Checa, Eslovaquia y Croacia[161].

Italia cuenta con una figura navideña que, esta vez, reemplaza a los Reyes Magos en la noche del cinco al seis de enero. Se trata de la **Befana**, una bruja anciana que visita los hogares para dejar regalos en vísperas de la Epifanía, palabra de la cual proviene su nombre. Como en la tradición española de los Magos, la Befana dejará en los calcetines de los pequeños que han sido buenos, chocolatinas y caramelos, y carbón en los que no lo han sido tanto. Y a cambio, los niños le dejarán en un lugar visible una naranja o una mandarina y un vaso de vino, para que recupere fuerzas. Según la leyenda, los Reyes Magos en su viaje a Belén perdieron el camino y llamaron a la puerta de una anciana. La invitaron a acompañarlos, pero la anciana no accedió. No pasó mucho tiempo antes de que la mujer se arrepintiese, de manera que preparó un cesto con dulces y fue a buscarlos, aunque sin éxito. La anciana llamaba a las puertas de todas las casas que encontraba y ofrecía dulces a los niños, con la esperanza de encontrar al pequeño Jesús. Desde entonces, cada 5 de enero, la Befana recorre Italia repartiendo dulces y regalos. Aunque es una bruja y viaja en una escoba, siempre sonríe y es amable. *La Befana vien di notte con le scarpe tutte rotte il vestito alla romana viva viva la Befana!* (¡La Befana viene de noche con los zapatos rotos y el vestido a la romana, viva viva la Befana!)[162, 163]

Un personaje que recuerda a la Befana es **Frau Perchta**, también conocida como **Berchta** o **Bertha** en inglés, **Pehtra Baba** o **Kvatrna Baba** en Eslovenia. Es un ser mitológico alemán, más bien terrorífico.

En la temporada navideña regala monedas de plata a los pequeños que han sido buenos durante el año, pero puede ser muy cruel con los que se han portado mal[164].

La celebración de la Navidad en el gigante ruso data de los tiempos de Pedro el Grande. Con la revolución bolchevique de 1917 fue abolida y no ha sido hasta después de la caída del comunismo, en 1989, que ha vuelto a recuperar protagonismo público. Sin embargo, allí donde las dictaduras no pueden llegar, en el alma del hombre sensible, el ruso continuó celebrándola. Los soviéticos promovieron la figura del anciano **Ded Moroz**, una tradición antigua, que reparte regalos en la Nochevieja y no en Navidad. Es un anciano de largas barbas blancas, que puede vestir de azul, rojo o blanco, con una figura que recuerda a Santa Claus, aunque con detalles que les diferencian. Su nombre puede traducirse como el **Abuelo del Frío**. Como en Moscú no suele haber chimeneas, el anciano llama a las puertas con un cayado. Se transporta en un trineo tirado por tres caballos y suele acompañarle su joven y bella nieta **Snegúrochka**, la **Doncella de la Nieve**. Esta joven tiene su origen a fines del siglo XIX en la obra de Alexander Ostrovski *La doncella de las nieves*, terminada en 1873, con música de Chaikovski. Años después, Rimski-Korsakov la adaptó como ópera y fue estrenada en San Petersburgo en 1882, siendo también un *ballet* en 1878. *Ded Moroz* es uno de los personajes favoritos de los cuentos populares rusos y también lo fue de las películas soviéticas[165, 166].

Ded Moroz y su nieta no son la única leyenda rusa en torno a la Navidad. Hay una anciana, cuya historia es parecida a la de la *Befana*. Se trata de **Babushka**. La añosa mujer siempre quiso tener hijos, pero no pudo ser. Se ganaba la vida fabricando muñecas de madera decoradas con vivos colores. Cada muñeca guardaba en su interior otra y otra, hasta llegar a una muy pequeña. En la actualidad las conocemos como *matrioshkas* y a ella le deberíamos su invención. Quiere la leyenda que una muy fría noche de diciembre, una intensa luz proveniente de una estrella la despertó y un susurro la invitó a seguirla para conocer a un recién nacido, llamado Jesús. *Babushka* prefirió el calor de las mantas, pensando que todo era un hermoso sueño. A la noche siguiente, un intenso ruido de música celestial la despertó y vio un grupo de ángeles que le ofrecían llevarla a Belén a conocer al Niño Dios, pero el frío era intenso y prefirió quedar bien caliente en su casa. A la tercera noche, el ruido de los cascos de unos caballos la despertó nuevamente y tres hombres con extraños ropajes la invitaron a ir con ellos a adorar al Mesías, pero también dijo no a aquellos Magos de Oriente. Al día siguiente pensó en sus tres negativas y se sintió arrepentida, así que recogió sus muñecas y emprendió el viaje a Belén. Pero cuando llegó ya no había nadie. Su tristeza fue muy grande. Decidió que cada 24 de diciembre iría de casa en casa repartiendo sus muñecas. Y eso hace desde entonces, al punto que en Rusia era tradición regalar una *matrioshka* a los niños en Navidad [167].

Si cambiamos de latitud y longitud y nos desplazamos hasta Australia, donde la Navidad se celebra en verano, en muchas ciudades los regalos los reparte **The Jolly Swagman**. Se trata de una figura aparecida a finales del siglo XIX. Representaba a los trabajadores que llegaron en busca de mejor futuro y recorrieron el país en busca de trabajo y fortuna[168]. Se le ve en caravanas y anuncios, acompañado de canguros, llevando los ansiados presentes.

Otros personajes tienen características curiosas, bien sea por su número o por sus identidades, incluso porque no son el centro de la atención, sino ayudantes de los principales.

En Islandia, hay trece figuras mitológicas, llamadas *Jólasveinar* o *Yule Lads*. Aparecen en las casas entre el 12 y el 24 de diciembre y se dedican a hacer travesuras, bien sean portazos que se escuchan, objetos que caen o cambian de lugar. En compensación dejan dulces y regalos a los más pequeños de la casa. Se les conoce como muchachos, aunque en realidad son traviesos ancianos[168].

Finlandia cuenta con *Joulupukki* o **Cabra de Navidad**, que en realidad es Papá Noel, pero en lugar de colarse por la chimenea, entrega los regalos en mano a los niños. Y en Suecia, Noruega e Islandia tienen también al **Gnomo de la Navidad** (o varios gnomos) para cumplir esta tarea.

LOS AYUDANTES

Como la tarea de llevar regalos a todos los niños es ardua y requiere mucho esfuerzo, existen ayudantes para apoyar bien sea a Santa o a los Reyes Magos, en tan esforzada labor. Y en ocasiones, su función era atemorizar a los más pequeños, para inducirlos a portarse bien.

Père Fouettard o **Padre Fouettard** acompañaba a San Nicolás, siempre vestido de negro y con un enorme abrigo. Portaba cuernos y realmente infundía miedo. Siempre hay que mirar las tradiciones según la época en la cual se han originado y no juzgarlas desde nuestra realidad temporal.

Bendegums es un duende muy simpático, conocido en el hemisferio norte porque aparece llevando botas y gorros de diferentes colores. Guiándose por el brillo de la estrella polar, anuncia en la Nochebuena que Santa Claus está a punto de llegar [169].

Otro miembro del equipo de trabajo de Santa Claus es *Zwarte Piet*, que puede traducirse al español como **Pedro el negro**. Es un paje neerlandés que acompañaba a San Nicolás, y posteriormente a Santa, a repartir los obsequios. Según la tradición medieval, habría sido un demonio al cual venció San Nicolás convirtiéndolo en su ayudante.

No puede faltar en este recuento *Belsnickel*, originalmente *Persnickel*, otro ayudante de Papá Noel, aunque no viaja con él, sino que llega antes y lleva en su saco regalos y golosinas. Se le representa delgado, vestido con pieles y una máscara. Aunque su origen es alemán también se ha extendido por algunas regiones de los Estados Unidos en las que hay mayor concentración de descendientes germanos[170].

Otros personajes son más oscuros. Por ejemplo, *Krampus*, una especie de demonio navideño, anti san Nicolás. Una bestia legendaria que tiene su origen en Alemania y a la que se atribuía el poder de azotar a las personas hasta que se volviesen buenas y llevarse a los niños malos al inframundo. La Iglesia Católica prohibió la terrorífica presencia del

Krampus y sus escandalosas celebraciones[171].

Finalmente, no podemos dejar de mencionar a la **señora Claus** o **Mamá Noel**, la esposa de Santa Claus o Papá Noel. Aunque aparece por primera vez en Una leyenda de Navidad, el libro del americano James Reed publicado a mediados del siglo XIX, no se le menciona como Sra. Claus hasta finales de dicho siglo, en el libro *The Seig Ride*, de la poetisa Katherine Lee Bates[172]. Ella sería la encargada de coordinar la entrega de juguetes durante la Nochebuena. Tiene fama de ser muy buena panadera y entre sus ocupaciones está también la de controlar a los duendes. Suele vestir de rojo, como su esposo, aunque es frecuente verla también con un delantal blanco.

OTROS PERSONAJES RELACIONADOS CON LA NAVIDAD

Al llegar la Navidad, veremos otros personajes secundarios, no vinculados directamente con la historia navideña ni con los personajes que han ocupado el trabajo de repartir los regalos. Sin embargo, todos los identificamos, en mayor o menor medida, con estas fechas, de las que sus existencias dependen y con las que están profundamente relacionados. Son personajes nacidos en obras de arte que han cobrado particular relevancia en la memoria popular navideña.

El Cascanueces. En tiempos navideños, es muy frecuente encontrar en los mercadillos y tiendas de regalos las bellas y típicas figuras de cascanueces vestidos de soldados. Tienen su origen en una historia que transcurre durante la Navidad y que se ha ido forjando y ganando presencia a través de los años.

La historia nace en el cuento *El Cascanueces y el rey de los ratones*, del escritor alemán Erns Theodor Amadeus Hoffman, publicado en 1816. El personaje central es un muñeco que representa a un cascanueces con forma de soldado. Los cascanueces eran parte de la cultura navideña alemana, incluso los hermanos Grimm los mencionan en su libro de 1835, Mitología Germana, donde cuentan cómo se tallaban para ofrecer protección y fortaleza a los propietarios. Alejandro Dumas padre publicó en 1844-45 *La historia de un cascanueces*, adaptación del cuento de Hoffman, a la cual añade las características propias de sus novelas. En esta versión se inspira el *ballet* Cascanueces, uno de los más conocidos y habitualmente representado en la temporada navideña en todo el mundo. Estrenado en el Teatro Mariinski de San Petersburgo el 18 de diciembre de 1892, obra de Piotr Ilich Tchaikovski como compositor, con coreografía de Marius Petipa y Lev Ivanov[173, 174, 175, 176]. También ha sido llevado al cine en diversas ocasiones.

La figura original del Cascanueces fue tallada en madera por el artesano alemán Friedrich Wilhelm Füchtner, quien se inspiró en las ilustraciones de otro cuento basado en la misma historia, titulado *El rey cascanueces y el pobre Reinhold*, del autor germano Heinrich Hoffman. Las tallas de Füchtner, conocido desde entonces como el padre del Cascanueces, se hicieron famosas al punto que, en la actualidad, la octava generación de su familia continúa fabricándolas. Un cascanueces original se construye en 130 etapas y cada figura está formada por 60 piezas de madera de abeto y haya. La barba y el pelo son de pelo de conejo y puede costar unos 70 euros, aunque los precios, ya se sabe, varían constantemente. Existen multitud de falsificaciones. Alemania es el mayor fabricante de cascanueces a nivel mundial, y el principal fabricante alemán es *Steinbach Holzgalanteriewarenfabrik*. Ha tenido más de 600 diseños en sus 180 años de historia. En los Estados Unidos se popularizó después de la Segunda Guerra Mundial, pues los soldados americanos los llevaban de recuerdo a sus casas[177] y ya a finales de la década de 1950 se había extendido por toda la Unión. Hoy puede encontrárseles como parte de la decoración navideña por todo el mundo.

Rodolfo. En sus inicios, el trineo de Papá Noel era tirado por ocho renos. Pero Robert May, un redactor americano, cambió la cuenta. Su esposa había fallecido en fecha cercana a la Navidad de 1938 y May quedó solo con Bárbara, su hija de cuatro años. La pequeña no podía entender por qué su mamá no estaba con ellos aquella Nochebuena. May no sabía qué decirle y la tristeza lo embargaba. Para entretenerla decidió contarle unos cuentos, que luego reunió en un libro. En ese libro narraba la historia de un reno de nariz roja. Se llamaba **Rudolf** o **Rodolfo**, y los demás renos se burlaban de él por su nariz roja y brillante. Así las cosas, Rodolfo conoció a Papá Noel, atascado en el Polo Norte por una tormenta. Como la visibilidad era escasa, Santa lo colocó en la primera posición del trineo. Su nariz roja iluminaba el camino y, con el tiempo, los demás renos comenzaron a respetarle.

El gerente de la tienda donde se iba a publicar el libro vio su potencial y le compró los derechos. El éxito del cuento fue muy grande y ya en 1946 las impresiones superaban los seis millones. Los directivos de *Montgomery Ward* devolvieron los derechos a May. En 1948, el cuñado de May escribió una canción, *Rodolfo, el reno de la nariz roja*, que se convirtió en una popular canción de navidad.

Como dato curioso, Rodolfo y sus compañeros de trineo, en realidad serían hembras y no machos. Llamó la atención sobre el hecho Cat Reynolds en Twitter: para todos es familiar la hermosa cornamenta que adorna las cabezas de los renos de Santa Claus. El problema es que los renos machos pierden sus cornamentas mientras luchan entre ellos en el otoño, que en el hemisferio norte ocurre entre el 22 de septiembre y el 21 de diciembre. De manera que el 24, en Nochebuena, no pueden lucirlas. Pero sí las hembras, quienes las pierden en el verano. Algo en lo que, al parecer, no pensaron los creadores de la historia[178, 179].

Frosty. Es un muñeco de nieve que cobra vida cuando los niños le colocan un sombrero mágico. Tuvo su origen en la canción *Frosty, the Snowman*, de Walter Jack Rollins y Steve Nelson. Su primera aparición pública fue en el especial de Navidad de Rankin y Bass, transmitido el 7 de diciembre de 1969 por la CBS. Su aparición en varias películas lo ha convertido en un personaje famoso de esta época del año.

Scrooge. Es el protagonista de la novela de Charles Dickens Canción de Navidad, y se llama **Ebenezer Scrooge**. Era un hombre egoísta, avaro y de duro corazón, que luego de la visita de los fantasmas de las Navidades pasadas, presentes y futuras se transforma y llega a comprender la Navidad, a la cual odiaba profundamente. La narración ha convertido a **Scrooge** en un icono navideño. La novela ha sido llevada al cine en muchas ocasiones, lo cual ha contribuido también a su popularidad[180].

Carbonilla. Es un paje de los Reyes Magos. Su tarea es vigilar a los niños e informar a Melchor, Gaspar y Baltasar sobre su comportamiento durante el año. De manera que tiene la llave para decir a los Magos, y con el paso de los años, a Santa Claus, quien merece juguetes y quien no. Los padres decían a los pequeños que, si se portaban mal, les visitaría Carbonilla y les dejaría carbón en lugar de juguetes. Porque los Reyes no reparten el carbón, solo juguetes[181]. Es una tradición principalmente española.

Los duendes. Los duendes de la Navidad o Gnomos navideños son los ayudantes de Papá Noel en el Polo Norte. En los países del norte de Europa se cuentan leyendas de elfos, duendes y gnomos, por lo cual no es raro que se hayan incorporado a su celebración de la Navidad y luego la costumbre se extendiera a otros países. Se dice que la Estrella Polar anuncia su llegada cuando brilla más intensamente. En otras regiones, son las estrellas fugaces las encargadas de avisar su arribo. Suelen ser pequeños, de diferentes edades y visten con gorros y trajes verdes[182].

El Grinch. Al igual que Scrooge, el Grinch odia la Navidad. Y como la odia, este ermitaño decide robarla. El Grinch es obra de Theodor Seuss Geisel, escritor y dibujante americano quien, con el seudónimo de Dr. Seuss, creó este personaje de cómics y dibujos animados. En 1957 fue el protagonista de un libro. Aunque originalmente era en blanco y negro con tonos rojo y rosa, a partir de 1966, cambió a verde, al convertirse en un dibujo animado de la mano de Chuck Jones. Un detalle inesperado de la serie animada es que el narrador original de la misma fue Boris Karloff, quien había dado vida a Frankenstein en 1931. En 2000 se rodó la película que todos recordamos, **El Grinch**, protagonizada por Jim Carey. Una nueva versión, esta vez de dibujos animados, se filmó en 2018 con el mismo título, con Eugenio Derbez a cargo de la voz del protagonista[183].

DECORACION NAVIDEÑA

Siempre que celebramos una fiesta, un cumpleaños, una boda, un bautismo, un aniversario, una señal inequívoca de la fiesta es el empeño y el deseo de los implicados en adornar y decorar el lugar donde la celebración tendrá lugar. Y se hará con mayor o menor esmero, pero siempre con el máximo amor y cariño hacia aquello que se celebra. La celebración del nacimiento del Hijo de Dios no podía ser menos. A través de la historia, el ser humano ha ido añadiendo a las celebraciones navideñas muchos detalles propios, que la identifican y dan a esta época del año ese carácter especial y único que tiene. De hecho, es también el momento de la nostalgia, cuando faltan personas muy queridas y cercanas, porque la Navidad es también una celebración para compartir en familia y entre amigos y seres queridos y se echa mucho de menos a los que ya no están o están lejos.

La decoración navideña tiene algunos elementos comunes y universales y otros que pueden variar según sea la tradición familiar, eclesial o regional de los celebrantes.

Hay que señalar una tendencia que se viene manifestando desde hace décadas, el intento de descristianizar la Navidad y sus símbolos. El abuso en la comercialización de las fiestas también ha generado un enorme trasiego comercial en ocasiones ajeno al sentido de estas.

Vamos a revisar los principales elementos de la decoración navideña, siempre con el espíritu de este libro, que no es agotar el tema ni ser académico, sino reunir información que puede ser de interés y motivar la propia investigación sobre la Navidad y sus tradiciones.

El belén. El belén es una de esas tradiciones entrañables que hacen de la Navidad un momento especial. Es, quizás, la que más en sintonía está con su verdadero significado. Es una representación plástica del nacimiento del Salvador y suele exponerse en templos, plazas, comercios, escuelas, instituciones y en las casas de las familias. También se le conoce como nacimiento, pesebre, portal o pasitos, según la región o país.

Un belén puede contar como mínimo con las figuras del Niño Jesús, la Virgen y San José. Y como máximo... pues, no hay máximo, depende de la creatividad de quienes lo organizan. Pueden incluirse los pastores, los magos, el ángel, aldeanos, animales, un arroyo, la estrella.

La primera representación del nacimiento de Cristo se conserva en la Capella Greca y data de principios del siglo II. Se trata de una pintura en una pared, en la que puede verse a la Virgen con el Niño apoyado en su pecho y frente a ellos los Magos, que llevan una túnica corta sin manto ni gorro. La representación de la escena de la Natividad siguió siendo un motivo frecuente. Tenemos así el fondo de un arco de la catacumba de san Pedro y san Marcelino, del siglo III; un fresco en uno de los muros de la catacumba de Domitila en el siglo IV o un oratorio que recuerda la cueva de Belén en Santa María la Mayor romana, de mediados del siglo VIII[184].

Pero la tradición del belén tal y como la conocemos, se debe a san Francisco de Asís, quien organizó el primer nacimiento en 1223. Luego de una visita a Tierra Santa, quiso acercar la celebración al pueblo montando un belén viviente. Según cuenta san Buenaventura en su *Vida de san Francisco*, el santo de Asís solicitó el permiso del papa Honorio III para hacer la representación. Desde el siglo VIII se habían hecho populares las representaciones de escenas religiosas, pero hubo grandes abusos y fueron prohibidas por la Iglesia. Una vez obtenido el permiso, el santo inició los preparativos alrededor del 15 de diciembre. Dispuso un paño blanco en el cual se colocó heno y se llevó al lugar un asno, un buey y otros animales. El lugar escogido fue una cueva cercana al castillo de Greccio. Nueve días antes del 25 de diciembre convocó al pueblo y celebró allí una misa. En la Nochebuena colocó en el pesebre una figura del Niño, obra de la señora Alticama, esposa de Giovanni Velita, el noble que controlaba Greccio. Allí estaban también la mula y el buey. Al toque de las campanas del cercano convento de los Frailes Menores, acudieron los fieles, evocando la llegada de los pastores para adorar al Niño. Francisco celebró la misa de la Vigilia y predicó sobre la Navidad. Hay que señalar que ninguna persona interpretó a la Virgen o a San José. Fue más bien un ceremonial litúrgico de la Navidad. Según narra Tomás de Celano, primer biógrafo del *Poverello* de Asís, uno de los presentes vio acostado en el pesebre al mismo Niño Jesús[184]. Lo cierto es que a partir de entonces se fue extendiendo la tradición de instalar belenes, primero en las iglesias italianas y luego en todo el mundo[185, 186].

Poco a poco la representación con seres vivos se fue sustituyendo por figuras de madera y otros materiales, aunque en la actualidad se continúan celebrando representaciones de belenes vivientes. Entre las más antiguas de que se tiene noticias, tenemos las figuras de madera del nacimiento del monasterio franciscano de Füssen, Baviera, presentadas en 1252 y las del belén más antiguo que se conserva, esculpido en piedra por deseo del papa Nicolás IV en 1288. Su autor fue el arquitecto y escultor florentino Arnolfo di Cambio, también conocido como Arnolfo di Lapo, entre cuyas obras destaca el proyecto de la catedral de Santa María dei Fiore, entre otros muchos[187]. Durante la Contrarreforma, los jesuitas difundieron un modelo de portal con figuras independientes vestidas con telas preciosas. El primer registro es de 1562 en una iglesia de Praga[188], la iglesia de San Clemente, al lado del Puente de Carlos. Y significó el comienzo de la tradición de los *betlémy* en la corona checa[189].

La llegada de los belenes a España se debe a Carlos III, que fue rey de Nápoles, donde los nacimientos llegaron a límites de perfección increíbles. La afición del rey y de su esposa por los belenes fue pronto imitada por los nobles y el pueblo español[190]. A América llegaron con los frailes franciscanos, fieles a la tradición del pobrecito de Asís.

El *belén napolitano* es famoso por su belleza. Tiene su origen en costumbres medievales de la ciudad de Nápoles y llega a su auge en el siglo XVIII en la corte napolitana de Carlos III. En el año 1532 se catalogan las primeras figuras de barro cocido que conforman un pesebre completo realizado por Matteo Mastrogiudice en Sorrento, en el entorno metropolitano de Nápoles. Son nacimientos llenos de realismo y cuidan el detalle al extremo. No se ambientan en la gruta de Belén sino en templos paganos en ruinas y se adornan con casas y escenografías propias del Nápoles de la época. De hecho, los personajes visten según las costumbres napolitanas. Las figuras, que suelen tener unos 30 a 35 centímetros de alto, tienen movilidad y ojos de vidrio que les dan gran realismo[191], constituyendo una hermosa obra de arte.

En Italia son también famosos el belén piamontés y el siciliano, que tiene sus propios personajes distintivos recurrentes exportados a otros nacimientos, como *Susi Pasturi*, el pastor dormido ó *Sbaundatu,* un pastor que mira al cometa lleno de asombro. En Cesenatico el belén, con figuras de tamaño real, se monta sobre los barcos de pesca amarrados en el canal[192].

América ha aportado a los belenes la influencia de su cultura mestiza. Así, en Perú puedes encontrar una llama en la cabaña junto a la Sagrada Familia. En Brasil se ha enriquecido con personajes mitológicos locales, como el genio malvado o la mula sin cabeza. En Ecuador y Bolivia, los pesebres tienen varios pisos. En México las figuras son blancas y doradas, decoradas con motivos tradicionales.

Polonia no tiene el belén tradicional que conocemos. Allí, el *szopka* o pesebre polaco, se monta en enormes y hermosas estructuras de papel aluminio que pueden tener varios metros de altura. El pesebre suele ir colocado en una catedral y a su alrededor y encima hay muchos otros edificios.

Francia también tiene sus pesebres típicos en la Provenza, construidos por los *santonniers*. Se fabrican de arcilla e incluyen no solo los personajes de la Navidad, sino muchas figuras típicas del folclore provenzal, como gaiteros y gitanos.

A África la costumbre llegó con los misioneros y no tuvo una buena aceptación inicialmente. Las figuras suelen estar talladas en arcilla, ébano o fundidas en bronce. Con una excepción: el Niño Jesús se talla en marfil, para que destaque lo más posible. La apariencia de las figuras también se refiere a las costumbres locales, y los animales han sido reemplazados por los presentes en la sabana.

Lo mismo ha sucedido en Asia, donde se construyeron inicialmente de bambú o madera y donde sus figuras suelen tener rasgos asiáticos[192].

Uno de los nacimientos más famosos del mundo es el que suele montarse en la Plaza de San Pedro, en el Vaticano. La tradición se originó en 1982, cuando Juan Pablo II ordenó colocarlo por primera vez frente a la basílica vaticana. Suele tener proporciones monumentales y sus figuras son generalmente prestadas o confeccionadas para la ocasión por diferentes regiones de Italia o del mundo.

Otro belén famoso es el de *Třebechovice pod Orebem*, que data del siglo XIX. Fue tallado en madera por tres artesanos checos y está formado por 2000 figuras mecanizadas. También es muy conocido el del Museo Metropolitano de Nueva York.

Pero sea en el Vaticano o en el modesto hogar de una familia, el nacimiento sigue siendo un dulce recuerdo de los días de la primera Navidad, aunque la representación no siempre sea la más fiel a la época. Lo cierto es que se ha convertido en una tradición universal como parte de la decoración navideña, con un modelo propio para cada pueblo. En una muestra en la Universidad de la Mística en Ávila, en 2018, se reunieron 850 nacimientos procedentes de 96 países del mundo, no solo de regiones tradicionalmente católicas, sino de países como Vietnam o Argelia[193].

Es interesante saber que los materiales en los cuales pueden confeccionarse son de lo más diverso. Desde la madera, la arcilla, la piedra o el barro, hasta los confeccionados utilizando papel, hojas de maíz, sal, granos de papel, avellanas, marmolina, queso, espuma y poliespán, legos, e incluso tallados en hielo o en arena. Esta diversidad habla de lo universal de su presencia navideña, como universal y diversa es la humanidad que celebra el nacimiento de su Salvador.

Existen muchos datos curiosos en torno a la tradición del belén o nacimiento. En la Inglaterra católica, antes de la llegada de la Iglesia Anglicana, era tradición esculpir un pesebre en un pastel, para que el Niño pidiera descansar hasta la cena de Nochebuena, momento en el cual se comía la tarta. Aunque esta tradición se perdió, se sigue disfrutando de la tarta, conocida como *mince pie* o tarta de Navidad. Los belenes tienen también un sitio en el Libro Guinnes de los récords mundiales, según el cual el belén mecánico más grande del mundo es el fabricado por el artesano checo Tomáš Krýza en el siglo XIX. Demoró 60 años en completarlo. Tiene 1389 figuras de las cuales 133 son móviles. Todavía es posible visitarlo en la ciudad de *Jindřichův Hradec*. El récord Guinnes del belén viviente más grande del mundo lo tiene la localidad de Calne, en Reino Unido, al lograr reunir 1254 participantes el 3 de diciembre de 2016[194]. Y el nacimiento más grande del mundo es español: se trata del belén bíblico y monumental de Santa Ángela de la Cruz, en Jerez de los Caballeros, en Badajoz. Monta más de diez mil piezas en 450 metros cuadrados de extensión[195]. Es también español el récord de altura en un belén. Corresponde a Alicante, con su nacimiento de 56,025 metros de altura sumando sus figuras principales, siendo la mayor la de San José con 18,05 metros. El récord, obtenido en 2021, desbanca al belén mexicano de Monterrey, campeón durante 20 años con sus 28,58 metros de altura de sus principales figuras combinadas[196].

Entre otras curiosidades belenistas podemos citar el nacimiento de la ciudad de Pittsburg, única copia autorizada del que pone el Vaticano. O que en el ala oeste de la Casa Blanca se ha colocado tradicionalmente un belén. La esposa del expresidente George Bush, Laura, colecciona belenes. En Nápoles, la *Via San Gregorio Armeno*, es conocida como la calle de los pesebres. Allí este arte napolitano se perpetua a través de los años en sus exposiciones y artesanos. Y el belén más pequeño del mundo, conocido como Nano Sagrada Familia, creado en 2017. Cabe en el ojo de una aguja o en una pestaña humana. El microscópico pesebre no puede verse a simple vista. Fue creado por científicos de la Universidad de Vilna, en Lituania y es una réplica del belén de la Catedral de esta ciudad, solo que diez mil veces más pequeño. Para lograrlo se utilizó la impresión 3D y se necesitó la colaboración de 30 expertos laborando durante 3 meses[197].

En España son famosos por su grandiosidad y belleza, el Belén del Príncipe, que se conserva en el Palacio Real de Madrid; los belenes napolitanos de las Descalzas Reales y del Museo Nacional de Artes Decorativas, así como el belén de Salzillo.

El núcleo central del belén lo forman las figuras del Niño, María y José, que son los protagonistas de la Navidad. Es lo que llamamos Misterio, la Sagrada Familia. Con ellos tres puede ser suficiente. Pero suelen añadirse los Reyes Magos, los pastores, el ángel, la mula y el buey. No ha de faltar la estrella. Y a partir de ahí, la gruta, el entorno y, en los más ambiciosos, Belén y sus alrededores. Es frecuente encontrar muchos anacronismos, pues se incluyen trajes típicos regionales, escenarios que nada tienen que ver con la gruta e incluso elementos o personajes asombrosos. Pero es que el Cristo que nace lo hace para todos y por eso todos son bien acogidos y nada parece extraño. Estos añadidos lo enriquecen y son muestras del profundo amor de sus creadores.

Según las costumbres regionales o familiares, hay diferentes fechas para armarlo o desarmarlo. Algunos prefieren hacerlo el 8 de diciembre, en la fiesta de la Inmaculada Concepción. Otros lo hacen el 16 de diciembre, al comenzar la novena del Nacimiento, o bien el cuarto domingo de Adviento e incluso en la Vigilia de Navidad. En muchos países no se colocan todas las figuras, sino que se reserva la del Niño para colocarla en el pesebre en la Nochebuena, al regresar de la Misa de Gallo. Y en algunos lugares, tampoco se colocan los Magos hasta el 6 de enero. Para desmontar el nacimiento también hay variedad de fechas. Siempre después de Epifanía, algunos lo quitan alrededor de la octava de Epifanía, en la fiesta del Bautismo del Señor[2]. Antiguamente se dejaba hasta el 2 de febrero, día de la Candelaria. Y nunca faltan hogares en los cuales queda expuesto hasta el verano, pero ya aquí las razones no son las propias de la celebración.

El árbol de Navidad. Aunque su presencia en las fiestas es más reciente que la del pesebre, se ha convertido en parte identitaria de estas fechas. Con sus múltiples variedades, el árbol de Navidad contribuye a la decoración navideña y la hace más hermosa.

El árbol ha sido importante para las diferentes culturas desde tiempos inmemoriales. Los hindúes y los persas tenían árboles salvíficos y paradisiacos, los griegos contaban la leyenda del árbol del cual colgaba el vellocino de oro, los germanos creían que el universo era un gran árbol del cual colgaban el sol y las estrellas. Para los aztecas existían cuatro árboles sagrados que significan un dios. En la cultura maya, el árbol simboliza el espacio donde ocurre el momento del nacimiento y es una comunicación entre los tres niveles del cosmos: el subterráneo, la superficie de la tierra y los cielos. Para los celtas era muy importante el árbol de la vida, a cuyo cuidado y estudio se dedicaban los druidas. Incluso llegaban a predecir el futuro, no por las estrellas, sino por los árboles, y se asignaba un árbol según el mes de nacimiento de cada persona[2, 198, 199]. Sin olvidar la fe cristiana, en la cual la Biblia nos habla del árbol de la ciencia del bien y el mal, así como el árbol de la Cruz, donde estuvo clavada la salvación del mundo.

En el origen de la costumbre de adornar un árbol durante las celebraciones navideñas está la historia de un obispo inglés, san Bonifacio, el monje misionero evangelizador de Alemania en el siglo VIII. Viendo que era difícil erradicar las costumbres paganas, decidió cristianizarlas. Un día, regresando de Roma de una visita al papa Gregorio II, vio como unos paganos iban a inmolar a nueve niños a los pies de un roble. Bonifacio liberó a los niños y mandó talar el roble, símbolo de Thor. Los sacerdotes lo amenazaron con ser fulminado por el dios del trueno. Pero nada sucedió y la caída del árbol de Thor significó la caída del paganismo. Así que dio un nuevo significado al árbol, al que comparaba con Dios, que da vida y cobijo. Escogió al abeto, porque en su forma triangular recuerda la Trinidad y su follaje siempre verde simboliza la vida eterna. Lo llamó árbol del Niño Jesús y comenzó a incluirlo en la decoración navideña. Ya a los pies del árbol no habría holocaustos humanos, sino regalos en honor de Cristo recién nacido[2, 200]. La costumbre de adornarlo se atribuye a una iniciativa de Martín Lutero, el cual puso unas velas sobre las ramas de un árbol de Navidad, porque centelleaban como las estrellas en las noches de invierno.

La colocación del árbol en las plazas públicas tuvo su origen en dos ciudades bálticas: Tallin, en Estonia, lo hizo por primera vez en 1441, y Riga, en Letonia, en 1510. Se dice que unos comerciantes instalaron un enorme árbol en una plaza de Riga, lo adornaron con rosas, bailaron en torno a él y luego le prendieron fuego[201].

Lo cierto es que desde 1550 ya hay numerosas referencias al uso de árboles adornados para celebrar la Natividad del Señor. Un manuscrito de 1605 describe la costumbre en Estrasburgo de decorar los abetos con rosas de papel, manzanas, velas, galletas y azúcar. Desde Alemania, la familia Hannover lo llevó a Inglaterra. Lo hizo el príncipe Alberto de Alemania, esposo de la Reina Victoria. Incluso el escritor Charles Dickens escribe sobre *el nuevo juguete alemán*[202]. A Finlandia llegó en 1800.

La primera noticia de un árbol de Navidad en España data de 1870. La princesa de origen ruso Sofía Troubetzkoy, viuda de un hermano de Napoléon III y casada con el español José Osorio y Silva, marqués de Alcañices mandó colocar un árbol en la residencia del marqués, en el paseo del Prado[203].

A partir del siglo XIX su uso se popularizó en los países escandinavos,

Austria y Polonia. A mediados de siglo pasó a Francia y un poco más tarde se extendió por los Estados Unidos. Aunque algunas referencias sitúan su llegada a este último país en tiempos de George Washington, a través de los alemanes hessianos a los cuales Washington derrotó en 1776, pero muchos permanecieron en el país e introdujeron sus tradiciones entre las que estaba el árbol de Navidad.

En México, el emperador Maximiliano y su esposa Carlota adornaron el primer árbol en el Castillo de Chapultepec en la Navidad de 1864. La aristocracia adoptó la iniciativa, hasta que el emperador fue fusilado y se perdió la costumbre. En 1878, el general Miguel Negrete colocó un árbol en su casa y poco a poco la tradición se fue expandiendo nuevamente[204].

La costumbre siempre fue utilizar abetos naturales para la decoración navideña. A mediados de la década de los años 50 del siglo XX, un aviador americano de origen judío, *Si Spiegel*, bombardero durante la Segunda Guerra Mundial, protagonizó el cambio. Spiegel era un héroe. Según cuenta el New York Times[205] en un artículo de diciembre de 2019, después de la guerra, *Siegel* encontró un trabajo como maquinista en una fábrica de cepillos de Westchester, la *American Brush Machinery*. Cuando las cosas fueron mal para la fábrica los jefes decidieron reutilizar las máquinas para hacer árboles de Navidad artificiales, pero no tuvieron mucho éxito y decidieron enviar a Siegel a cerrar la fábrica. *Si* no estuvo de acuerdo, él creía que se podía ganar mucho dinero con aquello. La mayoría no le apoyó, salvo un directivo que sí lo hizo. *Siegel* llevó árboles para estudiarlos y logró copias perfectas que se podían fabricar a gran velocidad. A mediados de 1970 su empresa, la *American Tree and Wreath*, ya fabricaba unos 800 000 árboles al año y en 1993 pudo vender su negocio como multimillonario. La historia la conocemos todos: en la actualidad hay árboles artificiales por todo el mundo, principalmente de color verde, pero también blancos y con una enorme gama de tamaños, formas y estilos.

A la costumbre de decorar el árbol con manzanas y velas que habrían introducido San Bonifacio y Martín Lutero, se fueron añadiendo otros decorados hasta llegar al árbol tal cual lo conocemos en la actualidad.

Hacia 1830, un pobre vidriero de Lauscha, en Turingia, no podía permitirse colgar manzanas y nueves en el árbol, porque eran muy caros para él. Y como la escasez aguza el ingenio, se le ocurrió la idea de crear sustitutos para las manzanas: unas esferas de cristal soplado, de diferentes colores[206]. Otra versión cuenta que en 1858 hubo una gran sequía en el norte de Francia, por lo que no había manzanas. Así que una fábrica de vidrio creó las esferas que tan populares serían en adelante[207]. Hoy las esferas o bolas de Navidad, con sus múltiples colores, contribuyen a dar belleza y elegancia a la decoración del abeto navideño. Actualmente se fabrican también de plástico, con motivos y formas diversas.

Otro tanto ocurre con la iluminación del árbol. Las velas, que se sujetaban originalmente con cera derretida o alfileres, implicaban un peligro real de incendio. Así que comenzaron a utilizarse farolillos para proteger las llamas. Con el descubrimiento de la electricidad y sus potencialidades, Edward H. Johnson, inventor americano y socio comercial de Thomas Alva Edison, iluminó su árbol de Navidad, el 22 de diciembre de 1882, con la primera guirnalda de la historia, formada por 80 bombillas eléctricas del tamaño de una nuez, que brillaban con colores rojos, blancos y azules. En 1895, el presidente de los Estados Unidos, Grover Cleveland, ordenó decorar el despacho oval de la Casa Blanca con luces artificiales y ya para 1901 la *Edison Electric Light* vendía luces de navidad con nueve enchufes. En 1917, Albert Sadacca convenció a sus padres para vender luces de Navidad, aunque con poco éxito. Sadacca tuvo la idea de pintarlas de colores, lo cual disparó las ventas y ya para 1925 había fundado una compañía para la fabricación en serie de estas luces de colores[204, 208, 209], la *NOMA Electric Company*. A partir de estas fechas, se crearon numerosas patentes para la fabricación de bulbos o bombillas que se encienden y apagan, utilizando un termostato. En 1935, Carl Otis creó las luces de burbuja, que nos embelesaban ante el árbol de Navidad en nuestra infancia por su belleza singular y su magia. NOMA adquirió los derechos y lanzó la creación con éxito en 1947. A NOMA también se debe el desarrollo y comercialización de pequeños fusibles como protección, que pueden ser intercambiados. En las décadas siguientes se fueron desarrollando varias ideas que combinaban el parpadeo de las luces con la música. En 1990 llegó la iluminación inteligente, con un sistema de iluminación programable que sería patentado en 1995. En la actualidad las luces LED se han impuesto en las guirnaldas lumínicas navideñas, por su diseño robusto, su eficiencia y bajo consumo[210, 211].

Todo árbol de Navidad que se precie de estar bien decorado incluirá guirnaldas o espumillones. Son tiras de diversas texturas, originalmente de flores y ramas, que se colocan alrededor del árbol. Hay una distinción semántica para tener en cuenta. En los países de habla hispana existen diferencias en el uso de algunas palabras. Así, en Cuba les llaman rabo de gato y las guirnaldas son las luces del árbol. En México se le llama espumillón. Y en otros lugares boas. El espumillón se refiere a cintas con flecos de colores brillantes. Tienen su origen en las coronas abiertas confeccionadas con flores, hierbas o ramas y su historia se remonta hasta el imperio persa, en donde se colocaba como diademas en las cabezas de personas importantes. Los griegos hacia 776 a.C. comenzaron a utilizar coronas de laurel para adornar las cabezas de los atletas en los primeros Juegos Olímpicos. Y lo mismo sucedió en el imperio romano, pero en esta ocasión estaba destinada a celebrar las victorias de militares y políticos. En el mundo cristiano se comenzó a utilizar la corona de Adviento, con 4 velas que se encienden cada domingo de este tiempo litúrgico mientras se avanza hacia la Navidad. La corona de Adviento tiene su origen en Alemania, donde se unían ramas de hoja perenne y la luz para celebrar la llegada de la primavera. En el siglo XVIII los cristianos, tanto católicos como protestantes, comienzan a utilizar una corona de flores para simbolizar la venida de Jesús. Y se incorporó a la decoración navideña, tanto en el árbol como en paredes, puertas y ventanas. Con el tiempo, la corona inspiró las tiras para rodear el árbol que también pueden colocarse en otros lugares del recinto[212].

En la copa del árbol se acostumbra a colocar una estrella, en memoria de la estrella de Belén. Suele ponerse el 24 de diciembre, y el honor le corresponde tradicionalmente al más pequeño de la casa. Algunos prefieren colocar picos en lugar de la estrella, confeccionados del mismo material que las bolas y con diferentes formas y motivos.

La decoración del abeto también suele incluir campanas, lazos, y una multitud de pequeñas y hermosas figuras, que pueden incluir a Papa Noel, renos, y cualquier motivo navideño.

En el universo cristiano, donde la liturgia constituye una parte importante, cada gesto, color y acción tiene un profundo significado. Y el árbol de Navidad no puede quedar fuera. Según el P. José de Jesús Aguiar, canónigo de la Catedral Metropolitana de México, *el pino adoptó varios simbolismos, porque a diferencia de los demás árboles, que durante el otoño e invierno se quedan sin hojas y parecen morir, el pino aún en medio de la nieve permanece siempre verde*[213]. Es la razón por la cual en muchas culturas se convirtió en símbolo de inmortalidad, y en el mundo cristiano pasó a ser un signo de Cristo que nos ofrece la vida eterna. Por su forma triangular sería una evocación de la Santísima Trinidad: Padre, Hijo y Espíritu Santo.

Los adornos del árbol son también un signo. La estrella en la copa recuerda, como he señalado anteriormente, la estrella de Belén y representa la fe que debe guiar la vida del cristiano. Las manzanas, con las que san Bonifacio decoraba el abeto, representaban las tentaciones. Actualmente, las bolas o esferas simbolizan los dones que el Señor ofreció a los hombres. Y sus colores simbolizan las oraciones que se realizan durante el Adviento o tiempo de espera y preparación para la Navidad[214]. A saber:

Las esferas azules simbolizan las oraciones de arrepentimiento.

Las esferas rojas, las oraciones de petición.

Las esferas plateadas, las oraciones de agradecimiento.

Las esferas doradas, las oraciones de alabanza.

Las velas con las cuales se adornaba el árbol, y sus sustitutas actuales, las luces navideñas, representan a Cristo, la luz del mundo y la gracia que reciben los hombres que aceptan a Jesús como su Salvador. Los lazos simbolizan la unión de las familias y personas queridas alrededor de los dones que se desean compartir.

Como árbol de Navidad natural se pueden utilizar diferentes especies, aunque las más comunes son el abeto y el pino. Pueden ser árboles enraizados, que al terminar las fiestas se conservan para el año siguiente, o no enraizados, que son meramente decorativos al ser eliminadas sus raíces. Entre los más frecuentes podemos citar el *Abies Nordmandiana*, uno de los más populares, es el abeto por excelencia en los hogares. Otros muy comúnmente utilizados son el *Picea excelsa*, el *Abies pinsapo*, el *Abeto noble*, etc. El *Abeto Fraser* (*Abies fraseri*) es el árbol típico de las fiestas navideñas en los hogares americanos y es el que suele usar la Casa Blanca. Como dato curioso, es una variedad europea que llegó a América a principios del siglo XX[215, 216].

En el Anexo VI pueden consultarse algunas de las especies de árboles más utilizadas como árboles de Navidad.

El árbol de Navidad puede armarse, junto con el belén o nacimiento, a partir de diferentes fechas. Lo más común es hacerlo, en la mayoría de los países de Iberoamérica, el 8 de diciembre. Hay quien prefiere ponerlo ya al comenzar el Adviento y otros que lo hacen al terminar este, cuando ya va a comenzar la Navidad. La comercialización de la Navidad ha llevado a que en tiendas y comercios cada vez aparezca en fechas más tempranas.

Como no podía ser de otra manera, el árbol de Navidad también tiene sus curiosidades y récords. Datos que pueden ser cambiantes de un año a otro, porque se establecen nuevas marcas. Por ejemplo, el árbol de Navidad natural más grande del mundo en 1957 estuvo en Cuba. Se instaló el 17 de diciembre de ese año, a la entrada del reparto Fontanar y tenía 20,73 metros de altura, llegando hasta los 22,56 metros al sumarle la estrella de cinco puntas que le coronaba. Era un pino *Spruce*, también conocido como *Canadian Red Wood*. Su tronco medía 76 centímetros, pesaba cuatro toneladas y sus ramas abarcaban diez metros de diámetro. Se llevó a La Habana desde Canadá y se decoró con cuatro mil esferas de luces de colores conectadas por nueve mil metros de cable[217].

Sin embargo, el árbol de Navidad más grande del mundo en el momento que escribo este libro no es un árbol natural. Se trata del árbol navideño de Gubbio, una población italiana de 35 000 habitantes, en la región de Umbría, en la provincia de Perugia. Fue 1981 el año en que en un grupo de amigos surgió la idea. Construido en la ladera del monte Igino, alcanza los 750 metros de alto y 450 metros de ancho y está formado por 800 cuerpos de luz, que actualmente son luces alimentadas con fuentes renovables, y se alza desde las murallas de Gubbio hasta la Basílica de Sant'Ubaldo, en la cima del monte. Ocupa un área equivalente a 30 campos de fútbol y para unir las luces se requieren ocho mil metros de cable eléctrico y alrededor de dos mil horas de trabajo de cincuenta voluntarios. Desde 1991 entró en el Libro de los Récords de Guinnes y no ha podido ser destronado. La ceremonia de encendido ha estado protagonizada por diversas personalidades a través de los años, entre las cuales se encuentran Benedicto XVI, quién lo encendió en 2011; el cosmonauta Paolo Nespoli hizo lo propio desde la Estación Espacial Internacional en 2017, o el Custodio franciscano de Tierra Santa en 2019[218, 219].

Entre los árboles de Navidad más altos del mundo en 2021, se encuentran los que se ponen en Sri Lanka, con 73 metros de altura, (algunos reportes hablan de 100 metros), Río de Janeiro, con 70 metros, San Luis Potosí, 70 metros, Phoenix, 33 metros, Nueva York, 24 metros o Londres, 23 metros. Durante el proceso de revisión de este libro, en septiembre de 2023, se anunciaron para la Navidad de este año, un árbol de 40 metros de altura en Badalona y otro de 40,5 metros en Vigo.

En el lado contrario, el árbol navideño más pequeño del mundo es veinte mil veces más pequeño que un pelo, mide apenas 4 nanómetros de altura. El logro lo obtuvo la estudiante de física aplicada de la Universidad Tecnológica de Delf, en los Países Bajos, Maura Willems. Maura utilizó un microscopio de efecto túnel para hacer el árbol. Utilizó una red cristalina formada por átomos y eliminó 51 átomos para dar forma al árbol[220].

Hay árboles navideños que se han hecho famosos. El árbol de Navidad del Vaticano suele colocarse en la Plaza de San Pedro, junto al nacimiento. Es un abeto donado por alguna nación o región, que también suele obsequiar los árboles que se colocan en todas las dependencias de la Santa Sede. La tradición comenzó como una iniciativa de Juan Pablo II en 1982. El utilizado en 2021 tenía 28 metros de altura y provenía del Trentino. Otro árbol muy famoso es el del Rockefeller Center, una tradición que tiene más de 80 años y suele ser muy hermosa. También son famosos los árboles de Dortmund, Alemania, el de las Galerías Lafayette en París, el árbol flotante de Río de Janeiro en Brasil, en su categoría el más grande del mundo; el de la Casa Blanca, el del Kremlin, el de la Puerta del Sol en Madrid o los de Lisboa y Estrasburgo[221, 222]. En los últimos años, como parte de la Navidad en Vigo, el árbol artificial de la plaza *Porta do Sol*, cuyas luces suelen danzar al compás de los villancicos, ha cobrado gran notoriedad.

Existe otro récord Guinnes, se trata del árbol de Navidad humano más grande del mundo. El mérito corresponde a Honduras, que el 1 de diciembre de 2014 dibujó un árbol de Navidad en la Plaza Democracia de la Casa Presidencial en Tegucigalpa, formado por 2945 personas vestidas de verde y rojo para formar el árbol y de amarillo para la estrella. El récord anterior lo tenía Argentina con un árbol formado por 1982 personas[223].

Otro ranking curioso en los tiempos de internet, y que puede dar una idea del interés mundial por la Navidad y sus temas afines, se refiere a las búsquedas en la red. En 2020, la web Diys.com[224] realizó un ranking con los árboles más buscados en Google, los más altos, que comparten más hashtags en Instagram y el número de bolas necesarias para decorarlos, obteniendo según sus posiciones un número de puntos total. El más buscado fue el árbol de Navidad de Gubbio, que obtuvo un total de 340 puntos, seguido en segundo lugar por el del *Rockefeller Center* en Nueva York, con 320 puntos, que es además el más buscado a nivel mundial, con 46 910 búsquedas mensuales. El tercer lugar correspondió al abeto de Navidad de Vilnius, la capital de Lituania, con 310 puntos. Este es el ranking de los diez primeros lugares:

1. Árbol de Navidad, Gubbio, Italia. 340 puntos

2. Árbol de Navidad del *Rockefeller Center*, Nueva York, Estados Unidos de América. 320 puntos

3. Árbol de Navidad, Vilnius, Lituania. 310 puntos

4. Árbol de Navidad Flotante de la laguna Rodrigo de Freitas, Río de Janeiro, Brasil. 280 puntos.

5. Árbol Nacional de Navidad, Washington, Estados Unidos de América. 280 puntos

6. Árbol de Navidad del Zócalo, Ciudad de México, México. 260 puntos

7. Árbol de Navidad de la Puerta del Sol, Madrid, España. 230 puntos.

8. Gran Árbol de Navidad, Estrasburgo, Francia. 230 puntos.

9. Árbol de Navidad de Trafalgar Square, Londres. Reino Unido. 230 puntos.

10. Árbol de Navidad de la Plaza Roja, Moscú, Rusia. 220 puntos.

En los rankings particulares, los triunfadores fueron los árboles del *Rockefeller Center* (100 puntos), *Trafalgar Square* y el *National Christmas Tree* de Washington, ambos con 90 puntos. Con respecto a los hashtags de Instagram, triunfó nuevamente el *Rockefeller Center* con 100 puntos, seguido por Vilnius y *National Christmas Tree*. En cuanto a esferas necesarias para su decoración, la primera plaza es para el árbol de Gubbio con 100 puntos, seguidos por el árbol flotante de Río y el del Zócalo, ambos con 90 puntos, que repiten en el mismo orden y puntuación en el ranking de árboles con mayor altura[224].

Finalmente, unos consejos para el momento de armar el árbol que nos acompañará en las fiestas navideñas. Es importante seguir un orden, porque de lo contrario la podemos liar. Damos por descontado que se ha escogido ya si será un árbol natural o artificial y el lugar donde se va a colocar. Debe ponerse sobre una base sólida y firme. En primer lugar, hay que desplegar bien las ramas del árbol. A continuación, se colocan las luces, y se puede hacer una prueba de encendido para ver cómo van quedando. Suelen colocarse comenzando desde arriba hacia abajo. Después colocamos las guirnaldas y espumillones, teniendo en cuenta que combinen con los colores de los adornos, que vamos a colocar a continuación, prestando especial atención a su distribución. Y el colofón, es la colocación de la estrella, que en los hogares donde vive una familia creyente, se suele colocar en la Nochebuena, el 24 de diciembre[225].

La flor de Pascua. Esta flor es típica de la decoración navideña en hogares, oficinas e incluso templos. Es originaria de México y algunos países de Centro América. Ya en el siglo XVI algunos frailes misioneros la utilizaron como adorno floral en la Navidad y la costumbre se ha extendido hasta nuestros días. En los Estados Unidos de América, pueden llegar a venderse alrededor de 70 millones de flores cada diciembre. Para los aztecas era símbolo de pureza y la nueva vida de los guerreros caídos en la batalla[226].

Existen alrededor de 200 variedades de flores de Pascua. Se cultiva en México y algunos países de Iberoamérica, pues requiere de zonas cálidas y luminosas para crecer. En España se produce principalmente en Andalucía, siendo Almería y Murcia los mayores productores, aunque también se cultiva en Cataluña, Canarias e, incluso, en algunas zonas del norte. Almería produce el 25% del total de 9 millones de plantas que se cultivan en España[227].

Las hojas de color rojo no son la flor en sí, que es pequeña y de color amarillo. Estas hojas son las brácteas, que le dan su característica morfología y que, además de rojas, pueden ser blancas, amarillas, rosas o multicolor. Tienen como función proteger a las flores.

La *Euphorbia pulcherrima* o **flor de Pascua**, es conocida también como **estrella federal** en Argentina, **pascuero** o **pastora** en Costa Rica y Nicaragua, **flor de Nochebuena**, **flor de Navidad** o **cardenal** en Perú y **papagayo** en Venezuela. Su nombre en náhuatl es **cuetlaxóchilt**, o **flor que se marchita**. También se le conoce como *poinsettia,* nombre en honor de Joel Robert Poinsett, primer embajador de los Estados Unidos en México, entre los años 1825 y 1829. Poinsett las regalaba a sus amigos en la época navideña, que es cuando se produce su floración. Más tarde, Paúl Ecke, descendiente de una familia de emigrantes alemanes establecida en Los Ángeles en 1900, regalaba flores de Pascua a los estudios de televisión para que aparecieran en sus programas desde el día de Acción de Gracias hasta la Navidad, lo cual contribuyó a popularizarla[226, 228].

En España se ha adoptado la costumbre, en algunas familias, de regalar una flor de Pascua a familiares y amigos, cuando comienza la temporada navideña.

El muérdago. Al acebo y la flor de Pascua, se añade otro integrante del reino vegetal como tradicional adorno navideño. Se trata del muérdago que se coloca en el dintel de las puertas o en las puertas mismas, aunque también puede formar parte de la decoración en otros lugares.

El muérdago o *Viscum album*, es una planta parásita que crece sobre los árboles y se alimenta de su agua y nutrientes. Es común verla en manzanos y álamos. Produce un fruto en forma de bayas redondeadas, que pueden ser rojas, principalmente en los Estados Unidos y es el que se utiliza con mayor frecuencia, o bien blancos o amarillos, más típicos de Europa, aunque menos utilizados como parte de los adornos navideños.

El cine ha hecho popular la tradición europea del beso bajo el muérdago, tradición que tiene dos posibles orígenes. Uno se encuentra en la cultura griega, donde se pensaba que el muérdago es una planta con poderes de conciliación. De tal manera que, si una pareja o amigos discutían, cuando hacían las paces, sellaban la reconciliación con un beso bajo el muérdago. El otro posible origen lo encontramos en la mitología escandinava. La diosa Frigg lloraba la muerte de su hijo Baldr a manos de Loki con una flecha de muérdago. Las lágrimas de la diosa se convirtieron en las blancas bayas de la planta por lo que los otros dioses, al ver su pena, decidieron resucitar a Baldr. Conmovida, Frigg designó al muérdago como planta del amor y la paz y ante el muérdago, cualquier pelea, disputa o batalla debía detenerse y los involucrados rendir homenaje al muérdago con un beso o un abrazo. En el siglo XVIII los ingleses convirtieron esta tradición en un ritual romántico en los días de Navidad. Hoy en día el beso bajo el muérdago solamente se da en Nochebuena y la tradición quiere ver en ello un signo que afianza el amor de la pareja[229]. Lo cierto es que, haya beso o no, el muérdago ha quedado como adorno navideño hasta nuestros días.

Los colores de la Navidad. La Navidad tiene sus colores propios, que la liturgia y la tradición han consagrado según su significado. Así, durante las celebraciones navideñas, el sacerdote católico utilizará una casulla blanca (ver Anexo IV). El blanco en la liturgia católica es el color del gozo pascual, de la luz y de la vida, y expresa pureza y alegría. El blanco puede ser sustituido por el dorado. La Iglesia Anglicana utiliza también el blanco y el dorado en las celebraciones navideñas, colores que identifica con el gozo y la festividad. Algunas denominaciones como la Iglesia Metodista, las Iglesias Bautistas y la Iglesia Presbiteriana también tienden a utilizar el blanco y el dorado en las celebraciones de Navidad y Epifanía. Para las Iglesias Ortodoxas el blanco es el color para utilizar en la celebración de la Epifanía y algunas también lo utilizan en la Navidad[230]. La Iglesia Ortodoxa Rusa utiliza el oro en las celebraciones navideñas.

Junto con el blanco y el dorado que se utiliza en las celebraciones litúrgicas de las diferentes iglesias, es común utilizar el rojo y el verde como colores típicos de la Navidad en la decoración popular. El rojo como signo del amor y la sangre que Cristo derramó en la cruz por todos y el verde como signo de esperanza, la naturaleza y la vida. Es fácil encontrarlos en plantas de hoja perenne como el acebo y las frutas rojas del muérdago o las brácteas de la flor de Pascua, así como la decoración del pino con manzanas rojas. Lo cierto es que el rojo y el verde han pasado a ser colores que identifican la Navidad. Según el Dr. Spike Bocklow, científico de la Universidad de Cambridge citado por Aleteia[231], su uso se remonta a las iglesias de la época medieval, adoptado por los ingleses posteriormente. En las mamparas de madera ornamentada que separaba la nave del presbiterio era común el uso del rojo y el verde para enmarcar las figuras bíblicas. Se desconoce el motivo, unos piensan que se debe a que eran los pigmentos disponibles, pero hay quienes piensan en un simbolismo. El cristianismo, con el paso del tiempo, le fue dando el propio significado ya comentado.

La iluminación de las ciudades. La luz se ha asociado a Cristo, luz del mundo, y por tanto su nacimiento se asocia a la llegada de la luz a un mundo en tinieblas. Encender luces en Navidad es una tradición muy antigua, a lo que hay que sumar el hecho de celebrar las fiestas en diciembre, en el invierno del hemisferio norte, cuando los días son más cortos y las noches más largas. El descubrimiento de la electricidad ha propiciado un cambio en la costumbre de iluminar por Navidad, y desde hace algunos decenios a la habitual iluminación de casas, templos, comercios, escuelas y otros edificios, se ha sumado la tendencia creciente de encender el alumbrado navideño de las ciudades por todo el mundo. Se hace para festejar las fiestas y también porque constituye un estímulo económico y social que atrae curiosos y turistas.

El presidente de los Estados Unidos, Stephen Grover Cleveland ordenó en 1895 iluminar el árbol de Navidad de la Casa Blanca con luces multicolores. En 1923 el presidente Calvin Coolidge comenzó a celebrar la Navidad con la iluminación del *National Christmas Tree*, iniciando una tradición que dura hasta nuestros días. Ya en 1931, se inauguró el famoso árbol navideño del Rockefeller Center de Nueva York y poco a poco se fueron iluminando árboles en las calles y las afueras de las casas. La II Guerra Mundial detuvo la producción de luces, pero una vez concluida fue retomada. En esta época hacen su aparición las famosas luces de burbuja, que se produjeron hasta la década de 1970[232]. Ya en 1966 General Electric había presentado sus luces Merry Midget[TM] producidas en el extranjero y que fueron muy populares. En respuesta a ello, otros fabricantes lanzaron las mini-luces, que tuvieron un éxito total[233].

Aparte de los árboles iluminados, se comenzaron a utilizar adornos en las calles, con motivos diversos y creatividad creciente. La llegada de las luces LED en 1998, cambió el rostro de la Navidad en las ciudades y las casas. Se calientan menos, consumen menos, duran más.

Minneapolis fue una de las primeras ciudades en adoptar el potencial de la electricidad para iluminar la Navidad. La iniciativa se debió al dentista Henry Boos, el cual, usando los faros de su coche, iluminó el árbol colocado en su patio, en las calles 26 y Elliott. No sabemos si este hecho fue o no el inspirador, pero lo cierto es que, en 1914, el *Minneapolis Tribune* promovió una sugerencia para iluminar la Navidad: cada hogar debía colocar una vela en la ventana en la Nochebuena. La idea se hizo popular y las diferentes iglesias invitaron a sus congregaciones a participar. Antes de la Navidad de 1925, se iluminó el árbol municipal de Navidad, y el encendido lo hizo el presidente Coolidge desde la Casa Blanca. Hubo una gran festividad, las *Gampfire Girls* cantaron villancicos acompañadas por la banda del Ejército de Salvación. Fue tal el éxito que el alcalde, George Leach y otros líderes cívicos, convocaron un concurso de decoración navideña al aire libre para 1926. Se promovió el uso de la electricidad, pidiendo a los vecinos utilizarla para adornar sus árboles, primero, y posteriormente con otras iniciativas. El concurso se conoció como *The Brightest Christmas City* o La ciudad navideña más brillante[234].

En el siglo XXI las ciudades compiten por engalanar sus calles con adornos lumínicos cada vez más elaborados y profusos. Son famosos los alumbrados navideños de Nueva York, que desde noviembre se convierte en una ciudad sacada de un cuento de Navidad. París ilumina alrededor de 120 calles desde el inicio de diciembre y ofrece recorridos por los lugares más iluminados de la ciudad. Londres es otra ciudad que se toma muy en serio la iluminación navideña, siendo famosos los alumbrados de *Oxford Street*, *Regen Street* y *Carnaby Street*, o *Trafalgar Square*, donde desde 1947 se enciende el árbol navideño de más de 20 metros de altura[235]. Son muy famosas las iluminaciones de *La Grand Place* de Bruselas, el *Tívoli Garden* de Copenhague, la Plaza del Comercio de Lisboa y las de Praga, Budapest, Moscú, Gdansk o Tallin.

En España, Madrid hace gala de una hermosa decoración navideña desde 1962, en la que destaca el árbol de Sol, y que llega a sumar 147 kilómetros de luces. Otras ciudades españolas famosas por sus alumbrados de Navidad son Málaga, especialmente las de las calles Larios y la Plaza de la Constitución, aunque se cubren de luz unas 500 calles por toda la urbe. Desde hace algunos años, Vigo se ha convertido en noticia por sus luces de Navidad. La urbe gallega se supera año tras año, iluminando 260 calles desde finales de noviembre, con motivos que incluyen un gran árbol en la Puerta de Sol, un muñeco de nieve, una gran caja de regalos y una noria gigante.

En Hispanoamérica, destaca Medellín, con su simbólica ruta de la luz y sus más de 40 espacios iluminados que ofrecen cada año verdaderos espectáculos de luces muy originales y llenos de creatividad. San José en Costa Rica, Viña del Mar en Chile, Ciudad de México, Río de Janeiro con su árbol de Navidad flotante lleno de luces o Sao Paulo con su espectáculo de fuentes luminosas y música, son algunos de los más destacados.

La ciudad japonesa de Kobe creó un espectáculo de luces por programación computarizada en homenaje a las víctimas del terremoto de 1995. Hoy es visitado por infinidad de turistas.

No puedo dejar de mencionar a una empresa española, Iluminaciones Ximénez, que decora actualmente con 70 millones de luces las calles de 600 ciudades del mundo, desde Londres a Dubái, Oslo, Múnich, Tokio, Chicago o Panamá. Y por supuesto, ciudades españolas como Madrid, Barcelona, Málaga y Vigo[236]. Tienen dos récords Guinness, uno de ellos relacionado con la Navidad: el árbol navideño más grande de Europa, con 55 metros de altura, en Granada. Es una empresa familiar que consta de unos 500 trabajadores. Ha logrado colocarse en el centro de las celebraciones navideñas a nivel mundial con sus trabajos de luces.

TRADICIONES Y COSTUMBRES NAVIDEÑAS

La Navidad es una celebración universal de profundo arraigo popular, con características propias y únicas. Ha calado en la memoria de los pueblos y ha pasado a ser parte de su cultura. Así es como han nacido y permanecido diferentes costumbres y tradiciones, algunas universales y otras más locales, que enriquecen este tiempo festivo.

Una costumbre es una práctica que se crea y se establece en un grupo humano a través de la ejecución reiterada en el tiempo. Pueden ser ejemplo de costumbres las danzas, comidas y fiestas. Son las formas que tiene una comunidad o un pueblo, de celebrar. Las tradiciones son costumbres o determinados comportamientos que se transmiten de generación en generación, bien sea por la enseñanza oral o escrita, pasando así a formar parte de la cultura local.

Tere Vallés, en un artículo para Catholic.net[237] nos dice: *las tradiciones y costumbres son una manera de hacer presente lo que ocurrió, o lo que se acostumbraba a hacer, en tiempos pasados. La palabra tradición viene del latín traditio que viene del verbo tradere, que significa entregar. Se podría decir que tradición es lo que nuestros antepasados nos han entregado. En el caso de la Navidad, lo más importante de las tradiciones y costumbres no es sólo su aspecto exterior, sino su significado interior.* Y estoy totalmente de acuerdo con ella.

Ya hemos revisado algunas: montar el pesebre o belén, poner y decorar el árbol de Navidad, adornar con flores de Pascua, son tradiciones navideñas que ambientan este tiempo. En los pueblos de tradición católica, participar en la Misa de Gallo o Misa de Nochebuena luego de la cena en familia, es una tradición entrañable que centra la celebración en su verdadero y esencial motivo. Muchas iglesias cristianas de diferentes denominaciones tienen celebraciones o cultos en Navidad con la participación de los feligreses de forma activa y es uno de los momentos especiales del año.

Vamos a revisar a continuación algunas tradiciones y costumbres en torno a la Navidad.

La cena de Nochebuena. Durante cierto tiempo, en los días previos a la Navidad se solía hacer ayuno. Desde el siglo XIX comenzó a extenderse la idea de la celebración familiar de la Navidad, que incluye reunirse toda la familia para cenar en la noche del 24 de diciembre. La reunión de los hermanos en torno a la mesa tiene una profunda vinculación litúrgica con la Cena del Señor, la celebración eucarística de la Misa. Suelen prepararse con mucho esmero y se degustan platos típicos regionales y algunos más universales. No pueden faltar los dulces y postres. Existe toda una gama de ellos: mazapanes, turrones, polvorones, mantecados, peladillas, piñones y otros.

Tarjetas navideñas de felicitación. La costumbre de enviar tarjetas de felicitación navideñas para desear feliz Navidad y un año nuevo próspero tiene su origen en la Inglaterra del siglo XIX. Un aristócrata inglés, sir Henry Cole, agobiado por tener que escribir cartas de felicitación a sus cada vez más numerosos amigos en la Navidad de 1843, pidió a su amigo, el pintor y académico John Calcott Horsley, dibujar y pintar una tarjeta con un motivo navideño. Horsley dibujó una familia celebrando la Navidad y brindando. En los laterales incluyó dos escenas de buenas obras: personas dando comida a unos necesitados a un lado y una escena similar, pero esta vez ofreciendo ropas, en el otro. Incluyó el texto: *A Merry Christmas and a Happy New Year to you,* o sea, Feliz Navidad y un Feliz Año Nuevo para ti[238]. Imprimió mil copias, y las que no utilizó Horsley, las vendió al precio de un chelín. De las mil han sobrevivido hasta nuestros días 21.

En 1860, el creador de la imagen de Santa Claus, Thomas Nast, pensó que se podía ir más allá y no solo quedarse en una iniciativa privada. De manera que inició la primera venta masiva de tarjetas de Navidad. Tenían impresa la frase: Feliz Navidad. Dos años después, en 1862, ya se imprimían en serie y tuvieron una gran acogida. En 1893 la Reina Victoria de Inglaterra encargó la impresión de mil tarjetas. La costumbre de felicitar enviando estas tarjetas se extendió por todo el.

Los diseños han variado con el tiempo, desde escenas del Nacimiento o los Reyes hasta las que apenas incluyen a Papá Noel u otros personajes.

Con los tiempos de internet, los sms, correos electrónicos, Telegram. WhatsApp y otros servicios, la costumbre de felicitar por Navidad se ha transformado y hoy predomina lo digital. Han aparecido tarjetas virtuales y el uso de otras formas de expresar los buenos deseos navideños. Aunque en menor cuantía, la tarjeta de felicitación navideña no ha desaparecido del todo y aún continúa utilizándose.

Los villancicos y canciones de Navidad. Los villancicos y canciones de Navidad son parte entrañable de estas fiestas. Los podemos escuchar en comercios, en la radio, en la tele, en las iglesias y en las plazas. En algunos países es costumbre que grupos de niños o de músicos vayan por las casas cantándolos. Y es muy frecuente que las familias o grupos de amigos los entonen durante estas fiestas. ¿Quién no tiene en su memoria la melodía o la letra, o ambas, de los villancicos más conocidos?

Cantatas y conciertos de Navidad. Es tradicional que las iglesias y teatros programen cantatas y conciertos de Navidad durante la temporada invernal. Suelen tener una gran acogida. Son imprescindibles las Cantatas Navideñas de Bach, Telemann y Charpentier o Arthur Honegger. No pueden faltar obras de G.F. Händel como *Laudate Pueri Dominum* o el Mesías. Es común poder disfrutar de conciertos de villancicos interpretados por bandas y solistas. La música de Navidad es ya parte imprescindible de las fiestas, en todos los niveles, desde la liturgia en los templos, hasta las casas de las familias y engalanan la temporada desde el día de Nochebuena hasta año viejo y año nuevo.

El concierto más famoso de la temporada navideña es el Concierto de Año Nuevo de Viena. Se celebra cada 1 de enero, en la *Wiener Musikverein* de dicha ciudad, un edificio inaugurado en 1870 para albergar varias salas de concierto, la más conocida de las cuales es la Sala Dorada o *Goldener Saal*, también conocida como la Gran Sala o *Große Musikvereinssaal*. Impresiona por su belleza y es un prodigio acústico que la sitúa entre las tres mejores del mundo en lo que se refiere a su sonoridad. El concierto es interpretado por la Orquesta Filarmónica de Viena, que ejecuta obras principalmente de la autoría de miembros de la familia Strauss, Johann Strauss padre e hijo, Joseph y Eduard, aunque es habitual incluir algunas piezas de otros autores. La tradición comenzó en 1928 y se consolidó en 1939. Es un evento esperado cada año en todo el mundo. Se retransmite por televisión a más de 90 países con una audiencia global de más de 55 millones de telespectadores. Es costumbre que finalice con el Danubio Azul, de Johann Strauss hijo, y la Marcha Radetzki de Johann Strauss padre, generalmente con algún bis. Desde 1987 se ha intentado que dirija el concierto un director invitado distinto, aunque en ocasiones alguno ha repetido más de un año. El honor ha correspondido a directores como Herbert von Karajan, Claudio Abbado, Carlos Kleiber, Zubin Methta, Riccardo Muti y Daniel Baremboin. El programa suele ejecutarse también el 30 de diciembre, en una especie de ensayo general, y el 31 de diciembre, en lo que se conoce como el *Sylvesterkonzert* o Concierto de San Silvestre[239, 240]. Conseguir entradas para asistir presencialmente a uno de estos conciertos requiere concentración y suerte. Entre los días 2 y 23 de enero es necesario inscribirse en la página web https://www.wienerphilharmoniker.at/en/, de la Orquesta Filarmónica de Viena, para intentar conseguir las entradas del concierto del año siguiente. La página en 2023 solo está disponible en inglés, alemán y japonés. Solo se pueden reservar 2 entradas para el concierto del día 1 de enero y 10 para los de los días 30 y 31 de diciembre respectivamente. El número de solicitantes es muy alto y supera con creces el aforo de 2000 asistentes. De manera que se realiza un sorteo, cuyos resultados se dan a conocer a finales de marzo[241]. Toca entonces abonar el precio de las entradas que en 2021 para el concierto de 2022 fueron: entre 35 y 1200 euros para el Concierto de Año Nuevo, entre 25 y 860 euros para el Concierto de Nochevieja y entre 20 y 495 euros para el Ensayo General[242].

Otras ciudades celebran conciertos navideños que han ganado renombre por su calidad y trascendencia. En Madrid son muy recomendables el Gran Concierto de Año Nuevo de la Strauss Festival Orchestra en el Auditorio Nacional o el Concierto de Año Nuevo que interpreta la Orquesta Clásica Santa Cecilia el 1 de enero en el Teatro Real. En Londres cada 31 de diciembre tiene lugar la gala *Viennesse New Year's Eve* con la actuación de la *Royal Philarmonic Orchestra*, y el 1 de enero se celebra el *New Year's Day Prom* con la *London Concert Orchestra*. Son también famosos el Concierto de Año Nuevo de la *Sainte Chapelle* en París, el Concierto Anual de Año Nuevo de la Orquesta Filarmónica de Praga o el Concierto de Navidad en el Vaticano. En los Estados Unidos de América es muy seguido el concierto La Navidad en Washington.

Sin embargo, los más emocionantes y hermosos conciertos navideños son los que ofrecen, generalmente en las iglesias, los niños. Entonan los villancicos y canciones de Navidad más conocidos y populares y son los que, aun no siendo motivo de noticia en los medios, tienen una mayor carga emotiva y navideña.

Mercadillos de Navidad. Es una imagen común en la Navidad, encontrar en las plazas y calles los mercados navideños. Desde el Adviento y durante toda la Navidad, sus luces, quioscos y vendedores acogen a una multitud de personas que van a disfrutarlos y hacer sus compras. En palabras de Dirk Spennemann, profesor asociado de gestión del patrimonio cultural en la Universidad Charles Sturt de Australia, y que cita *National Geographic* en un artículo, *no es sólo poder comprar un adorno.* Y prosigue: *Es toda una experiencia sonora, olfativa y visual, pero también la presencia física de la gente que te rodea*[243]. Porque se escuchan villancicos y canciones de Navidad, te llegan los olores de bebidas, dulces y golosinas y puedes disfrutar de los sabores navideños. La iluminación contribuye a darles ese toque tan especial y la risa de las familias que disfrutan juntos, hacen que la experiencia sea muy agradable.

Hay evidencias históricas que hacen referencia a la celebración de mercados y ferias durante el mes de diciembre. Se remontan hasta el siglo XIII. Ya en 1296, en Viena, se celebraba el *Dezembermarkt* durante uno o dos días del último mes del año, para que los pobladores pudieran aprovisionarse para el invierno. Posteriormente, comenzaron a venderse productos que se consumían durante las fiestas navideñas, como castañas asadas, dulces y juguetes. Y de esta forma, poco a poco, en ciudades alemanas como Múnich y Frankfurt, se fueron convirtiendo en mercados relacionados con la Navidad. Los más antiguos de que se tiene constancia escrita y, por ello, tienen el privilegio de ser los primeros conocidos, son el *Striezelmarkt* de Dresden, considerado el primigenio, el *Christkindlmarkt* de Bautzen, del cual se tienen noticias desde 1384, y el de Nuremberg, que se celebra desde el siglo XV[244]. El gran impulso para los mercadillos llegó en el siglo XVI, y se atribuye a Martín Lutero y su idea sobre el día más importante para entregar los regalos, en su opinión, el día del nacimiento de Cristo. Así se fueron haciendo cada vez más populares y fueron llegando a otros países como Austria, Suiza, Bélgica o Hungría. En la actualidad pueden encontrarse mercadillos navideños por casi todo el mundo, principalmente en las grandes ciudades. Algunos de ellos merecen citarse por su belleza, historia, impacto y la magia que los envuelve.

En Europa, destacan los mercadillos de la plaza de *Gendarmenmarkt* de Berlín, el Mercado de Navidad *Christmas World* de Viena o el Mercado de la Plaza Mayor de Madrid. El Mercado del compartir en Place Kléber en Estrasburgo, Francia, tiene una curiosa tradición: los ciudadanos dejan regalos debajo del árbol. Posteriormente serán donados a obras caritativas. Praga tiene su mejor mercado de Navidad en la plaza de la Ciudad Vieja. Merecen una mención especial los mercados de los países nórdicos, entre ellos los de Helsinki en Finlandia y el de Trondheim en Noruega.

En América, son famosos los de Quebec, Vancouver y Toronto en Canadá; en Estados Unidos los de Nueva York, Tejas o California; y el de Bogotá en Colombia.

En Asia destaca el Mercado de Navidad de Tokio, en Japón, patrocinado por la embajada alemana en el país, así como el de Sapporo. En el distrito Xuhui de Shangai está el mercado navideño más grande de China, aunque todo el país ha sido invadido por la costumbre de celebrarlos.

España también ha adoptado la costumbre de celebrar mercadillos de Navidad. El más famoso es sin dudarlo, el mercado de la Plaza Mayor de Madrid. El mercado tuvo su inicio en la vecina Plaza de Santa Cruz. Se vendían verduras, carnes, frutas, pollos y pavos vivos, flores, adornos y regalos. Con el tiempo fue extendiéndose por calles vecinas. En 1860 el Ayuntamiento lo trasladó definitivamente a la Plaza Mayor y para los comienzos del siglo XX se empezaron a vender turrones, mazapanes, zambombas, artículos de broma, figuras del belén y árboles de Navidad. No se celebró durante la Guerra Civil, pero regreso con fuerza en 1944, aunque ya no se permitía vender productos alimentarios[245]. Y así ha llegado a nuestros días con sus casetas iluminadas y el mejor ambiente navideño.

Otros mercados navideños españoles que merece la pena visitar son los de Valladolid, Toledo, Málaga, Barcelona o Bilbao. En los últimos años, la celebración de la Navidad ha sido notoria en la ciudad gallega de Vigo, que también tiene su mercadillo de Navidad en la Plaza Compostela o Alameda de Vigo. Se trata del Cíes Market, que cuenta con más de 100 casetas donde se pueden comprar adornos, libros, o degustar productos típicos de Galicia. Tiene una particularidad: gracias al uso de cañones, nieva a determinadas horas. El mercado está presidido por una gran noria y otras atracciones para todas las edades.

En el Anexo VII puede consultarse una recopilación de algunos mercadillos navideños que han ganado fama por su belleza y que vale la pena visitar. Es imposible reunir todos los nombres y detalles, pero puede darnos una idea de su variedad e importancia. Visitarles ha llegado a ser incluso un destino turístico de la temporada navideña.

Regalos en Navidad. La costumbre de entregar regalos navideños a amigos, familiares, empleados o compañeros de trabajo es antigua. Los Magos que buscaban al pequeño recién nacido en Belén, le ofrecieron tres regalos: oro, incienso y mirra. Oro porque Jesús es Rey, incienso porque es Dios, y mirra porque es Hombre. Y nada más lógico que replicar este acto de ofrecer regalos en la fecha. Los regalos son también parte de la tradición en muchas culturas antiguas. En el mundo cristiano, el dar tiene un profundo sentido teológico, el compartir los bienes está en la misma raíz del cristianismo. Y si se trata de celebrar el nacimiento de un niño, que es siempre una alegría y bendición, intercambiar regalos para celebrarlo parece un acto hermoso y profundo.

Es una realidad que, en el mundo moderno, se ha promovido esta costumbre por la industria llegando quizás a términos excesivos en la comercialización, contribuyendo a alejar las celebraciones navideñas de su verdadero significado. Sin optar por un extremo o al otro, regalar en esta época del año es una costumbre hermosa, que ha llegado para quedarse. De hecho, a ella está ligada la aparición de muchos personajes en el imaginario popular, cuya tarea es repartirlos y entregarlos, tales como los propios Reyes Magos, San Nicolás, Papá Noel o Santa Claus, la Befana, y tantos otros.

El amigo secreto. Es una tradición relacionada con los regalos de Navidad, el juego del amigo secreto o invisible. En la cultura anglosajona le llaman *Secret Santa*. Se trata de un intercambio de regalos en el cual un grupo de amigos o compañeros de oficina, por ejemplo, se ponen de acuerdo para jugarlo. Se escriben en papeles individuales los nombres de todos los participantes, se doblan y colocan en una bolsa. Cada uno de los involucrados tomará un papel y sabrá el nombre de la persona a la cual ha de regalar. Puede ir dándole pistas en los días sucesivos, para ver si adivina quién le hará el regalo, y así hasta que llega el día acordado para el intercambio. En la actualidad existen modalidades online para organizar el juego.

Sobre los orígenes de esta costumbre hay diversas teorías sin confirmar su autenticidad. Algunos lo encuentran en Escandinavia, donde existe la tradición del *Julkapp*, según la cual se golpea varias veces la puerta de una casa, se abre y se lanzan regalos al interior. Cada paquete lleva un acertijo, una dedicatoria o un poema que servirían al destinatario como pista para acertar con quien lo envía. Según otra teoría, la tradición nació en los Estados Unidos. Un hombre de Kansas, Larry Dean Stewar, perdió su trabajo repetidamente, siempre en Navidad. Enfrentando a su mala suerte, invirtió en una televisión por cable y se hizo millonario. Desde entonces, cada Navidad enviaba dinero anónimamente a personas necesitadas. Nunca reveló su identidad hasta que supo que estaba muriendo de cáncer. La última teoría sitúa en Venezuela el origen del amigo secreto, a finales del siglo XIX. Las mujeres casadas o prometidas no podían tener amigos sino compadres. Así que alguien tuvo la idea de crear grupos de compadres, los cuales colocaban un trozo de papel de una bolsa con el nombre de la persona a la cual tenían que hacer un regalo[246]. Al juego le llamaban compadre secreto de papelito, que se habría transformado con el tiempo en el amigo secreto tal cual lo conocemos hoy.

La cesta de navidad. La cesta o lote de Navidad es una tradición muy arraigada en España. Tradicionalmente era una cesta de mimbre, llena de productos navideños, que entregaba la empresa al trabajador como presente navideño.

Sus antecedentes pueden encontrarse en la historia. En el imperio romano y también entre los griegos, era costumbre celebrar banquetes a cargo del estado durante las fiestas religiosas en las que se celebraban sacrificios. En los banquetes se consumía la carne procedente de estos sacrificios realizados en honor de los dioses. En algún momento, la dificultad para poder organizar tales banquetes, principalmente por particulares en la Roma republicana, pudo simplificar la costumbre, pasando a distribuir la comida en cestas que se llevaban a los invitados[247]. A esta costumbre la llamaron *sportula*. Con el tiempo, los alimentos fueron sustituidos por una suma de dinero para que los beneficiarios pudieran comprarse su propia comida.

El mundo anglosajón tiene su variante en la tradición del *Boxing Day* del 26 de diciembre. En el día de San Esteban, los nobles ofrecían regalos a los empleados del servicio doméstico, ya en la época de las colonias del Imperio Británico. De la misma forma, la Iglesia solía ofrecer donativos a los más desfavorecidos. Los entregaba en cajas. También se hace referencia a una costumbre inglesa de la época, según la cual empleados y aprendices acudían a sus lugares de trabajo con cajas, para solicitar donaciones. En la actualidad es un día de rebajas en los comercios, celebrado principalmente en países de influencia británica como la propia Gran Bretaña, Irlanda, los Estados Unidos de América, Canadá, Australia, Nueva Zelanda y Sudáfrica. Tradición que también se traduce, actualmente, en la costumbre de entregar un presente al cartero, mensajero o personal del servicio doméstico, por las fiestas.

Es España la tradición de las cestas navideñas tomó forma a finales del siglo XIX, en organismos estatales y administraciones públicas. La tradición se consolidó hacia los años 50 del siglo XX. Las empresas comenzaron a obsequiar cestas de mimbre, similares a las *sportulae* romanas, llenas de productos navideños, como complemento de la paga extra de Navidad[248]. Primero lo hicieron las administraciones públicas y posteriormente las empresas privadas. Suelen contener productos típicos navideños, como diversos tipos de turrones, mazapanes, polvorones, botellas de vino blanco, tinto y cava o champagne, embutidos como salchichón, caña de lomo o lomo embuchado, jamón y queso. En dependencia del precio, obviamente, varían la calidad y el número de productos.

La cesta de Navidad es también tradición en Italia, aunque no está tan institucionalizada como en España. Generalmente contienen productos regionales, como *panettone*, pandoro, licores y vinos dulces como el Marsala.

En Francia se entregan las *cadeaux de Nöel*, aunque se añaden otros productos además de los gastronómicos.

En países del cono andino como Colombia, Venezuela y Ecuador, se les conoce como anchetas. Suelen contener frutas, productos enlatados vinos y otras bebidas. Ante el elevado coste de las cestas, algunos comercios las ofrecen en cajas de bambú, madera o plástico.

El aguinaldo y la paga extra de Navidad. El aguinaldo navideño está muy relacionado con las tradiciones de la cesta y los regalos. Era una costumbre frecuente en culturas diversas de la antigüedad. Los romanos ofrecían obsequios como muestras de buenos deseos para el año nuevo. Los celtas utilizaban la palabra *eguinand* para definir el regalo de año nuevo[249]. En general, aguinaldo se refiere al regalo o propina que se da en Navidad.

El **aguinaldo, nono de fin de año, bono navideño** o **paga extra**, es una prestación usual en varios países del mundo ibérico. En Colombia, se les llama **primas**, los trabajadores reciben en la primera quincena de diciembre la doceava parte de su sueldo anual. Lo mismo ocurre en Ecuador, donde le llaman **decimotercer sueldo**, nombre que también recibe en Brasil. En Bolivia, los trabajadores reciben el aguinaldo siempre antes del 25 de diciembre, correspondiéndoles un mes de sueldo siempre que se haya trabajado un mínimo de 3 meses. Costa

Rica lo paga antes del 20 de diciembre y la cantidad se calcula sumando todos los salarios del año y dividiéndolo entre 12. Otros países lo dividen en partes. Por ejemplo, en Uruguay los empleados reciben un sueldo anual complementario, dividido en dos pagos, en junio y diciembre. Lo mismo ocurre en Perú, pero se añade una bonificación del 9%. Argentina también hace dos pagos, en junio y diciembre, equivalente cada uno a medio aguinaldo, o sea, el 50% de la mayor remuneración recibida en cada semestre y le llama **sueldo anual complementario.** Fue establecido por ley desde 1945. El mismo nombre que recibe en Uruguay, donde lo regula la ley desde 1960. En Guatemala, también por ley, se paga en dos partes, en la primera quincena de diciembre y la segunda quincena de enero y el total del aguinaldo no puede ser menor que un salario mensual[250]. Chile no lo tiene regulado por ley, pero es muy común que se pague. México sí lo ha regulado en la Ley Federal del Trabajo, según la cual el aguinaldo equivale a 15 días de salario cuota diaria y se paga antes del 20 de diciembre. En Venezuela, la Ley Orgánica del Trabajo de 2015 establece una retribución anual al empleado de entre 15 días a 4 meses de salario base[251]. En Cuba, antes de 1959, existía la costumbre de entregar a los trabajadores el aguinaldo, algunas empresas lo hacían como una paga única y otras en pagas divididas por Navidad y Reyes. Algunas empresas obsequiaban cestas de Navidad en diciembre[252]. Todo desapareció con el actual gobierno.

El aguinaldo existe también en otras regiones. En Italia se entrega a todos los trabajadores con contrato y también le denominan **decimotercer sueldo.** En Alemania y los Países Bajos le llaman **decimotercer mes**, su cuantía es menor que la del salario mensual pero no está sujeto a impuestos. En Austria también es menor que el sueldo mensual. Francia y Finlandia lo pagan antes de las vacaciones de invierno. En Portugal es obligatorio por ley y se debe pagar antes del 15 de diciembre. Filipinas paga un mes extra de salario por Navidad a sus trabajadores, desde 1975. En los Estados Unidos no existe por ley el aguinaldo. Pero muchas empresas entregan a sus empleados bonos navideños, o bien regalos en especie como vales de gasolina o de comida[250].

El caso de España es singular, tiene una historia que se remonta a muchos años, está profundamente arraigado en la ciudadanía y ha influido en la tradición en Hispanoamérica. Sus orígenes parecen remontarse a 1831-1832, cuando los trabajadores del Diario de Barcelona tuvieron la idea de que los repartidores entregaran a todos los suscriptores una tarjeta. La idea tuvo una gran acogida entre los destinatarios, al punto que muchos de ellos dieron una gratificación a los repartidores por el bonito detalle[253]. Pronto se extendió por todo el país, al punto que, hasta 1980, era común ver a trabajadores de diferentes profesiones, desde barrenderos, porteros, lecheros, guardias o serenos, entregar por las casas las pequeñas tarjetas de felicitación y recibir su aguinaldo. En la actualidad el aguinaldo se asocia a la paga extra de Navidad. En 1944, con la nación devastada por la Guerra Civil, el gobierno decidió entregar a los trabajadores una paga extra navideña, consistente en una semana de sueldo. En 1945 quedó institucionalizada. Con la progresiva mejoría de la economía, las leyes laborales consolidaron la paga extra y, al llegar la democracia, fueron incorporadas al Estatuto de los Trabajadores en 1980. Actualmente la normativa establece que son parte del salario anual e iguales a una paga mensual. Se reciben en junio y en diciembre, antes de Navidad. Por lo cual se habla de 14 pagas al año. Algunas empresas hacen 12 pagas y las dos pagas extras se prorratean entre los 12 meses del año[254].

Las misas de aguinaldo. Entre todos los países del mundo, las Misas de Aguinaldo solo se celebran en Venezuela, Filipinas y España, en Canarias. En 1587, los religiosos del monasterio de San Agustín de Acolman, en Nueva España, solicitaron por medio de Fray Diego de Soria al Papa Sixto V, el permiso para realizarlas. El Pontífice accedió y permitió su celebración antes del amanecer. Durante la liturgia, se intercalaban pasajes y escenas de Navidad y, para hacerlas más atractivas, se agregaron luces de bengala, cohetes, villancicos y, finalmente, la piñata. En México, las Misas de Aguinaldo se convirtieron en Eucaristías campales, con gran asistencia de fieles, dando lugar a las posadas. En Venezuela y Filipinas, se mantuvo la tradición[255].

El Papa León XIII concedió a la Iglesia en Venezuela el privilegio de celebrar las Misas de Aguinaldo, entre el 16 y el 24 de diciembre. La Bula Papal, de 1888, autorizaba a celebrar estas misas muy festivas durante los últimos 9 días del Adviento, con la inclusión de cantos de parranda que rinden homenaje a la Virgen gestando en su seno al Hijo de Dios, pues esos 9 días recuerdan sus 9 meses de embarazo. El Papa también autorizó a los sacerdotes el uso de ornamentos blancos en lugar de los morados, propios del tiempo litúrgico, y concedió indulgencia plenaria a los fieles que participan en ellas. El aguinaldo venezolano es una canción popular que alegra la Navidad, tiene su origen en los villancicos españoles y dan nombre a la misa. En algunas regiones se cantan también gaitas navideñas, un género musical del estado de Zulia[256]. Durante el Adviento, tiempo de espera, no permite la liturgia la inclusión de cantos festivos de este tipo en el resto del mundo. Las misas se celebran de madrugada, antes del amanecer[257].

Las posadas. Las posadas son una tradición navideña mexicana que tiene su origen en los misioneros agustinos del. Monasterio de San Agustín de Acolman. Cómo hemos visto, es el mismo origen de las misas de aguinaldo. Los misioneros observaron que los aztecas tenían celebraciones festivas en honor de *Quetzalcóatl* y *Huitzilopochtli* en los días previos a la Navidad. Como parte de la Evangelización, tomaron la idea para celebrar misas en preparación a la festividad navideña. En la actualidad, las posadas se celebran en México, pero también en Costa Rica, Honduras, Panamá, El Salvador, Guatemala, algunas ciudades de los Estados Unidos de América como Los Ángeles, San Antonio en Texas o Portland en Oregón. En Cuba, a través de algunas comunidades religiosas, se ha introducido la celebración de las posadas dentro de la Iglesia Católica[258], sin que aún se pueda hablar de una costumbre o tradición.

Inicialmente se celebraron en el atrio de iglesias y conventos, comenzando con el rezo del Rosario y el canto de las letanías. Mientras se cantaba, se forman dos filas, en cuyo final van dos niños con imágenes de María y san José, imitando su llegada a Belén. Cuando finalizan las letanías, se hacen dos grupos, uno entra a la casa y el otro pide posada, rememorando la historia de Belén. La fiesta continúa con el canto de villancicos y al finalizar, se rompen las piñatas y se distribuyen los aguinaldos que contienen[259].

Las posadas se celebran entre el 16 y el 24 de diciembre.

Las representaciones navideñas. Una tradición muy extendida es la celebración de representaciones navideñas en colegios, templos de diferentes denominaciones y otros lugares, con el tema de la historia de la Navidad.

La primera representación de una obra de Navidad se atribuye a san Francisco de Asís, en 1223. En la Nochebuena de aquel año, la Misa de Medianoche se celebró frente a un belén de tamaño natural y con animales vivos. Estas representaciones fueron ganando en riqueza durante el medioevo. En los Misterios de York, una colección de 48 piezas de inspiración bíblica, de alrededor del siglo XV, las piezas 12ª a 19ª corresponden a historias de Navidad.

En la actualidad, la representación de obras teatrales navideñas en colegios y otras sedes es ya una tradición en muchos países. Suelen contar la historia de la Navidad o bien escenas relacionadas con ella.

Debe mencionarse aquí a **las pastorelas**, una representación teatral en la que intervienen los personajes de Jesús, María, José, el diablo, los ángeles y los pastores. Gira en torno a los obstáculos que deben afrontar los pastores para llegar la gruta y adorar al Niño Dios y tienen un cierto aire jocoso y alegre.

Las pastorelas tienen su origen en el siglo XVI, en Italia, donde se les llamó *Pastorellas* o Pastorcillas. En México se escenificaron por primera vez en Cuernavaca, en el año 1527, gracias a los misioneros españoles. La primera pastorela en México fue **La Adoración de los Reyes Magos**, obra de fray Andrés de Olmos. A partir del siglo XIX, con la obra **La noche más venturosa**, de José Joaquín Fernández de Lizardi, se marcó su hito definitivo[260].

Una variante de estas representaciones son los belenes vivientes. En muchos pueblos se realizan representaciones navideñas en las que los vecinos dan vida a los personajes de la Navidad, ataviados con trajes de época y con la maravillosa creatividad que inspiran la fe y las costumbres. Algunos han ganado fama y notoriedad por su calidad o envergadura. En la ciudad de Cali, Colombia, 120 actores escenifican el belén en un área de 18 000 metros cuadrados, con una particularidad, los espectadores pueden recorrer la ciudad fielmente creada e interactuar con los personajes. Ha obtenido cuatro menciones del *Guinness Word Record*, dos en sus celebraciones en México y otras dos en Colombia, pues este belén viviente suele recorrer distintas locaciones[261].

Sin embargo, el mayor belén viviente de Europa lo supera. Desde 2006 se escenifica en el pequeño pueblo portugués de Priscos, en el municipio de Braga. La mitad de su población de 1301 habitantes participa en el belén, unas 600 personas, en un área que ocupa 30 000 metros cuadrados. Un grupo de presos de la cárcel de Braga trabaja durante todo el año para crear toda la escenografía que se va a utilizar. Se suelen representar unas 90 escenas en las cuales ha participado incluso una familia musulmana que llegó a Braga desde Mozambique[262].

España tiene numerosos belenes vivientes a lo largo de su geografía. El más antiguo es el que se celebra en la Colegiata de Santillana del Mar, en Cantabria. Su primera representación fue en 1959. Uno de los más reconocidos es el de Beas, en Huelva, que data de 1970[261]. Otros que han ganado fama son los belenes vivientes de Arcos de la Frontera, en Cádiz, los de Buitrago y Berrueco, ambos en Madrid, o el de Las Cabezas de San Juan en Sevilla. Generalmente se celebran durante un solo día, en el cual los espectadores pueden disfrutar de una de las más hermosas tradiciones navideñas.

La tradición de los belenes vivientes ha llegado incluso a la radio. En España es ya una tradición para los oyentes del programa *Herrera en COPE*, de la cadena de radio española COPE (Cadena de Ondas Populares Españolas), propiedad de la Conferencia Episcopal Española, uno de los programas con más oyentes en la franja horaria de la mañana. Su presentador, Carlos Herrera, organiza y dirige un belén viviente durante la emisión de una mañana del tiempo de Navidad, en la que alterna sus labores como presentador, con las de poner orden en el belén y conducir las entrevistas.

La Cabalgata de los Reyes Magos. La celebración de la Epifanía en España el 6 de enero es una fiesta de profundo arraigo y muy esperada por toda la familia, en especial por los niños. De hecho, es un día festivo. La añorada espera tiene dos momentos importantes: la Cabalgata de los Reyes Magos y, por supuesto, el momento del amanecer para comprobar si los Reyes han pasado por la casa y han dejado los juguetes deseados.

Las Cabalgatas se celebran al atardecer del día 5 de enero. Quieren simbolizar el largo viaje de los Magos desde Oriente para encontrar a Jesús. Y también su llegada a la ciudad o pueblo, para esa noche ir a las casas de los pequeños a repartir los regalos. Suelen ser recibidos por el alcalde y otras autoridades y frecuentemente se les hace entrega de las llaves de la ciudad. En muchos sitios, al terminar la Cabalgata, los Reyes se dirigen a los asistentes con un mensaje para los niños y después van al belén a presentar sus regalos al Recién Nacido.

La Cabalgata consiste en un desfile en carrozas por las calles del poblado. Siempre la estrella encabeza el desfile, pues era la que guiaba a los Magos y da paso a la carroza del primero de los Reyes, Melchor. Los reyes suelen ir acompañados por sus visires. Entre la carroza de uno y otro, van otras que pueden llevar motivos locales, de películas famosas o personajes del año. Es usual que desfilen también los bomberos y la policía. La procesión de Sus Majestades de Oriente y sus acompañantes saludan a su paso y lanzan dulces, caramelos y pequeños juguetes a la multitud, con especial destino a los niños. A primera hora, antes de la Cabalgata, los Reyes suelen ir a los hospitales para visitar a los niños ingresados y llevarles regalos y alegría.

La Cabalgata de los Reyes Magos en España ha sido declarada Fiesta de Interés Turístico Nacional y es noticia en todos los medios de difusión. RTVE (Radio Televisión Española), suele retransmitir en vivo el evento en la capital, con amplia cobertura de las principales ciudades. Y lo mismo hacen las televisiones autonómicas a lo largo de todo el país.

La primera Cabalgata de la cual tenemos noticia cierta fue la celebrada en Alcoy, Alicante, en 1866. Según el Diario de Alcoy, tuvo lugar en El Panerot un acontecimiento celebrado por jóvenes inquietos, con el objetivo de conseguir comida para los niños pobres, obreros y trabajadores de la ciudad[263]. Es la primera vez que hacen un desfile como tal, aunque ya en años anteriores se hacían celebraciones festivas en estos días. Muchas veces los Reyes recorrían el exterior de los templos. En Granada, por ejemplo, se hacían representaciones teatrales sobre la llegada de los Magos y la adoración del Niño y en 1912 se decidió celebrar una cabalgata con fines benéficos, para recaudar juguetes. En 1918 se une Sevilla a la tradición y lo mismo van haciendo posteriormente Logroño, Gijón, Los Pirineos, Pamplona y así hasta la actualidad, cuando la Cabalgata se celebra en toda la geografía española. Un punto de diferenciación está en el medio que utilizan los Reyes para llegar a cada lugar. En ocasiones, llegan en helicóptero, como sucede en Logroño, sin embargo, a Gijón llegan por mar y a los Pirineos lo hacen esquiando[264].

En Madrid se celebra la mayor y más bonita de las cabalgatas españolas. Existen referencias de celebraciones en sus calles en la noche del 5 de enero, conocidas como *la espera de los Reyes*, desde 1844. Diferentes comparsas, lideradas por aguadores y mozos de cordel, mayormente asturianos y gallegos disfrazados con vistosos trajes y con la cara tiznada, recorrían las calles portando escaleras y antorchas, y haciendo sonar latas y cencerros. Finalmente iban a las principales puertas de la cerca de Madrid y, subidos a las escaleras, oteaban el horizonte y gritaban: *¡Ya los vemos, ya llegan los Reyes Magos!* Pero la celebración fue prohibida por el alcalde madrileño[265].

La primera Cabalgata madrileña tuvo lugar en 1915, organizada por el Centro de Hijos de Madrid. Los Reyes, montados en camellos, recorrieron la ciudad con su séquito. Cuando pasaron por el Palacio Real, los reyes Alfonso XIII y Victoria Eugenia se asomaron al balcón para saludarles. En 1929 se celebró la primera gran cabalgata moderna, organizada por el diario El Heraldo de Madrid y apoyada por la prensa local[265].

Las cabalgatas fueron adoptándose en otros países, aunque en ninguno con el impacto de las españolas. La República Checa las celebra desde 1930, Venezuela desde 1959 y México desde 1975. Polonia comenzó a celebrarlas en 2009. También tienen lugar en Gibraltar, Portugal y Andorra. En Venezuela la Cabalgata de La Guaira ha sido declarada Patrimonio Cultural de la Nación. Incluso han llegado a Nueva York, donde en la zona este de Harlem, conocida como El Barrio, la comunidad del *Spanish Harlem* realiza una cabalgata con sabor puertorriqueño, toda una fiesta callejera.

El caso de Polonia es especial, pues bajo los largos años de dominio comunista no pudo hacerse. En 2009, un colegio de Varsovia decidió llevar sus celebraciones navideñas a la calle y su acogida propició que desde entonces la cabalgata de Varsovia sea cita obligada de niños y mayores[266]. Actualmente ya se celebra en más de 600 ciudades polacas y no queda solo en el desfile, sino que se organizan en su entorno concursos de villancicos y escenarios de evangelización con obras de teatro. A lo largo de la cabalgata de Varsovia se organizan escenarios como la *Posada*, la *Mansión de Herodes*, la *Batalla entre el Bien y el Mal*, los *Pastores* o la *Limpieza de Belén*. En todos trabajan jóvenes de los colegios de la capital polaca. Las cabalgatas, retransmitidas por televisión, recogen fondos para obras de caridad. Por ejemplo, en 2022 han estado destinados a chicos de barrios marginales de Nairobi. Detrás de toda esta organización está la Fundación polaca Cabalgata de los Reyes Magos. Su éxito ha propiciado la celebración de cabalgatas similares en Ucrania, Austria, Inglaterra, Francia e incluso en África[267].

El lado oscuro y triste lo encontramos en lugares como Cuba. En la isla caribeña la celebración de la Navidad fue prohibida durante décadas y solo se permitió como concesión al papa Juan Pablo II durante su visita en 1998. La celebración de Reyes fue siempre atacada furibundamente por el régimen con la intención de desprestigiarla y hacerla caer en el olvido. Pero la memoria de un pueblo no se borra por decreto. En 2001, el centro cultural de la embajada de España en La Habana organizó una Cabalgata de Reyes por el centro histórico de La Habana, en una actividad pensada para los niños y con el permiso de las autoridades. Pero una feroz campaña de ataques infundados se desató en todos los medios oficialistas y el evento fue nuevamente prohibido. En una ciudad que tiene como uno de sus símbolos el Castillo de los Tres Reyes Magos del Morro. La comunidad cubana en Miami, considerada la segunda ciudad de los cubanos, sí celebra la llamada Parada de los Reyes Magos en la Calle 8. Lo hacen desde 1971 y se realiza el domingo siguiente al 6 de enero, con el objetivo de que pueda participar la mayor cantidad posible de personas, pues en los Estados Unidos no es un día festivo. Aunque sus inicios se deben a la numerosa comunidad cubana, en la actualidad es un día de encuentro para toda la comunidad hispana.

Las 12 uvas. Es tradición en España comer 12 uvas al ritmo de las campanadas del reloj durante el paso del Año Viejo al Nuevo. A las

00:00 horas, se come una uva por cada una de las 12 campanadas. Para facilitar el proceso, se venden uvas sin semillas y con el número exacto de unidades, o bien se coloca un racimo con las uvas contadas, o se sirven ensartadas en un palillo. Mientras se comen, se pide un deseo por cada uva, por eso también se las llama uvas de la suerte.

El origen de la costumbre es incierto. No obstante, circulan dos teorías que suelen atribuirse al libro España, de Jeff Koehler. Según una de estas teorías, hacia los primeros años de la década de 1880, en la despedida del Año Viejo, la burguesía española, imitando a la francesa, comenzó a beber vinos espumosos acompañados con uvas. El 31 de diciembre de ese año los madrileños, que ya acostumbraban a reunirse en la Puerta del Sol para oír las campanadas de medianoche y recibir el nuevo año, comenzaron a tomar las uvas. La segunda hipótesis atribuye la tradición a que en el año 1909 hubo una cosecha excelente de uvas blancas en Alicante, de la variedad Aledo, típica del lugar. Como ya el precio de la uva era muy bajo, se les ocurrió proponer esta curiosa forma de festejar y tuvo muy buena acogida[268]. La costumbre llegó a algunos países de Hispanoamérica, entre los que se cuentan Venezuela, Colombia, México, Ecuador, Nicaragua y Costa Rica y Argentina.

En Portugal existe la tradición, pero se sustituyen las uvas por pasas y también se piden deseos.

Filipinas, que fue colonia española, conserva la tradición de comer 12 uvas para recibir el Año Nuevo.

Algunos países tienen costumbres relacionadas o curiosidades respecto a su consumo. En Perú se ingieren las 12 uvas, pero se hace debajo de una mesa. En Italia las sustituyen por lentejas, para llamar la buena suerte. Y en Rusia es común escribir un deseo en un papel, quemarlo y echar las cenizas en una copa de champán que luego se beben[269].

La variedad que suele utilizarse es la uva Aledo. La más consumida es la denominación de origen protegida (DOP) Vinalopó, de Alicante.

Aunque tiene semillas, su piel es muy fina y tienen más sabor, pues los racimos se protegen con bolsas de papel mientras crecen en el árbol. Los pueblos de Novelda, La Romana y Agost concentran la mayoría de los viñedos. La recolección se hace entre noviembre y el mismo 31 de diciembre. Según diversos estimados, en los 36 segundos que duran las campanadas, se consumen en España entre 1,5 y 2 millones de kilogramos de uva[270]. Entre una campanada y otra suelen pasar unos 3 segundos.

Más recientemente, se utilizan uvas peladas y sin pepitas. Las primeras uvas sin pepita se comenzaron a producir de forma intensiva hacia el año 2000 en California, Estados Unidos. En 2001 la conservera murciana Cofrusa tuvo la idea de lanzarlas enlatadas para su consumo en nochevieja.

Esperar el Año Nuevo en Times Square. Esperar la llegada del año nuevo en Times Square es ya una tradición neoyorkina de fama mundial, que siguen muchas personas por televisión junto a las que se congregan en la plaza. La primera celebración fue el 31 de diciembre de 1904, cuando el periódico *The New York Times* organizó un espectáculo de fuegos artificiales para esperar la llegada del año 1905. La mítica esfera que con su descenso marca la llegada del nuevo año, hizo su primer recorrido en 1907. Fue construida por un joven inmigrante ucraniano, Jacob Starr, trabajador de la industria metalúrgica. La construyó de hierro y madera, medía 5 pies de diámetro, pesaba 317 kilogramos y estaba iluminada por 100 bombillas. Esta no es la esfera actual, pues ha sufrido 7 cambios en años posteriores. En 1999 fue totalmente rediseñada para recibir el nuevo milenio y, en 2007, en su aniversario número 100, se eliminaron las bombillas sustituyéndolas por iluminación LED[271].

La esfera, que comienza su descenso cada 31 de diciembre a las 23:59, no es una idea original. Se inspiró en la costumbre inglesa de hacer descender una esfera cada día a las 13:00, en el observatorio del

Meridiano de Greenwich, para que los capitanes de los barcos que estaban cerca pudiesen ajustar sus relojes.

Desde 1907, solamente en dos ocasiones no se ha podido disfrutar su descenso: 1942 y 1943, en plena II Guerra Mundial. Aunque la esfera no descendió, muchas personas se hicieron presentes y guardaron un minuto de silencio. Lo contrario ocurrió en la llegada del año 2021, en plena pandemia de COVID19, cuando el descenso de la esfera solamente fue contemplado por algunos trabajadores en medio de una plaza desierta.

Las campanadas. En España es tradición recibir el año nuevo en las principales plazas, escuchando las campanadas que marcan el cambio anual, tomando las uvas y brindando con cava. Los que no pueden o quieren estar presentes, sigues las retransmisiones por televisión.

La costumbre de congregarse en las plazas de la alcaldía para esperar el año es antigua. En 1866 se colocó un reloj en la torre de la casa de correos de Madrid. Pronto se hizo habitual la presencia de personas para esperar las campanadas el último día del año.

En 1899, la afluencia de público fue mucho mayor que lo habitual, quizás por el cambio de siglo. La llegada de la radio mermó el interés por ir hasta las plazas e hizo la celebración más familiar. Las noticias de las celebraciones en Times Square fueron reviviendo poco a poco las celebraciones populares en nochevieja.

En 1962, Televisión Española transmitió en directo por primera vez las campanadas desde la Puerta del Sol, conducidas por Matías Prats (padre). Desde entonces, la costumbre se convirtió en tradición. Se ha hecho cada año, excepto en 1972, cuando se transmitieron desde la Plaza Sant Jaume en el reloj del Ayuntamiento de Barcelona[272]. En 1991, los integrantes del dúo Martes y 13 fueron los primeros delante de las cámaras, pues anteriormente solo se escuchaba la voz del presentador.

Las transmisiones, al ser en vivo, han cosechado una larga lista de anécdotas simpáticas. Baste como ejemplo recordar las campanadas de 1993, cuando Carmen Sevilla felicitó a todos los españoles el año 1964 en reiteradas ocasiones. O las de Canal Sur en 2014: el canal decidió emitir el último anuncio del año faltando algo más de un minuto para las 12 y se les pasó el tiempo. Cuando regresaron, ya se escuchaba la novena campanada.

Los presentadores que las han conducido en más ocasiones han sido Xosé Ramón Gayoso en Televisión de Galicia, con 3 décadas en la tarea y Anne Igartiburu y Eloísa González, durante 17 años, en Televisión Española.

El reloj de Puerta del Sol también tiene una bola que desciende, como la de Times Square. Fue construido por el relojero José Rodríguez Losada, quien lo regaló al ayuntamiento madrileño. La bola baja desde lo alto unos 28 segundos antes de las 12 de la noche cada 31 de diciembre, mientras suena un carillón. A continuación, se escuchan 4 campanadas dobles, conocidas como los cuartos. Finalmente, a las 00:00:00 comienzan las doce campanadas, una cada tres segundos. Con la campanada número 12 aparece iluminado un letrero con el texto Feliz y el año del cual se trate.

La Lotería de Navidad. Otra de las tradiciones que une a las familias españolas y a los amigos y compañeros de trabajo en Navidad, es el **Sorteo Extraordinario de la Lotería Nacional** que se celebra el 22 de diciembre y se conoce popularmente como **Lotería de Navidad** o **Sorteo de Navidad**.

Según la página web de Loterías y Apuestas del Estado[273], el primer sorteo de la lotería nacional se efectuó en 1812. La idea fue de Ciriaco González Carvajal, ministro del Consejo y Cámara de Indias, con el objetivo de recaudar dinero para las arcas del Estado, que enfrentaba los gastos de la Guerra de Independencia. Nació así, en 1811, la llamada Lotería Moderna, para diferenciarla de la Lotería Primitiva, creada unos 50 años antes por el rey Carlos III como Lotería Real.

El primer sorteo se celebró en Cádiz, el 4 de marzo de 1812, en plena guerra por la invasión napoleónica. En 1818 ya se organiza un sorteo especial coincidiendo con la Navidad y para 1839 ya se celebraba regularmente.

Aunque se celebraban sorteos navideños, no fue hasta el 23 de diciembre de 1892 que el sorteo celebrado en las fechas navideñas comienza a llamarse Sorteo de Navidad. Y en 1897 se imprime por primera vez dicho título en los décimos correspondientes.

El sorteo se escuchaba por radio o se conocían los resultados por la prensa. Hasta 1957, año en el cual se celebra el primer sorteo televisado de la historia. Desde 1974 el sorteo está informatizado y desde 2002 se canta en euros[273].

La Lotería de Navidad engendra mucha ilusión, aunque sus premios son menores que los de otros sorteos, porque suele haber más agraciados y los premios menores son también más numerosos. Normalmente se emiten 195 series, cada una de las cuales tiene 85 000 billetes, cada billete tiene 10 décimos. Un décimo cuesta 20 euros. El 70% de lo recaudado se destina a premios, y el 30% restante a gastos de gestión, administración y Tesoro Público.

El día del sorteo, todos los números se encuentran en un gran bombo. Los niños del **Colegio de San Ildefonso** son los encargados de cantar los números. Les hace mucha ilusión cantar un premio, ilusión que se multiplica al infinito si les corresponde cantar el gordo, que es el premio mayor, 400 000 euros por décimo premiado[274].

El Colegio de San Ildefonso es el colegio educativo laico más antiguo de Madrid. Fue fundado por el Ayuntamiento y sus orígenes se remontan a mediados del siglo XV. Es famoso por la participación de sus alumnos en los sorteos de la Lotería, lo cual hacen desde 1771. El Colegio era solo para niños, pero desde 1981 se admitió a las primeras niñas y ya en 1984 participan por primera vez en el sorteo[275, 276].

Otro nombre asociado a la Lotería de Navidad es el de **doña Manolita**, la administración de Loterías en la que se han vendido casi un centenar de gordos en 118 años de historia. Manuela de Pablo, más conocida como doña Manolita, fue una madrileña nacida en 1879. En 1904 abre con sus hermanas una Administración de Lotería en la calle San Bernardo, que pronto adquirió fama por repartir premios, fama que persiste hasta nuestros días. Con el tiempo decidió trasladar su sede a la Puerta del Sol, con un segundo local en la Gran Vía. En 2011, sus herederos trasladan la sede a la calle Carmen. Preguntada por el diario Crónica en 1930 sobre el éxito de su Administración, primero bromeó con el periodista: *vendí mi alma al diablo*. Pero a continuación le contó que, harta de que no saliese un premio que valiese la pena en su negocio, hizo en el año 1926 cuatro viajes a Zaragoza y en los cuatro pudo ver a la Pilarica con su manto rojo, que se asocia con la buena fortuna. Así que pidió unos números que se le ocurrieron y los vendió en su casa. Y uno de ellos fue el premio gordo de Navidad de ese año. Actualmente, cuando se acerca la Navidad pueden verse largas filas de personas para comprar algún décimo en su sede, aunque también pueden adquirirse por internet en su página loteriamanolita.com[277].

Como dato curioso, la terminación más repetida en la historia del sorteo hasta 2022 ha sido el 5, que ha tocado en 32 ocasiones, seguida por el 4 y el 6, con 26 ocasiones cada uno. Y la terminación menos favorecida ha sido el 1, que solo ha salido en 8 ocasiones[274].

La Lotería del Niño. El **Sorteo Extraordinario del Niño** o **Lotería del Niño** es el segundo sorteo más importante de la Lotería Nacional y el segundo sorteo con carácter navideño. Se celebra el 6 de enero. Suele interpretarse como una ronda de consuelo para quienes no obtuvieron éxito en el Sorteo de Navidad. Sus orígenes son inciertos, pues no existen registros que lo mencionen. Según investigaciones de Gabriel Medina Vílchez, citado por el periódico ABC en un artículo[278], cobra fuerza la teoría de que su precursora fue María del Carmen Josefa Victoriana Hernández y Espinosa de los Monteros, conocida como Duquesa de Santoña. En 1879 la duquesa tuvo la idea de crear un hospital infantil en Madrid y al no disponer de los fondos necesarios, se le ocurrió la idea de hacer una rifa, a la que se llamó **Rifa Nacional del Niño**. La rifa permitió el comienzo de las obras del Asilo y Hospital Niño Jesús. Lo cierto es que hacia 1868 ya se le conocía por su nombre actual. En 1941, el director general de Timbre y Monopolios, Fernando Roldán, institucionalizó el sorteo y al año siguiente, dado su éxito, ya obtuvo la condición de Extraordinario. Desde 1966 aparece oficialmente en los programas como **Sorteo del Niño**. Se celebraba el 5 de enero, hasta 1999 en que comienza a hacerse en la mañana del 6 de enero.

La terminación más frecuente a lo largo de la historia, hasta 2022, ha sido el 0, en 22 ocasiones, seguido por el 7 en 14 apariciones y el 9 con 13. La terminación menos agraciada ha sido el 3[279].

Cupón Extra de Navidad de la ONCE. La ONCE, organización Nacional de Ciegos Españoles, también tiene su sorteo extraordinario por Navidad. En la actualidad se celebra el primer día del año.

Según la página web de la institución[280], la ONCE fue fundada el 13 de diciembre de 1938, reuniendo a pequeñas asociaciones de personas invidentes que ya organizaban pequeñas rifas en Andalucía, Cataluña y Levante. Inicialmente se vendía un cupón llamado *pro-ciegos*, cuyos beneficios se utilizaban en la labor social de la fundación. En los años 60, la ONCE crea centros de formación pioneros en la época, como la Escuela de Telefonía, el Centro de Formación Profesional o la Escuela Universitaria de Fisioterapia, así como iniciativas culturales, bibliotecas en soporte braille y sonoro, así como servicios de rehabilitación. A partir de 1984 el sorteo de la ONCE, que ayuda a mantener toda esta obra, pasa a ser nacional y permite el crecimiento de la obra de la institución.

La lotería de Navidad de la ONCE nace coincidiendo con la celebración del día de Santa Lucía, la patrona de los invidentes, el 13 de diciembre de 1981. Según la página web de Juegos ONCE[281], luego de este primer sorteo, el Cupón de Navidad comenzó a jugarse el día 1 de enero hasta 1986. Desde ese año y hasta 2013 no se pudo celebrar, pero el primer día de enero de 2014 volvió a realizarse y así se ha mantenido hasta nuestros días. El cupón tiene un precio de diez euros y ofrece la oportunidad de ganar 75 primeros premios de 400 000 euros cada uno, más otros premios menores.

Los mensajes de Navidad. En las fechas navideñas, es habitual y ya parte de la tradición, que los reyes, presidentes, el Papa e incluso las Conferencias Episcopales den a conocer su mensaje navideño.

El primer mensaje de Navidad lo pronunció el monarca del Reino Unido, Jorge V, en 1932. La idea fue del padre de la BBC, John Reith, quien propuso al rey inaugurar con este mensaje el servicio mundial de la cadena británica. Al parecer fue redactado por el escritor Rudyard Kipling. Tuvo una audiencia de 20 millones de radioescuchas. La reina Isabel II mantuvo la costumbre. Su mensaje solía transmitirse el 25 de diciembre a las 15:00. Lo mismo ha hecho su sucesor, el rey Carlos III. Su primer mensaje se trasmitió desde la capilla de San Jorge, en el castillo de Windsor, el 25 de diciembre de 2022.

En 1933, el presidente americano, Franklin Delano Roosevelt dio un discurso radiofónico en Navidad desde la Casa Blanca, en su primer año como mandatario. Roosevelt también protagonizó el primer mensaje de Navidad televisado, transmitido en 1939 en los inicios de la II Guerra Mundial.

En España, el primer mensaje navideño correspondió a Francisco Franco en 1937 Se repitió cada año como mensaje de Año Nuevo, hasta 1974. El Rey Juan Carlos I se dirigió al Reino por primera vez en 1975 pero decidió trasladar la fecha del mensaje al día de Nochebuena. Costumbre que mantuvo durante su reinado y que ha mantenido su sucesor, el rey Felipe VI. Cada 24 de diciembre a las 21:00 muchas familias siguen con interés el **Mensaje de Navidad del Rey** de España. Los presidentes autonómicos hacen lo propio por Año Nuevo[282].

Otras tradiciones navideñas. Existen multitud de tradiciones y costumbres navideñas a lo largo del mundo, algunas son locales, otras son raras o curiosas. Consciente de que es imposible abordarlas todas, intentaré hacer un recorrido por algunas de ellas.

Una tradición frecuente es **colgar calcetines en la chimenea**. O en cualquier otro lugar de la casa, si no se dispone de chimenea. La tradición es en su origen anglosajona, pero se ha extendido a otros países. Es posible que tenga su base en la costumbre de colgar calcetines u otra ropa en la chimenea para que se secasen. Muchos medios repiten una historia en la que atribuyen a Santa Claus su comienzo, pero no es otra que la historia de San Nicolás.

Otra costumbre familiar es **ver películas navideñas** en este tiempo. Muchas personas tienen vacaciones en Navidad. En cualquier caso, es una época que invita a estar en familia. Compartir con los pequeños de la casa películas navideñas es todo un clásico, aunque algunas de las que se bautizan con ese nombre nada tienen que ver con la Navidad. Ver juntos esas películas entrañables que nos cuentan o bien la historia de la Natividad o escenas relacionadas con ellas, es un momento único en el año.

Existen tradiciones locales muy hermosas, algunas de ellas son únicas. Es el caso **del canto de la Sibila en Mallorca**. En la noche del 24 de diciembre, durante la misa del gallo, en todas las iglesias de Mallorca una niña vestida con una túnica blanca y una capa entona este canto medieval mientras todos los asistentes enmudecen. Solo se canta una vez al año, en la Nochebuena. Es un canto que pronostica el día del nacimiento de Cristo, el Mesías, y lo que ocurrirá el día del Juicio Final. Se ejecuta a capella, con acompañamiento de órgano cada dos versículos. La niña porta una espada con la cual hará la señal de la cruz al terminar el canto. Era parte de la teatralidad litúrgica medieval, que fue prohibida en el Concilio de Trento y solo sobrevivió en Mallorca y Alguer. Antiguamente se cantaba en latín, pero en la actualidad se hace en catalán. *El Cant de la Sibil.la* ha sido declarado por la UNESCO como Patrimonio Cultural Inmaterial de la Humanidad en 2010[283].

En un municipio de Madrid existe una tradición antigua llamada **Pastorela de Braojos de la Sierra**. Es una danza pastoril tradicional en honor del Niño Jesús, cuyos orígenes se remontan al siglo XV. Los pastores acudían a la Misa del Gallo para ofrecer sus corderos y sus danzas al Recién Nacido. Actualmente, se baila en la iglesia parroquial de San Vicente Mártir en las misas de Nochebuena, Navidad, Año Nuevo y Reyes. La pastorela la ejecutan nueve pastores, todos vestidos con el traje tradicional. Bailan ante el altar mayor, dirigidos por el mayoral de los pastores, al que llaman Zarragón. Mientras, el coro interpreta cánticos en latín popular y villancicos[284].

En Canarias, principalmente en la isla de Lanzarote, se esperan cada Navidad los **Ranchos de Pascua**. Están inspirados en los Ranchos de Ánimas que se cantan en la noche previa al Día de Difuntos. Se cantan canciones con una tonalidad pastoril, poética y religiosa que dejan entrever influencias árabe y portuguesa. Las acompañan el pandero o pandereta, las castañuelas, el triángulo, el timple o la guitarra. Uno de los **Ranchos de Navidad**, como también se les conoce, más conocidos es el de la Villa de Teguise[285]. Caminar en la noche de navideña por alguno de los parajes de Canarias disfrutando de los ranchos es una experiencia única.

En los últimos años se ha hecho popular y va camino de convertirse en tradición, la celebración en muchas ciudades de España de la *papanoelada* **motera**. Son concentraciones de moteros, con intención benéfica, que se celebran en algún día cercano previo al comienzo de la temporada navideña. Los requisitos son asistir disfrazado de Papá Noel, hacer el recorrido en moto y contribuir con una donación. En Vigo tiene lugar una de las *papanoeladas* más antiguas y masivas de España. Los asistentes aportan donaciones para el Banco de Alimentos. Las calles de la ciudad se visten de rojo con el desfile de miles de motos, mientras se lanzan caramelos a los más pequeños. Se ha convertido en una bonita y vistosa tradición.

Otra forma peculiar de celebración que se ha hecho tradición en esta época del año no es en sí una celebración navideña. Tiene lugar cada 31 de diciembre para despedir el año y se enmarca en la temporada: se trata de la **Carrera de San Silvestre**. Toma su nombre del santo cuya festividad se celebra ese día, sin que por ello se le rinda especial homenaje o tenga otra relación con su figura. Se corrió por primera vez en Sao Paulo, Brasil, como iniciativa de Casper Líbero, inspirado por una carrera que vio el año anterior en París. La iniciativa fue cobrando fama y comenzó a celebrarse en otras ciudades. Hoy son famosas las carreras de san Silvestre de Roma, la de Central Park en Nueva York y la Sao Silvestrinha del propio Sao Paulo. En España, la más antigua es la San Silvestre de Galdakao, que se celebró por primera vez en 1961, pero la más famosa es la San Silvestre Vallecana de Madrid, que se celebra desde 1964[286].

Otras tradiciones surgen de las realidades regionales. En algunas zonas de Inglaterra, el norte de Europa y España, ante el crudo invierno y para garantizar el fuego se colocaba un leño o madero en el hogar para ser quemado. Con el tiempo, pasó a formar parte de la tradición navideña y cruzó el Atlántico hasta América del Norte. Los ingleses, entre otros nombres, le llaman *Yule log*, en Francia se le conoce como *Bûche de Nöel*, *Ceppo di Natale* en Italia o *Christklotz* en Alemania. En España se denomina **nochebueno** en Murcia, **Tizón de Nadal** en

Galicia, **parrondoko** en País Vasco, aunque siempre existen variantes en sus denominaciones. En el siglo XIX, el pastelero francés Pierre de Lacam creó el pastel llamado **tronco de Navidad**, muy demandado en estas fechas.

Existen tradiciones propias de algunos países y que, más que tradiciones navideñas son tradiciones que se celebran durante el tiempo de Navidad. Algunas pueden resultar raras, peculiares y para algunas culturas, extrañas.

En los Estados Unidos, por ejemplo, celebran el *National Ugly Christmas Sweater Day* el tercer viernes de diciembre. La festividad tuvo su origen en 2011 cuando un grupo de estudiantes de la Universidad de San Diego creó una página web dedicada a los jerséis de Navidad más ridículos. La iniciativa tuvo mucho éxito e incluso presentadores de televisión se sumaron a ella. Se trata de usar un suéter o jersey con diseños muy feos y extravagantes, cuanto más feo mejor. Debe usarse durante todo el día. La tradición es propia de los Estados Unidos y Canadá, aunque se ha ido extendiendo a otros países[287].

Japón tiene una de las tradiciones más peculiares. Se ha hecho costumbre **celebrar la Nochebuena en un KFC**. En 1974, la empresa *Kentucky Fried Chicken* lanzó una potente campaña publicitaria con el lema: *¡Kurisumasu ni wa kentakkii!*, o sea, ¡En Navidad, Kentucky! Y tuvo mucho éxito, al punto que cenar pollo frito en KFC es una de las tradiciones navideñas más populares de Japón.

En Noruega y los países nórdicos, acostumbran a **esconder las escobas en Navidad**. En la antigüedad se pensaba que las brujas invadían las casas en busca de escobas, de manera que, para alejarlas, comenzaron a esconderlas, tradición que se mantiene.

En Ucrania acostumbran a **decorar el árbol con telas de araña**, entre las cuales se esconde una araña, que los niños deben encontrar. El afortunado recibe un regalo extra.

Las solteras de la República Checa, durante la Nochebuena, se colocan en la puerta de sus casas y tiran hacia atrás sus zapatos. Si cae con la punta mirando a la puerta, quiere decir que encontrarán el amor, y si ocurre lo contrario, que quedarán solteras. Como ocurre en otros de los casos citados, el **lanzamiento de zapatos** checo reúne visos de diversión y superstición.

A pesar de las distancias, algunas tradiciones se emparentan, como la **quema del diablo** en Guatemala en los primeros días de diciembre o la **historia de Krampus,** el diablo de la Navidad que hace de las suyas en Alemania, Hungría o Austria.

En los territorios de la antigua Yugoslavia, los niños **atan a sus padres**. Primero toca el turno de las madres, las atan, les cantan canciones típicas y les exigen regalos a cambio de su libertad. Unos días después harán lo mismo con sus padres[288].

Las tradiciones son parte de la cultura de los pueblos y países, se han formado por la repetición de costumbres, algunas ancestrales. Forman parte de ellas las tradiciones gastronómicas navideñas, particularmente ricas en número y sabor. De ellas trata la siguiente sección de este libro.

GASTRONOMÍA NAVIDEÑA

Comer es parte esencial de la vida humana, de toda la vida. Se requieren nutrientes para mantener la existencia, energía para la realización de las actividades, tanto esenciales como extraordinarias. Sin los alimentos, nada somos ni podemos ser. En la historia humana, la alimentación ha estado unida al desarrollo de todas las potencialidades del hombre. Ha formado parte de la cultura en la misma medida que esta se fue forjando. Así, cuando las personas querían celebrar algún suceso bueno, se reunían y preparaban una comida especial, digna de la ocasión. Bien una buena pieza de caza o algún delicioso producto de la huerta. Y, con el paso del tiempo, elaboraciones más complejas e ingeniosas. En el sentido contrario, se descubrió el ayuno, como una fuente de mejora interior y de ayuda en la meditación o la preparación de acontecimientos trascendentes. Fue forjándose de esta forma la gastronomía, considerada un arte. El arte, y la ciencia, que lo es, de la relación entre el ser humano y su alimentación. En cada región y, posteriormente, en cada pueblo o nación, la gastronomía fue tomando forma en dependencia de los alimentos disponibles, determinados por la geografía y el clima. Surgen así las llamadas gastronomías nacionales como, por ejemplo, la española, la italiana, la japonesa. Cada una enriquecida con influencias de pueblos y regiones vecinas, o por los emigrantes, las invasiones y todo tipo de relaciones, cada vez más complejas, con que la historia ha ido formando el mundo.

Es posible, entonces, afirmar que existe una gastronomía navideña. La celebración del nacimiento del Salvador fue convirtiéndose poco a poco en una de las más importantes en todo el mundo cristiano, incluso en lugares donde no predomina la cristiandad. Siendo un acontecimiento tan especial y asumido con cariño, ternura y emoción por los fieles, no es de extrañar que fueran surgiendo costumbres y tradiciones en torno a este día y posteriormente a todo el tiempo de Navidad. Costumbres que pueden variar, en el ámbito gastronómico, como mismo varía la gastronomía toda en dependencia de las disponibilidades de alimentos, la cultura, las influencias históricas y la creatividad de cada región. Lo cierto es que, actualmente, la gastronomía navideña se ha ganado un lugar importante dentro de este arte. Aunque entra dentro del ámbito de las tradiciones y costumbres, por su riqueza, variedad e impacto, he decidido dedicarle una sección propia dentro del libro. De hecho, pudiera ser merecedora de un libro propio.

Los hábitos y costumbres culinarios navideños son muy variados. Los podemos agrupar de acuerdo con sus características:

En primer lugar, tenemos los **productos típicos de la temporada de Navidad** y que no suelen consumirse en otras épocas del año, como los **turrones, polvorones, mazapanes, peladillas**, etc.

Existe otro grupo de alimentos disponibles el resto del año, pero tienen un consumo preferente en la temporada navideña y, en algunos países en los que no son habituales por disponibilidad, se han convertido en tradiciones. Es el caso de los **frutos secos** como **avellanas** y **nueces**, las **uvas**, las **manzanas**, por solo citar algunos. En un país que dispone de uvas todo el año, como España, son signo de una ceremonia típica de la celebración de Año Nuevo; pero en países de Hispanoamérica, su consumo es tradición culinaria establecida en estas fechas.

Por otra parte, tenemos los **platos típicos de la Navidad**. Varían según los usos y costumbres de cada región o país. Algunos de ellos se preparan específicamente para estas fiestas y otros pueden ser parte de la gastronomía local, por lo cual también se incluyen en la mesa navideña. Entre ellos tenemos el **cochinillo**, el **bacalao**, la **pularda**, el **besugo**, el **capón**, la **escudella**, las **hallacas**, sin dejar de mencionar el **marisco**.

Por último, pero no menos importante, están **las bebidas**. Brindar con **cava** o **sidra**, disfrutar de un **ponche** o beber **chocolate con o sin churros** en el amanecer del día primero del año, es ya parte de la tradición y, como tal, parte inseparable de las celebraciones del tiempo de Navidad.

Los momentos más importantes en los que brilla la gastronomía navideña, son **la cena de Nochebuena, la comida de Navidad, la cena y despedida del año viejo** y **la celebración el año nuevo**, así como **la celebración del día de Reyes** o Epifanía. Cada uno con sus singularidades y costumbres propias.

Como he mencionado, estas tradiciones han variado a lo largo de la historia. En la Nochebuena, como parte de la preparación propia del Adviento, durante mucho tiempo se hacía una sola comida al día y sin carne. Era habitual un menú liviano, constituido por lombarda, berza o cardo, que aún tienen hoy un lugar importante en la mesa navideña, así como pescados como el congrio, el besugo, el rape o el bacalao. En algunos países o regiones se mantiene la costumbre y la cena o comida más importante es el día de Navidad. Con la llegada del 25 de diciembre, la celebración central de este tiempo, ya se incluyen las carnes de todo tipo en la mesa: el pavo, el cerdo, el capón, pato, cordero. Y todas sus elaboraciones.

CLÁSICOS NAVIDEÑOS

Turrones. Es difícil imaginar la Navidad sin la presencia del turrón en la mesa. Es un clásico de la gastronomía navideña, de aquellos que se venden principalmente durante este tiempo.

El turrón es un dulce de tradición mediterránea. Ha viajado hasta las mesas de muchos países, principalmente de influencia hispánica. Se confecciona con frutos secos, como almendras, nueces y piñones, tostados o no, y miel. Los árabes introdujeron en el mundo occidental otro componente que no llevaba originalmente: el azúcar[289]. Y algunos incluyen en su elaboración la clara de huevo.

Teniendo en cuenta las tres materias primas básicas, existen dos tipos básicos de turrones[289]:

Turrones de cocción (Alicante, Jijona, guirlache, terrónico, etc.)

Turrones de molienda (mazapanes, turrón de piedra, etc.)

Los orígenes del turrón son antiguos y mezclan historia, suposiciones y leyenda. Se supone que en la Antigua Grecia se daba de comer a los deportistas participantes en las Olimpiadas, una pasta confeccionada con frutos secos y miel, con la intención de proporcionarles energía. También los romanos consumían una mezcla similar en los viajes largos. En la Mesopotamia del siglo II a.C., gustaban de unos pasteles confeccionados con masa filo y rellenos con frutos secos triturados, mezclados con miel. Los mismos ingredientes del turrón, pero en una presentación diferente[290].

Una influencia importante en los orígenes del turrón hay que buscarla en los antiguos dulces árabes y hebreos. En el tratado *De medicinis et cibis semplicibus*, escrito por el médico andalusí Abdul Mutarrif, ya se menciona los beneficios de la miel y de una medicina endulzada que utilizaban para tratar el dolor de garganta, el resfriado y la indigestión, a la cual llamaban *turun*. Por otra parte, los judíos sefarditas, en sus comunidades, elaboraban una pasta parecida al turrón de Jijona, a la cual llamaban Halva[291]. Entre 1100 y 1150, el italiano Gherardo Cremonese tradujo el tratado al latín. Y fue precisamente en Cremona donde tuvo su cuna el turrón italiano, que se sirvió en el banquete de bodas de Francesco Sforza y Bianca María Visconti en 1441, confeccionado con la forma del Torrazzo, el campanario de la ciudad[292]. Sforza fue, años después, el mecenas de Leonardo da Vinci.

En España existen referencias históricas aún más antiguas. El monje Pere Ferrer escribió entre 1221 y 1223, el *Costumbrario del Monasterio de Sant Cugat*, en el cual menciona los *terrones*, un turrón de garbanzos que se comía en Navidad y Semana Santa. De 1324 data la primera referencia a un turrón confeccionado a base de miel, que nos ha llegado en el recetario anónimo de cocina catalana *El libro de Sent Soví*. Otra obra del mismo siglo, el *Libro de todas las maneras de confites*, nos ha legado la primera receta del turrón de avellanas[292]. Y otro libro, *Conduchos de Navidad*, de 1584, de Francisco Martínez Montiño, menciona que ya en las cocinas de Felipe II se consumía turrón en las fechas navideñas durante el siglo XVI.

Existen leyendas sobre el origen del turrón. Las cito como curiosidades. Una de ella afirma que surgió en un concurso árabe de cocina. El desafío era crear un alimento no perecedero que pudieran consumir los ejércitos durante largo tiempo sin temor a intoxicarse. Otra teoría menciona a un artesano barcelonés, de apellido Turró, que habría sido el inventor de la receta y de cuyo apellido habría surgido la palabra turrón, aunque esta hipótesis tiene muchos detractores.

Lo cierto es que el turrón era ya conocido en los pueblos mediterráneos. En algunas zonas de España el turrón se confeccionaba con cacahuetes, pistacho o diversos frutos secos más asequibles que la almendra. El turrón de avellanas de Agramunt tiene un origen antiguo y cuenta con denominación de origen. Pero los turrones más conocidos y demandados, los que conocemos en la actualidad, son el turrón de Jijona y el de Alicante. Se conserva una mención oficial del año 1582, en un documento alicantino, según el cual se acostumbraba en tiempos de Navidad, pagar una parte del salario en dineros y otra en una arroba de turrones[290]. De lo cual se puede inferir la importancia que habría ganado en la región.

A Jijona y Alicante cabe el mérito histórico de haber desarrollado y creado la producción de sus respectivos turrones. La existencia en sus alrededores de una buena producción de almendra y de miel de romero, contribuyó a ello. Los turroneros del siglo XVI fueron mejorando la presentación del producto y comenzaron a exportarlo a diversos países, siempre con muy buena acogida. Los turroneros eran los mismos agricultores que, en determinada época del año, se dedicaban a la confección y venta de estos típicos dulces. Cuando la producción creció para atender la gran demanda, tuvieron un conflicto con el gremio de los confiteros, únicos autorizados a usar azúcar y mazapán en sus productos. En Madrid se limitó la venta de turrones a 15 días antes y 15 días después de Navidad. Se llegó incluso a un juicio conocido como el Pleito del Turrón, entre los turroneros alicantinos y los confiteros valencianos, que implicó el fin de la industria del Turrón en Alicante. Al terminar el juicio, los habitantes de la Villa de Sexona, actual Jijona, se hicieron cargo de la producción de turrones y, al ser una villa pequeña, pasaron desapercibidos para los gremios hasta la abolición de los privilegios del azúcar. De esta manera, Jijona se convirtió en la indiscutible **cuna del turrón**[290, 293].

La buena acogida del turrón hizo que se extendiera por el mundo de influencia hispánica. En América comenzaron a crearse variedades con productos locales. Así, se citan turrones confeccionados con miel, nueces, ajonjolí y uvas pasas. En Argentina según algunas fuentes, se ha utilizado el aguardiente como ingrediente principal. En Perú es famoso el turrón de *doña Pepa*, entre cuyos ingredientes se encuentran la harina, manteca, achiote, ajonjolí, yemas de huevo, levadura y sal[291]. En Cuba es muy demandado el turrón de maní.

Según el Real Decreto 1787/1982 del gobierno español, Existen 3 tipos de turrones, a saber[294]:

Turrón. *Esta definición incluye a los productos hechos con masa de miel y azúcares, con o sin clara de huevo, y la incorporación de almendras tostadas, con o sin piel. Aquí entran los tipos de turrones blandos y duros.*

Turrones diversos. *La masa utilizada para realizar estos turrones puede contener otro tipo de frutos secos que no sean las almendras, así como otros ingredientes variados.*

Turrones con féculas. *Además de frutos secos, azúcares y miel, los turrones con féculas incluyen harinas o féculas hasta en un 15% de la mezcla final.*

La definición citada es una muestra de la gran variedad de turrones existente en la actualidad, pero los originales son solo dos: el turrón blando de Jijona y el duro de Alicante, ambos hijos de Valencia. Hoy en día, el 75% del mercado del dulce navideño lo acaparan los turrones, lo cual da una medida de su impacto.

Una curiosidad histórica asocia el auge de la producción de turrones en Jijona con Cuba. En 1962, el dictador cubano Fidel Castro envió una delegación comercial a España, con la encomienda de hacer un encargo del famoso turrón blando para toda la isla. Era el primer pedido que recibían destinado a todo un país, y obligó a los turroneros a prodigarse. El pedido se mantuvo entre los años 1962 y 1971[295]. Hay que señalar que la celebración de la Navidad se prohibió en Cuba, por decreto del dictador, en 1969.

De los turrones existen muchas variedades, texturas y sabores.

El **turrón de Alicante** surge alrededor del año 1500, cuando se comienza a utilizar clara de huevo como emulgente de la miel, lo cual le confiere una tonalidad blanca, más apetitosa y una mezcla mejorada. También se le conoce como **turrón Imperial**.

El famoso **turrón de Jijona** nace fruto de la necesidad de innovar. En el siglo XVIII ya se producía tanto turrón, que comenzaron a escasear la miel de romero y la almendra Marcona. Los turroneros jijonencos tuvieron la idea de añadir una pequeña cantidad de azúcar a la mezcla, lo que contribuyó a darle una textura más blanda, cómoda para masticar y que distinguió al resultado obtenido del resto de las variedades, naciendo el célebre turrón blando por antonomasia. En sus inicios, el turrón blando de Jijona se elaboraba moliendo en un molino de piedra y en frío el turrón de Alicante hasta obtener una masa blanda. Posteriormente la receta fue mejorada aplicándole calor y dándole una segunda cocción después de molerlo. Desde sus inicios y por las características señaladas, principalmente por ser dulce y más barato, el turrón de Jijona fue más popular que el de Alicante[290].

Los turrones de Jijona y Alicante son marcas con denominación de origen protegida, lo cual regula y protege su calidad. Sus ingredientes básicos deben ser almendras limpias de las variedades Valenciana, Mallorca, Marcona, Mollar y Planeta, miel pura de abeja, azúcar, clara de huevo y obleas. Para la categoría Suprema, que es la mejor, el turrón de Alicante llevará un 60% de almendra Marcona, y el de Jijona un 64% de almendra Marcona y otras variedades[296].

Probablemente el tercero entre los más famosos y vendidos es el **turrón de yema tostada**. Su receta primigenia se basa en la de la crema catalana. Según la leyenda, porque ya sabemos que en estas lides la historia a veces es mezcla de verdad y fantasía, la ideó un repostero de Barcelona en el siglo XIX, con el objetivo de aprovechar las yemas que sobraban de la elaboración de los turrones blandos y duros. Según dicha leyenda, el artesano habría creado una tableta de mazapán que le quedó muy húmeda y, para intentar solucionarlo, se le ocurrió quemarla con azúcar y esperar a que secara[297]. El resultado todos lo conocemos. La leyenda llega a situar el acontecimiento en el espacio y el tiempo: habría ocurrido en el obrador de la calle *Llibretería* en el año 1850.

Además de los clásicos, existe en el mercado una gran variedad de turrones y texturas, para todos los gustos y tendencias. Algunos tienen historia como el **turrón de avellana**, que fue de los primeros elaborados, desatacando en esta variante **el turrón de avellana de Agramunt** como el más famoso, o el **turrón de Cherta** que es redondo, como una tarta. O el **turrón a la piedra**, confeccionado con almendra molida, raspadura de limón, azúcar y canela, pero sin miel ni huevo[296]. Debe su nombre a que se elabora en un molino de piedra, y aunque es poco conocido, es un producto muy sabroso y de alta calidad, que también se fabrica en Jijona. No podemos olvidar el **turrón de guirlache**, un clásico en Aragón, aunque también se consume en otras regiones. El origen de la palabra se encuentra en el francés *grillage* que se refiere a algo tostado. Se confecciona principalmente con almendras tostadas y azúcar caramelizado.

Existen, además, los llamados **turrones diversos**, con sabores distintos de los tradicionales, y los **turrones imposibles**, con sabores y texturas que nada tienen que ver con el turrón y su historia, pero comercialmente les imponen este nombre.

Entre los turrones diversos, podemos citar el **turrón de chocolate**, que incluye en su elaboración manteca de cacao, pasta de cacao y leche, pudiendo incluir otros ingredientes como relleno: arroz inflado, frutos secos, pasta de almendra o avellana. Desde el punto de vista legal, se encuentran a medio camino entre el turrón y el chocolate, aunque debe señalarse que suelen tener buena acogida[298].

Otra variante es el **turrón de praliné**. El praliné es una mezcla de almendra o avellana confitada con azúcar caramelizado. Suele incorporarse alguna grasa como manteca de cacao, aceite de girasol o mantequilla.

Podemos encontrar turrón de coco, turrón de frutas, turrón de trufas o sabores como el turrón de nata y nueces, el de café, mazapán, calabaza, mojito[299]. En fin, para gustos, sabores. Pero el verdadero turrón, el original y auténtico, es aquel que contiene almendras y sus variantes de Alicante y Jijona.

La primera marca turronera registrada fue Turrones La Colmena, según registro de la oficina de Marcas y Patentes del 4 de diciembre de 1897. Posteriormente, también a finales del siglo XIX y principios del XX, surgen otras como 1880, Antonio Monerris Planelles (El Almendro), La Viuda, etc. Monerris e hijos fundaron una dinastía turronera que cruzó el Atlántico, hasta el Caribe. Vicente y Rafael Sanchís Mira fueron a Cuba en 1885 para vender turrón y tuvieron gran éxito. En 1887 Rafael se separa de la sociedad y crea una fábrica en la isla y en 1930 crea en La Habana la sociedad Rafael Sanchís. En diciembre de 1930 registró la marca Fénix para publicitar sus turrones y dulces. Los hijos de su hermano Vicente, Demetrio y Rafael Sanchís Coloma, crean en 1920 la sociedad Sanchis Coloma Hermanos, para la fabricación y venta de turrones en Cuba[300]. La evolución de la marca de la familia en España es la creadora de los turrones Anxiu-Xixona y La Fama. Los turrones Sanchís Mira y Monerris Planelles eran de los más buscados en las navidades cubanas.

El turrón también tiene sus récords. En septiembre de 2021 se elaboró la pastilla de turrón de Jijona más grande del mundo hasta ese momento, durante la celebración de Alicante Gastronomía 2021. Confeccionada por el maestro turronero Roberto Picó "Triana", medía 56 metros de longitud y para su confección se utilizaron 270 kilogramos de turrón[301]. Por otra parte, el título del turrón más caro del mundo lo tiene la casa 1880, que elabora exclusivos turrones entre cuyos ingredientes se cuentan el pan de oro, la trufa blanca italiana, granos de café indonesio Kopi Luwak y azafrán de La Mancha. El precio de estos turrones, en sus variedades Alicante y Jijona, ronda los 250 euros el medio kilogramo y pueden adquirirse en la Casa 1880 en la Calle Mayor de Madrid[302].

Mazapán Uno de los dulces típicos de la Navidad, emparentado en sus orígenes e ingredientes con el turrón, es un producto de exquisito sabor y textura y del cual es difícil abstenerse. Se trata del **mazapán**.

El mazapán se confecciona con almendras, miel y huevo. En la actualidad, la miel ha sido sustituida por azúcar glas. Las almendras deben estar crudas, peladas y molidas. Con ellos se elabora una pasta y se le dan sus típicas formas: figuritas, marquesas, pasteles de gloria, anguilas. A continuación, se pinta su superficie con yema de huevo y se hornea.

Como va siendo una constante, sus orígenes son inciertos y probablemente mezclan la historia y la leyenda una vez más. De hecho, diferentes países y regiones se disputan su cuna, aunque con criterio histórico, las que más elementos suman a su favor son las que lo sitúan en España o en Italia. Según comentan Sonsoles Blanco y María Teresa Orzáez, de la Facultad de Farmacia de la Universidad Complutense de Madrid, en un artículo sobre el mazapán[303], en diferentes puntos de Europa y el norte de África ya se elaboraban dulces similares desde hacía siglos. Parece haber acuerdo en que los dulces de almendra tienen origen oriental. Se cita a los griegos de los tiempos de Pericles, cuando elaboraban un dulce hecho de almendras y azúcar o miel.

Una de las vertientes más sólidas de la historia sitúa el origen del mazapán en Toledo. Según la leyenda, como consecuencia de las incursiones árabes en el sur de Castilla, luego de la batalla de las Navas de Tolosa en 1212, la población de refugió en Toledo y los alimentos comenzaron a escasear, tal era el número de los refugiados. Las monjas del monasterio cisterciense de San Clemente del Real tenían sus almacenes llenos de almendras y se les ocurrió mezclarlas con azúcar, obteniendo un producto nutritivo y energético que ayudó a enfrentar la difícil situación alimentaria[304]. Aunque algunos historiadores, como Clemente Palencia, cronista oficial de Toledo, piensan que las religiosas elaboraban desde hacía tiempo este dulce, para conservar las grandes cantidades de almendras que recibían como pago del arrendamiento de tierras. Hoy sabemos de sus características nutricionales, pues por cada 100 gramos, aporta 8 gramos de proteínas, 58 de carbohidratos, 25 de grasa y 58 de azúcar, así como vitaminas B3, B7, B9, A, E y magnesio. Debe señalarse, además, el aporte calórico, que es elevado, unas 503 calorías. Una figurita de mazapán pesa unos 10 gramos y aporta unas 45 o 50 calorías. Actualmente se recomienda consumirlas con moderación, aunque en aquellos tiempos de hambruna esa misma cualidad era una bendición. Al dulce lo llamaban *mantha-pan*, que significa rey sentado. Las primeras figuras del mazapán toledano se grababan con ese anagrama que aparece en el escudo heráldico de la ciudad. También le llamaban *pan de maza,* de donde se habría derivado la palabra mazapán. Lo cierto es que el mazapán de Toledo ha persistido hasta nuestros días, es uno de los más conocidos y demandados en todo el mundo e incluso cuenta con Denominación de Origen. En 1577, un libro de cocina de Ruperto Nola, cocinero de Fernando de Nápoles, incluyó fórmulas para su elaboración y es el punto de partida para que se generalice en toda Europa el conocimiento sobre la misma[305]. Aunque en una fecha anterior, en 1150, en tiempos de Alfonso VII el Emperador, rey de Castilla, León y Galicia, aparece citado como *postre regio* de las fiestas de Toledo[303]. Se dice que la reina Isabel la Católica era gran aficionada a degustar el sabroso dulce y su nieto, Carlos I, cuando estaba enfermo, en 1556 en el monasterio de Yuste, encargaba mazapán a las monjas de San Clemente.

La otra variante de la historia nos lleva a Venecia, en Italia. A comienzos del siglo XVI se confeccionaba con almendras y azúcar, un pan al que llamaban *marzipane,* que podríamos traducir como pan de san Marcos o pan de marzo, en honor al santo protector de la ciudad. Y una tercera historia coloca su origen en un monasterio de Sicilia. Lo cierto es que la inventiva de las monjas se extendió por todos los monasterios de Italia. Tanta demanda tuvo y tanto trabajo daba a las religiosas, que en el Sínodo de Mazara de 1575 se les habría prohibido dedicarse a tal labor que las alejaba de las prácticas religiosas. Se supone que un mercader veneciano lo llevó a la ciudad de Lübeck, en Alemania, donde tuvo una gran acogida. De hecho, una de las fábricas más antiguas de mazapán es la de Niederegger, fundada en 1700[303]. Los mazapanes de Lübecker tienen Denominación de Origen propia desde 1996 y cuentan con fama mundial.

En los países de influencia hispánica llegaron para quedarse y se enriquecieron con las costumbres culinarias locales. Así, en Colombia se elaboran con leche y azúcar en polvo en sustitución de la almendra. En Venezuela con anacardos. En Guatemala y Yucatán se producen con pepitas de calabaza. Un caso singular es el de México, donde se sustituyó la almendra por el cacahuete. Se empaquetaba en papel de china para las celebraciones navideñas y en celofán para uso comercial. Es muy famoso el mazapán de la Rosa, de la empresa con el mismo nombre que lo popularizó en Jalisco en la década de 1950[306].

Al mazapán también se le concedieron en algunos momentos de la historia propiedades medicinales. El azúcar era considerado una medicina en sí misma o se usaba para unirlo a algunos medicamentos para ocultar su sabor. Nostradamus cita a esta *tarta mazapán* como medicina y comenta que *es muy buena de comer en todo momento*. Los farmacéuticos franceses lo elaboraban a principios del siglo XVI y existen registros del uso de confituras de almendra y azúcar para los enfermos en el Hospital de Caballeros de Toledo[307]. Incluso se le menciona en *Las mil y una noches*, como un suplemento para los ayunos propios del Ramadán e, incluso, con poderes afrodisiacos.

Sobre su consumo en Navidad, se atribuye su origen a la decisión de Felipe II de repartir golosinas a los pobres en estas fechas. Lo cierto es que hoy no puede faltar en las mesas españolas en Navidad, pero tampoco en Italia, Francia, Alemania, países escandinavos, México, Argentina, Chile, Colombia y Venezuela.

El mazapán más grande del mundo se confeccionó en 2018. Obtuvo la inclusión del logro en el Libro de Récords *Guinnes* y hasta 2022 la marca permanecía imbatible. Para celebrar el 75 aniversario de la empresa Dulces de La Rosa, elaboraron un mazapán en la Plaza Fundadores, en Guadalajara, Jalisco, México. Pesó 8296 kilogramos y su diámetro sobrepasó los 3 metros. Para lograrlo trabajaron 20 personas durante cinco horas.

De hecho, la misma ciudad de Guadalajara en Jalisco, celebra cada año el Día Mundial del Mazapán

España es el mayor productor mundial de mazapanes y turrones. En 2015 produjo 32 000 toneladas, de las cuales unas 5000 se exportaron, principalmente a otros países de la Unión Europea (un 82%), como Portugal, Francia, Reino Unido e Italia, así como a América el 12% y el 6% a Asia y resto del mundo[308].

Existen cuatro grandes denominaciones de origen del mazapán. Dos son españolas: el mazapán de Toledo y el mazapán de Soto, en la Rioja, y dos alemanas, la de *Königsberger* y la de *Lübecker*.

El mazapán también puede utilizarse para elaborar otros productos.

En España se pueden encontrar los **huesos de santo**. Consisten en un cilindro de mazapán relleno de almíbar de yema, o bien de chocolate, fresa, coco o crema. Son típicos de la celebración del Día de Todos los Santos, pero los cito porque se basan en el popular dulce navideño. Lo mismo ocurre con los *panellets*, pasteles que tienen como base el mazapán aromatizado, combinado con limón y piñones o almendras. Se consume el día de Todos los Santos en Cataluña, Aragón, Comunidad Valenciana y Baleares El **pan de Cádiz** también se confecciona con mazapán, se rellena con confitura de yema de huevo y batata o boniato confitado y se hornea sobre una oblea. El pan de Cádiz es un típico dulce navideño también conocido como **turrón de Cádiz**. De la misma forma es frecuente encontrar los **bombones de mazapán**, cubiertos de chocolate, como no puede ser de otra manera, y con rellenos diversos, como naranja, avellana, pistachos y lo que admita la creatividad gastronómica.

Polvorones. A riesgo de ser repetitivos, aquí tenemos otro indispensable en la mesa navideña. Está entre los preferidos por los españoles, junto a los turrones y mazapanes, y también se disfruta en otras partes del mundo.

Hay quienes confunden mantecados y polvorones. Ambos tienen algunas similitudes, de hecho, se dice que el polvorón es una variedad de mantecado. Pero no es así, son productos diferentes, aunque tienen sus puntos en común. En general, aunque la variedad disponible es muy grande y se puede encontrar de todo, los polvorones tienen forma ovalada, cobertura de azúcar glas, contienen almendra suavemente tostada, clavo tostado y molido junto con aromas naturales como anís y limón. El mantecado suele ser redondo y puede llevar semillas de sésamo (ajonjolí) por encima. Abundando en las diferencias, el polvorón lleva menos manteca y más harina y por tanto necesita menos horneado, logrando un sabor y textura diferentes. Una característica distintiva del polvorón es que al comerlo se deshace en polvo, mientras el mantecado es más compacto, meloso y mantecoso. El polvorón lleva clavo, un toque de limón, azúcar en polvo y siempre lleva almendra tostada, mientras que el mantecado lleva huevo o claras de huevo, no es necesaria la almendra ni que sea tostada. Los mantecados pueden incorporar muchos sabores: coco, chocolate, canela, limón, no así los polvorones. Y la última diferencia, fundamental para el tema de este libro, el polvorón solo se come en Navidad mientras que el mantecado puede encontrarse todo el año en algunas regiones españolas como Toledo[309]. Aunque hay quien piensa que su nombre deriva de su peculiar cualidad de hacerse polvo al comerlo, en realidad se debe al polvo de azúcar con el cual se polvorea.

El origen de los polvorones tiene una historia singular y, sí, como no, mezclada con la leyenda. La referencia escrita más antigua que se conserva y conoce es un manuscrito de 1740, el *Libro de apuntaciones de guisos y dulces*, escrito por la sevillana María Rosa Calvillo de Teruel. Es un manuscrito que en 38 páginas recoge 99 recetas, con las cuales la autora se ha convertido en la primera mujer española en escribir un libro de recetas. En sus páginas, María Rosa anota el *modo de acer las tortas de polborón* (sic) y *cómo se hacen las tortas de Morón*. Referencia al lugar donde escribía, Morón de la Frontera. Estas tortas de Morón, emparentadas con los polvorones, eran más finas, llevaban flor de harina, manteca de cerdo y azúcar, se espolvoreaban con ajonjolí y se cocían en horno flojo. Ya para 1844 las tortas de Morón eran famosas en toda Andalucía y formaban parte de los postres navideños[310]. En Cuba existe un dulce que puede tener aquí su origen, las famosas *torticas de Morón*, aunque su consumo no se relaciona con la Navidad. Se dice que las introdujo en la isla doña Serafina Echemendía, más conocida como Fina, como una receta de origen andaluz, que ella confeccionaba con harina, manteca, azúcar y ralladura de limón, que vino a sustituir a las almendras de las cuales ella no disponía. Doña Fina vivía, para más inri, en la ciudad de Morón, en la provincia cubana de Camagüey, actualmente pertenece a la provincia de Ciego de Ávila. Una ciudad relacionada con Morón de la Frontera por diversos detalles, desde una de las hipótesis de su fundación, vinculada a uno de sus hijos que habría propuesto el nombre de Morón para la nueva villa con el objetivo de honrar sus orígenes, hasta el famoso Gallo de Morón, que también tiene su origen en Morón de la Frontera. Actualmente, el primer símbolo de la ciudad cubana es el Gallo y el segundo se considera que son las torticas de Morón, cuyo origen es el dulce navideño.

Se sabe que ya en el siglo XVIII, en el Monasterio de Santa Clara de Jesús, en Estepa, se hacían polvorones. Pero su expansión y forma actual se debe a una mujer del siglo XIX, Micaela Ruiz Téllez, del pueblo sevillano de Estepa, quién decidió aprovechar la manteca de cerdo que sobraba de la matanza y fue probando mezclas con harina, almendra, manteca y azúcar hasta dar con un dulce que no había probado antes. Y este se considera el nacimiento del polvorón[311] tal como lo conocemos hoy, aunque hay que señalar que Antequera, en Málaga, también reclama su cuna. En sus pruebas, Micaela descubrió que, tostando previamente la harina, el polvorón quedaba menos duro. Su esposo vendía los polvorones en los pueblos cercanos y poco a poco fueron siendo conocidos y cada vez más demandados, lo cual los llevó a abrir una fábrica en Estepa. Ya para finales del siglo XIX era un dulce por excelencia de la mesa navideña. Y la empresa familiar sigue viva con el mismo nombre con el cual conocían a Micaela: La Colchona.

En la actualidad la producción de las fábricas está automatizada y se producen tanto en Estepa, considerados los mejores, como en Sanlúcar de Barrameda en la provincia de Cádiz, en Almería y en Tordesillas, Valladolid. Los polvorones de Estepa cuentan con Indicación Geográfica Protegida, una distinción que solo ostenta la mejor producción artesanal.

Los polvorones son populares también en otros países, principalmente aquellos de influencia hispana. Se les encuentra en Filipinas y en el sur de Texas, donde se les denomina *Mexican Wedding Cookies* (galletas de boda mexicanas), nombre curioso puesto que en México no se comen en las bodas sino en Navidad y suelen estar hechas con almendras, naranjas y otros sabores. En Puerto Rico, donde se les denomina *mantecaditos*, son muy demandados en la temporada navideña. A Venezuela llegaron de la mano de las monjas y la receta original se fue adaptando hasta las actuales *polvorosas*, en las cuales se usa manteca vegetal en lugar de la de cerdo.

El polvorón no podía ser menos que sus hermanos el turrón y el mazapán, así que dispone de sus propios récords. El más reciente del que dispongo de noticias es del 7 de diciembre de 2018, cuando la empresa de Estepa, Polvorones La Muralla, elaboró el polvorón más grande del mundo, al confeccionar una pieza de 5 metros de largo por 2,6 metros de ancho, que pesaba 320 kilogramos. Para su confección se utilizaron 120 kilogramos de harina, 60 de almendras, 75 de manteca de cerdo ibérico, 60 de azúcar y 5 kilos de canela. Se repartió en el centro comercial de la localidad extremeña de La Miajada, acompañado de café y churros, en lo que se denominó la Fiesta del Polvorón más Grande del Mundo[312].

Pasteles de gloria. Los pasteles o pastelitos de gloria son unas empanadillas dulces confeccionadas con mazapán y rellenas con batata o boniato confitado y espolvoreados con azúcar. Es un dulce típico de Andalucía, aunque actualmente se consume en toda España. También se le conoce como tetilla de monja o teta de vaca. Suelen venir envueltos en papel plata, a diferencia de los pasteles de yema, que se envuelven en papel dorado. Durante su confección, no se cuecen, solamente se gratinan un par de minutos para tostarles la cocorota. Es un dulce con origen en la rica cocina conventual, que se mantiene en la actualidad, pues las monjas continúan su producción, así como las de otros numerosos dulces navideños[313].

Los pasteles de gloria llegaron a América, donde sufrieron transformaciones lógicas debidas a la escasez de determinados productos y la abundancia de otros. Por ejemplo, en Colombia la masa es de hojaldre y suelen ir rellenos de guayaba y rodajas de queso.

Bastones de caramelo. Si hay un símbolo omnipresente tanto en la mesa como en la decoración navideña, es el **bastón de Navidad**, también conocido como bastón de caramelo, en inglés *candy cane* o *Christmas candy cane*. Con su característica forma de bastón o de J, típicamente en colores blanco y rojo y, en menor medida, verde y blanco, y otras combinaciones, así como su sabor a menta, el bastón es uno de esos elementos que identifican las fechas y que se identifican con ellas. El cine y la televisión han contribuido a hacerlos más populares, así como su presencia en todo tipo de adornos y decoraciones propias de estas fechas.

Sobre su origen no existen documentos históricos, sino leyendas y afirmaciones que no se pueden contrastar, salvo algunos datos ya más cercanos en el tiempo. Al ser un producto típico de la Navidad en los Estados Unidos, muchos piensan que su origen fue allí, pero lo cierto es que nació en Europa.

La historia más popular y con mayor respaldo sitúa su invención en Alemania hace más de 250 años. Habría sido en la ciudad de Colonia, hacia el año 1670, cuando el maestro del coro de la catedral viendo que los niños no solían estar tranquilos durante la misa de Navidad, se le ocurrió mandar a hacer unos caramelos con forma de J, para que fuese más fácil agarrarlos, y se los dio de comer para mantenerlos entretenidos. La forma de J también se asoció al cayado de los pastores y a la inicial del nombre de Jesús. No existe, sin embargo, ninguna confirmación de que esta historia sea cierta y los primeros registros que lo mencionan datan de unos doscientos años más tarde. Otra historia sitúa su nacimiento en Suecia. Una joven viuda llamada Amalia Eriksson comenzó a fabricarlos para tener una fuente de entradas para ella y su pequeña hija. Tuvo gran éxito entre los marineros, que lo usaron como medicina y le dieron el nombre de *Polkagrisar*[314].

A los Estados Unidos se cree que llegaron gracias a August Imgard, un emigrante sueco-alemán que en 1897 habría decorado un abeto en Wooster, Ohio, con adornos de papel y palitos se azúcar. Ya con el nuevo siglo se añadieron las franjas de colores y se fueron haciendo cada vez más populares. Hacia 1920, Bob McCormack, de Georgia, comenzó a fabricarlos y regalarlos a familiares y amigos y, viendo la buena acogida, decidió montar un negocio propio, y fue adquiriendo las acciones de sus socios y modificando el nombre original hasta quedar en *Bob's Candy* hacia 1924. En 1933 se suprimió el apóstrofe, quedando como **Bobs Candy Company**. Pero la manipulación del caramelo era engorrosa, porque había que doblarlos a mano en caliente y eso los hacía más caros y volvía difícil satisfacer la demanda. Su cuñado, el sacerdote católico padre Gregory Harding Keller. inventó un dispositivo que tornaba los palitos de caramelo rectos en curvos de forma automática. Se le llamó *máquina Keller* y posibilitó la expansión del negocio. La fábrica de caramelos Bob fue expandiéndose y existió de forma autónoma hasta 2005, cuando fue comprada por Farley & Sathers, que trasladó la producción a México.

Se ha atribuido un simbolismo a los caramelos navideños. A la asociación de su característica forma de J con Jesús, tanto por la inicial de su nombre como por el hecho de ser conocido como el Buen Pastor, o con los cayados de los pastores, se añade la simbología del blanco de la caña, que simboliza la pureza de Jesucristo, las franjas rojas que simbolizan la sangre que derramó por nosotros y el sabor a menta que se ha asociado con la planta de hisopo, que en el Antiguo Testamento se usaba para purificar[315]. Aunque originalmente el sabor a menta ha sido el más popular, parece ir siendo desplazado por el de fresa.

En 2021, en medio de la pandemia por COVID19 y las dificultades productivas y de transporte que originó a nivel mundial, se dio lo que el *New York Post* llamó *la gran crisis del bastón de caramelo de 2021*. Algunos comerciantes en Estados Unidos no pudieron mantener los bastones en su stock[316].

El récord de haber creado el bastón de caramelo más largo del mundo corresponde al pastelero americano Alain Roby, quien en 2012 obtuvo su tercera marca mundial Guinnes, al crear en Illinois un bastón de Navidad de 51 pies de largo, unos 15,54 metros.

Roscón de Reyes. El 6 de enero trae muchas alegrías a grandes y pequeños, pues la celebración de la Epifanía del Señor tiene su aura festiva de misterio y sorpresa. Le preceden las cabalgatas en España y otros países, la espera de los niños para descubrir los regalos y sí, como no, el delicioso roscón de Reyes, que siempre se puede comprar en estas fechas y que tiene una amplia demanda. Se trata de una masa dulce en forma de rosca, redonda u ovalada, que puede estar rellena de nata o no, y suele venir cubierta con rodajas de fruta escarchada, confitada o cristalizada y azúcar, aunque últimamente puede encontrarse relleno de trufa o de chocolate. El resultado es un dulce muy bonito y de un sabor único, que se atribuye al uso, entre sus ingredientes, del agua de azahar y mantequilla de buena calidad. El agua de azahar es un líquido que se obtiene al destilar las flores del naranjo agrio, una variedad de naranjo que se da en Sevilla y gran parte de Andalucía[317]. En la masa están escondidas un haba y una figurita que representa a uno de los Reyes Magos.

Muchas publicaciones ven un antecesor del roscón en una costumbre romana de las fiestas de invierno, en las cuales se fabricaba una torta con miel, frutos secos y dátiles, con las cuales se obsequiaba a los esclavos y campesinos. Lo cual parece sorprendente, porque el roscón no lleva en su elaboración ninguno de estos ingredientes y el único punto en común parece ser que en el siglo III d.C. se comenzó a añadir un haba en su interior como símbolo de prosperidad, fertilidad y buen augurio para quien la encontraba.

La costumbre de introducir el haba en una torta se mantuvo en algunas regiones de Europa y cobró especial relevancia en Francia, entre la aristocracia y la realeza. Quién lo encontraba, era considerado el *Rey del haba*. En el siglo XVIII, un cocinero de la corte del rey Luis XV tuvo la idea de esconder también una moneda de oro en la masa del dulce. De manera que había dos posibilidades y todos querían encontrar la moneda y no el haba, que se consideró a partir de entonces como de mala suerte.

En España ya se comía una tarta con similares características. Existen referencias muy antiguas, como la aportada por Julio Caro Baroja en su obra El Carnaval, según la cual la costumbre data de 1361. En el Reino de Navarra se llamaba **Rey de la Faba** al niño que encontraba el haba en el dulce. Por otra parte, el poeta andalusí Ben Quzman describe en su Cancionero una tradición similar, en la cual un hallullo (torta) se distribuía en año nuevo y contenía una moneda en su interior[318]. Pero lo cierto es que fue de la mano de los Borbones, con el rey Felipe V, que se introdujo la tradición de comer por Reyes dicho postre en el banquete que se ofrecía al cuerpo diplomático en el Palacio Real de Madrid. Con el tiempo, la moneda fue sustituida por una figurita de cerámica[319] que representa a uno de los Reyes Magos. A quien encontraba la moneda le llamaban también Rey del Haba y a quien tenía la mala fortuna de encontrar el haba, le llamaban Tonto del Haba, mote del cual surge la expresión actual de *tontolaba*. En la actualidad dice la tradición que quien encuentra el haba, ha de pagar el roscón (algo que rara vez se cumple) y quien encuentra la figurita es coronado rey con una corona de papel dorado que suelen incluir muchos fabricantes. Generalmente también se incluye una nota en forma de poema:

En el roscón hay muy bien ocultas

un haba y una figura:

el que lo vaya a cortar

hágalo sin travesura.

Quién en la boca encuentre

una cosa un tanto dura

a lo peor es el haba

o a lo mejor la figura.

Si es el haba lo encontrado,

este postre pagarás,

más si ello es la figura,

Coronado Rey serás

La receta original no llevaba frutas escarchadas ni nata. Según Adolphe Solichon, repostero francés, en su obra *El arte culinario*, de 1901, *se trata de una masa de pan dulce, abriochada, con mantequilla y aromatizada con azahar, con su agujero central y decorado con calabaza confitada.* La marquesa de

Parabere incluyó posteriormente los confites de varios colores[319]. La nata comenzó a utilizarse en la década de 1960 y se ha convertido en el relleno preferido de los españoles.

La tradición del roscón de Reyes es disfrutada también en otros países. En Francia existen productos muy similares, como el *Gâteau des Rois* y la *Galette des Rois*, tarta de hojaldre rellena de crema de almendra, también popular en Bélgica. La *Galette* también contiene un haba y quien la encuentre debe portar la corona. Portugal tiene su variante, se trata del **Bolo Rei**. Es una masa parecida a la española, pero sin añadir cítricos ni agua de azahar, sino pasas, frutos secos y vino de Oporto[320]. En México se le conoce como **Torta de Reyes**; lleva miel, franjas de una pasta dulce hecha de manteca, azúcar y harina, y frutos como dátiles, higos y ate. Suele decorarse con acitrón, un dulce cristalizado. **Torta de Reyes** es también el nombre que recibe en Colombia, donde lo rellenan con jalea de guayaba o dulce de leche, llamado allí arequipe. En las regiones de Estados Unidos que recibieron influencia española o francesa, tienen el *King Cake* o **Pastel de Reyes**, una masa de bollo que se cubre con azúcar glaseado y se colorea con colores verde, morado y glaseado[318]. Es muy típico en Luisiana. En Suiza existe una variante del roscón, conocida como *dreikönigskuchen*, el **pan de los Reyes Magos**, de deliciosa masa blanda. Escocia, por su parte, posee el *black bun*, un pastel relleno de frutas y especias mezcladas con *whisky* que suele comerse en la celebración del *Twelfth Night* o Noche de Reyes.

En España, es posible en encontrar distintas variedades de roscón. Los mejores, en las pastelerías. Un buen roscón, el artesano, no es un producto barato. Es el criterio de diversos pasteleros[321]. Se le reconoce porque no viene envasado, tiene su peculiar olor a azahar y la rayadura de naranja y limón, tiene frutos secos en abundancia, no tiene demasiado volumen, está un poco rajado, señal de una buena fermentación, es irregular, pues está hecho a mano, no es barato y, si lleva nata, se pone en el momento de la compra. Una variante muy antigua, poco conocida, probablemente anterior al roscón tal como lo conocemos hoy, es la **Casca valenciana**. Es un dulce de mazapán, con forma de serpiente, en honor a la anguila valenciana, relleno tradicionalmente de boniato confitado, aunque se lo podía encontrar relleno de yema o merengue y canela.

Volviendo a las variedades, podemos encontrar el roscón de Reyes **tradicional**, el clásico, que no lleva relleno. También tenemos el roscón **relleno de nata, el relleno de crema pastelera,** muy dulce y sabroso, **relleno de chocolate, el roscón de chocolate, el roscón de hojaldre, relleno de trufa, roscón de brioche.** Aunque los más deseados y consumidos siguen siendo el relleno de nata y el clásico.

El récord al roscón de Reyes más largo del mundo, certificado por expertos del *World Records Guinness*, le corresponde en realidad a una torta de Reyes mexicana, elaborada en la ciudad de Tizimín, en Yucatán, entre el 5 el 6 de enero de 2020. Midió 3009,65 metros de longitud. Requirió el trabajo de 40 panaderos, el empleo de 2,6 toneladas de harina, 13 500 huevos, 50 kilogramos de sal, 625 litros de leche, 500 kilogramos de acitrón, 187 de mantequilla y 187 de manteca vegetal, así como 100 kilogramos de azúcar[322].

En cualquier caso, desayunar o merendar el 6 de enero, con un buen roscón de reyes y una taza de chocolate es una delicia única y singular.

Panettone. En la mesa de Navidad italiana no puede faltar un pan dulce, cilíndrico, con su parte superior en forma de domo y una masa esponjosa, suave, en la cual abundan tropezones de pasas, frutas o chocolate, perfumado con esencias de vainilla o amaretto. Le llaman *panettone* y su fama y demanda se fue extendiendo primero a los países donde emigraban los italianos desde mediados del siglo XIX y, más recientemente a las mesas de todo el mundo. En Argentina, México, Perú o Colombia se le considera un indispensable navideño y se lo conoce como **panetón, pan de pascua, pan de frutas europeo** o **pan dulce.** Brasil es uno de los mayores productores del mundo, Italia su primer consumidor, seguido por Perú, aunque las cifras van cambiando a medida que se va tornando cada vez más popular. En España es muy demandado desde hace décadas, gracias, a su vez, a los emigrantes provenientes de América. Desde fechas tempranas antes de la Navidad, ya puede encontrarse una gran variedad en los supermercados y muchas pastelerías los han incorporado en su producción navideña, incluso algunas han ganado renombre por la calidad de sus *panettones*.

La receta inicial contenía harina, agua, fruta y fermentación original, pero con el tiempo se le ha ido añadiendo huevo, manteca, azúcar, frutos secos y cereales. Para su elaboración artesanal se necesita masa madre trenzada con fermentos de uva y manzana, controlada hasta obtener un pH de alrededor de 3,9. Se utiliza harina de fuerza, mantequilla, huevos frescos, vainilla en rama, ralladura de naranja y se hornea. Antes de que se enfríen, se los atraviesa con varillas metálicas para suspenderlos invertidos durante ocho horas, con el objetivo de que no pierdan volumen[323].

Los romanos ya comían pan dulce, aunque no era *panettone*. Su origen puede situarse en Milán. Según relata Stanislao Porzio[324], ya para 1470 existía una tradición en Milán, que consistía en colocar tres panes cilíndricos sobre la mesa de Navidad, uno de los cuales se guardaba para el año siguiente. Un manuscrito del siglo XV de Giorgio Valagussa, preceptor de la Casa Sforza, menciona dicha costumbre en la casa del duque. En la mesa de Nochebuena se servía un pan más rico que el de todos los días y llamaban *rito del tronco*[325] a la costumbre de colocar los tres panes y solo repartir dos.

Hay otras menciones históricas que permiten seguir su evolución. En 1606, el primer diccionario milanés-italiano (Varon milanes) se menciona el *Panaton de Danedaa*, un *Pan grande, como el que se suele hacer para Navidad*. En el siglo XVIII el escritor Pietro Verri menciona en un artículo el *panettone* como un dulce navideño tradicional milanés y lo llama *pane di tono* (pan grande). Se le menciona también en el *Vocabolario milanese-italiano* de Francesco Cherubini, en el recetario de Giovanni Felice de 1853 y otros textos posteriores[325].

La forma del *panettone* ha vivido tres etapas. Originalmente y hasta el siglo XX, era un *panettone* bajo, debido a que se horneaba sin molde. La segunda etapa comenzó cuando Ángelo Motta comenzó, en la década de 1920, a enriquecerlo con grasa y decidió forrarlo con papel de estraza. El resultado fue una forma peculiar del dulce, por la cual muchos le llamaban panettone-seta. La tercera etapa es la del panettone moderno, en la cual las pastelerías milanesas hacen los dos formatos, aunque ambos con moldes[325].

Il panettone tiene también sus leyendas. Una de ellas sitúa su origen en Milán, en la corte del duque Ludovico el Moro. En una Nochebuena, el postre que debía culminar el banquete en honor de los invitados del duque se quemó. La situación en la cocina fue paralizante, no tenían alternativas. Un aprendiz, de nombre Antonio, al que llamaban Toni, había reservado unas sobras. Propuso elaborar un pan dulce muy bien subido y lleno de frutas y mantequilla. La novedad fue muy bien acogida y el duque preguntó al cocinero como se llamaba aquella delicia. Su repuesta fue *Lè il pan del Toni*, es el pan de Toni, de lo cual habría derivado el nombre de *panettone*. La leyenda tiene su variante romántica. Un joven noble, también llamado Toni, enamorado de la hija de un panadero, se hizo pasar por aprendiz y elaboró un dulce con las características que ya conocemos. El éxito en Milán fue tan grande que todos acudían a pedir *el pan de Toni*. Otra leyenda sitúa su origen en un convento muy pobre del norte de Italia, en el cual la hermana Ughetta, llegada la Navidad, decidió agasajar a sus hermanas con un pan dulce al cual añadió fruta y cáscaras de fruta[326, 327].

El *panettone* se corta en rebanadas triangulares y puede comerse solo, o acompañarlo con chocolate, queso Mascarpone, crema de limón o avellana, o bien según sea el gusto de quien lo disfruta. En cualquiera de sus variantes es una delicia para el paladar.

En 2018 se confeccionó en Milán el *panettone* más grande del mundo, obteniendo su ingreso en los *Guinness World Records*. Obra del maestro chocolatero Davide Comaschi, director del *Chocolate Academy Center Milano*, quien lo donó a la ciudad. El *panettone*, presentado en la Galería Vittorio Emanuele II, pesó 332,2 kilogramos, tenía un diámetro de 115 cm, y una altura de metro y medio. Su confección requirió cien horas de elaboración, el concurso de seis profesionales, y fue comentario común de los asistentes lo hermoso de su decoración que representaba el horizonte de Milán, así como el exquisito sabor de la masa[328].

Pandoro. El pandoro es el competidor por excelencia que tiene el panettone en la Navidad italiana y en muchas otras regiones del mundo.

El pandoro es un pan dulce, aunque por sus características se asemeja más a un bollo. No suele contener nada en su interior, tiene forma de estrella, generalmente de ocho puntas y se espolvorea abundantemente con azúcar glas. El color de la masa es de un dorado intenso, en lo cual algunos han visto el origen de su nombre, *pan d'oro*, pan de oro, refiriéndose a un postre que solía servirse en las mesas de las familias nobles de la República Veneciana en la Edad Media. Era un pan enriquecido con huevos, mantequilla y miel, al que se llamaba pan real o pan de oro.

Sin embargo, a pesar de su cuna veneciana vinculada, además, a otro dulce navideño, el *nadalin*, el origen del pandoro tal y como lo conocemos en la actualidad, podemos situarlo en Verona, una ciudad italiana de la región del Véneto, a unos 160 kilómetros de Milán. El 14 de octubre de 1894, el confitero de Verona, Doménico Melegatti, patentó la receta. Utilizaba levadura dulce cubierta con almendras y azúcar, huevos y mantequilla. Angelo Dall'Oca Bianca creó el molde piramidal con ocho puntas que le da la característica forma de estrella[329].

Para muchos el pandoro es un sucedáneo del brioche francés,

antecesor del moderno *croissant*, antiguamente llamado *pan de Viena*. Aunque no es ciencia constituida, lo cierto es que entre ambos y el *panettone* hay coincidencias.

En Italia la empresa Bauli se hizo con la producción comercial del pandoro, pero muchas otras marcas se han sumado con el paso del tiempo. En América del Sur casi toda la producción se hace en Brasil y poco a poco va llegando a los Estados Unidos y a China. Un caso curioso es el de Argentina, donde un productor ha patentado el nombre pandoro, por lo cual si un productor italiano quiere exportar su producto debe utilizar otra denominación. Un caso similar ocurre en Colombia con el nombre *panettone*[330].

Existen dos formas de cortar el pandoro para consumirlo. La primera de ellas es cortarlo desde su parte superior a la inferior, siguiendo las guías de las puntas y obteniendo generosas cuñas. La otra forma de hacerlo es un corte horizontal, obteniendo rebanadas con forma de estrella. Esta es la forma ideal si no se va a consumir completo, pues así hay una menor cantidad de masa expuesta al aire y será menos probable que se seque.

Peladillas. Las peladillas son almendras confitadas en azúcar. En el confitado se cuece el alimento en grasa a azúcar durante un tiempo prolongado a fuego muy lento. Cuando se acerca la Navidad, comienzan a hacer su aparición en todos los mercados.

Se supone que, en la Grecia Antigua, allá por el 400 a.C., para celebrar un nacimiento, los griegos regalaban a los padres una pequeña bolsa con almendras recubiertas de miel y harina. En el Imperio Romano, la tradición se extendió a los matrimonios, para desearles buena fortuna.

A partir del siglo XII la tradición se habría extendido por Europa, y se administraban también a las embarazadas para intentar calmar dolores abdominales, así como a mujeres no fértiles para intentar proporcionarles fertilidad. En España se extendió su consumo entre las clases nobles durante la Edad Media, pues era un producto muy caro. Ya se le llamaba peladilla, nombre que también se utilizaba para denominar a las frutas y al anís recubiertos con miel[331].

Las peladillas, conocidas como *koufeta* en griego, *dragées* en francés, *mlabas* en árabe y *cofetti* en italiano, fueron popularizadas en la corte francesa por los confiteros de Verdún[332].

Las primeras fábricas de peladillas de España fueron las de Emilio Reig en Alcoy, Alicante, cerrada en la década de los 60 o 70 del siglo XX; y las de Casinos, que parecen ser las más antiguas. En 1881, el orensano Manuel Jarrín y su esposa Carmen Murgui introducen la elaboración artesanal de peladillas en Casinos, en la provincia de Valencia. En la actualidad, Alcoy y Casinos son los más importantes productores de peladillas en España. De hecho, el último fin de semana de noviembre, se celebra en Casinos la Feria del Dulce Artesano, Peladillas y Turrones, muy popular en la Comunidad Valenciana[333].

Las peladillas son tradición de la Navidad y también suelen regalarse en bautizos, bodas y comuniones. Las más típicas son blancas, pero pueden encontrarse de los más diversos colores, de chocolate, frutas, turrón duro y de anís. Entre las más de 100 variedades de almendras, las más utilizadas para la elaboración de peladillas son la almendra Marcona, la Largueta y la Avola. Las Avolas de Sicilia son consideradas las mejores y más gustosas, siendo la Avola, imperial la llamada reina de las peladillas, y la Avolina que es más pequeña, como su nombre indica. También se utilizan las almendras de variedad Planeta, de Alicante y las Lérida de Cataluña[333, 334]. Pueden encontrarse peladillas rellenas de chocolate.

Los fabricantes de peladillas refieren que, en los últimos años, se nota un descenso progresivo en su consumo.

Fruta escarchada. Es frecuente encontrar en los escaparates de comercios estas frutas de hermosos colores, que también suelen utilizarse para decorar el Roscón de Reyes y otros dulces de temporada. Se la conoce como fruta escarchada, confitada o glaseada, aunque no son exactamente lo mismo.

La fruta confitada se presenta tal cual, bañada con azúcar granulado o en chocolate con leche o negro. Si al producto confitado se le aplica un glaseado posterior, se puede obtener la fruta glaseada que tiene un acabado más fino y homogéneo, o la fruta escarchada que tiene un aspecto más festivo y un contraste crujiente en la textura exterior, obtenido porque el almíbar se seca y cristaliza, dando apariencia de escarcha a la fruta[335].

Sus orígenes se remontan a la necesidad de conservar la fruta, que suele pocharse en pocos días. Así que se comenzó a cocer en miel, con lo cual se alargaba su vida y se aumentaba su dulzor. Probablemente encontremos el inicio de esta técnica en Mesopotamia. Fue utilizada tanto por griegos, romanos e incluso en la antigua China. La cultura sefardí aporta su grano de arena al proceso con la técnica antigua del *letuario*, en la que las frutas se cocían en una mezcla de agua y azúcar o miel a fuego lento durante muchas horas, quedando la fruta confitada y a veces como una compota espesa. Lo cierto es que la fruta escarchada fue poco a poco compartiendo espacio con otras golosinas en celebraciones especiales y ninguna más especial que la Navidad. En sí mismas se convierten en un dulce navideño y comienzan a incorporarse como ingrediente o adorno en mazapanes, pasteles, turrones y, en el siglo XX, del Roscón de Reyes[336].

Hay que señalar que es muy frecuente encontrar, por ejemplo, en los roscones de poca calidad, trozos de frutas verdes y rojos que son en realidad calabaza o melón coloreados. La fruta escarchada o confitada de calidad utiliza ingredientes seleccionados con la cantidad justa de almíbar, respetando tiempos y reposos adecuados.

Christollen. El *Chistollen* o **pan de Cristo**, también conocido como *Stollen* o *Weihnachtsstollen* es el pan alemán de Navidad. Ha logrado cruzar las fronteras germanas y puede encontrarse en la temporada navideña en muchos lugares del mundo. Es un pan dulce, que incluye en su elaboración mantequilla (más del 50% del peso de la harina), muy poca azúcar en su interior, pero cubierto por abundante azúcar en polvo, y tiene en su masa abundante presencia de frutas confitadas. Suele amasarse con una forma que recuerda a un niño recién nacido envuelto en pañales[337].

Pero en sus inicios esto no era así. Como nos cuentan Jacob y Paco Torreblanca[338] en su blog Dulces experiencias, inicialmente era un producto austero, pues por ser época de Adviento no se podía utilizar leche o mantequilla en su confección, la cual se hacía a base de harina, aceite y agua. En 1430 el príncipe Ernesto y su hermano, el duque Alberto de Sajonia, escribieron al papa Nicolás V solicitándole permiso para poder incluir mantequilla en la receta, a lo cual el papa se negó. Varias décadas después, en 1491, el papa Inocencio VIII dio finalmente el visto bueno, en un documento que ha pasado a la historia como *Butterbrief* o *Carta de la mantequilla*. Posteriormente, Heinrich Drasdo añadió los frutos secos a la fórmula.

La primera mención registrada data de 1474, cuando aparece en la factura del hospital de San Bartolomé, llamándole alimento para el ayuno. Aunque cuenta la leyenda que en 1329 en Naumburgo, habría surgido en un concurso de pastelería organizado por un obispo[339]. Era un dulce que solo podía permitirse la nobleza hasta que, en 1730, Augusto II, Elector de Sajonia, Rey de Polonia y Gran Duque de Lituania, ordenó al Gremio de Panaderos hornear una hogaza para agasajar a todos sus invitados, que eran alrededor de 24 000[340]. Este hecho sirvió de inspiración para organizar el festival del *Stollen*, que desde entonces se celebra cada año en Dresde la víspera del segundo domingo de Adviento.

En 2010 la Unión Europea certificó el *Dresdner Christollen* como indicación geográfica protegida (IGP). Se calcula que se venden anualmente unos dos millones de unidades del producto. Según esta certificación, solo puede llamarse así al producto fabricado en Dresde con las normas de calidad señaladas. De manera que los productores de *stollen* en otras regiones no pueden usar ese nombre y el mismo cambia según la región. Por ejemplo, en Bremen se le llama *BremerKlablen*; en Westfalia, *Münsterländer Stollen* y en Colonia, *Kölner Stollen*.

Existen diferentes tipos de *Christollen* según el ingrediente predominante. Así, podemos encontrar el **Mandelstollen**, confeccionado con almendras, el **Butterstollen** o *stollen* de mantequilla, el **Nuss-stollen** o *stollen* de nueces, el **Mohnstollen** o *stollen* de semillas de amapola con naranja confitada y cortezas de cidra, el **Persipanstollen** o Marzipan, en el cual al formar el *stollen* se le añade mazapán o persipán. El persipán es una harina elaborada con huesos de melocotón o albaricoque. Y, como se comentó anteriormente, el **Dresdner Stollen**, que solo puede elaborarse en Dresde y tiene la IGP[341].

El récord del *stollen* de Navidad más largo del mundo fue obtenido el 10 de diciembre de 2010 por Lidl en la estación *Haarlen Railway* de Haarlen, Países Bajos. Midió 72,10 metros de largo y llevó 2,5 horas prepararlo y 2.5 horas cocinarlo, todo se hizo en una sola pieza. Así fue como logró la certificación del Récord Guinness Mundial[342].

Tronco de Navidad. El tronco de Navidad es un postre delicioso y hermoso. Cuando se acerca la temporada navideña lo vemos en los escaparates de las pastelerías, con su tradicional decorado que recuerda el tronco de un árbol. En su interior tiene un rollo suave de biscocho genovés y está cubierto con crema de mantequilla de chocolate o café, de forma tal que simule la corteza del árbol. Puede estar decorado con hojas de azúcar y merengue.

La tradición europea de quemar el tronco de un árbol al iniciar el invierno parece tener orígenes celtas. En la Edad Media, al llegar la Nochebuena, los campesinos buscaban un gran tronco de leña, el cual decoraban con cintas verdes, sal, y lo salpicaban de aceite y vino. Se colocaba en la chimenea. El fuego se encendía con un tizón del año anterior. Al regresar de la Misa del Gallo, la familia cenaba al calor del fuego y a continuación, cantaban villancicos y contaban historias. Las cenizas del tronco se guardaban, así como un fragmento de tizón, que serviría para encender el tronco del año siguiente. Con la llegada de la industrialización, las cocinas de leña fueron sustituidas por carbón, las casas comenzaron a ser más pequeñas, y la tradición comenzó a mermar. En Francia, la cuna del pastel con forma de tronco, para más inri, las enfermedades pululaban en invierno y Napoleón I ordenó cerrar todas las chimeneas durante la temporada invernal, para que no circulase el aire frío. Así que ya no se pudo quemar el tronco[343].

Las situaciones de crisis son siempre una llama para encender la inventiva del hombre. En 1898, Pierre de Lacam, pastelero francés, pensó en la forma de mantener la tradición y se le ocurrió crear un dulce relleno de crema pastelera de chocolate o crema de mantequilla de café. Los franceses le llaman *Bûche de Noël*. La receta más cercana a la actual la encontramos en el *Dictionnaire universel de cuisine practique*, de Josep Fabre, publicado en 1905[344].

En 2012, un grupo de pasteleros elaboraron en Aspe, provincia de Alicante, el tronco de Navidad más largo del mundo, con una longitud de 1174,28 metros. Fue preciso el trabajo de nueve maestros pasteleros y dieciocho ayudantes. Se consumieron 280 kilogramos de chocolate, donado por la marca Valor, así como 300 de mantequilla, 80 de turrón de Jijona, 200 de azúcar, 1200 planchas de bizcocho y 10 kilogramos de almendras de Alicante[344]. No obstante, el récord mundial Guinnes lo tiene el *Club Achtarout Mayfouk*, del Líbano, que en 2018 elaboró un tronco navideño de 1136,36 metros de largo[345], unos 38 metros más corto que el Alicante.

El consumo del tronco de Navidad se ha extendido progresivamente desde Francia por toda Europa. Ha llegado, aunque en menor medida, a otros países, y siempre aporta a la mesa navideña ese toque de belleza y buen sabor.

Pudín de Navidad. El pudín de Navidad, en inglés *Christmas pudding*, es un postre navideño clásico en el Reino Unido, pero también en otros países donde la influencia británica ha generado cultura, como Irlanda, Australia, Nueva Zelanda, Sudáfrica y otros. También se le conoce como *plum pudding* o **pudding de ciruelas**, aunque no las incluye entre sus ingredientes. El origen del curioso nombre se debe a que en la Inglaterra pre-victoriana se denominaba ciruela a las pasas.

El *Christmas pudding* se elabora con una mezcla pesada de frutas secas y nueces, especias y harina, a los que pueden añadirse otros ingredientes. En el proceso de elaboración se coloca en su interior una moneda de seis peniques, para desear suerte a quien la encuentre. Suele ser el postre de la cena de Navidad, el 25 de diciembre. Se sirve con una ramita de acebo por encima y se come con mantequilla de brandy, mantequilla de ron, crema o natillas. La tradición británica dice que el pudín debe cocinarse en noviembre, al comenzar el Adviento, idealmente el vigesimoquinto domingo después de la Trinidad y debe incluir trece ingredientes que representan a Cristo y los doce discípulos. Cada miembro de la familia debe mezclar dichos ingredientes con una cuchara de madera, de este a oeste, en honor de los Reyes Magos. Antes de servirlo se calienta el pudding al vapor y se baña con brandy caliente que se prende al fuego[346, 347].

Los orígenes de la receta son antiguos. Según Matthew Walker[347], uno de sus más afamados fabricantes, se encuentran en un cocido inglés de cordero y carne al vino, condimentado con ciruelas y pasas, al que se conocía como *frumenty* y del cual existen noticias desde el siglo XIV. Alrededor de 1595, el *frumenty* comenzó a transformarse en el pudín de ciruela, enriquecido con huevos, pan rallado, nueces y cerveza. Los puritanos lo prohibieron en 1664 pero el rey Jorge I lo volvió a introducir en la cena de Navidad real de 1714. A partir del siglo XIX ya se asemeja al dulce que conocemos en la actualidad y se convierte en un plato nacional.

Galletas de Navidad. Un clásico imprescindible de la Navidad en muchos países son las galletas. Tienen su origen en la tradición de cocineros alemanes pues las familias de Alemania preparaban las *Kuchen* para ofrecer al *Christkind*, el tradicional niño que repartía los regalos navideños en Alemania, Suiza, Austria, República Checa, Liechtentein, Luxemburgo y otros países europeos.

Las más famosas de todas, son las **galletas de jengibre** con forma de muñeco. El jengibre llegó a Europa desde China. Los primeros en utilizarlo para elaborar pan fueron los monjes de los monasterios del norte de Europa. El monje armenio Gregory de Nicopolis, lo habría llevado de Grecia al centro de Europa. Lo cierto es que se hizo muy popular y fue llevado al resto del continente en los siglos posteriores. Así las cosas, en la corte de Inglaterra, en el siglo XVI, la reina Isabel I mandaba fabricar con la masa unas galletas que representaban a sus invitados, a los cuales las obsequiaba. La costumbre real fue imitada surgiendo la tradición navideña de regalar galletas de jengibre con forma de muñeco y, con el pasar de los años, otras formas como la del árbol navideño[348]. Los franceses las llaman *pain d'épices*, y en Alemania y Bélgicas las denominan *spekulatius*. En 1812 se comienzan a elaborar en Alemania pequeñas **casas de pan de jengibre**. Hay quien afirma que la publicación del cuento Hansel y Gretel, en el cual los niños encuentran una casa comestible, inspiró su origen. Lo cierto es que desde entonces se popularizaron en gran parte de Europa y cruzaron el Atlántico para convertirse en un clásico también en los Estados Unidos.

En el mundo de las galletas y el pan de jengibre, es famoso el *Pepperkakebyen*, el pueblo de galletas de jengibre que desde 1991 se crea en el centro de la ciudad noruega de Bergen y que ha sido declarado numerosas veces el más grande del mundo[349]. Sin embargo, el récord Guinness para el mayor pueblo construido con pan de jengibre lo tiene Jon Lovitch, de New York. Estuvo formado por 1251 edificaciones y fue logrado el 6 de enero de 2017[350]. Pero, si tenemos en cuenta el área, el récord lo tiene *El Dorado Royale By Karisma*, en Playa del Carmen, México, al levantar en 2015 un pueblo de 45,29 metros cuadrados, que tenía 14,72 metros de longitud y 5,99 de ancho, con 216 edificios[351]. En Texas, en 2013, construyeron la casa de pan de jengibre más grande del mundo, con dos mil metros cuadrados, 18,28 metros de largo, 12,8 metros de ancho y 3,07 metros de altura[352].

Existe una gran variedad de galletas navideñas a lo largo del mundo. En Suiza son un clásico las **Mailänderli**, galletas de mantequilla y limón, y las **Spitzbuben**, similares a las **Linzer** de Austria, ambas rellenas de mermelada. En Suecia, endulzan la Navidad con gallegas de jengibre picante y pimienta negra, que allí conocen como **Papparkakor**. En Noruega, las preferidas son las **Krumkake**, obleas con aroma de limón fino y cardamomo. Las **Klënar** son galletas que se fríen en manteca de cerdo o aceite de coco y con el limón como protagonista, típicas de Noruega, Dinamarca e Islandia. En Holanda tienen los **Kerstkransjes**, galletas con forma de corona, elaboradas con mantequilla y vainilla y recubiertas de almendra fileteada y cerezas confitadas. En el sur de Alemania, las **Springerle** son galletas redondas o rectangulares con sabor a anís. En el Reino Unido son tradicionales las **Gingerbread** que son las típicas galletas de jengibre, nombre con el cual también se les conoce en los Estados Unidos de América, país en el cual ha arraigado profundamente en la tradición navideña. Italia tiene distintos tipos de galletas de Navidad según sus regiones: las **Mustaccioli** napolitani son galletas suaves recubiertas de chocolate negro o blanco y con un corazón de nueces molidas, las **Roccoco** son más duras y llevan licor Strega, almendras y avellanas, y las **Susamiele** llevan almendra, miel y canela y tienen una característica forma de S[353].

Otros dulces navideños. La gastronomía navideña es muy variada gracias a la cultura de las diferentes regiones y países. Ha sido capaz de originar un número no pequeño de dulces que se han convertido en sello identitario de la temporada. Algunos de ellos son exclusivos de esta época del año. Es la razón por la cual la primera sección de esta parte del libro, que aborda la cocina navideña, ha sido dedicada a los postres. Así que vamos a repasar brevemente otros dulces navideños antes de pasar a las cenas de Navidad.

En muchos países bálticos del norte de Europa, es un clásico en el desayuno navideño el *estonian kringle* o **trenza de canela**, un pan dulce con corteza crujiente y textura rellena *abriochada*. Es hermosa para decorar la mesa mientras dura intacta, porque su sabor delicioso no garantiza su supervivencia.

Algunos dulces pueden estar presentes el resto del año, pero cobran especial importancia en la mesa o la sobremesa navideña. Y otros van entrando o saliendo de la misma con los vaivenes de la historia. Es el caso de la nochebuena gallega. Los postres que reinaban eran el **arroz con leche** o las **torrijas**, embebidas en leche, vino blanco o incluso vino tinto azucarado y se servía con más cremosidad que en el resto de España y acompañada del líquido en el que se había cocinado[354]. El **bandullo**, un pudín gallego de pan y pasas que es una maravilla y que se podía consumir en otras épocas señaladas pero que en Navidad puede hacer las delicias de grandes y pequeños. La Navidad en Cataluña tiene los **neules** o **neulas**, unos barquillos de forma cilíndrica, dulces y crujientes, que pueden comerse solos o con helados, sorbetes o crema catalana. Su origen suele situarse en las cocinas de los monasterios catalanes y, en sus inicios, eran planos y se acompañaban de una oración, pero a partir del siglo XVII comenzaron a hacerse cilíndricos[355]. En Mallorca tienen el **cuscussó** como uno de los dulces navideños más antiguos. Es una especie de mazapán o turrón que puede usarse como postre o como relleno de cualquier tipo de carne. En Murcia y las tierras levantinas no pueden faltar los **cordiales**, confeccionados con almendras, huevos, azúcar y cabellos de ángel.

Como muchos postres navideños, también tienen su cuna en la cocina de los conventos. Los **roscos de vino** tienen forma de rosquilla y llevan una pequeña cantidad de vino dulce y frutos secos, son muy populares en la Navidad española, especialmente en Málaga y Castilla La Mancha. Y si de la Navidad española hablamos, no pueden dejar de mencionarse los **alfajores**, elaborados de una pasta de almendras, nueces y miel. Suelen tener forma cilíndrica o venir como relleno entre obleas de harina de trigo. No deben confundirse con los célebres alfajores argentinos. En Murcia se les añade avellana, anís, clavo y canela, y en Cádiz ajonjolí, canela, cilantro y *matalaúva*.

Inglaterra ha aportado mucho a las tradiciones navideñas, y también tiene sus postres típicos para esta época. Los **Mince Pies** son pequeños pastelitos de frutas con especias que suelen tomarse acompañados de té o café. El **Christmas Trifle** es como un tiramisú con frutos rojos, fresas y cerezas, láminas de biscocho y un ligero chorro de licor. Finalmente, el **Jam Roly-Poly** es parecido al brazo gitano y se le considera un imprescindible en la Navidad británica[356].

Iberoamérica tiene una rica tradición culinaria también presente en la temporada navideña. En Cuba un postre tradicional de la mesa de Nochebuena eran los **buñuelos** con almíbar, un dulce que podía degustarse todo el año pero que cobraba especial importancia al finalizar el mismo. México degusta en esta temporada los **tamales de chocolate**, rellenos de chispas de chocolate y nuez picada. Se confeccionan con harina de maíz, mantequilla, azúcar, chocolate molido, canela y leche de almendras, y se envuelven en hojas de maíz para hacerlos en la vaporera. En Colombia, confeccionan con harina de maíz, leche y panela las llamadas **natillas navideñas**, que se toman como aperitivo. El postre navideño de Ecuador son los **pristiños de miel**, que son masitas fritas similares a los buñuelos, que se sirven con miel de panela o dulce de higos. El postre navideño de Venezuela es el **dulce de lechosa** que se hace con lechosa verde, panela o azúcar, clavos de olor y agua[357]. La lechosa se conoce en otros países como frutabomba, papaya, olocotón, papayo o mamón. En Argentina, la mayoría prefiere el **pan dulce** como postre de la cena en esta época del año, pero también pueden encontrarse los **alfajores**, solos o bañados con glaseado o chocolate, y las **garrapiñadas,** maní cubierto de azúcar. Chile piensa que es imprescindible el **queque** (bizcocho o torta) con frutas y canela. El **dulce de membrillo** y el **pan de pascua** son los otros imprescindibles. En Brasil se toman las **rabanadas de Natal,** unas rebanadas de pan que se untan con una mezcla de leche y leche condensada y después se pasan por huevo y se fríen, para finalmente cubrirlas con azúcar y canela. Para Nicaragua, el postre navideño es el llamado **Pío V** o **torta del padre Pío**. Es una torta que, al momento de servirla se baña con miel, a veces un poco de ron, y atole. Finalmente, el postre navideño de Puerto Rico es el **tembleque,** que se prepara con leche de coco, agua, azúcar y maicena. A veces incluye canela y clavos[358].

LA CENA DE NAVIDAD

Uno de los momentos especiales del año, esperado con ansias y posteriormente recordado en la memoria familiar, es la cena o comida de Navidad. La familia o los amigos se reúnen en torno a la mesa, adornada con esmero, para compartir platillos más o menos abundantes, siempre deliciosos, e intercambiar anécdotas, recuerdos, nostalgias y buenos deseos.

El nacimiento del Salvador es motivo más que sobrado para celebrar en familia, y la comida o cena es una buena ocasión para ello. Una tradición que no es nueva, de hecho, tiene muchos ejemplos en la Biblia, en la que se mencionan grandes comidas para celebrar ocasiones especiales, como legítima muestra de alegría. Pueden citarse, por ejemplo, las **bodas de Caná,** con la presencia activa de Jesús, María y los discípulos; o el **banquete que ordena celebrar el padre del hijo pródigo** para celebrar su regreso; o las veces que el Maestro compara el **Reino de los Cielos con un convite**[2]. Y la más importante de todas es la **Última Cena de Jesús** y sus discípulos, donde el Salvador instituye la Eucaristía, centro de la vida religiosa de todos los cristianos, origen de la celebración de la Misa o de la Cena del Señor.

Pero no siempre fue así. En otros tiempos, el 24 de diciembre era un día de ayuno y abstinencia como preparación para la celebración grande del día 25, la Navidad. Por regla general se hacía una sola comida fuerte al día, en la que se prescindía de la carne[2]. Todavía en algunas regiones el día 24 se observa un ayuno relativo. Al no poder comer carne, se recurría al pescado, razón por la cual el pescado es hoy un plato típico de la cena de Nochebuena en muchos países. Baste mencionar el bacalao en Portugal, la carpa frita en la República Checa o el besugo, merluza, rape o bacalao en España.

Después de la Misa de Gallo, se cenaba de nuevo, toda vez que el ayuno terminaba a las 12 de la noche. Y esta cena sí era sin restricciones. Se le llamaba *resopón navideño* y podía variar desde una chocolatada con bizcochos o pastas, hasta una cena abundante. Posteriormente desapareció la obligación de ayunar en la Vigilia de Navidad, por lo que la frugal colación vespertina pasó a convertirse en la cena de Navidad[2].

En la actualidad, muchos países celebran esta comida navideña el 24 de diciembre, pudiendo variar según la costumbre familiar o regional, en hacerlo antes o después de la Misa del Gallo. En otras regiones se celebra el día de Navidad, el 25 de diciembre, como es el caso de Gran Bretaña o los Estados Unidos de América.

El menú es muy diverso y puede sorprender a personas provenientes de otra región del mundo, donde se celebra con una comida totalmente diferente. Los platos y elaboraciones para las comidas navideñas son muy diversos y de una riqueza singular. Desbordan los límites de este libro y pueden dar origen a un libro dedicado íntegramente a ellos.

En Europa, las costumbres son muy diversas, a veces, incluso dentro de un mismo país. **España** es un ejemplo de ello. Lo tradicional es celebrar la cena de Nochebuena el 24 de diciembre. Y la variedad es grande tanto en los aperitivos, en el plato principal, las bebidas e, incluso, en los postres. Desde la sopa de marisco o el pucherito con hierbabuena en Andalucía, pasando por asado de ternasco en Aragón, los mariscos o pescados del Cantábrico en Asturias, los caracoles en Cantabria, la atascaburras con migas de bacalao en Castilla La Mancha o el cochinillo y el lechazo en Castilla León. En Cataluña disfrutan la sopa de *galets* y *carn d'olla*, el pollo moruno en Ceuta y Melilla, la carne de cabra en Canarias, el *sofrit pagès* de Ibiza y Fomentera en Baleares, el pastel de *kabratxo* y sopa de pescado y cardo con almendras en el País Vasco, los solomillos rellenos o el guiso de cerdo en Extremadura, el centollo, las vieiras al horno o el bacalao cocido con coliflor en Galicia, que también tiene el famoso y delicioso capón de Villalba o el lacón con grelos. En la Rioja, cardo con bechamel y almendras, o bien cordero o cabrito asado. En Madrid los callos con garbanzos y lombarda acompañan al resto de los platos: cordero lechal, besugo al horno, marisco gallego. Murcia disfruta del cocido de pava con pelotas de carne y caldo, Navarra tiene el cardo o borrajas o alcachofas con jamón o con almendras y de segundo bacalao, cerdo o cordero asados o pollo al chilindrón. En la Comunidad Valenciana, paella o cocido con pilotes de Nadal, *esgarret* de cebolla, pimientos y bacalao[359]. Como podéis ver, la variedad es inmensa, y solo he mencionado algunos platillos por regiones. La riqueza gastronómica navideña es inconmensurable.

En el norte de **Italia** suele celebrarse un almuerzo de Navidad y en el sur, *il Cenone* en la noche del 24, con pescados, marisco, asados y pasta para compartir.

En **Francia**, después de asistir a la Misa, se celebra la *réveillon de Noël* o cena de Nochebuena, conocida como cena del despertar. Incluye foie, quesos, ostras, salmón ahumado, caviar, vieiras y otros productos del mar. En la Provenza la celebración se conoce como *Gros Souper et les treize desserts*: siete platos magros que simbolizan las heridas de Cristo acompañados por trece postres, en alusión a la Última Cena y Jesús con los 12 apóstoles[360].

Portugal también cena el día 24, aunque con ciertas muestras de ayuno, se suele prescindir de la carne, prefiriendo el bacalao, el pulpo y marisco. Después de la misa, se celebra la típica *Consoada*, o sea, el consuelo después de la penitencia. Las carnes se dejan para las comidas del día 25, por lo que suele consistir en bacalao, patatas, o bien el *polvo à lagareiro* o pulpo a la parrilla con *batatas a murro* o patatas picadas[361].

En **Alemania** la comida importante se celebra el 25 de diciembre, predominando las aves asadas, principalmente pavo, pato o ganso, o bien cordero, conejo o venado de caza, cochinillo o carpa. En Nochebuena se prefieren platos fríos, como el *Kartoffelsalat* o ensalada de patatas y salchichas. **Suiza** tiene costumbres similares[360].

En **Gran Bretaña** la comida importante es también el 25 de diciembre y es típico el pavo asado, con variantes como el ganso, solomillo o lomo de cerdo o costillar de ternera, acompañados de patatas asadas, coles de Bruselas, salsa de arándanos y alguna ensalada.

La comida de Navidad en **Polonia** se celebra en la Nochebuena y debe ser sin carne ni incluir alcohol. Toda la familia participa en la elaboración de los 12 platos que la conformarán, en memoria de los 12 apóstoles. En la mesa siempre se deja un lugar libre, en recuerdo de algún miembro de la familia que ya no puede estar o de algún visitante inesperado. Bajo el mantel blanco, se coloca un poco de heno o paja, en recuerdo del nacimiento de Jesús y el pesebre. Antes de la cena toda la familia reza unida. Al salir la primera estrella, se reúnen en la mesa. Entonces se lee algún fragmento del Evangelio sobre el nacimiento del Salvador, y se comparte el *opłatek* o pan sin levadura, el cual se rompe en pedazos y se come mientras se saludan y besan para desear felicidad. Es el momento de degustar los 12 platos, que pueden ser sopa de remolacha roja, carpa o trucha frita, algas en gelatina, arenque con aceite, limón y cebolla, chucrut, champiñones, guisantes blancos, *kutia* (mezcla de granos de trigo, miel, uvas, amapola y nueces), gachas de cebada cocidas y mantequilla fundida[362]. La tradición de los 12 platos es también típica en Lituania, la mayoría con arenque, zanahoria y remolacha.

La celebración de la Navidad llegó a América desde Europa, y en reciprocidad, América enriqueció la celebración gastronómica navideña con alimentos hoy imprescindibles en estas fechas, como el pavo y las patatas. La primera Navidad en América se celebró el 25 de diciembre de 1492, en La Española, poco tiempo después de la primera llegada de Colón. La carabela Santa María encalló el 24 de diciembre y sus tripulantes fueron rescatados por canoas enviadas por el cacique *Guacanagari*. Colón ordenó construir un fuerte con los restos de la nao. Fue bautizado como Fuerte de La Navidad[366]. No registra el diario de a bordo ninguna comida especial, que no era la costumbre de la época, aunque se supone que habrán comido productos locales. Sí es seguro que se realizó una celebración religiosa propia del día.

Otro hecho poco conocido, quizás sería mejor escribir poco divulgado, es que la primera celebración de la Navidad en los Estados Unidos de América también fue celebrada por españoles, concretamente por la expedición de Hernando de Soto y sus 600 exploradores, entre los cuales iban una docena de sacerdotes católicos. Según Miguel Pérez, habían partido de Cuba e hicieron un viaje de 300 kilómetros atravesando la Florida. La Navidad del año 1539 los encontró en *Anhaica*, un pueblo nativo que se encontraba en el actual Tallahassee, capital de la Florida. Siendo la primera presencia europea con sacerdotes en la región, les corresponde el mérito histórico probable de la primera celebración de la Navidad en América del Norte pues, aunque no hay registros, para los historiadores es evidente que los sacerdotes debieron celebrar una misa de Navidad aquel día. Hoy puede encontrarse una placa que recuerda el hecho, marcando el lugar donde probablemente se celebró el primer servicio de Navidad de los Estados Unidos[367]. Aunque tampoco hay evidencias de lo que pueden haber comido o cenado aquellos días.

El cerdo lo llevó Colón a América en su segundo viaje, en 1493, procedente de la isla de La Gomera, en Canarias. Llevó 8 cerdas preñadas, según detalla el historiador puertorriqueño Cruz Miguel Ortiz Cuadra[368]. Su producción y consumo se extendieron hasta llegar a ser universales, y se convirtió en uno de los platos principales de la mesa navideña en muchos países del Caribe y América del Sur.

Por otra parte, los españoles comandados por Hernán Cortés encontraron en México un ave de gran tamaño y deliciosas carnes, al cual llamaban los aztecas *huaxólotl* que derivó en español a guajolote. Traído a España por los jesuitas, según algunas versiones, o por el propio Hernán Cortés, según otras, tuvo una buena aceptación. Tiene distintas denominaciones. En España se le llamó gallina de Indias, en Cuba, Puerto Rico y República Dominicana se le llama guanajo. Los conquistadores pensaron que estaba emparentado con el pavo real, por lo cual se le comenzó a llamar pavo. En inglés se le llama *turkey*, porque en aquella época pensaban que todo lo exótico les llegaba de Turquía. Lo cierto es que, en la actualidad, el pavo al horno es uno de los alimentos más frecuentes de la cena navideña en muchos hogares del mundo. De hecho, el pavo puede considerarse, junto con la flor de Pascua y el chocolate, las tres grandes aportaciones de México a la gastronomía navideña universal.

La causa de que esto sea así, la sitúan muchos historiadores en los peregrinos del Mayflower. Llegaron a América en 1620 y, después de un viaje azaroso, sufrieron un crudo invierno, que trajo hambre y enfermedades a la colonia recién fundada y la muerte de aproximadamente la mitad de sus pobladores. Pero perseveraron. Ya en la primavera lograron su primera cosecha de maíz y en el otoño de 1621 la situación había mejorado notablemente, por lo cual el gobernador propuso buscar una fecha para dar gracias a Dios por los bienes recibidos. Se invitó a varias tribus vecinas y en la celebración se degustó el pavo, así como maíz, calabaza, frutos secos, patos y productos del mar. La celebración tuvo sus altas y bajas a través de la historia. Después del triunfo de las 13 colonias, en 1789 George Washington propuso en el Congreso establecer un día nacional de acción de gracias y oración conjunta, para lo cual se eligió el 26 de noviembre. La propuesta tuvo una acogida desigual en la recién estrenada Unión. En 1846, Sarah Hale propuso convertir el *Thanskgiving Day* en una fiesta nacional, propuesta en la cual insistió a lo largo de nueve años. Finalmente, el presidente Abraham Lincoln programó el primer Día de Acción de Gracias, tal y como lo conocemos en la actualidad, el cuarto jueves del mes de noviembre[369]. La cena de este día tiene al pavo como centro de la actividad culinaria, lo cual contribuyó de manera significativa a su presencia en la mesa de la cena de Nochebuena.

Hay que señalar que, aunque tradicionalmente se considera la celebración de los peregrinos del Mayflower en 1621 como la primera Acción de Gracias en América, puede que esto tampoco sea del todo cierto. Según investigaciones de Michael Gannon, historiador y profesor emérito de la Universidad de la Florida, la primera celebración de acción de gracias habría tenido lugar en 1564 en San Agustín, la primera ciudad permanente en los Estados Unidos continentales, fundada por Pedro Menéndez de Avilés luego de vencer al pequeño asentamiento de hugonotes y calvinistas franceses[370]. El debate queda abierto.

En los **Estados Unidos de América**, el pavo asado es uno de los elementos tradicionales de la cena navideña, aunque existen otras opciones, como cerdo o ternera asada, que suelen acompañarse de salsa de arándanos o salsa *gravy*, puré de patatas casero o vegetales de temporada. El *eggnog* o ponche de huevo, que suele servirse frío, con nata montada, espolvoreado de canela molida y decorado con bastones de caramelo, es otro imprescindible de esta época. Como postre favorito, no puede faltar la tarta de manzana. Otros platillos de acompañamiento de las carnes, conocidos como *side dishes*, pueden ser las coles de Bruselas al horno, las mini zanahorias glasé, las calabazas y boniatos asados, judías verdes salteadas con mantequilla. Y entre otros postres podemos encontrar las galletas de jengibre, los bastones de caramelo, la tarta de zanahoria, el puré de calabaza o el pastel de jamón y ostras[371].

Argentina, como los demás países del hemisferio sur, celebra la Navidad en verano. El contraste con las tradicionales imágenes de nieve y navidad blanca es fuerte, y lo normal es encontrar muñecos de arena en lugar de muñecos de nieve, e imágenes veraniegas en lugar de invernales. Y esta realidad influye también en la gastronomía navideña. En general, se prefieren los platos fríos, como arrollados de carne de ternera o pollo, o fiambre alemán. Es habitual presentar en la mesa la llamada mayonesa de ave, conformada por trozos de pechuga, papas, zanahorias, arvejas y aceitunas, todo unido por abundante cantidad de mayonesa, de ahí su nombre local. No puede faltar el *vitel toné*, un plato de origen italiano confeccionado con carne de ternera y acompañado de una salsa hecha con mayonesa, lomitos de atún, alcaparra, anchoas y caldo de carne. El plato fuerte puede ser el tradicional asado o variar según las regiones: carne de vaca o lechón en Buenos Aires, chivito en Mendoza o cordero en el sur. Son también típicos los tomates o huevos rellenos. Entre los postres, no puede faltar el *mantecol*, una especie de turrón blanco de maní, así como el pan dulce y variedades de turrones[372].

En **Brasil**, la *Ceia de Natal* tiene como protagonista al pavo asado con fruta tropical y puede comerse antes o después de la *Missa do Galo*. Al pavo lo acompañan multitud de platillos, como col rizada, arroz de natal o arroz Natalino, confeccionado con guisantes, maíz, champiñones, jamón, zanahorias y pasas. El pavo puede sustituirse por pierna de cerdo o bacalao. De postre puede encontrarse desde las famosas *rabanadas*, hasta *strudel*, *stollen* o *panettone*[373].

El caso de **México** es singular. El misionero franciscano Fray Pedro de Gante, dejo constancia escrita de la celebración de la primera Navidad en 1526. Desde entonces son una fusión de las costumbres locales y españolas. Se utilizaron cantos aztecas con letra en honor del Señor. El pavo, muy utilizado por los aztecas en sus fiestas de invierno, pasó a formar parte de la cultura culinaria universal y uno de los preferidos de la cena navideña mexicana. Esta mixtura también se aprecia en otro plato típico de la Navidad mexicana, el bacalao, que se prepara con chiles güeros y jitomate, o bien la pierna o lomo de cerdo asado. Son habituales los tamales, la ensalada de manzana y el ponche[374]. No pueden faltar en la Mesa navideña los romeritos, pequeñas hojas que forman parte de los quelites, las hierbas que crecen en milpas. Son muy nutritivos, y no, no tienen nada que ver con nuestro romero. Igualmente, imprescindible es el pozole, un plato elaborado con granos de maíz cacahuacintle, carne de pollo y cerdo, en un caldo aderezado con cebolla, lechuga, rábanos, orégano, limón, chile y tostadas.

La Navidad en **Venezuela** tiene también una rica gastronomía, que puede diferir según la región, pero con elementos comunes para todo el país. Se celebra tradicionalmente en la noche del 24 de diciembre y es un día de celebración en familia. Las reinas de la mesa navideña son las hallacas, un guiso de res, pollo o cerdo, junto con encurtidos y aliños, envueltos en una masa de maíz a modo de pastel, todo lo cual se envuelve en una hoja de plátano y se ata, para sancocharse, dando como resultado un plato delicioso. Son también típicos de la comida de este día el pan de jamón, la ensalada de gallina, que lleva huevo, gallina, mayonesa, zanahoria, guisantes y patatas. Otro indispensable es el pernil asado al horno, o bien lomo de cerdo relleno o asado negro. Entre los postres siempre se van a encontrar la torta negra, el dulce de lechosa o el cabello de ángel. Y por supuesto, turrones y panettones[375].

Colombia también tiene una rica gastronomía navideña, con variantes regionales. Son típicos el pavo relleno, o bien gallina guisada o en sancocho, lechona o pernil de puerco. No pueden faltar los tamales, similares a las hallacas venezolanas. Y entre los postres, priman las natillas, los buñuelos, las hojuelas o el arroz con leche[376].

La mesa de la Nochebuena en **Cuba** siempre fue un lugar de encuentro de la familia, antes de la Misa del Gallo. En la actualidad, continúa celebrándose, si bien a la mesa se pone lo que se puede, que para la mayoría no siempre es lo tradicional. La cena de Nochebuena tradicional es el cerdo o lechón asado, bien sea un pernil o todo el animal si la familia es numerosa y puede permitírselo. Lo acompañan frijoles negros y arroz blanco o bien el plato conocido como moros y cristianos, confeccionado con arroz y frijoles negros, o congrí, que es el mismo plato, pero con frijoles colorados. No puede faltar una ensalada de lechuga y tomate, yuca hervida con mojo y plátanos fritos o tostones. Como postres, buñuelos, y también turrones, hoy inalcanzables para la mayoría de los cubanos.

En la **República Dominicana**, el cerdo asado es también protagonista, bien sea en puya, al horno o en la caja china. Le acompañan bien arroz navideño, que lleva tocineta, plátano maduro, almendra, pasa, pimiento morrón, mantequilla, caldo de pollo y condimentos, o bien arroz con gandules. El cerdo puede sustituirse por pavo horneado, o bien por pollo al horno, dado el precio del pavo. La ensaladilla rusa es muy común en la mesa navideña, o bien ensalada de coditos o espirales, así como el pastelón de plátano maduro. Como postres, pastel de frutas, turrón o gomitas dulces[377].

Puerto Rico tiene para la cena de Nochebuena el lechón asado, especialmente pernil al horno puertorriqueño, arroz con gandules, la gandinga, un guiso tradicional a base de hígado, corazón, riñones y lengua de cerdo, con verduras, tomate y patata. Y complementos como pasteles de masa o de arroz, guineítos en escabeche, asopao de pollo o gandules son típicos para después de la Misa del Gallo. El pollo relleno puertorriqueño se reserva para la comida de Navidad. Los postres navideños son el arroz con dulce, el tembleque, un pudín a base de coco; el majarete, una especie de flan a base de maíz; turrones puertorriqueños o las almojábanas, que son una especie de pastel; y pan o torta hecha de queso[378].

Solamente he querido enumerar una muestra de la enorme riqueza de la gastronomía navideña en algunos países. Hay ausencias, por supuesto. Como cada una de las vertientes de la celebración navideña. Probablemente no existe ninguna otra festividad a nivel mundial que haya generado una cultura tan vasta y singular como lo ha hecho la Navidad, enriquecida con las variantes que cada cultura particular le aporta. Muy grande es lo que celebra y muy hondo a debido calar en el corazón y el alma humana, para haber generado tan enorme caudal de belleza y tantos detalles de homenaje y razones para festejar. La gastronomía no es una excepción.

En los Anexos VIII y IX se puede consultar una recopilación no exhaustiva de los principales platillos de la cena o comida de Navidad en las distintas regiones de España (VIII) y en otros países (IX).

OTRAS TRADICIONES CULINARIAS DE LA NAVIDAD

La celebración de la Navidad no se limita a un día, sino a un tiempo, durante el cual el momento fuerte, importante, esencial, es el 25 de diciembre, pero que se alarga hasta los primeros días de enero.

En los últimos años se ha hecho tradicional la celebración de **cenas de Navidad de empresa**. Por regla general se organizan una o dos semanas antes del 25 de diciembre. En España pueden organizarse cualquier día de la semana, aunque el más solicitado suele ser el viernes, que acapara alrededor del 46% de las reservas. La comunidad donde más cenas de Navidad se organizan es Madrid, con un 57% del total, seguida de Barcelona con el 27% y Andalucía con el 6%[379]. Generalmente las organizan las propias empresas, que corren con los gastos, o bien se ponen de acuerdo los trabajadores, quienes pagan sus consumiciones. En este caso no debería llamarse cena de empresa.

Otro momento importante es la despedida del año viejo y la bienvenida al nuevo año. **La tradición de las 12 uvas** ya ha sido descrita en páginas anteriores, es parte de la tradición, no solo en España sino en Portugal y gran parte de países con influencia hispana, como México, Bolivia o Venezuela. Su epicentro es la Puerta del Sol de Madrid, celebración que se retransmite por televisión a todo el país.

En la República Checa es costumbre **masticar cuatro nueces** para asegurarse buena salud el año entrante. En Grecia es tradición comer el *Vasilopita*, conocido también como **pan dulce de Año Nuevo** o **Pan de San Basilio**. Le ponen en su interior una moneda, símbolo de fortuna para quien la encuentre en su porción. En Alemania se comen *pfannkuchens*, berlinas de mermelada con licor y se regalan cerditos de mazapán. Curiosa es la tradición en Suiza, donde suelen **tirar helados al suelo** de las calles, porque creen que trae buena suerte.

La *Réveillon de la Saint-Sylvestre* en Francia, o sea, Víspera de Año Nuevo, incluye un banquete con pavo relleno, crepes, ostras, foie gras y *Brûche de Noël.*

Una tradición extendida es la de **comer lentejas** en fin de año o en el nuevo. Procede del medioevo italiano y tiene raíces en la Antigua Roma, donde era habitual llevar lentejas en una bolsita atada al cinturón, para llamar a la suerte. Las lentejas tenían un gran valor, fueron las primeras legumbres cultivadas por griegos y romanos. Al punto que hoy en Italia se cena pierna de cerdo y lentejas el 31 de diciembre, *il Cenone di Capodanno* o gran cena de Nochevieja. Cenar un plato de lentejas en la noche del último día del año se consideraba propicio para la buena suerte en el año entrante, de hecho, se les llamaba **las lentejas de la suerte**. Lo habitual es preparar lentejas con *cotechino*, un embutido muy parecido a la butifarra[380]. La costumbre se mantiene también en otros países, como República Checa, y en varias naciones de Hispanoamérica. En España también suele tomarse al menos una cucharada de lentejas.

En Polonia, algunos países escandinavos y algunas zonas de Alemania, se cena **arenques en escabeche** en la última noche del año, mientras que en Japón hacen lo propio con los **fideos soba**. En el sur de los Estados Unidos se suele comer *black eyed peas*, una alubia blanca con ojo negro, conocida también como alubia carilla, frijol carita, ojo de liebre o frijol Castilla. Por lo general se acompaña de arroz. En Venezuela es protagonista nuevamente la **hallaca**, como lo es el *Vitel Toné* en Argentina. Según la región del país, en México cenan carne o pescado y marisco.

Cuando termina la fiesta, ya en el Nuevo Año, la tradición en España manda disfrutar de un buen chocolate con churros.

Son muchas y variadas las tradiciones culinarias para despedir el año que termina y recibir al nuevo a lo largo de todo el mundo.

BEBIDAS EN LA TEMPORADA NAVIDEÑA

Las cenas de Nochebuena y Navidad, así como las celebraciones de fin de año, no estarían completas sin las correspondientes bebidas que las acompañan y que han pasado a ser parte de la tradición. También se acostumbra a regalar botellas de vino, cava o sidra.

Reinan los **vinos** para acompañar las cenas. Blancos para los entrantes y pescados, tintos para los platos fuertes y carnes. En algunos países de Europa se consume vino caliente con especias, principalmente en Alemania, donde lo llaman *Glühwein*. Se considera útil para entonar el cuerpo en los fríos días de diciembre por su sabor dulce y aromático. La variante sueca es el *Glögg*. En Polonia es el *grazniec,* al cual distingue la inclusión de miel entre sus ingredientes. En Hungría le añaden clavo de olor y lo llaman *forralt bor*. Para los franceses la clave es añadir canela y le denominan *vin chaud*, mientras que en inglés se le conoce como *mulled wine*. En el norte de Italia y Austria suelen usar vino blanco para prepararlo y, en el resto de Europa, vino tinto. Suelen utilizar un tinto seco, principalmente de la variedad Malbec, aunque pueden utilizarse también las variedades cabernet sauvignon, merlot, syrah o bonarda. Y se busca un vino con buena relación calidad precio, teniendo en cuenta que un mal vino empeora cuando se calienta, mientras que utilizar un vino caro sería un desperdicio[381].

Para brindar, la elección son los **vinos espumosos**, bien sea cava, sidra o champán.

Existen costumbres locales, así como otras marcadas por la frecuencia del uso. Un ejemplo es la **cerveza**, que puede estar presente en todas estas cenas y celebraciones en muchos países. La cena navideña mexicana suele acompañarse con el **champurrado o atole de masa**, una bebida que se prepara con masa de maíz y se sirve en tarros de barro.

Otra bebida típica de la temporada es el **ponche de huevo**, muy popular en los Estados Unidos y Canadá. El popular *eggnog* pudo nacer de la inventiva de unos cadetes a los cuales no se permitía beber alcohol en el cuartel. En una Navidad se les ocurrió hacer una bebida a base de leche, huevos y azúcar. Por supuesto, cuando salieron del cuartel, le añadieron alcohol y nació el famoso ponche. Otros afirman que hay una receta del mismo George Washington, que incluía brandy y ron. El ponche llegó a Inglaterra desde sus colonias y allí le añadieron especias, cerveza, vino u otras bebidas espirituosas[382]. Existen variantes, como el **ponche de crema venezolano** o la **crema de vie** que se suele preparar en Cuba con huevo, azúcar y ron.

En México es tradición el **ponche de frutas**, que incluye manzanas, caña de azúcar, tamarindo, guayaba, ciruelas pasas y tejocotes. En Puerto Rico tienen el **coquito**, un licor de crema de coco, leche evaporada, leche condensada, ron blanco, canela y vainilla. La **cola de mono**, un cóctel preparado con aguardiente, café, leche, canela, cáscara de naranja, clavo de olor y azúcar, es típico de la Navidad en Chile.

Son todos parte de las celebraciones de esta hermosa época del año, que la tradición enriquece con los productos y gustos locales.

ARTE, CULTURA Y NAVIDAD

La celebración del nacimiento de Jesús de Nazaret, ocasión que solemos llamar en español Navidad o Natividad es, en mi opinión, la fiesta humana de mayor impacto. El simple hecho de recordar y celebrar un momento sencillo en el devenir de la humanidad, el nacimiento de un hombre que, además, es el Hijo de Dios, cuya vida ha tenido una repercusión de tal calado que ha cambiado la historia, una persona a la cual han seguido y siguen por más de dos mil años millones de fieles, se ha convertido en una celebración universal. Con cariño, con amor y ternura, con devoción y mimo, los hombres de todas las épocas han comprendido la grandeza singular del misterio navideño, y han querido ofrecerle lo mejor del corazón y la inteligencia humana, en su honor, en homenaje, en agradecimiento, y como muestra de ese sentimiento único del ser humando, que es el amor. Lo que comenzó siendo una búsqueda de los orígenes del Salvador, poco a poco fue generando un motivo de alegría y celebración, enriquecido poco a poco, siglo a siglo, Navidad tras Navidad, con mil y un detalles. Surgió así la liturgia de Navidad, tan hermosa y única. Fue tomando forma la tradición de reunirse para orar, celebrar y alegrarse por el acontecimiento. A la necesidad de transmitir la alegría y el misterio, fueron dándose respuestas desde los más diversos ámbitos del ser humano. En una época en la que pocos sabían leer, se narró la historia de la fe y, por supuesto, la de la Navidad, a través de pinturas, de vitrales, en un esfuerzo catequético que ha trascendido sus propósitos iniciales para dejarnos verdaderos tesoros imperecederos. Se edificaron y ofrecieron templos dedicados a la Navidad. Se crearon y cantaron nanas al recién nacido que, con el tiempo, devinieron en la música de Navidad, desde los villancicos y las canciones de Navidad hasta las grandes composiciones musicales a ella dedicadas. Lo mismo puede decirse de las representaciones teatrales o el cine. Y como para el hombre, la comida es parte de la alegría y la vida, también se fue creando una gastronomía propia.

La Navidad es un día del año y el tiempo de Navidad, son dos semanas. Para celebrar esos días, existe un enorme cuerpo de creaciones, muchas de las cuales solamente van a vivirse durante esas dos semanas. Los villancicos y toda la música navideña, la gastronomía de Navidad, la decoración, las películas dedicadas a esta temática, las tradiciones y costumbres, las liturgias de las diferentes iglesias, en fin, toda una enorme, diversa, riquísima y vasta producción cultural para dos semanas al año, nos lleva a la conclusión de que la Navidad ha sido una gran generadora de cultura. Y también podemos afirmar, sin temor a equivocarnos, que existe una cultura de Navidad, como parte esencial de la cultura cristiana, sí, pero también de la cultura humana.

Cultura es un término polisémico. Para acercarnos a su sentido nada mejor que la obra de uno de los mayores y mejores pensadores del siglo XX e inicios del XXI, san Juan Pablo II. De hecho, entre diferentes formas de llamarlo, una que destaca es la de Papa de la Cultura. El Papa Wojtyla tenía muy claro que *la cultura es producto del obrar del hombre, y, al mismo tiempo, hace al hombre ser lo que es*[383]. Para un papa que ya dejó claro en su primera encíclica que *el hombre es el camino de la Iglesia*[384], era evidente que *el hombre es el hecho primordial y fundamental de la cultura*[385]. Por todo lo cual podemos inferir que la cultura nace del hombre, y es capaz de hacerle mejor, de hacerle crecer y tener conciencia de sí mismo y del mundo. El hombre enriquece el mundo creando cultura, la cual a su vez lo enriquece a él. Y todo esto es válido para la cultura navideña. Lo hemos visto en el recorrido de este libro, en las páginas anteriores, y lo veremos en las que están por venir. Porque, citando una vez más a Juan Pablo II, *una fe que no se hace cultura es una fe no plenamente acogida, no fielmente vivida, no enteramente pensada*[386]. De lo cual se desprende que la autenticidad de la fe ha sido el origen del devenir lógico de la transformación de la tradición religiosa en una celebración cultural, que ha generado un enorme y riquísimo cuerpo cultural que forma parte de la historia humana.

En la última sección de este libro, intentaré abordar un acercamiento a esta realidad. Cada uno de los capítulos puede ameritar un libro por sí mismo, o varios. Pero, y me repito nuevamente, este no es un libro académico ni enciclopédico, es solamente un intento de reunir en un mismo lugar información simple sobre la cultura y tradiciones navideñas, que te puede ayudar en un acercamiento a una realidad muy conocida para muchos, y muy desconocida para otros tantos.

LA MÚSICA DE NAVIDAD

La música y la música religiosa. Al hombre lo distinguen del resto de los seres vivos el hecho de ser el único capaz de amar, de reír, de ser consciente de sí mismo y del mundo que le rodea, el uso de la palabra y el lenguaje, la utilización de la mano, la capacidad de transformar a ese mundo y de crear. Una de las creaciones humanas por excelencia es la música. Ningún otro ser es capaz de crearla, aunque pueda emitir sonidos con cierta musicalidad, que es otra cosa.

La música es una de las llamadas Bellas Artes. Es un género artístico en el cuál, utilizando sonidos vocales o instrumentales, así como los silencios, y siguiendo determinados patrones como el ritmo, la armonía, la métrica y la melodía, se logra una obra estética sonora determinada, que es capaz de transmitir, acompañar e, incluso, originar sentimientos de todo tipo, desde la alegría hasta la tristeza. Ha sido parte de la historia humana desde tiempos ancestrales, tanto en momentos recreativos, ceremoniales, publicitarios y en muchas otras situaciones. Se le asocia, además, a una capacidad de generar estímulos para el pensamiento lógico y matemático, el desarrollo psicomotriz, la adquisición del lenguaje, y un largo etcétera en el campo de actividades sociales y mentales de la humanidad[387].

La historia de la música no puede precisar el momento de su origen, pero sí que ha estado presente desde muy antiguo, incluso antes de la aparición de lenguaje. Se han encontrado flautas fabricadas con hueso con 40 000 años de antigüedad. Se sabe que los egipcios, ya en el Imperio Nuevo, en el segundo milenio a.C., daban gran importancia a la música, como atestiguan las pinturas del interior de las tumbas y los papiros funerarios, en los que siempre se encuentra alguna manifestación musical. En Mesopotamia era tenida en gran estima. En China antigua ya utilizaban la escala de cinco sonidos. En la Grecia clásica la música llegó a ser una ciencia, con un conjunto de conocimientos sistematizados, principalmente por Pitágoras, quien fue capaz de establecer el sistema de doce códigos y las distintas posibilidades de combinación. El Imperio Romano también la utilizó ampliamente en pompas y ceremonias militares[388].

La música es también parte de la historia del pueblo judío. En el decir de León Schidlowsky, a lo largo de la Biblia, el Libro de los Libros, pueden encontrarse innumerables ejemplos de la importancia que la música ocupaba en la mentalidad de aquellos hombres del Pueblo Elegido. La religión judía es auditiva y no visual, no se podía crear imágenes, se trasmitía de forma oral y la música acompañaba a aquellos hombres de fe profunda. Por citar unos ejemplos, según el artículo de Schidlowsky, recordemos la canción triunfal de Myriam ante las orillas del Mar Rojo (Libro de los Números), o la canción de la posesión de Canaán que entona Deborah y que nos cuenta el Libro de los Jueces. David sirvió al rey Saúl como músico y además de compositor, ejecutante y poeta, se le considera el autor de los Salmos e incluso se le cita en el Libro de Amós como inventor de instrumentos. El Libro de Samuel nos cuenta como el propio David, al llevar el Arca Sagrada a Jerusalén, lo hace con cantos, danzas y sonar de trompetas. Los Salmos procesionales probablemente eran cantados y se les considera los orígenes de la Antífona[389].

El cristianismo, cuya raíz judía es esencial para comprenderle y parte inseparable de su ser, hecho por el cual decimos que nuestra fe es judeocristiana, comprendió bien pronto el bien que la música podía aportar no solo a la belleza de la liturgia sino a la propia evangelización. Salvando momentos en los cuales no se la tuvo en cuenta o se la rechazó, su presencia ha sido una bendición a lo largo de la historia de la fe. San Ambrosio, obispo de Milán entre el 374 y el 397, introdujo música sacra en la celebración de las misas, de hecho, se le atribuye la autoría de antiguos himnos, conocidos precisamente como ambrosianos: el *Te Deum laudamus*, que suele nombrarse habitualmente como *Te Deum*, y el *Te Dominus confiemur*. El propio San Agustín, uno de los Padres de la Iglesia, recuerda como, en los inicios de su conversión, escuchar estos himnos le conmovía hasta las lágrimas[390]. A él se atribuye la frase *cantar es orar dos veces*, que expresa el profundo sentido de la música en la vivencia de la fe. Y desde entonces son innumerables las obras musicales religiosas que han enriquecido la cultura cristiana y universal. El papa Gregorio I (590-604) mando reunir la música existente, mucha de la cual tenía su origen en las sinagogas judías, por lo que inicialmente era solo vocal. Surgió así, poco a poco, el conocido como Canto Gregoriano, un canto llano, monódico y a capella, que no puede entenderse sin el texto y que ha tenido un profundo impacto en la celebración litúrgica. El Papa Marcelo II expuso en una homilía como la Palabra de Dios, con música, había de llegar directamente al creyente. El Concilio de Trento dio mandato de acompañar el loor a Cristo con música y el Papa Pío II ordenó poner en música los pasajes bíblicos, lo que dio origen a obras que han trascendido los siglos, como las de Palestrina, Emilio Cavallieri, Giacomo Carissimi, Claudie Monteverdi hasta las de Joseph Haydn, Wolfgan Amadeus Mozart y Ludwig van Beethoven, por citar solo algunos nombres relevantes. El mundo protestante tampoco fue ajeno al bien de la música sacra. Martín Lutero compuso corales, himnos y motetes con recitados en alemán y latín, y contrató servicios de poetas como Clement Marot y Teodoro de Beza, y músicos como Claudio Goudimel y Luis Bourgeois, para que escribiesen versiones musicales de los salmos. Juan Calvino también daba gran importancia a la música y, de hecho, abrió conservatorios para sacerdotes y religiosas en Alemania y Francia. Imposible dejar de mencionar a Johan Sebastian Bach, cuya obra puede considerarse el culmen de la música religiosa de la época.

Con este breve e incompleto resumen, podemos concluir que la importancia de la música en las celebraciones religiosas y la vida de la fe cristiana ha sido y es muy importante. Y siendo la Navidad una de las celebraciones más notorias y queridas, es evidente que no podía estar ausente de su alegría.

La música de la Navidad. Es innegable que uno de los elementos más hermosos que distingue la temporada navideña del resto del año, es esa música escrita y creada para la Navidad, que solamente se escucha en esos días maravillosos y que tenemos grabada en nuestra memoria. Aunque generalmente pensamos en los villancicos cuando se habla de estas composiciones, y suele generalizarse este término para clasificar todas estas canciones, en realidad no todas lo son.

Los **villancicos** son canciones de temática religiosa, generalmente con un estilo familiar y festivo, cuya letra hace referencia a la Navidad, el Niño Jesús, la Virgen, los sucesos de la Navidad o sus personajes. Suelen ser canciones sencillas, tradicionales, alegres o tiernas, teniendo en cuenta que se dedican a un bebé que acaba de nacer, pero que es el más importante de todos los bebés que han nacido. Es el caso, por citar un ejemplo, de Campana sobre campana.

Por otra parte, tenemos los **himnos de Navidad**, un tipo de canción usualmente religiosa, escritos específicamente para la alabanza, la oración y la adoración y dirigidos al Señor. Un ejemplo es el *Veni redemptor gentium*, de San Ambrosio.

Las **canciones de Navidad** son composiciones populares específicamente dedicadas a la Navidad pero que, en general, no son abiertamente religiosas, y por tanto no califican como villancicos o himnos. Suelen narrar la experiencia del autor con la Navidad o eventos relacionados con la misma. Es el caso de *White Christmas*.

Finalmente, tenemos las **canciones de invierno**. Aunque suelen escucharse solamente en esta época, no tratan de la Navidad, sino de la temporada invernal, la nieve, y como ejemplo puedo citar *Winter Wonderland*.

La confusión es grande, y una canción puede denominarse de una forma u otra en dependencia de los diferentes ámbitos. En el mundo iberoamericano llamaremos villancico a las mismas composiciones que los protestantes pueden llamar himnos. Lo verdaderamente importante no es el nombre que les demos, sino que las cantemos para celebrar la

Navidad y hacerlo con alegría.

Los **villancicos** son conocidos en inglés como ***Christmas carols***, en Italia como ***Pastorali***; ***Weihnachslieder*** en Alemania; ***Koleda*** en Polonia y Bulgaria o ***Koliadki*** en Ucrania y Rusia[391].

En la música clásica ocurre otro tanto. Existen composiciones religiosas indispensables en la Navidad, como el oratorio **El Mesías**, de George Frideric Händel, o el **Oratorio de Navidad** de Johann Sebastian Bach. Y también obras que se asocian a la Navidad, y se interpretan habitualmente en esta temporada, como **El Cascanueces**, de Pyotr Ilyich Tchaikovski.

La costumbre de cantar villancicos en Navidad ha generado tradiciones entrañables. Es el caso de la **zambomba** en Andalucía, en la cual grupos de amigos se reúnen alrededor del fuego para cantarlos, acompañados por el uso de un instrumento musical del mismo nombre. O el **aguinaldo** venezolano, una evolución del villancico europeo, compuesto por versos hexasílabos, que suele reunir a grupos en las calles o casas para celebrar frente a pesebres o arbolitos. También se los canta en las **Misas de aguinaldo**. Los **conciertos de villancicos** y los **conciertos de Navidad** se han convertido en una hermosa tradición. En *Trafalgar Square*, en Londres, se celebra desde los primeros días de diciembre hasta el día 23, entre las 17:00 y las 21:00 y en torno al árbol, el *Christmas Carols*, para deleite de las familias. Distintos coros cantan villancicos a beneficio de organizaciones benéficas, con un calendario bien organizado. Un deleite para las familias. En muchos países es tradición que los niños acudan a cantar villancicos a las casas.

Breve historia de la música navideña. Según Gerry Bowler, existen himnos de Navidad desde el siglo IV, tales como *Jesus refulgit omnium*, en español, Jesús, luz de todas las naciones, de san Hilario de Poitiers o el *Veni redemptor gentium*, o Ven, Redentor de los pueblos, de san

Ambrosio[392]. El canto cristiano nació y fue tomando forma con el desarrollo de la liturgia, en lo cual tuvo un importante papel san Efrén de Siria, unos de los padres de la iglesia oriental, el cual compuso himnos que están en el origen del canto dentro de la liturgia, entre ellos 38 Himnos de Navidad y 13 de Epifanía[393, 394]. Y esto fue así porque ya desde los inicios de la liturgia, el canto cristiano fue muy apreciado por su fuerza espiritual, beneficio que ya era conocido de las ceremonias tanto paganas como judías. No podía, entonces, ser de otra manera con la Navidad, una celebración tan entrañable.

Los primeros villancicos surgieron en la Edad Media y fueron nanas o canciones de cuna, en honor del recién nacido. Tuvieron su origen en las canciones que se cantaban en las villas medievales, tonadas populares de ritmo alegre cuyos textos eran inicialmente profanos. A los habitantes de las villas se les llamaba villanos, así que estas canciones pronto fueron conocidas como *villanescas, villancicos,* o *villancetes*[393]. Pronto comenzaron a utilizarse en la Navidad, con textos apropiados, y desde entonces su desarrollo ha sido imparable, hasta nuestros días.

Los villancicos tienen influencias de las jarchas mozárabes y principalmente de las cantigas gallegas y galaicoportuguesas. Se componían en castellano, probablemente entre mediados del siglo XV y mediados del XVII. Se caracterizan por su brevedad, su dinamismo, su dramatismo y su sobriedad expresiva[395], con una estructura sencilla y versos cortos, con estrofa y estribillo, lo que facilita su memorización.

Según Francisco José Gómez Fernández, el villancico se difundió a la par del belén, y una buena parte de este impulso se debe a los frailes franciscanos y a las monjas clarisas[393]. A fray Hernando de Talavera, arzobispo de Granada entre 1493 y 1507 se debe el primer villancico litúrgico, en 1492. Desde España, se difundieron a Iberoamérica desde finales del siglo XVI, en donde cobraron vida propia con adaptaciones locales. Sirvan de ejemplo los villancicos de sor Juana Inés de la Cruz, los que reúne Gaspar Fernández en el Cancionero de Oaxaca, en los cuales pone música a los villancicos de Lope de Vega. También tuvieron amplia difusión en Portugal.

Los villancicos en lengua inglesa son conocidos como *Christmas carols* y los primeros datan del siglo XV. Uno de los *carols* impresos más antiguos es *Boar's Head Carol*, de 1521. Muchos de estos villancicos en inglés han sido traducidos y forman parte de la cultura navideña mundial, también en español. En el Reino Unido existe la tradición del *carolling*: pequeños grupos cantan *carols* en la calle, en los comercios, incluso en las puertas de sus casas, con la intención de recaudar dinero para organizaciones benéficas o simplemente para compartir la alegría navideña[396].

En Alemania les llaman *Weihnachtslieder* o canciones de Navidad. Y es un villancico alemán, *Stille Nacht, heilige Nacht,* en español Noche de Paz, el más conocido y popular de todos. En 1608 ya se tiene noticias de una colección de canciones relacionadas con textos de Adviento y Navidad, incluidas en el *Andernacher Gesangbuch*, un libro de cánticos publicado por la comunidad renana de Andernacher.

El primer villancico moderno se escribió en Italia. Se debe a san Alfonso María de Ligorio, fundador de los padres redentoristas. En 1754 compuso *Tu Scendi Dalle Stelle* (Tú desciendes de las estrellas), que es probablemente el villancico italiano más conocido. Aunque ya en Venecia, en 1556, se había publicado el Cancionero de Uppsala en el que se incluye un apartado con el título: *Villancicos de Navidad a tres bozes*.

Las letras populares y sencillas del villancico, la solemnidad de los antiguos himnos litúrgicos, tienen su complemento no excluyente en obras de otros géneros, como el motete y el coral, dando origen a una composición culta, que propició el nacimiento de villancicos en latín como *Adestes fideles* en el siglo XVIII, los alemanes *In dulce jubilo*, en el siglo XIV, o *Es is ein Ros entsprungen* (Una rosa ha brotado) en el siglo XVII.

El siglo XIX conforma el villancico como lo conocemos en la

actualidad y produce obras que también han llegado sin envejecer hasta nuestros días. Es el caso de *Joy to the world* (Al mundo paz), o Noche de Paz.

Hacia finales del siglo XIX y más propiamente en el XX, surgen muchas canciones navideñas que, por su amplia difusión, debida a los nuevos medios como la radio y el cine, ganan popularidad y por convención se les llama popularmente villancicos. Entre los más conocidos pueden citarse El tamborilero, *Santa Claus is coming* o *White Christmas* (Blanca Navidad)[397].

En la historia del villancico no todo ha sido para bien. En 1596 Felipe II pidió que no se cantasen en su capilla. Existía una corriente de pensamiento según la cual no era apropiado cantar en lengua vernácula bajo techo sagrado. Sin embargo, terminó imponiéndose la costumbre y el pueblo pudo cantar en la liturgia en su idioma una letra que entendía, y esto, por cierto, mucho antes del Concilio Vaticano II. La Iglesia de Inglaterra se opuso al uso de villancicos en el culto. Entre 1660 y el siglo XIX, solamente se autorizó el uso de *While Shepherds Watched Their Flocks by Night* (Mientras los pastores cuidaban su rebaño de noche) y *Hark the Herald Angels Sing* (que se ha versionado en español con traducciones diversas, como ¡Escucha! Los ángeles heraldos cantan, Escuchad el son triunfal o Se oye un canto en alta esfera). En algunos países donde se impuso la Reforma se prohibió el uso de los villancicos en el culto, aunque no así en otros. Martín Lutero incluso escribió *Vom Himmel Hoch, Da Komm Ich Her* y tradujo villancicos del latín[392].

No quiero finalizar la temática del villancico sin dedicar unas líneas al villancico en español, a las versiones de las diferentes regiones de España y la América hispana. Títulos como Campanas de Belén, Los peces en el río, La Marimorena, son cantados no solo en España sino en todos los países de influencia española e incluso en otros como Alemania o Polonia.

El villenense Juan Bautista Comes (1582-1643) fue el primer gran maestro que incorpora el villancico en castellano frente al uso del latín en el templo. La creación en las diferentes regiones irá dando lugar a composiciones que todos conocemos y tenemos grabados en nuestro ADN navideño, como Campana sobre campana (Madrid), Chiquirriquitín (Andalucía), Ya viene la vieja (Extremadura), Dime niño (Murcia), Fum, fum, fum (Cataluña); En Belén tocan a fuego (Castilla y León); Hacia Belén va una burra (Castilla-La Mancha); *Hator, hator* (País Vasco); Ya vienen los reyes (Aragón); *Falade ben baixo* (Galicia)[398].

El villancico litúrgico en gallego nace en el siglo XVII, aunque no en Galicia, sino en Madrid, según refiere Carlos Villanueva, musicólogo y profesor emérito de la Universidad de Santiago de Compostela[399]. Eran composiciones ligadas a la Capilla Real y a conventos relacionados con ella, como el Convento de la Encarnación, cuyo abad era el Cardenal de Santiago. Eran en un inicio los llamados villancicos de personajes, que cantaban al Niño Jesús, entre los cuales el gaitero o el pastor gallego lo hacían en su lengua. Los primeros de estos villancicos, en gallego y en Galicia, se deben al maestro de la Capilla de la Catedral de Santiago, Melchor López, en el siglo XVIII. A los villancicos en gallego se les denominó *cantos de Reis*, *aninovos*, chanzonetas o simplemente villancicos. En años recientes se les ha denominado globalmente como *panxoliñas*, un término que, según el Diario de Pontevedra, tiene sus orígenes en los años 50 y 60 del siglo XX, por lo cual no es correcto llamar *panxolinas* a obras de etapas anteriores. Algunos villancicos gallegos son *Bo Nadal*, *Rapaciño*, en el cual los pastores son gaiteros; *A Belén vinde pastores*, *Pola media noite*, *Cum sombreiro de palla*.

Los villancicos regionales tienen ejemplos por toda la geografía española. Entre los villancicos catalanes, o nadales, destaca 25 de diciembre, quizás el más popular, también conocido como *Fum, fum, fum* por su estribillo. Otros títulos tradicionales son *El noi de la mare* (El chico de la madre), *El rabadà* o *San Josep i la Mare de Déu*. Del País Vasco pueden citarse los villancicos tradicionales *Gabonak Gabon* (Navidad,

Navidad), *Alaken* (Por supuesto) y *Hator Hator* (Venir, venir). Ejemplos de villancicos asturianos son *Niño Jesús Marineru,* En el portalín de piedra, *Felices Pascues* o Ya se murió el burrito.

A América llegaron de la mano de los europeos, primeramente, de los españoles y ya luego de portugueses, ingleses, franceses y demás. Un caso único es el de la América hispana porque, de la misma forma que ocurrió en otros ámbitos de la vida, se fusionaron con las costumbres locales y se enriquecieron con ello. El villancico se utilizó en la Evangelización, mezclándose con la cultura local, sumando instrumentos regionales a los europeos, utilizando modismos e incluso los idiomas nativos. Gracias a ello tenemos villancicos en náhuatl y en quechua, según palabras del profesor asociado del departamento de ciencias de las religiones de la Universidad de Quebec en Montreal, Enrique Pilco, en entrevista para Radio Canadá Internacional[400]. Este hecho propició, con el paso del tiempo, una gran creación de villancicos y canciones navideñas Hispanoamérica. Por ejemplo, uno de los villancicos que suelen estar en las listas de los más escuchados de la temporada cada año, es el aguinaldo venezolano El burrito sabanero.

En los Estados Unidos de América probablemente tuvo sus primeras interpretaciones entre los siglos XVII y XVIII. Poco podía sospecharse entonces que el inmenso país del norte sería la cuna de una prolífica producción de música navideña, entre las cuales estarían algunos de los temas más escuchados en todo el mundo por estas fechas. Títulos como *Oh, Little town of Bethehem,* o las canciones Jingle Bells, Blanca Navidad, *I'll be home for Christmas* son ejemplo de ello.

En los países de la América Hispana, se incorporaron los villancicos españoles y universales, sumándose la creatividad de los autores locales. En México, ya en 1543 el Cabildo metropolitano organizó un coro de niños y jóvenes indígenas que cantaron villancicos en la Navidad de aquel año. He citado los villancicos de sor Juana Inés de la

Cruz. El primer villancico argentino se debe a Luis José de Tejeda y Guzmán, en la segunda mitad del siglo XVII.

La Navidad venezolana también cuenta con los villancicos tradicionales para los días de celebración, a los que se suman las gaitas, aguinaldos y parrandas. Los aguinaldos son composiciones con raíces europeas enriquecidas con elementos locales, originando un nuevo sonido al incluir el cuatro, la mandolina, el tambor, el furruco, maracas, guitarra y cantantes. Dio origen a las misas de aguinaldo, posiblemente la única celebración de Adviento en el mundo en la que se permiten tonos festivos, son celebradas en la madrugada entre los días 16 y 24 de diciembre. La gaita es una manifestación musical muy típica del estado Zulia[401].

El caso de Cuba es también singular. Los primeros villancicos cubanos se atribuyen a Esteban Salas y se fechan en 1783. En el siglo XX hay una gran creación de canciones navideñas. Pueden citarse Campanitas cubanas, del Hno. Alfredo Morales Mustelier, fsc; las canciones de Navidad de Rogelio Zelada, Perla Moré o Tony Rubí.

África tiene también composiciones navideñas populares muy hermosas. Es el caso de *Betelehemu* (Belén), del músico nigeriano Babatunde Olatunji. Logró gran popularidad en las iglesias afroamericanas a mediados del siglo XX. También *Siyahamba* (que significa Caminamos, en zulú, pues se repite el estribillo *caminamos a la luz de Dios*). Navidad africana o *Bauwa sing Noel*, una canción de cuna de Liberia, la cual al ser traducida al inglés para las comunidades afroamericanas pasó a ser una canción navideña. El último ejemplo que cito es *Malaika Akawabía*, un alegre villancico en suajili.

La temporada navideña también se celebra con grandes conciertos, tanto por Navidad como por año nuevo. El nacimiento de Jesús ha seducido a los mejores autores, y ellos nos han legado obras excelsas que suelen incluirse y escucharse durante la temporada, no solo en grandes eventos, sino también en la soledad del hogar o en la complicidad familiar. Como ocurre con los villancicos y las canciones de Navidad o de invierno, algunas están dedicadas a la razón de ser de estas fiestas, el nacimiento del Hijo de Dios, y otras a expresar sentimientos navideños o historias ambientadas en este tiempo, en las que predomina el amor, la ternura y la reconciliación. Por citar solo algunos ejemplos, recordemos El Mesías, de Georg Friedrich Händel; el *Weihnachtoratorium* u Oratorio de Navidad de Johann Sebastian Bach; el Concierto de Navidad de Arcangelo Corelli; La noche de Navidad, de Nikolai Rimski-Korsakov; Ceremonia de villancicos, Op. 28, de Benjamin Britten; la Sinfonía de Navidad, de Michel Corrette; la *Messe de Minuit pour Noel*, de Marc-Antoine Charpentier; Historias de Navidad, de Heinrich Schütz o Cascanueces, de Pytor Ilyich Tchaikovski.

La música de Navidad también tiene sus récords. La grabación realizada por Bing Crosby de White Christmas, en español Blanca Navidad, en 1942, tiene el *Guinnes* al sencillo de Navidad más vendido de la historia, con más de 100 millones de grabaciones alrededor del mundo, 50 millones de ellos vendidos como sencillos, lo cual la coloca también en el top de los sencillos más vendidos de todas las categorías. Solo en los Estados Unidos se han vendido 25 millones de copias. En cuanto a los álbumes con temática navideña, el récord lo ostenta *Elvis' Christmas Album*, grabado en 1957 por Elvis Presley, con más de 10 millones de copias. El segundo lugar, lo tiene *Miracles: The holiday álbum*, de Kenny G (1994), seguido por *The Christmas Song*, de Nat King Cole (1960).

Si has llegado hasta aquí, seguramente te has preguntado por qué he sido tan escueto. Hay dos respuestas. La primera, porque a continuación intentaré un acercamiento, necesariamente breve, a los títulos más conocidos de la música navideña. Y se podrá consultar un listado de obras en los Anexos X y XI, no un listado exhaustivo, pero sí suficiente para ayudar a orientar la búsqueda del interesado. La segunda razón, es una constante en las páginas de este libro, que no quiere ser enciclopédico. Mientras escribo, encuentro que el nacimiento de Jesús es un acontecimiento de tal envergadura, que ha generado y genera una profusión tal de cultura y obra humana, que resulta inabarcable en un solo texto. Si, al escribir sobre la gastronomía de Navidad ya dije que se le podía dedicar un libro, sobre la música navideña puede hacerse otro tanto.

Para la siguiente recopilación de títulos musicales navideños, he optado por no clasificarlos por grupos según sean villancicos, canciones de Navidad o de invierno, composiciones corales o sinfónicas. Me ha parecido mejor utilizar el orden alfabético, y en cada uno ir dejando, según sea el caso, el grupo en el que pueden situarse.

ALGUNOS EJEMPLOS DE LA MÚSICA DE NAVIDAD

Adeste fideles. Es un himno, escrito en latín. Su autoría se atribuye John Francis Wade en 1743. Su título en español es **Venid, fieles todos**; en inglés, *O Come, All Ye Faithful*. También se le conoce en algunos ambientes como **Himno Portugués**, pues durante la persecución inglesa a los católicos, que obligó al propio Wade a huir a Francia, el himno fue prohibido. Solamente se interpretó en algunas embajadas en Londres, especialmente en la portuguesa en 1797, razón por la cual llegó a llamársele así. También se le ha atribuido su autoría a San Buenaventura, al rey Juan IV de Portugal y a John Reading, pero la de Wade es la más aceptada[402]. Fue grabado por primera vez en 1925 por *Columbia Records* en el *Metropolitan Opera House* de Nueva York. En semanas se convirtió en récord de ventas de Navidad. Está considerada entre las mejores grabaciones de la historia[403].

Arbolito, arbolito. Villancico al que se atribuye origen cubano, del dúo autoral español Genaro Monreal y Ramón Perelló[404]. Fue grabado por la orquesta Casino de Sevilla para el sello Panart Records alrededor de los años 1950-51. En este disco se atribuye a Monreal-Oller. Panart fue una casa de grabaciones fundada en 1943 por Ramón S. Sabat. La pieza utilizaba la música, incluso con los mismos arreglos, que el tema Puentecito, del cual eran autores Perelló y Monreal, estrenada y grabada por la cantante española Antoñita Moreno en 1949. Algunas publicaciones citan que Juan Oller habría escrito la letra de la versión navideña. El villancico tuvo gran acogida en Cuba, Puerto Rico, Iberoamérica y Canarias. A esta última habría sido llevado el disco por un emigrante español y gustó mucho, estrenándose una versión en 1954 y convirtiéndose en un habitual en las rondallas navideñas canarias[405]. Arbolito ha sido grabado posteriormente en 1957, en Puerto Rico, para el sello Ansonia, por Fernando Albuerne con el Coro de Madrigalistas en el LP Canciones de Navidad, y son memorables las interpretaciones de las cantantes cubanas Gloria Estefan, con el título Arbolito de Navidad, y Celia Cruz.

Ave María. El Ave María es una de las oraciones más universales, de hecho, es en el ámbito católico, la segunda oración más conocida y rezada, después del Padre Nuestro. Tiene una profunda relación con la Navidad, porque nace en el anuncio del ángel a María, evento en el cual, con el sí de la Virgen, comienza el camino de la Navidad. La primera parte de la oración está tomada del Evangelio según san Lucas, precisamente de las palabras del Arcángel Gabriel. Luego se incluye el saludo que le dirige a María su prima Isabel, también tomado de Lucas. La unión de ambos episodios en una única oración se debe a Severo de Antioquía. El papa Urbano IV añadirá las palabras María, al inicio, y Jesús, al final: *Alégrate (Ave) María, llena eres de gracia... Ave* era la expresión de saludo en latín. La parte final, en la cual se le pide que ruegue por nosotros, aparece por primera vez en unos escritos de la orden de los servitas, fundada por san Felipe Benicio en el siglo XIII. El texto con el cual se reza actualmente se debe al papa san Pío V, quien en 1568 dejó ya la versión definitiva[406].

Una oración tan importante y con profundo calado en el pueblo cristiano, fue pronto musicalizada durante el Renacimiento y el Barroco. Existen muchas versiones y aunque las más conocidas son las de Bach/Gounod y la atribuida a Schubert, pero pueden citarse las de Giuseppe Verdi, Anton Bruckner, Pietro Mascani, Ruggero Lencavallo, Mozart o Brahms.

El francés Charles Gounod creó en 1853 una composición musical, utilizando como letra y preludio la música de Johan Sebastian Bach para su Clave bien temperado. La llamó *Meditation sur le Prélude de Bach* e hizo versiones para piano, violín, órgano y orquesta. La composición se convirtió tiempo después en el Ave María, su obra más popular[407]. Gounod, que tuvo formación teológica e incluso pensó en tomar las órdenes religiosas, logró una bella obra con su Ave María. La pieza ha sido interpretada por cantantes de la talla de María Callas, Luciano Pavarotti, Alfredo Kraus, Raphael y muchos otros. Una versión que me parece de las más hermosas es la de la cantante americana de origen judío Barbra Streisand.

El conocido como Ave María de Schubert tiene una historia singular. El compositor austriaco Franz Schubert la compuso en 1825 pero no como música sacra, sino inspirada en La dama del lago, un poema del escritor Walter Scott publicado en 1810. En la obra, el protagonista ruega a la Virgen por la suerte de su padre. De ese ruego, téngase presente que la obra es en alemán, los que no conocen el idioma solo entendían las palabras Ave María, y así comenzó a llamársele y se le conoce actualmente, aunque su título es Opus 52 Nº 6 y es una forma musical conocida como *lied* a la que denominó *Ellens Dritter Gesang* o Tercer Canto de Ellen. Con el tiempo el texto fue modificado por la versión en latín de la oración del Ave María. El maestro húngaro Franz Litz creó posteriormente tres versiones para piano[408]. La obra también cuenta con interpretaciones de multitud de cantantes, así como versiones instrumentales. Entre ellos puedo citar a Plácido Domingo, Luciano Pavarotti, Andrea Bocelli, Aida Garifullina, Celine Dione, Barbra Streisand y muchísimos más. En Cuba son muy recordadas las de Rebeca Martínez y Maggie Carlés.

El Ave María no es propiamente un villancico ni una canción de Navidad, pero suele incluirse en los conciertos navideños, por su íntima relación en la historia de la Natividad y su belleza.

Ay, del Chiquirritín. Villancico popular español, de origen andaluz, narra con un texto y música pegadizos el nacimiento y estancia de Jesús en el pesebre. Ha sido grabado por el grupo Parchís en los años 80 del siglo XX y por el grupo Timbiriche en el LP Esta Navidad, de 1987, en el cual intervinieron Paulina Rubio y Thalía.

Arre, borriquito. Villancico español, letra, Diego San José; música Ricardo Boronat. Compuesta entre 1925 y 1930.

Blanca Navidad. En inglés, ***White Christmas***. No es un villancico, sino una canción de Navidad. Su autor fue Irving Berlin, nacido Israel Berlin en Bielorrusia, en una familia judía que emigró a los Estados Unidos. Escribió la canción en una noche de 1940, en California. Se estrenó en un especial de Navidad de la NBC, el 24 de diciembre de

1941, interpretada por Bing Crosby y fue tal el número de llamadas pidiéndola que ya en mayo de 1942 fue grabada por el propio Crosby. Le tomó menos de 20 minutos hacerlo, pero el resultado fue una canción perfecta, que se convertiría en la canción de Navidad más vendida de la historia, con más de 50 millones de copias, sin contar la multitud de versiones en todos los idiomas por los más diversos intérpretes. Hasta 1997 fue el sencillo más vendido. En 1942 fue incluida en la película *Holiday Inn* y en 1956 en el filme *White Christmas*, en ambas interpretada por Bing Crosby. Blanca Navidad fue escrita en los días del ataque japonés a Pearl Harbor y fue un himno de paz y optimismo para los americanos, que se mezclaba con la añoranza de la blanca navidad de la infancia de Berlin, en una época en la cual apenas tenían para comer[403, 409].

Campana sobre campana. También conocida como Campanas de Belén, es un villancico español de procedencia andaluza y autor desconocido. Es un clásico de las fechas. Tiene versiones en muchos idiomas, muchas de ellas de coros infantiles. Ha sido grabada por Yuri, Pandora y La Oreja de Van Gogh y, en 2020, por Ainhoa Arteta para apoyar la campaña de Navidad de Cáritas España.

Canción para la Navidad. Esta canción navideña del español José Luis Perales, fue su primer sencillo, en 1974, grabado para el sello Hispavox. Y desde entonces se ha convertido en un clásico de la Navidad.

Carol of the bells. En español, **Villancico de las campanas**, es una de las composiciones navideñas más hermosas. Su autor es el compositor ucraniano Mykola Dmytrovich Leontovych. No fue pensada inicialmente como una canción navideña. Cuenta la historia de una golondrina que vuela a una casa para hablarle a sus moradores del año bueno que tendrán. Se titulaba *Shchedryj*, que en ucraniano significa generoso y fue estrenada por la Orquesta Filarmónica de Kyiv en diciembre de 2016. Ucrania proclamó su independencia de Rusia en 1918 y el nuevo gobierno organizó una misión diplomática musical con el objetivo de promover la nación. Un coro de 100 voces debía viajar a los países europeos interpretando un programa que incluía *Shchedryj*, con destino final en París. Un día antes de su partida, el 4 de febrero de 1919, los rusos habían capturado la ciudad. La gira prosiguió y maravillaron a todas las audiencias, entre ellas la de España, pero no consiguieron su objetivo: que se reconociera la independencia de Ucrania. La historia es un eterno bucle. En 1921 Ucrania fue ocupada por los rusos y Leontovych asesinado, presuntamente por un agente de la Cheka, Viktor Grichtchenko. Con su país ocupado, los miembros del coro que sobrevivieron viajaron los Estados Unidos, donde hicieron algunas grabaciones y continuaron su gira actuando en México, Brasil, Argentina, Cuba, Uruguay y Canadá. El director de coro americano, Peter Wilhouky, con ancestros ucranianos, escuchó *Shchedryj* le recordó el sonido de las campanas y la reescribió para orquesta, escribiendo su letra en inglés y titulándola *Carol of the Bells*. Fue estrenada en la NBC radio durante la Depresión y desde entonces ha sido uno de los imprescindibles musicales de la Navidad. Se han escrito otras versiones para la música, como *Ring, Christmas Bells*, por Minna Louise Hohman en 1947; *Come Dance and Sing* en 1957 y Escuchad las campanas en 1972. Pero la definitiva ha sido *Carol of the Bells*[403, 410, 411].

Deck the halls. Villancico popular que evolucionó de la melodía escocesa *Nos Galan*, una canción de invierno del siglo XVI. Se conoce también como **Falalalala** en español y francés. Se publicó por primera vez en 1862, en *Welsh Melodies*, Vol. 2, con letra en inglés de Thomas Oliphant y en escocés de John Jones[412].

Dime niño de quién eres. También conocido como **Dime niño** o como **Los cánticos de mi tierra**, es un villancico anónimo español, específicamente de Murcia. Es muy popular en España y en Hispanoamérica. Entre sus intérpretes, destaca la grabación de Manolo Escobar en 1980, año en que también lo versiona el grupo Parchís en su LP Villancicos. Entre muchas grabaciones, recordamos las de Fandango y la de Rosa López.

El burrito sabanero. También conocido como **Mi burrito sabanero** o **El burrito de Belén**, es un aguinaldo escrito por el compositor venezolano Hugo César Blanco Manzo en 1972. Fue grabada por primera vez por el cantante Simón Narciso Díaz Márquez, conocido como Tío Simón. Pero fue la versión del grupo infantil La Rondallita, coordinada por Raúl Cabrera y con el niño de 8 años, Ricardo Cuenci como solista, la que le depararía fama mundial. Hoy se escucha en todo el mundo en los días navideños. Ha tenido múltiples versiones, entre ellas las de Juanes, Elvis Crespo, Ricardo Montaner o Pedrito Fernández, pero la de La Rondallita sigue siendo la más popular[413]. De hecho, fue incluida en el lugar 96 entre las mejores 100 canciones de Navidad de la revista Billboard[414], una lista en la que no abundan los títulos en español. Existen versiones en inglés con el título *My Little donkey*.

El tamborilero. Uno de los más universales y tiernos villancicos es **El tamborilero**, también conocido como **El niño del tambor** o **El pequeño tamborilero**. Cuenta la historia de un niño pobre. Le ofrece al pequeño Jesús la música de su tambor, lo único que posee. Y, según dice la letra, *cuando Dios me vio tocando ante Él, me sonrió*. Como ocurre con otras composiciones navideñas, en su historia se mezclan datos diversos, algunos de los cuales no están del todo comprobados. Lo cierto es que se atribuye a la pianista americana Katherine Kennicott Davis, quien lo publicó en 1941 bajo el seudónimo de C. R. W. Robertson, como *The carol of the drum*, El villancico del tambor, con el subtítulo: *villancico checo transcrito por C.R.W. Robertson*. Poco se sabe de dicho villancico checo, aunque algunos piensan que se trata de *Hajej, nyjej*. Existen otras fuentes que tienen puntos en común con El Tamborilero, como pueden ser el villancico francés Patapán o la leyenda francesa del siglo XII El juglar de Nuestra Señora, convertida en relato por Anatole France y en ópera por Jules Massenet. En cualquier caso, la obra de Davis es original, amén de sus fuentes de inspiración y se le atribuye su autoría pues posee el registro más antiguo que se conoce. La canción pasó dos décadas desconocida, hasta que los *Trapp Family Singers* la incorporaron en su repertorio. La agrupación estaba formada por los miembros de la familia Von Trapp, quienes huyeron de Austria ante la amenaza nazi y se asentaron en los Estados Unidos. En su historia se basa una célebre película, Sonrisas y lágrimas, también conocida como La novicia rebelde y, en su original en inglés, *The sound of music*. El éxito fue tan grande, que se han realizado más de 220 versiones en varios idiomas. Por solo citar algunos de sus intérpretes, menciono al incombustible Bing Crosby, Frank Sinatra, ABBA, Bob Dylan, Stevie Wonder, los Jackson 5 o Whitney Houston, entre otros. En español hay una versión antológica y es la de Raphael. El cantante andaluz la estrenó en la Navidad de 1965, con el título **El pequeño tamborilero**, pese a la oposición de su discográfica. Ya en febrero de 1965 era número uno en ventas de sencillos en España y permaneció en ese lugar durante dos semanas. Se hizo tan popular, que ha estado cada año en sus conciertos navideños. Cantada por grandes artistas o por un coro de niños, El Tamborileo es uno de los villancicos que todos conocemos y que nunca falta en Navidad[415, 416, 417].

Feliz Navidad. Con apenas 6 palabras en español, 14 en inglés y sólo dos estrofas con el deseo de una feliz Navidad, la sencilla canción navideña bilingüe del cantante puertorriqueño José Feliciano es ya una de las imprescindibles. Estrenada en 1970, tiene infinidad de versiones de muchos otros cantantes, entre ellos Celine Dion, Boney M, Azúcar Moreno, Raphael, Michael Bublé y Thalía o Laura Pausini, aunque la original sigue siendo la más popular de todas[418].

Fum, fum, fum. El villancico catalán **25 de diciembre, fum, fum, fum**, es uno de los clásicos españoles que ha llegado a muchos otros países. Con una letra sencilla y una música alegre hace alusión al gran acontecimiento de la fecha de la Navidad. La palabra catalana *fum* hace alusión al humo de las fogatas alrededor de las cuales se reunían en invierno para celebrar y compartir. El maestro de música catalán Joaquim Pecanins la encontró en su pueblo, Prats de Luçanès, en donde se cantaba en los *matines de la Nit de Nadal*, durante la celebración de la Misa del Gallo en Nochebuena. Se sabe que ya en 1905 formaba parte del programa del Orfeó Manresà[419]. La han grabado artistas de la talla de Alfredo Kraus y Manolo Escobar.

Gloria in excelsis Deo. El llamado himno angélico o gran doxología es una de las oraciones más antiguas de la iglesia. Comienza con las palabras cantadas por los ángeles en el nacimiento de Cristo según nos narra Lucas en su Evangelio. Y es uno de los momentos importantes de la misa. El que escuchamos y cantamos en Navidad, es un himno navideño basado en la canción tradicional francesa *Les Anges dans nos campagnes*, que se conoce en inglés como *Angels We Have Heard on High* en una traducción del obispo James Chadwick, y en el mundo hispano como *Gloria in excelsis Deo,* Gloria a Dios en el cielo o Ángeles cantando están.

Hark! The herald angels sing. Es uno de los himnos navideños más conocidos. Su autor fue el inglés Charles Wesley, uno de los fundadores del movimiento metodista. Su obra sufrió algunos cambios en la letra y también en la música, para la cual William H. Cummings utilizó la música de una cantata de Felix Mendelssohn para darle su forma actual. En español tiene diferentes títulos, así, aparece en los himnarios bautista y adventista como **Se oye un canto en alta esfera**, **Oíd un son en alta esfera** en el metodista y presbiteriano, y **Gloria a Dios en las alturas** en el pentecostal. El himno se basa en el texto bíblico de Lucas 2, 14[420].

Jingle Bells. Conocida en español como **Cascabel**, entre otros títulos, es una de las melodías más conocidas de la temporada. Es tan conocida que se identifica con, e identifica a la Navidad para muchos. Sin embargo, no es un villancico, porque no trata del nacimiento de Cristo, ni siquiera es una canción de Navidad. Es más bien una canción del invierno, que habla de lo divertido que es montar un trineo en la nieve, tirado por un solo caballo. En algunas versiones y traducciones se le ha intentado dar un contenido religioso, pero el origen es lo que es. Fue compuesta por James Lord Pierpont. Su padre era pastor de la Iglesia Unitaria en Medford, Massachussets. Un día, le pidió escribir una canción para el servicio de Acción de Gracias, en el *Tranksgiving*

Day. Pierpont veía por la ventana una carrera de jóvenes en la nieve y cómo las chicas celebraban a los vencedores. Un tiempo después se sentó a escribir su canción y en una hora la tenía terminada. Fue estrenada en el servicio y bien acogida por su ritmo y musicalidad, aunque su letra poco tenía que ver con dar gracias. El pastor le pidió incluirla en el servicio de Navidad de aquel año, hablamos de los primeros de la década de 1850. Algunos visitantes al escucharla creyeron que era una canción de Navidad. Fue publicada en 1857 y para 1864 el periódico *Salem Massachussets Evening News* publicó su historia, haciéndola conocida. Ya en 1870 era la canción más popular de la temporada navideña. En 1935 Benny Goodman y su Orquesta grabaron una versión instrumental de Jingle Bells para RCA Victor que la convirtió en un gran éxito de la temporada. No fue, sin embargo, la primera grabación. El honor correspondió a Will Lyle quien lo hizo en un cilindro de Édison, sin mucho éxito. Luego la grabaron el *Haydn Quartet* en 1902, *Bing Crosby and the Andrews Sisters* en 1934 y, posteriormente, Glen Miller[403]. Y desde entonces ha tenido infinidad de versiones e intérpretes y se convirtió en todo un símbolo navideño en los Estados Unidos y el resto del mundo. El 16 de diciembre de 1965 se convirtió en la primera canción que se transmitió desde el espacio, cuando los astronautas Tom Stafford y Walter M. Schirra hicieron una broma durante la misión del Gemini VI-A. Cuando estaban por reentrar a la atmósfera, Stanford transmitió que habían visto un objeto, como un satélite que se desplazaba lentamente de norte a sur y trasmitía unos sonidos por radio… acto seguido Schirra interpretaba en una harmónica la canción[421].

La Marimorena. Como tantos villancicos españoles, siempre alegres y muy populares, están en nuestra memoria grabados con amor. La historia de la Marimorena tiene también, como suele ocurrir en estos casos, versiones dispares y está teñida por la leyenda. Su origen suele situarse en Madrid o en Cuenca. Al parecer, en la noche del 24 de diciembre del año 1702 hubo varios disturbios en Madrid. Usaban tambores, zambombas y otros instrumentos festivos, e interrumpieron la Misa del Gallo en el convento de San Francisco, en la actualidad la

Iglesia de San Esteban. Se detuvo a los principales organizadores, entre los cuales estaba una joven tabernera de Madrid, María Morena, que destacaba por su negra cabellera. La condenaron a 100 azotes, a no beber vino y a participar semanalmente en los oficios. Al año siguiente, los ciudadanos volvieron a sacar sus instrumentos y comenzaron a cantarle: *Ande, ande, ande... la Marimorena...* Aunque no existen registros escritos de la historia, se ha transmitido de forma oral hasta nuestros días y es origen de la expresión "armarse la marimorena". Y tan popular fue que se incluyó como estribillo del villancico anónimo, surgido dos siglos más tarde, aunque también se cita el hecho de que a la Virgen la llaman Virgen Morena o la Moreneta[422].

Los peces en el río. No se conoce su origen ni antigüedad. Se piensa que comenzó a popularizarse en la primera mitad del siglo XX. La versión más popular en España es la de Manolo Escobar, de 1970. En Hispanoamérica es muy conocida la versión del trío mexicano Pandora. Y también se conocen versiones en inglés.

Mesías. El oratorio Messiah, en español El Mesías, es una de las obras cumbre de la música universal y uno de los clásicos en Navidad que siempre se espera y siempre sorprende y conmueve. Su autor fue George Friedrich Händel, nacido en Alemania, pero radicado en Inglaterra desde la edad de 27 años. De religión luterana, era compositor, músico, organista y clavecinista. En 1741, cuando tenía 56 años, recibió un encargo de la *Charitable Musical Society* de Dublín que finalmente sería El Mesías. Händel escribió la música, el texto se debe a Charles Jennens. La obra no fue inicialmente pensada para la Navidad, sino para la Pascua. Händel la escribió en 24 días. Fue estrenada el 13 de abril de 1742, Viernes Santo, en el *Great Music Hall* de Dublín. Emocionado ante la magnífica acogida, anunció que nunca cobraría por ella y que sus beneficios se destinarían a tres obras de caridad que conoció en Irlanda: una cárcel y dos centros hospitalarios.

El año siguiente, el 23 de marzo de 1743, fue presentada en el *Covent Garden* de Londres. Se cuenta que el rey Jorge II estaba presente y durante la ejecución del momento más solemne, el Aleluya, se puso de pie. La tradición en Inglaterra era clara: mientras el rey está levantado nadie puede estar sentado, así que todo el teatro hizo lo propio. Y desde entonces, aquel gesto se ha convertido en una tradición: siempre que se interpreta El Mesías, al llegar el momento del Aleluya, todo el auditorio se levanta en señal de respeto.

El oratorio consta de tres partes: la primera es sobre el nacimiento de Jesús, la segunda sobre su pasión, muerte, resurrección y ascensión y la tercera sobre la resurrección de los muertos y la vida del mundo futuro. Su pieza más conocida es el Aleluya, que se interpreta al final de la segunda parte. La obra fue pronto conocida e interpretada durante la Cuaresma. En el siglo XX muchos coros en América incorporaron el Aleluya en su repertorio. Debido a su carácter festivo y de alabanza, poco a poco fue vinculándose a las celebraciones del nacimiento de Jesús, hasta convertirse en un clásico de la temporada[423, 424, 425].

Aunque El Mesías es un clásico indiscutible de la Navidad, el Aleluya es la pieza más conocida y se ha convertido en todo un símbolo de las fiestas navideñas.

Noche de paz. En alemán, *Stille Nacht, heilige Nacht*, es el más famoso y universal de los villancicos. Nació en Austria, en el poblado de Oberndorf, cerca de Salzburgo. Sus autores son el sacerdote católico Joseph Mohr, que escribió la letra, y el maestro de música Franz Xaver Gruber, quien escribió la música. También en su origen se mezclan leyenda e historia, porque normalmente mientras los hombres viven no piensan que sus hechos pueden quedar para la posteridad y no los registran. Con el tiempo, los investigadores tienen que ir desentrañando cómo sucedieron. La mayoría de ellos está de acuerdo en que el año 1818 el clima fue muy duro, se le llamó el año sin verano, por la crudeza y duración del invierno. La pequeña iglesia de San Nicolás en Onberndorf organizaba la Nochebuena y se le encargo al joven sacerdote Joseph Mohr preparar la música de la Misa de Gallo. Mohr descubrió que los ratones habían estropeado el órgano, a lo que se sumó otro desastre: los miembros del coro no habían podido reunirse para ensayar, debido a las heladas. Pidió a su amigo Franz Gruber intentar reparar el órgano, pero no fue posible. Gruber le ofreció tocar la guitarra para acompañar los cantos de la misa. Pero no había coro. Según cuenta Ace Collins en su libro *Stories behind the greatest hits of Christmas*[403], Mohr recordó un poema que había escrito en 1816 y le pidió a Gruber su ayuda para ponerle música. Aquella noche, acompañado por la guitarra de su amigo, Mohr entonó por primera vez Noche de Paz, sin sospechar ambos que había nacido la canción de Navidad por excelencia. En enero del año siguiente, cuando Karlo Mauracher fue a reparar el órgano, el sacerdote le contó lo sucedido. Mauracher quiso escuchar la canción y tanto le gustó que la copió y se la aprendió. En sus recorridos por iglesias de toda Europa la fue dando a conocer. En unos años, los coros de infinidad de iglesias ya la cantaban. En 1832, la familia Stasser la interpretó en un concierto ante Guillermo IV, rey de Prusia, quien tanto gustó de ella que pidió al coro de la Catedral cantarla en Navidad. A finales del siglo XIX ya su letra había sido traducida a más de 20 idiomas. En 1905 fue grabada por el *Haydn Quartet*, en 1908 por Ernestine Schumann-Heink. Bing Crosby también hizo una célebre grabación en 1935, cuyos beneficios destinó a una organización de caridad católica. En la actualidad, esa grabación sigue generando beneficios para organizaciones de caridad. La han interpretado y grabado en infinidad de versiones y en todos los idiomas y es, cada Navidad, el mejor regalo musical al Redentor.

La primera versión en inglés se debió a la traducción del sacerdote anglicano de la Iglesia de la Trinidad de Nueva York, John Freeman Young, quien en 1859 la tradujo como **Silent Night**, Noche silenciosa, igual que en alemán. En español se la conoce como **Noche de Paz**. Young fue elegido, en 1867, como el segundo obispo de la Iglesia Episcopal de la Florida. La versión en español se le atribuye a Federico Fliedner, misionero evangélico alemán que se radicó en España.

En 1914, durante la Primera Guerra Mundial, se decretó una tregua navideña el 24 de diciembre. Los soldados alemanes cantaban villancicos. Pronto los ingleses se sumaron y, al parecer, salieron todos de sus trincheras para cantar juntos Noche de Paz y celebrar un servicio religioso en común. En 2011 la canción fue declarada Patrimonio Cultural Inmaterial por la UNESCO[426, 427].

O Tannenbaum. Conocido en español como **Oh, árbol de Navidad** y en inglés como *O Christmas tree*, es un villancico tradicional alemán y uno de los más conocidos en todo el mundo. Tiene su origen en el siglo XVI, hacia 1550, en la canción *Ach Tannebaum*, cuya letra escribió Melchior Franck sobre una melodía popular anónima. Ha sido reescrita muchas veces desde entonces. Joachim August Carnack, un organista de Leipzip, escribió en 1819 el primer verso. En 1824, Ernst Gebhardt Anschütz añadió una segunda y tercera estrofas. Así se conformó la versión que conocemos actualmente. En la actualidad se cantan diferentes versiones. Como dato curioso, la melodía ha sido utilizada en canciones no navideñas, como es el caso de cuatro estados de la Unión Americana, Iowa, Maryland, Michigan y Nueva Jersey, que la utilizan para su canción estatal[428, 429].

Como he comentado en páginas anteriores, se ha hecho tradicional la celebración de conciertos durante la temporada navideña, en todo el mundo. Bien sea en los templos e iglesias, en colegios y escuelas, también en plazas y lugares públicos. En 2022, como iniciativa de la presidente de la Comunidad de Madrid, Isabel Díaz Ayuso, comenzaron a celebrarse a diario los llamados **Villancicos en Sol**, conciertos de villancicos en el patio de la Real Casa de Correos y el Bosque de los Deseos, ubicado en la Real Casa de Postas. Acudían coros profesionales, pero también escolares, amateurs, bandas y agrupaciones musicales. La iniciativa, que ha tenido una gran acogida, también se ha podido disfrutar a través de YouTube en *streaming*, en el canal de la Comunidad de Madrid[430]. Una idea hermosa para todos, y que se me antoja el inicio de una hermosa y perdurable tradición.

Un detalle muy interesante y poco conocido, por lo demás, sorprendente y que nos muestra hasta donde la Navidad y lo que representa es capaz de motivar, es el hecho de que muchas de las canciones navideñas más icónicas de todos los tiempos fueron escritas por compositores judíos, según narra Maddy Albert en un artículo en Keller[431]. Se trata de compositores judíos en los Estados Unidos. Ya he citado a Irving Berlin y su Blanca Navidad, pero no es el único. Johnny Marks creció en el seno de una familia judía de Nueva York y no celebraba la Navidad. Pero fue capaz de escribir algunas de las canciones navideñas modernas más populares, si bien el tema esencial de la Navidad no está. No son villancicos, evidentemente, sino canciones sobre la temporada de invierno o Navidad pero que se han convertido en clásicos de estos días. Es el caso de títulos tan conocidos como *Rudolph the Red-Nosed Reindeer*, *Rockin' Around the Christmas Tree*, *A Holly, Jolly Christmas*, y *Silver and Gold*. Otros ejemplos que cita Albert son *Silver Bells*, de Ray Evans; *It's The Most Wonderful Time of the Year* de George Wyle y Eddie Pola; *Let it snow*, de Sammy Cahn y Jule Styne o *Walkin' In a Winter Wonderland* de Felix Bernard y Richard B. Smith.

Entre los intérpretes quiero destacar el caso de Barbra Streisand. La cantante judía publicó en 1967 *A Christmas Album*, grabado para *Columbia Records*, que se convirtió en uno de sus mayores éxitos y se encuentra entre los álbumes navideños más vendidos de todos los tiempos. Fue publicado como CD en 1989, en 2004 y en 2007. En el mismo se incluyeron, junto a algunas clásicas canciones de temporada, interpretaciones magistrales de villancicos muy conocidos como Noche de Paz, el Ave María de Gounod, *O Little town of Bethlehem*, *I wonder as I wander* e incluso una interpretación de *The Lord's Prayer*, el Padrenuestro.

La música, que acompaña al hombre en su camino a través de la historia, en todas sus vivencias, tanto las alegres como las tristes, las solemnes y las más conmovedoras, no podía estar ausente de la celebración de la Natividad del Hijo de Dios. Pero no es la única de las artes en hacerlo.

LA NAVIDAD EN EL CINE

El cine es uno de los fenómenos recientes en la historia de la humanidad que mayor impacto ha tenido, no solo como reflejo de la vida y la historia, sino también como recreador de toda la realidad humana. Y no ha sido diferente con la Navidad.

En relación con el cine de Navidad, o a la Navidad en el cine, ocurre como con la música. Se han creado películas que abordan la historia de la Navidad, siendo más o menos fieles al relato evangélico, centradas en los personajes, tanto principales como secundarios, del acontecimiento histórico. En lo personal, son las que considero películas de Navidad. Existen otras en las cuales se narran historias inspiradas en la Navidad y los sentimientos que engendra, por regla general se tratan temas familiares, de solidaridad, caridad, fraternidad y bondad. Las llamo películas navideñas. Existe otra categoría, en la cual podemos incluir filmes cuyas historias ocurren en el tiempo de Navidad, y pueden tratar de, o incluir a, personajes que se han hecho habituales en las celebraciones de esta época del año, es el caso, por citar al más común, de Santa Claus o Papá Noel. Finalmente, existen otras producciones totalmente ajenas a la Navidad, aunque se apropien del nombre o algunos símbolos, como pueden ser películas de terror a las que se añade el apellido *navideñas*.

Cuando veo la programación *navideña* tanto de las televisiones como de las plataformas de *streaming*, me pregunto qué tiene de navideña. Hay que tener en cuenta que muchas personas están de vacaciones en esos días, y la mayoría de ellos estarán en casa mucho tiempo, porque son días para compartir en familia. Disfrutar de una buena película, o de varias, es una muy buena opción. No tienen por qué tratar el tema navideño. Así que se repiten, año tras año, ofertas de cine de distinto género, algunas con tintes invernales y leves referencias a la Navidad, a los que se engloba como cine navideño. Y de cuya lista, por cierto, suelen excluirse los títulos auténticamente navideños.

Como ha sido una constante a lo largo de estas páginas, me repito una vez más: este capítulo puede dar para mucho, pero debe enmarcarse en el contexto de toda la obra. De manera que intentaré un acercamiento al cine de Navidad, necesariamente breve, sin pretender agotar el tema, y centrándome en las obras más importantes a las que he podido tener acceso. En los Anexos XII, XIII y XIV dejo una lista no exhaustiva de estas películas.

La primera película ambientada en la temporada navideña fue **Santa Claus**, estrenada en 1898 en Inglaterra. Su director, George Albert Smith, formaba parte de un grupo de fotógrafos que incursionaron en el cine, a los que se conoce como la Escuela de Brighton. La película dura un minuto y medio y en ella se muestra unos niños que van a la cama en la Nochebuena. Mientras duermen, Santa baja por la chimenea y les deja sus regalos[432].

También en 1898, ocurre la primera aparición cinematográfica de la escena del nacimiento de Jesús, en el filme francés *La Vie et la Passion de Jésus-Christ*, que se conoce en español como **La vida y la pasión de Jesucristo**, de Louis Lumière y George Harot. La película duraba unos 11 minutos y mostraba cuadros independientes de las escenas de la vida de Jesús. Hay que señalar que dada la escasa información que ofrecen los Evangelios sobre la Navidad, la mayoría de las películas que desde entonces han tratado el tema lo han hecho incluyendo la narración de los sucesos de Belén como parte del relato de la vida del Salvador. No fue hasta 108 años después de esta primera aparición de la Navidad en el cine, que se filmó una película centrada totalmente en el nacimiento de Jesús. Se trata del filme **Natividad, la historia**, de 2006, dirigido por Catherine Hardwicke. El resto de los títulos hasta entonces, alrededor de 150, son películas sobre la vida del Nazareno, que incluyen la narración de los sucesos de su nacimiento[433].

En 1903 se estrena otra película francesa, *La Passion de Notre-Seigneur Jésus Christ*, en español **Vida y pasión de Cristo**, de Ferdinand Zecca y Lucien Nonguet, de la productora Pathé Frères. Se conoce en inglés como **The Life and Passion of Jesus Christ**. Fue una producción más larga, unos 44 minutos, y fue la primera película parcialmente coloreada. Era muda y los únicos títulos que incluía eran el de cada escena o cuadro, de los que inicialmente se filmaron 27 y posteriormente se añadieron otros 5, llegando a 32. Las primeras 4 escenas son las que corresponden al relato navideño: 1, La Anunciación; 2, La estrella fugaz; 3, La Adoración de los Magos; 4, La huida a Egipto. Se reestrenó en 1907, ya con las nuevas escenas incorporadas, algunas eran estáticas y otras en movimiento. Debe señalarse que fue utilizada por misioneros en Asia y África como un medio didáctico para la evangelización[434].

Inspirado en las acuarelas que pintó James Tissot en su viaje a Tierra Santa, Gaumont estrena en 1906 *La naissance, la vie et la mort de Notre-Seigneur Jésus-Christ*, **Nacimiento, vida y muerte de Nuestro Señor Jesucristo**. Tenía 33 minutos de duración. Fue dirigida por la primera mujer cineasta del mundo, Alice Guy-Blanché. Aunque omite algunos pasajes importantes, como la Anunciación, la estrella guiando a los reyes, la masacre de los inocentes y la huida a Egipto sí incluye el viaje a Belén y el nacimiento[435].

1912 verá el estreno del primer largometraje de la historia basado en la figura de Jesucristo, *From the Manger to the Cross, or Jesus of Nazareth*, en español **Del pesebre a la cruz, o Jesús de Nazaret**. Con una duración inicial de 60 minutos, el crédito le corresponde a los Estados Unidos. En la cinta se afirma que se han realizado filmaciones en Jerusalén, Belén y otros lugares de Tierra Santa, así como en Egipto y Siria, todo un desafío para la producción en aquella época. Para ello contó con un presupuesto de 35 000 dólares. Fue dirigida por Sidney Olcott, quien interpreta además al ciego sanado por Jesús. La guionista, Gene Gautier, interpretó el papel de la Virgen María. La película fue muy bien acogida y fue un hito perdurable en el cine navideño, gracias a su adecuada recreación de los sucesos que narra y su fidelidad al Evangelio[436]. Se estrenó para un público formado por miembros del clero, el 3 de octubre de 1912 en el *Queen's Hall* de Londres y por segunda vez en el *Wanamker's Auditorium* de Nueva York. El estreno al gran público fue a inicios de 1913. La casa productora de la película, Kalem Company, fue comprada por Vitagraph en febrero de 1919, quien decidió reeditarla en los cines con una versión extendida de 71 minutos.

Otra película sobre la vida de Jesús que incluye escenas sobre la Anunciación y el Nacimiento es la cinta italiana **Christus** (Cristo), estrenada el 8 de abril de 1916. Con una duración de 88 minutos, un buen uso de los efectos especiales e inspirada en la tradición pictórica italiana, tuvo una buena acogida, aunque no superó a sus predecesoras en el favor del público. El largometraje estuvo perdido muchos años, hasta que a principios de siglo fue recuperado por la Santa Sede. En un gran trabajo de reconstrucción con fragmentos hallados en distintos países, la productora Titanus logró finalmente devolverla a los anales de la historia cinematográfica[437, 438]. Dirigida por Giulio Antamoro y el conde Giuseppe de Liguoro, contó con las actuaciones de Alberto Pasquali, Leda Gys y Amleto Novelli, entre otros[439].

En los años siguientes se filman otras vidas de Jesús, que no incluyen la Navidad en su trama, como es el caso de Rey de Reyes, de Cecil B. de Mille, de 1926. En 1961, Nicholas Ray filma otra película con el mismo título, **Rey de Reyes**, ya a todo color y a gran pantalla. El argumento contó con Ray Bradbury y Orson Welles, y el guion fue escrito por Philip Yordan e incluye las escenas de Belén, el nacimiento, la adoración de los Reyes, la matanza de los inocentes y la huida a Egipto. Fue rodada en España por Metro-Goldwyn-Mayer, dura 154 minutos y entre sus protagonistas se encuentran Jeffrey Hunter y Hurt Hatfield[440]. Carmen Sevilla interpretó a la Magdalena.

Il Vangelo Secondo Mateo, **El Evangelio según San Mateo**, es una coproducción Italia/Francia de 1964, dirigida por Pier Paolo Passolini. Está protagonizada por actores no profesionales e incluye unas breves escenas iniciales relacionadas con la Navidad.

Unos años después, en 1965, se estrena **The Greatest Story Ever Told**,

La historia más grande jamás contada, una superproducción realizada en Ultra Panavisión 70 dirigida por George Stevens, David Lean y Jean Negulesco para Metro-Goldwyn-Mayer. Está considerada una de las mejores cintas bíblicas, recibió 5 nominaciones al Oscar en aquel año, y estuvo en el top 10 de las mejores películas del *National Board of Review* de 1965. Comienza con escenas de la Natividad y contó en los protagónicos con Max von Sydow, Dorothy McGuire, Charlton Heston, José Ferrer y Telly Savalas entre otros. Tiene una duración de 3 horas y 19 minutos[441].

Se suceden en años posteriores algunos títulos sobre la vida del Señor en los cuales se incluye la historia de la Navidad con mayor o menor metraje (ver Anexo XII). Hasta que en 1977 se estrena **Jesus of Nazareth, Jesús de Nazaret**, la obra monumental dirigida por Franco Zeffirelli. El director italiano prestó una especial atención a la Navidad. Con una duración de 6 horas y 18 minutos, se concibió inicialmente como película, aunque debido a su duración, posteriormente se reconvirtió en miniserie. En el guión colaboraron el propio Zeffirelli, junto a Suso Cecchi d'Amico y Anthony Burguess. La fotografía estuvo a cargo de Armando Nannuzzi y David Watkin y la música fue compuesta por Maurice Jarre. El papel de Jesús se pensó inicialmente para Al Pacino o Dufftin Hoffman, pero recayó finalmente en Robert Powell, lo cual fue un acierto. Su interpretación ha quedado en el imaginario popular para siempre. Olivia Hussey interpretó a María. El elenco estaba plagado de estrellas, entre las que citaré a James Mason, Anne Bancroft, Michael York, Peter Ustinov, Rod Steiger, Anthony Quinn, Laurence Olivier, Claudia Cardinale y James Earl Jones. La puesta en escena es brillante a lo largo de todo el filme, lo cual incluye la forma de relatar la Natividad. La filmación se realizó entre Marruecos y Túnez e implicó 2 años de rodaje. Continúa siendo para muchos la más completa y hermosa visión cinematográfica de Jesús hasta la fecha[440, 442, 443].

En 1979, Warner Bros estrenó en 2000 salas de los Estados Unidos la película **Jesús**. Había sido filmada en Israel, con actores israelíes y un presupuesto inicial de 6 millones de dólares. Se basó en el Evangelio de Lucas y fue dirigida por Peter Sykes y John Kirsh. Los principales actores eran Btian Deacon, Rivka Neumann, Joseph Shiloah, Eli Cohen, Eli Danker, Alexander Scourby. Incluye en su comienzo escenas de la historia de la Natividad. La cinta tuvo versiones posteriores. Entre 1999 y 2002 se añadieron nuevas secuencias para hacerla más apropiada para los más jóvenes, versión que se tituló *The Story of Jesus for Children* o **La historia de Jesús para los niños.** Fue estrenada en 2000. En 2003 se estrenó una versión en DVD llamada **Jesús: ¿realidad o ficción?** Una versión remasterizada se lanzó en DVD y Blu-ray en 2014, con 128 minutos de duración[444].

La cinta **Marie de Nazareth, María de Nazaret**, estrenada en 1995, narra la vida de la Virgen y dedica casi la tercera parte del metraje a contar la historia de la Navidad. Es una coproducción entre Francia, Bélgica y Marruecos, dirigida por Jean Delannoy y protagonizada por Myriam Muller, Didier Bienaimé y Eric Jakobiak[445, 446].

Hemos tenido que esperar hasta el año 2006, para disponer de una película enteramente dedicada a narrar la historia de la Navidad. **The Nativity Story**, conocida en español como **El nacimiento, Natividad o Jesús: el Nacimiento**, fue dirigida por Catherine Hardwicke y protagonizada por Keisha Castle Hughes, Oscar Isaac, Shorhreh Aghdashloo, Ciaran Hinds, Hiam Abbas, Eriq Ebouaney y Shaun Toub, entre otros. La cinta, muy lograda y con gran acogida de público, fue rodada por *New Line Cinema* a partir de mayo de 2006 en Albacete, España; Ouarzane, Marruecos; Craco y Cinecittá en Italia. Intervinieron actores de 23 países, entre ellos Nueva Zelanda, Israel, Irán y Guatemala. La cinta se estrenó en cines el 1 de diciembre de 2006, pero su presentación mundial fue el 26 de noviembre en el Vaticano, en el aula Pablo VI, ante siete mil espectadores y con la presencia de la directora y varios miembros del equipo. Era la primera vez que se estrenaba una película en el Vaticano[447, 448, 449].

Con el mismo título, **The Nativity**, se estrenó el 23 de diciembre de

2010 una miniserie dirigida por Tony Jordan. Coproducción entre Gran Bretaña y Canadá, fue filmada en Ouarzasate, Marruecos y protagonizada por Tatiana Maslany, Andrew Buchan, Neil Dudgeon, Peter Capaldi y John Lynch entre otros[450].

Maria di Nazaret, **María de Nazaret**, es una miniserie coproducida por Italia, Alemania y España en 2012. Incluye las escenas del nacimiento de Jesús. Dirigida por Giacomo Campiotti y protagonizada por Alissa Jung, Paz Vega, Andreas Pietschmann, Antonia Liskova, Thomas Trabacchi y otros. Tiene una duración de 200 minutos. Se estrenó en el Vaticano, en un visionado privado con el Papa Benedicto XVI, quien la elogió al terminar de verla. En su emisión italiana llegó a alcanzar una cuota del 27% en pantalla con más de 7 millones de espectadores. Fue rodada íntegramente en Túnez[451, 452].

En 2016 se estrenó la primera película sobre la vida de Jesucristo en realidad virtual. Se trata de **Jesus VR: The Story of Christ**, del director David Hansen. La película fue filmada con múltiples cámaras 4K 360° VR, lo cual permite al espectador, utilizando un dispositivo de realidad virtual apropiado, asistir a las escenas como si estuviese inmerso en ellas. Especialmente impactante es la escena de la Última Cena, porque si giras la cabeza te ves rodeado por los apóstoles. Se grabó en Matera, Italia y entre los actores se encuentran Marius Bizau, Matteo Carlomagno y Cinzia Clemente[453]. La cinta narra la vida de Cristo desde la Natividad hasta la Ascensión.

The Chosen, en español, **Los elegidos**, es una serie sobre la vida de Jesús que se encuentra en emisión mientras escribo y que ha sido un éxito mundial. Comenzó a emitirse en 2017 y constará de 7 temporadas. El capítulo 9 de la primera temporada es un capítulo corto realizado a posteriori y que se acerca al nacimiento de Jesús a través de los ojos de los pastores. Los capítulos suelen tener una duración de 54 minutos. La serie ha sido dirigida por Dallas Jenkins y en el reparto destacan Jonathan Roumie, Shahar Isaac, Liz Tabish, Paras Patel, Eric Avari, y otros. Es la primera serie sobre la vida de Jesucristo que consta de varias temporadas, lo cual permite profundizar en los personajes, como ha destacado su director. Está íntegramente financiada por donantes, en el mayor *crowfunding* en la historia de las producciones audiovisuales[454, 455, 456].

O Filho do Homen, El hijo del hombre, también nos narra la Navidad en sus primeros minutos. Es una película brasileña de 2019, dirigida por Alexandre Machafer y protagonizada por Allan Ralph, Lucas Apóstolo y Fernanda Martínez. Con una duración de 120 minutos, fue rodada íntegramente en Río de Janeiro. El bebé que interpreta a Jesús recién nacido es el hijo del actor Allan Ralph, que interpreta a Jesús adulto. La película fue producida por la Fundación Cesgranrio con el apoyo de la Arquidiócesis de Río de Janeiro[457, 458].

El ámbito de la animación en el cine también se ha ocupado de la Navidad, en la mayoría de las ocasiones incluyendo el relato en una obra dedicada a la vida de Jesús. Es tan antigua como el cine mismo, sus orígenes se suelen atribuir a la época pre-cinematográfica, cuando el francés Émile Reynaud inventó el praxinoscopio en 1877, gracias a lo cual suele ser considerado el padre de la animación[459]. El título de dibujo animado más antiguo que se conoce está en disputa entre El hotel eléctrico, del español Segundo de Chomón, de 1905; La casa encantada, del inglés radicado en Estados Unidos, Start Blackton; y Fantasmagorie, de Émile Cohl en 1908. Hubo otros, hasta que, en 1928, Walt Disney estrena *Steamboat Willie*, considerado popularmente el primer cortometraje de animación. El primer largometraje de animación es El Apóstol, creado por Quirino Cristiani en Argentina en 1917.

Como no podía ser de otra manera, la animación también se ha ocupado de la Navidad. La serie de dibujos animados ***The Greatest Adventure: Stories from the Bible***, en español **La más grandiosa de las aventuras: pasajes de la Biblia**, serie de 13 episodios de 26 minutos, producida por Hanna-Barbera entre 1986 y 1993, dedica el capítulo 11, **The Nativity**, conocido en español como **La Navidad** o **El Nacimiento de Jesús,** íntegramente a la Natividad[460].

De 1997 es otra serie animada, *Tezuka Osamu no Kyûyaku Seisho Monogatari,* **Historia de La Biblia,** del animador y creador de manga japonés, Osamu Tezuka. La serie de la productora *Tezuko Productions,* consta de 26 episodios y fue estrenada en 1992. Es La historia más grande jamás contada en dibujos animados. Contó con el asesoramiento del Vaticano. El último capítulo, **Una estrella brilla en Oriente**, es el que se ocupa de la Natividad[461]. La serie fue una colaboración entre la RAI (Radiotelevisione Italiana) y NTV (Nippon Television Network).

Animated Stories from the New Testament, **Historias animadas del Nuevo Testamento**, es una serie producida entre 1987 y 2004 por *Nest Family Entertainment* y *Crest Animation Productions,* como una herramienta comunicativa no denominacional, lanzada originalmente en vídeo. El primer capítulo, **Ha nacido el rey**, estrenado el 16 de junio de 1987, aborda la historia navideña.

Existen otras series animadas que han abordado la temática bíblica navideña, pero no son las únicas. Algunos largometrajes de dibujos animados también lo han hecho, no siempre totalmente fieles y tomándose, en algún caso, licencias creativas que nada tienen que ver con la historia original.

Podemos citar entre ellas, la cinta mexicana **Los tres Reyes Magos**, de 1974, dirigida por Fernando Ruiz y Adolfo Pérez Portillo. En la historia, Satán decide obstaculizar el viaje de los reyes mediante el príncipe Olbaid. También centrada en los hombres sabios de Oriente, la película española de 2003 **Los Reyes Magos** se acerca a la historia navideña centrándose en el viaje de los Reyes para encontrar al pequeño Jesús y adorarle. En la misma línea, *The Star*, de 2017, titulada en su versión en español, **Se armó el belén**, cuenta la historia de Bo, un burrito que seguirá la estrella de la Navidad y en su camino encuentra los camellos de los magos y llega con ellos hasta el portal de

Belén. Es una cinta de los Estados Unidos, dirigida por Timothy Reckart.

La película **La Navidad de Ángela,** título original *Angela's Christmas*, de Irlanda, estrenada en 2017, es la conmovedora historia de una niña que ve al pequeño Jesús en el nacimiento de una iglesia, solo y envuelto en pañales y piensa que ha de tener frío, así que cuando nadie la ve, se lleva a la figura para darle calor en casa.

Lukas Storyteller: El verdadero sentido de la Navidad, es el capítulo navideño de la serie Lukas Storyteller dedicado al Nacimiento del Salvador.

De la misma forma que han hecho los dibujos animados, muchas películas se han acercado a la Navidad, bien mediante narraciones con licencias centradas en la historia del misterio de Belén, o bien con historias inspiradas en los sentimientos de amor, familia, paz, solidaridad, fraternidad, que inspiran estas fiestas. Solo mencionaré unas pocas.

La más famosa de todas, ya convertida en un clásico navideño que se repone todas las navidades, es la película de los Estados Unidos, realizada en 1946, *It's a wonderful life!*, en español **¡Qué bello es vivir!** La cinta está basada en el cuento El mayor regalo, de Philip Doren Stern. Fue la primera película que protagonizó James Stewart al regresar de la guerra. Le acompañaban en los papeles estelares Donna Reed y Lionel Barrymore. La conmovedora historia de George Bailey ha acompañado la Navidad de millones de hogares desde entonces. El propio director la proyectaba cada Navidad para su familia. La cinta tiene también algunas curiosidades asociadas a su realización: fue la primera vez que se usó nieve artificial en una escena cinematográfica, pues anteriormente se utilizaban copos de maíz. Fue elegida por el *American Film Institute* como una de las 100 mejores películas de la historia del cine[462].

Otra historia entrañable es la cinta de 1985, **The Fourth Wise Man**, en español **El cuarto Rey Mago**. Artabán es el cuarto rey que se encamina a Belén, pero por el camino se detiene a ayudar a todos los que encuentra en problemas y llega tarde ante el pesebre. Emprende entonces una búsqueda de Jesús durante toda su vida. Fue dirigida por Michael Ray Rhodes y protagonizada por Martin Sheen, Alan Arkin y Eileen Brennan[463].

Finalmente, *Il primo Natale*, **La primera Navidad**, es una película italiana estrenada en 2019 y dirigida por Salvatore Ficarra y Valentino Picone. Es una comedia en la que un ladrón es perseguido por un párroco de la iglesia en la cual ha hecho su último robo, y ambos van a parar a Israel en tiempos de Jesús. La cinta está protagonizada por Salvatore Ficarra, Valentino Picone y Massimo Popolizio. Fue la película más vista del año 2019 en Italia y recibió el premio del público en los galardones David de Donatello[464].

Una historia recurrente en el cine relacionado con la Navidad ha originado múltiples versiones a lo largo de los años. Se trata del relato de Charles Dickens, **Cuento de Navidad**, publicado en 1843 y que influyó mucho en la forma de celebrar las navidades en familia. En el Anexo XIII dejo una lista de las principales versiones hasta la fecha, comenzando por las primeras conocidas, a saber, **The Death of Poor Joe**, de George Albert Smith, y **Scrooge, or Marley's ghost**, de 1901. Tenía apenas 5 minutos de duración, pero con ella su director, Walter R. Booth dio comienzo a una saga que parece no tener fin[465]. Existen muchas otras, también en dibujos animados, capítulos de series, etc,

Hay muchas otras películas en las que la Navidad se centra en Santa Claus, el Grinch, o que simplemente ocurren en la época navideña. O se clasifican en los listados de recomendaciones decembrinos como navideñas por el simple hecho de ser entretenidas, aunque nada tengan que ver con la Navidad. No las mencionaré, porque puede buscarse información en otros sitios.

Solamente voy a referirme, para finalizar, a algunos clásicos que se desarrollan en la época navideña y que han pasado a formar parte de la temporada.

Holiday Inn, que se tituló en español como **Quince días de placer**, es un buen ejemplo de ello. La cinta de 1942, dirigida por Mark Sandrich y protagonizada por Bing Crosby, Fred Astaire, Marjorie Reynolds y Virginia Dale, fue un musical navideño que pasó a la historia por más de una razón. Irving Berlin escribió 12 canciones para la película, y una de ellas se haría eterna e indispensable a pesar de no ser un villancico. *White Christmas*, Blanca Navidad, propició que el filme obtuviera un Oscar a la mejor canción original en 1943. Y se convirtió en la canción de Navidad más vendida de la historia y conocida por todos[466].

White Chistmas, conocida como **Navidades blancas** en España y **Blanca Navidad** en Hispanoamérica, es una cinta de 1954, dirigida por Michael Curtis y protagonizada por Bing Crosby entre otros. Incluye una nueva versión de la canción Blanca Navidad y otras canciones de Irving Berlin, como ya ocurrió en Holiday Inn. Fue la primera obra cinematográfica en utilizar VistaVisión, un proceso que permitía proyectar en pantalla ancha con gran calidad de imagen.

Otra película que ha quedado en la memoria es **Joyeaux Noël, Feliz Navidad**. La cinta francesa de 2005, dirigida por Christian Carion, narra los sucesos de la Navidad de 1914 en el frente, a inicios de la Primera Guerra Mundial. Los villancicos propiciaron el encuentro entre las tropas enemigas alemanas e inglesas, para celebrar juntos la Navidad. Fue protagonizada por Diane Kruger, Guillaume Canet, Dany Boon, Benno Fürmann, Daniel Brühl[467].

En el Anexo XIV pueden consultarse los títulos de algunos clásicos de la temporada navideña.

Existen muchos otros títulos de obras cinematográficas que se desarrollan durante la Navidad o que nos narran historias relacionadas con ella, pero que desbordan la intención de este libro. Las series televisivas suelen dedicar algún capítulo a la temática navideña durante la emisión que coincide con las fechas.

LA NAVIDAD EN EL TEATRO

Las representaciones teatrales de Navidad tienen una historia antigua. Su raíz está en las dramatizaciones litúrgicas, de las que se conocen referencias ya en el siglo V. Tienen su origen en los llamados tropos, que se asociaban al mundo de la música y eran representados por clérigos en el interior de las iglesias. El más antiguo del que se tiene noticia se refería a la Resurrección y es del siglo X, pero muy pronto se creó otro para la Navidad, *Quem quaeritis in praesepe*, **¿A quién buscas en el pesebre?** Este dio origen al *Officium pastorum* cuyo texto más antiguo puede datarse en el siglo XII. Poco a poco se le fueron incorporando elementos, hasta convertirse en piezas teatrales, y de la misma forma, se fue abandonando el latín original y se comenzó a utilizar la lengua vernácula[468].

Algunas de estas obras mostraban poca devoción, por lo que el Papa Inocencio III las prohibió. Se originaron así dos tendencias: las obras que permanecieron en las iglesias y las que se representaban en las plazas públicas, dando lugar a los llamados autos. Entre estas últimas, la más antigua que se conoce es el **Auto de los Reyes Magos**, de mediados del siglo XII, atribuido a un clérigo de la catedral de Toledo. Originalmente se les denominó autos sacramentales, porque se centraban en los sacramentos. Entre los autores más notorios pueden citarse a Juan del Encina, Lucas Fernández, Gil Vicente, Calderón de la Barca y Lope de Vega. Algunos autos navideños conocidos son **Representación del Nacimiento de Nuestro Señor**, de Gómez Manrique; **Égloga representada en la mesma noche de Navidad**, de Juan del Encina; **Égloga de las grandes lluvias, Auto pastoril castellano**, de Gil Vicente y otras. Eran obras con una intención evangelizadora, que además contribuían al entretenimiento. Por regla general, estas obras dramáticas populares se centraban en la visión de los pastores, por lo que fueron llamadas pastoradas. Incluían el anuncio del Ángel y la Anunciación. Otras, llamadas autos de Reyes Magos o simplemente Reyes, representaban la adoración de los Magos de Oriente. Fueron muy populares en la antigua diócesis de León[469].

En la actualidad, tienen su expresión en la habitual representación de obras navideñas en templos y colegios en todo el mundo. Y han generado tradiciones, como los *Christmas Pantomime*, o Pantomima de Navidad, producciones teatrales tipo comedia musical que tienen su origen en Inglaterra pero que se interpretan también en Irlanda y otros países de habla inglesa.

Como ha sucedido con el cine, el teatro navideño no solo se ha centrado en la historia de la Navidad, sino en recrear historias relacionadas con la misma. De manera que se han adaptado obras literarias de gran repercusión. El mejor ejemplo de ellas es, sin duda, *A Christmas Carol* o Cuento de Navidad, del inglés Charles Dickens. El libro fue publicado en diciembre de 1843 y ya en febrero de 1844 se estrenaron tres obras teatrales. Llegaron a existir hasta 8 producciones al unísono en Londres en el mismo año. Desde entonces ha sido fuente inagotable de adaptaciones e incluso producciones musicales, como el musical británico **Scrooge: The Musical**, a cargo de Leslie Bricuse en 1992[470].

Otra obra que ha marcado un hito teatral navideño es el *ballet* **Cascanueces**, basado en la adaptación de Alejandro Dumas del cuento El cascanueces y el rey de los ratones, de Ernst Theodor Amadeus Hoffmann. Con música de Piotr Ilich Chaikovski en colaboración con el director de los Teatros Imperiales de San Petesburgo, Ivan Alexandrovitch Vsevolozhsky y el coreógrafo Marius Petipá, se estrenó en 1892. La obra no fue muy bien acogida e incluso se la tildó de desequilibrada y tediosa. Llegada la revolución, gran parte del elenco original tuvo que huir de Rusia y se desperdigó por medio mundo. De esas tristezas que implican la emigración surgen muchas veces estrellas rutilantes. Y ese fue el caso. En 1927 fue estrenada en Budapest, en el Royal Opera House, con gran éxito de taquilla. En 1934 se estrenaba en Londres, con coreografía de Nicholas Sergeyev. En 1940, se estrenó una versión abreviada, con coreografía de Alexandra Fiódorova, por el Ballet Ruso de Monte Carlo, en Nueva York. En ese mismo año, Walt Disney utilizó la partitura completa para su película Fantasía, lo cual contribuyó a su popularidad. Cuatro años más tarde, el 24 de diciembre de 1944, el Ballet de San Francisco estrenaba su propia versión, con coreografía de Willam Christensen. Esta fue la primera compañía de los Estados Unidos que hizo del *ballet* una tradición anual y fue el primer paso para que se convirtiera en una tradición navideña por todo el mundo, desde finales de la década de 1960[470].

LA NAVIDAD EN LA LITERATURA

La literatura es al arte que utiliza el lenguaje para expresar saber y sentimientos, bien desde la realidad o desde la ficción. En palabras de Francisco Rico, *la literatura es un ir y venir entre la memoria y la historia*. En el mundo de la escritura y de los libros, están los que recogen la historia navideña y los que crean una obra basada en la Navidad, en la época navideña, en las tradiciones y costumbres que arropan la celebración, ambientadas en este tiempo, o bien hacen una referencia a la misma, aunque la obra en sí sea ajena al tema navideño. Sí, exactamente igual a lo que hemos visto que sucede en el cine, la música y el teatro.

Y, como también sucedía en los temas anteriores, es imposible abordar con detalle el mundo de los libros relacionados con la Navidad, pues sería excesivo para los propósitos de esta obra, de manera que haré solamente un acercamiento al mismo.

Evidentemente, los textos literarios más importantes en hablar del Nacimiento de Jesús son los **Evangelios de Mateo y Lucas.** Ya he comentado sobre ellos anteriormente. Y también sobre los **Evangelios Apócrifos.**

Comencemos con libros que se centran en la figura de Jesús de Nazaret y, al hacerlo, incluyen dentro de su contenido la narración de la Navidad o dedican expresamente todo su texto o una buena parte de este, a hablarnos de ella.

Uno de los más importantes es **La infancia de Jesús**[59]. Su autor es el Papa Benedicto XVI, aunque lo firma también como Joseph Ratzinger, para dejar claro que no es fruto del magisterio petrino, sino de sus investigaciones. El libro es parte de su trilogía sobre Jesús de Nazaret y es ya un imprescindible para cualquier intento de acercamiento al origen, infancia y juventud del Mesías. Mientras escribía este libro, recibí la triste noticia del fallecimiento del amado Papa, cuya obra ha sido ayuda importante en mi vida y en la confección de estas páginas. A él mi agradecimiento.

Existen muchos libros que han realizado un acercamiento a la figura de Jesús, bien como biografía o ensayo, y abordan en algún capítulo la historia de la Natividad. Un ejemplo es **Vida y misterio de Jesús de Nazaret**[471], del sacerdote católico español José Luis Martin Descalzo, dedica los capítulos 2 al 9 de su primera parte, **Los comienzos**, a los sucesos en torno al nacimiento del Salvador. Descalzo fue periodista y escribe con conocimiento profundo del tema, propiciando una lectura ágil y amena, a la par que ilustrativa.

La maravillosa **Historia de Cristo**, de Giovanni Papini, también dedica los capítulos iniciales a la Navidad: El establo, los pastores, los tres magos. El escritor italiano, nacido en Florencia, creció en un ambiente anticlerical y ateo pero un día salió a comprar periódicos y se encontró delante de una iglesia católica en la plaza de la Anunciación, en su ciudad natal. Y decidió entrar. Más tarde escribiría: *Jamás había sentido algo parecido*[472]. Allí se inició su conversión, fruto de la cual surgieron muchos libros, uno de los primeros esta vida del Nazareno que también dedica párrafos al tema del nacimiento del Salvador. La obra es única entre las biografías de Jesús y marca un antes y un después en la forma de abordarla.

Otro libro importante es la **Vida de Jesucristo**, de Giuseppe Ricciotti. El abad Ricciotti fue un religioso de los canónigos regulares lateranenses y pionero de los estudios bíblicos modernos. En este libro, luego de dedicar los capítulos iniciales a la introducción, las fuentes y los Evangelios y la cronología de la vida del Maestro, dedica el capítulo sobre La vida privada de Jesús, a los sucesos de la Natividad. Ricciotti sitúa a Jesús en su escenario geográfico y en su tiempo, y lo hace con las armas que le da ser un conocedor profundo del tema, desde sus realidades de arqueólogo, editor, comentarista y traductor de la Biblia logrando que la espiritualidad no sea ajena a la historia ni lo contrario[473].

Existen muchas otras vidas de Jesucristo que se acercan a los sucesos del nacimiento de Jesús. Otros autores preferirán centrarse en las tradiciones y costumbres navideñas, tan ricas y hermosas. Y entre ellas, la habitual celebración navideña, el sentimiento de ternura, amor y solidaridad que suele ser sinónimo de Navidad, el compartir regalos y cena familiar, pero también con los menos favorecidos. Un libro que marcó un hito en este sentido, y que ha tenido una enorme influencia también en otras artes, como el cine, el teatro y los musicales, es sin duda *A Christmas Carol*, o **Cuento de Navidad,** del escritor británico Charles Dickens. Publicado en 1843, ha sido versionado al cine y la televisión muchísimas veces. Es una de las historias navideñas más conocidas. Acuñó el término *espíritu de la Navidad*, con el cual entiendo ese especial ambiente festivo y de paz que nos inunda en las fechas, y no como se ha hecho ver, un supuesto espíritu o fantasma que nada tiene que ver con las fechas. El malentendido viene de los personajes del cuento, los fantasmas de las Navidades pasadas, presentes y futuras. Lo cierto es que el libro es positivo y de los que ha dejado huella.

Un libro interesante y muy útil es **El espíritu de la Navidad**, del novelista y ensayista británico Gilbert K. Chesterton. Chesterton, de profunda convicción católica, es el creador de la serie de novelas del Padre Brown. En este libro se reúnen una serie de artículos sobre la Navidad, en los cuales aborda temas que siguen siendo actuales y repetidos hasta la saciedad. Por poner un ejemplo, Chesterton desmonta la afirmación según la cual las Navidades están llenas de costumbres anteriores al cristianismo, mostrando que en realidad hay costumbres que han sobrevivido al paganismo[474]. Chesterton vivió entre 1874 y 1936, con lo cual puede apreciarse su vigencia en el tiempo.

Muchos autores han legado títulos vinculados a las celebraciones navideñas o inspirados en ellas. Puedo citar, por ejemplo, **El cuento de Navidad de Auggie Wren,** de Paul Auster; **El misterio de Navidad**, de Jostein Gaarder; **La cerillera**, de Hans Christian Andersen; **Cuentos de Navidad y Reyes**, de Emilia Pardo Bazán o

Dos cuentos de Navidad, de Fiodor Dostoievski.

Otros autores han dedicado sus obras a los personajes y costumbres que acompañan la celebración de la Natividad, legándonos títulos como **Cartas de Papá Noel**, de J. R. R. Tolkien. Los hijos del escritor recibían cada año cartas de Papá Noel, escritas por el propio Tolkien, que luego fueron publicadas en formato libro. **El expreso polar**, de Chris Van Allsburg; **El árbol de Navidad**, de Hans Christian Andersen; **La caja de Navidad**, de Richard Paul Evans, son algunos ejemplos de libros inspirados en personajes y situaciones navideñas.

El mundo del relato también tiene muchos ejemplos de cuentos navideños, desde el sempiterno Dickens, en una lista bastante larga entre cuyos integrantes podemos citar al propio Andersen, los hermanos Grimm, los españoles Alarcón, Pereda, Bécquer, Galdós, Clarín, Blasco Ibáñez, Valle-Inclán; y entre los foráneos, O Henry, Alphonse Daudet, Grazia Deledda, Guy de Maupassant, Gabrielle Sidonie Colette, Francis Scott Fitzgerald, Jaroslav Seifert, o Rubén Darío.

La poesía igualmente se suma al homenaje navideño, como no podía ser de otra manera. Es numeroso el compendio de poetas que le han dedicado sus versos. En primer lugar, quiero destacar los **himnos de la Liturgia de las Horas**. El Breviario católico incluye 25 himnos del tiempo de Navidad y Epifanía, hermosos y profundos.

Entre los poetas, citaré, como he hecho anteriormente, solo unos ejemplos. Algunos, con una sencillez hermosa y breve, nos transmiten en apenas cuatro versos su mensaje, como lo hace Lope de Vega en su poema **Yo vengo de ver**: *Yo vengo de ver, Antón, / un niño de pobrezas tales, / que le di para pañales / las telas del corazón.* O los versos de San Juan de la Cruz que titula **Navideña (letrillas)**: *Del Verbo divino / la Virgen preñada / viene de camino / ¡si le dais posada!*

Otros, ya con composiciones más largas, son también hermosos. Por ejemplo, **Jesús, el dulce, viene**, de Juan Ramón Jiménez; **Los tres**

Reyes Magos, de Rubén Darío; **Villancico de las manos vacías**, de José María Pemán; **María madre**, de Gloria Fuertes, y de la misma autora, **Hay un niño que dicen**; **Nochebuena**, de Amado Nervo; **Nacimiento de Cristo, en que se discurrió la abeja**, de Sor Juana Inés de la Cruz; **Las pajas del pesebre**, de Lope de Vega o **Al nacimiento de Jesús**, de Santa Teresa de Jesús[475, 476]. Son parte de la historia y el legado de la literatura, en este caso, homenaje al Señor de la Historia en las celebraciones de su nacimiento.

LA NAVIDAD EN LA PINTURA

Si existe un tema en el cual podemos extendernos hasta el infinito, ese es el de la pintura y la Navidad. La representación de la Natividad del Salvador en la pintura ha dejado obras de gran belleza y ha marcado la forma en que imaginamos y nos representamos las escenas del misterio navideño. Cada pintura es fruto de su época y de la cultura en la cual fue creada. La Navidad no se trata igual, por ejemplo, en el arte bizantino, donde la Virgen suele aparecer recostada, mientras en el occidental se insiste más en la relación madre-hijo. Por citar solo un ejemplo. De su impacto ya he comentado al citar algunas películas de los comienzos de la historia del cine, inspiradas en los cuadros legados por el arte pictórico italiano. Peco de repetitivo, pero el tema puede ser merecedor de más de un libro.

El hombre siempre ha querido representar aquellas situaciones que le son importantes y queridas. Y lo ha hecho desde la antigüedad. Testimonio de ello son las pinturas en las cuevas, que fueron evolucionando hasta convertirse en el arte maravilloso que conocemos. De Cristo existen muchas representaciones. Desde el grafito de Alexámenos, probablemente del siglo I al III d.C., que representa en tono de burla a un hombre frente a una persona con cabeza de burro siendo crucificado, pasando por la imagen del Buen Pastor en las catacumbas de San Calixto, y que se cree fueron pintadas en el siglo III, sin olvidar la recientemente descubierta en el desierto del Neguev, en el sur de Israel, una pintura con 1500 años de antigüedad que representaba al joven Cristo con pelo corto, hallada encima de la pila bautismal de una iglesia en Shitva[477].

La Natividad del Salvador también ha sido un motivo para el arte pictórico desde antaño. Probablemente la imagen más antigua que se conoce es la de María y el Niño, que se encuentra en las catacumbas de Priscila y parece datar del siglo II[478]. Se puede encontrar en la Capilla Griega de la catacumba. Pertenece al llamado período paleocristiano. Junto a María y Jesús puede verse a un profeta señalando la estrella.

Del mismo siglo, también en las catacumbas de Priscila, existe una Adoración de los Reyes. En aquellos primeros tiempos el número de los magos era indeterminado, así, en la catacumba de San Pedro y Marcelino, en Roma, siglo III, se les representa en número de tres, mientras en la catacumba de Domitila son cuatro. Los Museos Vaticanos conservan escenas de la Epifanía esculpidas en sarcófagos infantiles del siglo III. De manera que puede afirmarse que el interés por las narraciones de la Navidad en la pintura surgió tempranamente.

La evolución de la pintura nos deja diversas formas de representar la Natividad y va a crear un imaginario colectivo en el cual perduran hasta nuestros días muchas de las imágenes que asociamos al misterio navideño. Cada estilo tiene una forma propia de mostrar los misterios navideños.

Hacia el año 850, en Bizancio, se desarrollan ya una serie de tipos iconográficos que pasarán posteriormente a Occidente y en los cuales predominará el mensaje sobre la imagen. Porque estas representaciones eran una forma ideal de catequesis y evangelización para aquellos tiempos. Los artistas se inspiraban en fuentes populares y en los Evangelios Apócrifos. Solían representar a la Virgen recostada en un lecho, el Niño envuelto en fajas, pero sin muchos detalles, generalmente en una cueva en la que también están la mula y el buey. San José suele estar en un plano secundario y podían incluirse otros elementos como la anunciación del ángel a los pastores, la adoración de los magos o un coro de ángeles[479].

Con el Gótico, que aparece hacia el 1200, ya a María no se la representa recostada sino de rodillas, su hijo está desnudo sobre paja o pañales y ambos se miran. Ya no están en una cueva, sino en un pesebre o establo, retomando el relato de Lucas.

En el Renacimiento, el niño no suele estar en el pesebre, sino en brazos de su madre. Una característica del Barroco será ver a María y el niño como fuentes de luz.

El siglo XVII incorpora al cordero en las pinturas de la Natividad.[479]

Las obras centradas en la temática navideña pueden agruparse, grosso modo, en las dedicadas a la **Anunciación**, la **Natividad**, la **Adoración de los Pastores** y la **Adoración de los Reyes**. Son las temáticas en las que voy a centrar mi relato, aunque existen otras como la **Visitación**, la **Sagrada Familia**, la **Masacre de los Inocentes** o la **Huida a Egipto**. También pueden encontrarse numerosas pinturas con la Virgen y el Niño, en algunos casos muestran a la Madre dando de mamar al pequeño.

La Historia del Arte pictórico nos ha legado obras relacionadas con la Navidad en número creciente. Casi todos los grandes pintores le dedicaron uno o varios cuadros a la temática navideña. Los encargos por parte de las autoridades eclesiásticas para templos y catedrales, o bien de los mecenas para sus colecciones privadas y palacios, dieron como fruto una gran variedad de pinturas hermosas y únicas.

Giotto di Bondone, Leonardo da Vinci, Pedro Pablo Rubens, Diego Velázquez, Sandro Botticelli, Juan Pantoja, Pietro da Cortona, Alberto Durero… los nombres de creadores que abordaron el tema de la Natividad son muy numerosos. Y cada uno transmite en su obra el misterio con diferentes matices. Por ejemplo, Leonardo, en su **Anunciación**, pintada en Florencia entre los años 1473 y 1475, hace una recreación idealizada del suceso, representando la escena con elementos contemporáneos a su época, tales como los vestidos, el entorno y el mobiliario. Pero lo que más llama la atención es la actitud de la Virgen. Hasta entonces su rostro mostraba cierta turbación ante el anuncio del ángel, pero para Leonardo, María muestra aceptación, una expresión de su Sí al Señor. Otro caso interesante es el de Fra Giovanni da Fiesole, O.P. también llamado Guido di Pietro y más conocido como Fra Angélico, quién pintó muchas versiones de la Anunciación a lo largo de su vida, una de las cuales puede apreciarse en el Museo del Prado. Algo no exclusivo del fraile florentino. El Greco, por ejemplo, pintó diferentes versiones de la Adoración de los

Pastores.

La escena central de la Navidad dejará obras como **Natividad** de Pietro da Cortona. **Natividad Mística**, de Sandro Botticelli, es su única obra firmada y fechada. Las proporciones en el cuadro obedecen a la relevancia de los personajes, de manera que el Niño y la Virgen son mucho más grandes que el resto de las figuras. Otro detalle interesante, Botticelli incluyó elementos del Apocalipsis, lo cual no era habitual al pintar la Navidad.

En la **Adoración de los Reyes Magos,** para Pedro Pablo Rubens el Niño Jesús es luz y eso se refleja en los rostros de la Virgen y de los Reyes. Esta pintura data de 1609 aunque posteriormente Rubens añade nuevos elementos, entre ellos su propio autorretrato montado a caballo, algo que no hizo jamás en ninguna de sus pinturas narrativas.

El rol de San José no fue recreado en la pintura en muchas ocasiones y, cuando se hizo, generalmente le ponen en un lugar secundario. Algunos pocos autores sí lo han tenido en cuenta, entre ellos el francés Philippe de Champaigne en **El sueño de San José**, en el cual recrea la visita del ángel en sueños para explicarle la concepción y el nombre que ha de dar al pequeño.

Con la llegada de la modernidad, la temática navideña en la pintura se hace menos presente. Pero algunos artistas la recuperan. Paul Gauguin, nacido en Francia de familia peruana, pinta **La Navidad** en 1896[480], en un ambiente polinésico. Hay que tener en cuenta que por entonces vivía en Tahití, lo que se refleja en los colores tanto de los personajes como del ambiente.

Más cercano en el tiempo es el pintor español Salvador Dalí. En 1940 la empresa Hallmark, cuyo fundador, Joyce Clyde Hall, era amante de la pintura, incluyó en sus tarjetas de Navidad reproducciones de obras de pintores contemporáneos. En 1960 hizo a Dalí el encargo de las tarjetas de ese año. El pintor español envió diez imágenes, de las que solo dos salieron a la venta: **La Natividad** y **Madonna y el niño**. Pero tuvieron que ser retiradas en poco tiempo, porque el vanguardismo del pintor no fue bien acogido.

En el Anexo XV puede consultarse una lista de pinturas relacionadas con la Navidad, agrupadas en cuatro de las grandes temáticas: La Anunciación, La Natividad, la Adoración de los Pastores, La Adoración de los Reyes y en un último y breve grupo, algunos ejemplos de otros temas navideños.

LA NAVIDAD EN LA ESCULTURA

El arte de la escultura también ha legado obras relacionadas con la Natividad. Probablemente no supera en número a la pintura, pero sí tiene ejemplos notables. La más antigua que se conoce se debe a Arnolfo di Cambio, y es un conjunto formado por estatuas de los protagonistas de la Navidad y los Reyes Magos, en lo que ha venido en llamarse el primer belén de la historia. Fueron esculpidas entre 1288 y 1291, según diferentes textos, por el escultor florentino, el principal maestro del gótico italiano. El conjunto puede admirarse en la Cripta de la Capilla Sixtina de la Basílica de Santa María la Mayor[99, 481], lo cual la convierte en una de las pocas iglesias que tiene un belén esculpido. El grupo incluye a María con el niño en brazos, a José y los Magos, que les observan, acompañados de la mula y el buey.

Como ocurre en la pintura, la escultura dedicada a la Navidad puede agruparse en los principales sucesos de la historia.

En el siglo XII el escultor francés Gislebertus de Autun creó esculturas en relieve para decorar la Catedral de Saint Lazare, en Autun. Entre ellas destaca la Anunciación a los Magos, en la cual los representa durmiendo mientras un ángel los despierta y señala la estrella[482] que les indica el camino a Belén.

Un caso interesante es el de la Anunciación Preñada, en la que se representaba a la Virgen ya en avanzado estado de gestación, uniendo en el mismo suceso la Anunciación y la Encarnación. Estas estatuas comenzaron a verse alrededor del siglo XIII llegando a su máximo apogeo en el XIV. Muchas pueden encontrarse en el interior de catedrales e iglesias, y en algunos casos, como sucede en Galicia, en el exterior de estas. Según cita Ibáñez Palomo[483], era una particularidad escultórica que tuvo muy buena acogida en la mitad norte de la Corona de Castilla y el Reino de Portugal. Algunas de estas esculturas fueron talladas en madera, aunque la mayoría están realizadas en piedra. Pueden encontrarse ejemplos en la Catedral y en la Real Colegiata de San Isidoro, ambas en León; en la Catedral de Burgos, en el Museo del

Greco en Toledo, en el Claustro de la Catedral de Oviedo, en el Museo catedralicio de Santiago de Compostela o en el Monasterio de Santa María da Vitoria, en Batalha, Leiria, Portugal, entre otras. Después del Concilio de Trento, estas representaciones cayeron en desuso[484].

En la Catedral de Nuestra Señora de Reims, en la ciudad francesa del mismo nombre, es posible ver en las jambas del lado derecho de la portada principal de la fachada occidental, un grupo escultórico que representa la Anunciación y la Visitación. Fueron realizados entre 1230 y 1260 en piedra tallada, se cree que en su origen estaba policromado[485].

Donatello, el gran maestro escultor del Renacimiento, creó la llamada Anunciación Cavalcanti, gracias a un encargo del Cardenal Niccoló Cavalcanti para su capilla funeraria. Es una escultura de piedra arenisca gris, en algunas partes policromada, insertada en un tabernáculo renacentista. Puede admirarse en la nave derecha de la Basílica de Santa Cruz en Florencia.

En las puertas del Duomo de Milán, hay sendas escenas dedicadas a la Anunciación y la Natividad. En la primera aún puede observarse una marca ocasionada por las bombas durante la II Guerra Mundial.

La Puerta Norte de la Catedral de Florencia incluye escenas de la Anunciación, el Nacimiento, la Adoración de los Pastores y la Adoración de los Reyes. Son obra de Lorenzo Ghiberti, el maestro florentino a quien se deben también las célebres Puertas del Paraíso, con motivos del Antiguo Testamento. En la Puerta Sur se incluyen escenas del Anuncio del Ángel a Zacarías, Zacarías se queda mudo y la Visitación.

De igual manera ocurre en otros templos. En el retablo mayor de la catedral de Ourense, obra de Cornielles de Holanda en el siglo XVI pueden verse las escenas de la Anunciación, La Visitación, El Nacimiento, la Adoración de los Pastores y la Epifanía. En la portada gótica del imafronte occidental de la Catedral de Tui, del siglo XIII, se esculpieron varios pasajes relacionados con la Navidad, entre ellos el

Nacimiento, la Anunciación o la Adoración de los Pastores.

Algunos ejemplos de esculturas dedicadas a la Anunciación pueden ser el grupo de la Anunciación en la Catedral de Orvieto, en Italia; la escultura en madera policromada de Stoss Veit en la Iglesia de San Lorenzo de Nuremberg, fechada entre 1496 y 1504 o el retablo relicario de la Anunciación, de Vicente y Bartolomé Carducho, que data de 1604-1606 y se conserva en el Museo Nacional de Escultura de Valladolid. También pueden encontrarse talladas en la piedra de columnas y muros de muchos templos. Menciono como ejemplos las del Monasterio de Santo Domingo de Silos, en Burgos; la Iglesia de San Martín de Segovia, la Iglesia de Santa María de Piasca, en Cantabria o la de San Juan del Mercado en Zamora[486].

Otro motivo frecuente ha sido la Adoración de los Reyes Magos. En los Museos Vaticanos se conservan fragmentos de sarcófagos decorados con escenas bíblicas, entre las que se incluye la Natividad y la Epifanía, esta última fue utilizada frecuentemente en sarcófagos infantiles, porque remitía a la evocación de Jesús como niño[487].

Muestras de esculturas sobre la Adoración de los Reyes pueden encontrarse en el portal de la Catedral de Nuestra Señora de Estrasburgo, fechada alrededor de 1439; en el tímpano de la Puerta de la Adoración de los Reyes, o de los Palos, en la Catedral de Sevilla, construida en 1480 por Juan de Hoces y Pedro Sánchez de Toledo, y esculpida por Miguel de Terrín en 1520[488]. Otros ejemplos que pueden citarse son las esculturas del claustro de la Catedral de Pamplona, de finales del siglo XIV; el altorrelieve de la Adoración de los Reyes Magos, de Alonso Berruguete, tallado en madera policromada entre 1526 y 1532 para el retablo mayor del monasterio de San Benito el Real y que se conserva en el Museo Nacional de Escultura de Valladolid. La Adoración de los Reyes esculpida en mármol en el púlpito de la Catedral de Siena por Nicola Pisano, entre 1265 y 1268, se considera una de las obras maestras de la escultura medieval italiana[489]. Otro ejemplo es la Adoración de los Reyes, de Andrea della Robbia, relieve escultórico en terracota vidriada hecho en Florencia y que actualmente se conserva en el Museo Victoria y Alberto de Londres[490].

El tema de los Reyes Magos es frecuente en la decoración de las iglesias compostelanas, pues se les considera los primeros peregrinos cristianos. Y el mejor ejemplo es la Catedral de Santiago de Compostela. En el tímpano de la puerta de acceso a la Capilla de la Corticela, la mayor de las capillas de la catedral y la única que mantiene el estatus de parroquia, puede verse una Epifanía y, como dato curioso, solo se representa a dos de los Magos. En el tímpano derecho de la Fachada de las Platerías de la misma catedral se incluye una Adoración de los Reyes Magos, y en la decoración de la Fachada se incluyó una Anunciación, probablemente procedente de la puerta norte.

Pero no solo en templos antiguos se incluyeron esculturas y tallas relacionadas con la Navidad. En el Santuario de Fátima, en Portugal, se inauguró en la madrugada del 25 de diciembre de 1999, inicio del Gran Jubileo del año 2000, un pesebre, obra de José Aurelio, construido en chapa de acero inox perforada y bronce, con 5 metros de base y altura. La obra, que representa a María, el Niño, José, la mula y el buey, en una estructura en forma de triángulo que representa a la Santísima Trinidad, se encuentra junto al edificio de la Rectoría.

LA NAVIDAD Y LA GEOGRAFIA

La Navidad ha sido una fuente de inspiración para nombrar lugares. Con una búsqueda en Google Maps o en Mapas de Apple es posible hallar estos sitios distribuidos por todo el mundo.

El primer asentamiento español en el Nuevo Mundo ya fue nombrado teniendo en cuenta esta fecha. El 24 de diciembre de 1492, la nao Santa María, una de las tres carabelas que llevaron a Cristóbal Colon y sus hombres hasta América, encalló en un banco de arena en la actual bahía del Cabo Haitiano. A pesar de todos los intentos, fue imposible reflotarla, de manera que el Almirante decidió utilizar las maderas de la embarcación para construir una fortificación, a la que denominó **Fuerte Navidad**, al cual también se le ha conocido como Villa Navidad, Natividad o La Navidad.

Existen hasta cinco islas llamadas Navidad, nombradas así porque sus descubridores, como Colon, llegaron a ellas en torno a la fecha. Una de las más conocidas, es la **Isla Navidad o Christmas Island**, en el Océano Indico. Tiene unos 135 kilómetros cuadrados y pertenece a Australia. Cuenta con una población de aproximadamente 1400 habitantes, de los cuales el 70% son de origen chino. El nombre se debe al capitán William Mynors, de la *East India Ship Company*, quien eligió el nombre porque llegó a ella con su nave, la *Royal Mary*, el 25 de diciembre de 1643. La isla es famosa, entre otras cosas, por la migración de los cangrejos rojos, considerada una de las maravillas del mundo natural[491]. En la misma región, muy cerca de Tasmania, existen otras dos islas Navidad, ambas deshabitadas. La mayor, de unos 400 metros cuadrados, está al sur de la Isla Año Nuevo, y la otra, conocida como **Pequeña Isla de la Navidad**, está al otro lado de Tasmania y es minúscula.

En el Océano Pacífico hay otra **Isla de Navidad**. La bautizó así el capitán James Cook, porque la descubrió el 24 de diciembre de 1777, en su tercer viaje por el Pacífico. Es un atolón coralino de 388 kilómetros cuadrados, también conocido como Kiritimati y pertenece a la República de Kiribati, al noroeste de Australia. El nombre Kiritimati es la pronunciación de Christmas en el idioma local, el gilbertés. Tiene unos 5500 habitantes[492].

En Nueva Escocia, Canadá, se encuentra **Christmas Island**, una comunidad del municipio de Cabo Bretón, que en realidad no es una isla sino un pueblo en la orilla de un lago. Como curiosidad, en la oficina de correos se reciben en Navidad miles de tarjetas de felicitación, para ser reenviadas con el sello postal navideño de Christmas Island. Con el mismo nombre, e igualmente sin ser una isla, en Jalisco, México, hay una **Isla Navidad** que es un complejo turístico, cerca de poblado llamado **Barra de Navidad**, también conocido como **Puerto de Navidad**. Debe su nombre al virrey Antonio de Mendoza, quien desembarcó allí el 25 de diciembre de 1540, con el objetivo de sofocar una rebelión en el antiguo reino de Nueva Galicia[493]. Es un lugar muy hermoso, lo que ha propiciado que sea un destino turístico por excelencia.

Algunas poblaciones han recibido el nombre de Navidad o Natividad. La **Comuna de Navidad** en Chile, se encuentra en la provincia Cardenal Caro, en la región General Libertador Bernardo O'Higgins. Tiene 5422 habitantes y abarca un área de 300 metros cuadrados[494]. En el municipio de Mascota, en Jalisco, México, el pequeño y pintoresco poblado de **Navidad** tiene unos 250 habitantes y una hermosa iglesia que es uno de sus atractivos[495]. También en México, pero en el Distrito Federal, existe la **Colonia Granjas Navidad**, en Cuajimalpa de Morelos. Y en Lima, Perú, la **Urbanización Navidad de Villa**.

En Arizona, Estados Unidos, hubo un pueblo minero llamado **Navidad**, actualmente deshabitado. Se encuentra en el suroeste del condado de Gila. Y en el condado de Orange, en Florida, el poblado de **Christmas** alberga una población de alrededor de 1400 habitantes. Pertenece al área metropolitana de Orlando. Michigan cuenta con un poblado de nombre **Christmas**, con unos 400 habitantes. Debe su nombre a una fábrica de regalos navideños fundada en 1938, que ya no existe. Como muchos otros pueblos con este nombre, recibe miles de cartas en la temporada navideña para ser reenviadas con el sello de correos local. Pueden contarse otras poblaciones en los Estados Unidos llamadas **Christmas**, por ejemplo, en Kentucky y Mississippi, así como **Christmas City** en Utah, **Christmas Cove** en Maine, **Christmas Valley** en Oregón o **Christmasville** en Tennessee[496].

En la provincia de Pangansinan, en Filipinas, se encuentra el **pueblo de Natividad**, fundado en 1902, durante la ocupación americana del país, aunque no están claras las razones por las que se le denominó así. El templo parroquial de la localidad, de la Iglesia Católica, está dedicado a la Natividad de Nuestra Señora, y no a la Navidad.

Muchas vías llevan el nombre de **Calle Navidad**. Por citar algunos ejemplos, existen calles con este nombre en Lurigancho-Chosica, Perú, así como en Valladolid, Toledo o Badajoz, en España. En Francia, puede encontrarse la *Rue de la Nativité* en Orange, y con el mismo nombre existe una calle peatonal en el distrito Bercy de París. En Brasil, hallamos la *Rua Natividade* en Recreio dos Bandeirantes, Rio de Janeiro; en Vila Nova Conceição São Paulo; en Goiâna Hoiás y en Camaçari, Bahia Barrio.

Otro nombre relacionado con la Navidad y muy frecuente, es de los Reyes Magos o la Epifanía. Así vemos que Madrid tiene una **Plaza de los Reyes Magos**, así como un **Parque Reyes Magos** en la calle Luis Rosales, en Alcalá de Henares. Sevilla cuenta en la calle Estepona, con el **Parque de los Reyes Magos**. Y en Logroño, La Rioja, existe la rotonda **El Jardín de los Reyes Magos**.

Pueden localizarse calles **Reyes Magos** en Madrid, A Coruña, Valladolid, San Fernando y Yuncos, todas en España. Y con el nombre dedicado a este día, la **calle Epifanía** existe en Madrid y Valladolid; *Rua Epifania* en Sao Pãulo, Brasil; *Epiphany Street* en Londres y en Sudbury District, en Canadá; *Via Epifania* en Noci BA, Italia, o *Rue* *de l'Epiphanie* en Étiolles, Île-de-France. Por otra parte, en México existe una localidad llamada **Epifanía**.

Algunas fortificaciones han tenido o tienen nombres relacionados con la Navidad. Es el caso del **Castillo de los Tres Reyes Magos del Morro**, en La Habana, uno de los símbolos de la ciudad. Lo primero que avista el navegante que se acerca a la bahía es el faro del castillo. Se trata de una fortaleza construida entre 1589 y 1630 o 1640, hay discrepancias al respecto entre los historiadores. Se debe al ingeniero militar Bautista Antonelli. El faro que se observa en la actualidad es el tercero que ha tenido el Morro en su historia. En Colombia, a la derecha del puerto de Cartagena, está el **Fuerte Navidad**, uno de los baluartes defensivos de la ciudad. Y en *Christmas*, Florida, se encontraba **Fort Christmas**, actualmente parte del *Fort Christmas Historical Park*.

Sin embargo, aunque nombres como Navidad, Reyes Magos o Epifanía son utilizados en alguna ocasión, el que mayormente encontraremos distribuido por la geografía universal es el de **Belén**. De hecho, en el antiguo Israel había dos ciudades llamadas Belén. **Belén de Zabulón**, la llamada Belén de los gentiles, a unos 11 kilómetros al noroeste de Nazaret, y **Belén de Judea**, a 8 kilómetros al sur de Jerusalén. El Evangelio es claro al decir que Jesús nació en Belén de Judea, como dice el texto griego de Mateo, erróneamente traducido por san Jerónimo como Belén de Judá[76].

He encontrado 18 ciudades en el mundo llamadas **Belén**, situadas 3 de ellas en Perú, 2 en Colombia, 2 en Turquía, 2 en México y una en los Estados Unidos de América, Nicaragua, Costa Rica, Bolivia, Argentina, Uruguay, Paraguay Brasil y Chile. Algunas son notorias, como Belem, la capital del estado de Pará, en Brasil, en la desembocadura del río Amazonas y que es la ciudad más poblada del estado. La ciudad argentina de Belén es también la capital del departamento del mismo nombre, en la provincia de Catamarca. La localidad de Belén, en la comuna Putre, provincia de Paricanota en Chile, es la única localidad del altiplano andino fundada por los españoles, hecho acaecido en 1625. En Nuevo México, Estados Unidos, en el condado de Valencia, se encuentra la ciudad de Belén, que cuenta con unos 7000 habitantes. En Perú hay tres ciudades llamadas Belén en las regiones de Piura, Ayacucho y Loreto.

De la misma forma, existen alrededor de 100 lugares en el mundo llamados Belén. Podemos citar algunos de ellos, pues la lista sería muy extensa: el núcleo urbano del municipio Trujillo, en la provincia de Cáceres, Extremadura; o la localidad del concejo Valdés, en la parroquia La Montaña, en Asturias, que tiene unos 111 habitantes y 41 viviendas; el antiguo Convento de Nuestra Señora de Belén, en La Habana Vieja, situado en la calle Compostela, y que es el primer edificio barroco de la ciudad, considerado el padre del barroco cubano y en la misma ciudad el antiguo Colegio de Belén. Encontramos sitios o locaciones con este nombre en lugares tan dispares como Guinea Ecuatorial, en Český Krumlov, República Checa o en Lodzkie, Polonia.

REFERENCIAS

1. Diccionario de la lengua española. Real Academia Española. En: https://dle.rae.es/navidad [Consultado: diciembre 2021]

2. Vargas Rubio, Rodolfo: Usos y costumbres de Navidad. En: https://ec.aciprensa.com/wiki/Usos_y_costumbres_de_la_Navidad [Consultado: diciembre 2021]

3. Hillerbran, Hans J, Christmas holiday. En: https://www.britannica.com/topic/Christmas [Consultado: diciembre 2021]

4. Navidad. En: https://ec.aciprensa.com/wiki/Navidad **Fuente**: Martindale, Cyril Charles. "Christmas." The Catholic Encyclopedia. Vol. 3. New York: Robert Appleton Company, 1908. http://www.newadvent.org/cathen/03724b.htm [Consultado: diciembre 2021]

5. Zaccaria, Dissertazioni eec. del p. A. M. Lupi, Faenza, 1785, p. 219

6. Biblia. Enciclopedia Católica. En: https://ec.aciprensa.com/wiki/Biblia. **Fuente**: Gigot, Francis. "The Bible." The Catholic Encyclopedia. Vol. 2. New York: Robert Appleton Company, 1907. http://www.newadvent.org/cathen/02543a.htm [Consultado: diciembre 2021]

7. Ibanez, Fréderic: ¿Cuál es el libro más traducido del mundo? 10/09/2021. Alphatrad Spain. En: https://www.alphatrad.es/noticias/los-libros-mas-traducidos-del-mundo [Consultado: diciembre 2021]

8. Aire Traducciones. Ranking de los libros más traducidos de la historia. 2020. En: https://airetraducciones.com/2020/06/11/ranking-de-los-libros-mas-traducidos-de-la-historia/ [Consultado: diciembre 2021]

9. Evangelios. Enciclopedia Católica. En: https://ec.aciprensa.com/wiki/Evangelios **Fuente**: Gigot, Francis. "Gospel and Gospels." The Catholic Encyclopedia. Vol. 6. New York: Robert Appleton Company, 1909. http://www.newadvent.org/cathen/06655b.htm [Consultado: diciembre 2021]

10. Acevedo, Pato. La navidad en los evangelios. 2016. En: https://www.infocatolica.com/blog/esferacruz.php/1601090210-la-navidad-en-los-evangelios [Consultado: diciembre 2021]

11. Reid, George J. Apócrifos. Enciclopedia Católica. En: https://ec.aciprensa.com/wiki/Apócrifos [Consultado: diciembre 2021]

12. Los evangelios apócrifos y el nacimiento de Jesús. 2019. En: https://diariosdelaiglesia.wordpress.com/2019/12/22/los-evangelios-apocrifos-y-el-nacimiento-de-jesus/ [Consultado: diciembre 2021]

13. Zorita, Miguel. Lo que la Navidad debe a los Evangelios Apócrifos. El Plural, 2021. En: https://www.elplural.com/regreso-al-futuro/navidad-debe-evangelios-apocrifos_280764102 [Consultado: diciembre 2021]

14. Calendario juliano. M'SUR. En: https://msur.es/tiempos/calendario-juliano/ [Consultado: diciembre 2021]

15. Jaime. ¿Qué países celebran la Navidad y cuándo lo hacen? Cunavidad. 2019. En: https://www.cunavidad.com/curiosidades-navidad/que-paises-celebran-la-navidad-y-cuando-lo-hacen.php [Consultado: diciembre 2021]

16. Talgame, James E. Jesús el Cristo. Capítulo 9, páginas 108-109.

17. Navidad ortodoxa: ¿quiénes y por qué celebran la Navidad el 7 de enero? 2022. En: https://diarioavance.com/navidad-ortodoxa-quienes-y-por-que-celebran-la-navidad-el-7-de-enero/ [Consultado: diciembre 2021]

18. Alvarado, Fernando E. La Navidad en el protestantismo. (17 de diciembre de 2018) En: https://pensamientopentecostalarminiano.org/2018/12/17/la-navidad-en-el-protestantismo/ [Consultado: enero 2022]

19. Van Dellen, Idzerd y Monsma, Martin, The Church Order Commentary; Grand Rapids: Zondervan, 1941, p. 273. Citado en Williams, G.I., ¿Is Christmas Scriptural? Citado en: Alvarado, Fernando E. La Navidad en el protestantismo. (17 de diciembre de 2018) En: https://pensamientopentecostalarminiano.org/2018/12/17/la-navidad-en-el-protestantismo/ [Consultado: enero 2022]

20. Selected Works of John Calvin, Tracts and Letters' (Henry Beveridge and Jules Bonnet, ed.), Vol. 6, Letters, Part 3, 1554-1558, pp. pp. 162-169. Citado en: Alvarado, Fernando E. La Navidad en el protestantismo. (17 de diciembre de 2018) En: https://pensamientopentecostalarminiano.org/2018/12/17/la-navidad-en-el-protestantismo/ [Consultado: enero 2022]

21. Di Fazio, Gerardo. La Navidad, una celebración prohibida durante siglos en casi todo el mundo que aún vedan muchos países. 2021. En: https://www.infobae.com/sociedad/2021/12/18/la-navidad-una-celebracion-prohibida-durante-siglos-en-casi-todo-el-mundo-que-aun-vedan-muchos-paises/ [Consultado: enero 2022]

22. Historia de la Navidad. En: https://navidad.es/historia-de-la-navidad/ [Consultado: enero 2022]

23. Elías Viana, Marta. Navidades prohibidas (8 de diciembre de 2017). En: La Misma Historia (Blog). Recuperado en: https://lamismahistoria.es/navidades-prohibidas/ [Consultado: enero 2022]

24. Blancas, Enrique. Inglaterra le prohibió la Navidad a Estados Unidos: te explicamos la historia. En: https://www.vix.com/es/mundo/221536/no-todo-el-mundo-celebra-la-navidad-igual-te-presentamos-unos-ejemplos?utm_source=next_article [Consultado: enero 2022]

25. Martínez Castellanos, Noelia. Descubre el origen de las tradiciones navideñas en Escocia. (20 de diciembre de 2018) En: https://www.cext.es/posts/cultura/descubre-el-origen-de-las-tradiciones-navidenas-en-escocia/ [Consultado: enero 2022]

26. Navidad en Escocia. En: https://navidad.lecovok.com/navidad-en-escocia.html [Consultado: enero 2022]

27. Uribarri, Fátima. La cena de Navidad más tétrica. (23/12/2021). En: https://www.elcorreo.com/xlsemanal/historia/cena-navidad-hitler-ejercito-nazis-historia.html [Consultado: enero 2022]

28. López, Alejandro I. Cómo Hitler consiguió que la Navidad no fuera judía. (24/12/2016) En: https://culturacolectiva.com/historia/la-navidad-nazi-el-culto-perfecto-para-mantener-el-poder-de-hitler [Consultado: enero 2022]

29. Solzhenitsyn, Aleksandr. Archipiélago Gulag, 1918-1956. Tusquets Editores, Barcelona, 2015.

30. Ovchinnikova, Katia. Rusia, el país que celebra tres veces la Navidad. (27/12/2020). En: https://elordenmundial.com/tres-fiestas-de-la-navidad-en-rusia/ [Consultado: enero 2022]

31. Cultura asiática. Cómo se celebra la Navidad en Rusia. En: https://www.culturaasiatica.com/como-se-celebra-la-navidad-en-rusia/ [Consultado: enero 2022]

32. Días festivos en Rusia. En: https://www.advantour.com/es/rusia/dias-festivos.htm [Consultado: enero 2022]

33. Juan Almeida, Juan. Así se prohibió la Navidad en Cuba. 23/12/2013. En: https://www.radiotelevisionmarti.com/a/cuba-navidad-suspencion-fidel-castro-/30431.html [Consultado: enero 2022]

34. Apollo 8: Christmas at the Moon. NASA, 23/12/2019. En: https://www.nasa.gov/topics/history/features/apollo_8.html

35. Suárez, P. Ariel. ¿Se celebra la Navidad en Cuba? Revista Palabra Nueva, 21/12/2018. En: https://www.palabranueva.net/en-cuba-no-habia-navidad/ [Consultado: enero 2022]

36. Countries that do not celebrate Christmas. The Week, 15/12/2021. En: https://www.theweek.co.uk/104773/which-countries-do-not-celebrate-christmas [Consultado: enero 2022]

37. Antena 3 Noticias. ¿Por qué hay países que prohíben la Navidad? 20/12/2021. En: https://www.antena3.com/noticias/mundo/que-hay-paises-que-prohiben-navidad_2021122061c04f8cea16b800019749c5.html [Consultado: enero 2022]

38. Christmas sales in Saudi Arabia hint at changing times. The Arab Weekly, 27/12/2020. En: https://thearabweekly.com/christmas-sales-saudi-arabia-hint-changing-times [Consultado: enero 2022]

39. Kuo, Lily. Chinese cities crack down on Christmas celebration. The Guardian, 24/12/2018. En: https://www.theguardian.com/world/2018/dec/24/china-cracks-down-on-christmas-celebrations [Consultado: enero 2022]

40. Lorenzo, Marian. Navidad en China: ¿cómo se celebra? Okdiario, 18/12/2019. En: https://okdiario.com/fiestas/navidad-china-como-celebra-4949008 [Consultado: enero 2022]

41. Vêneto, Francisco. Il dittatore comunistiche 5 anni fa ha proibito il Natale e ha ordinato di festeggiare la nascita di sua nonna. Aleteia, 09/12/2021. En: https://it.aleteia.org/2021/12/09/kim-jong-un-5-anni-fa-ha-proibito-natale-e-ordinato-di-festeggiare-nascita-di-sua-nonna/2/ [Consultado: enero 2022]

42. Ludena, Leonela. ¿Por qué Corea del Norte no celebra la Navidad? La República, 25/12/2017. Actualizado 28/05/2019. En: https://larepublica.pe/mundo/1162379-por-que-corea-del-norte-no-celebra-la-navidad/ [Consultado: enero 2022]

43. Porte Aperte Italia Onlus: la mappa. Un cristiano su otto nel mondo viene perseguitato. Avvenire.it. 13/01/2021. En: https://www.avvenire.it/mondo/pagine/cristiani-perseguitati-world-watch-list-2021 [Consultado: enero 2022]

44. Redacción Descubrir.com. Corea del Norte y otros países que no celebran la Navidad. 20/12/2021. En: https://www.descubrir.com/corea-del-norte-y-otros-paises-que-no-celebran-la-navidad/?fbclid=IwAR2NhjGHGYsvxv0Ci5BIAkt-g4rfKb4nQnCA6JLWT8reLEHbfBG3CaE3J9I_aem_AW4SSWO0OzZG CXNbUPMot3z9sEqQeltfX5k2jiwWhn2G5kEd6wFYbcLMN_MAekEXW QxsOGuOs9n6tqia4nx5J1Gu9nk57EGeoKu6shCbSUwMTH34bzbfEw1TP 9PRdx1hFVE_ [Consultado: enero 2022]

45. Europa Press. Irán. La Judicatura iraní admite la concesión de un permiso de diez días a los presos cristianos por Navidad. 26/12/2021. COPE. En: https://www.cope.es/actualidad/espana/noticias/iran--judicatura-irani-admite-concesion-permiso-diez-dias-los-presos-cristianos-por-navidad-20211226_1698575 [Consultado: enero 2022]

46. Di Bussolo, Alessandro. Cristiani perseguitati in Asia, perché il Natale fa paura. Vatican News, 24/12/2017. En:

https://www.vaticannews.va/it/chiesa/news/2017-12/cristiani-perseguitati-in-asia--perche-il-natale-fa-paura.html [Consultado: enero 2022]

47. Cuáles son los países del mundo que no celebran la Navidad. La Nación, 24/12/2021. En: https://www.lanacion.com.ar/lifestyle/cuales-son-los-paises-del-mundo-que-no-celebran-la-navidad-y-por-que-nid25122021/ [Consultado: enero 2022]

48. Rivero, P. Antonio. Definición de liturgia. En: https://es.catholic.net/op/articulos/13657/cat/587/definicion-de-liturgia.html#modal [Consultado: enero 2022]

49. Fortescue, Adrian. Liturgia. En: Enciclopedia Católica. https://ec.aciprensa.com/wiki/Liturgia [Consultado: enero 2022]

50. Juan Pablo II. Carta Apostólica Vicesimus Quintus Annus. Librería Editrice Vaticana, 1988. 22.

51. Vallés, Tere. El año litúrgico, origen y significado. Catholic.net. En: https://es.catholic.net/op/articulos/18025/cat/719/el-ano-liturgico-origen-y-significado.html#modal [Consultado: enero 2022]

52. Redacción religión. Verde, morado, rojo, blanco... ¿Qué significan los colores que lleva el sacerdote? Ecclesia. 21/01/2020. En: https://www.cope.es/religion/vivir-la-fe/noticias/verde-morado-rojo-blanco-que-significan-los-colores-que-lleva-sacerdote-20200121_599496 [Consultado: enero 2022]

53. Calendario litúrgico. Liturgia Papal. 17/12/2015. En: https://liturgiapapal.org/index.php/manual-de-liturgia/calendario-liturgico/92-el-calendario-del-tiempo-de-navidad.html [Consultado: enero 2022]

54. Jiménez Lerma, Carlos. Las cuatro misas de la Navidad. En: https://paliodeplata.com/la-cartela/las-cuatro-misas-de-la-navidad/ [Consultado: enero 2022]

55. Redacción ACI Prensa. ¿Por qué son importantes las 4 Misas que se celebran por Navidad? Arzobispo lo explica. 21/12/2021. En: https://www.aciprensa.com/noticias/por-que-son-importantes-las-4-misas-que-se-celebran-por-navidad-arzobispo-lo-explica-44854 [Consultado: enero 2022]

56. P. Dimitrio. Archimandrita de la Iglesia Ortodoxa Griega de Madrid. Celebración de la Navidad y Epifanía en la Iglesia Ortodoxa. 29/12/2016. En:

https://equipoecumenicosabinnanigo.blogspot.com/2016/12/celebracion-de-la-navidad-y-la-epifania.html [Consultado: enero 2022]

57. Congregación para el Culto Divino y la Disciplina de los Sacramentos. Directorio sobre la piedad popular y la liturgia. Principios y orientaciones. Ciudad del Vaticano, 2002.

58. Redacción ACI Prensa. Cada 27 de diciembre se celebra a San Juan Evangelista, el discípulo amado. ACI Prensa, 03/01/2022. En: https://www.aciprensa.com/noticias/hoy-se-celebra-a-san-juan-evangelista-el-discipulo-amado-de-jesus-25523 [Consultado: enero 2022]

59. Ratzinger, Joseph (Benedicto XVI) La Infancia de Jesús. Ed. Planeta, 2012

60. González Ferrera, Fray Francisco M. La Fiesta de la Sagrada Familia. Apuntes Litúrgicos OFM. 26/12/2021. En: https://ofminmaculada.org/apuntes-liturgicos/3350-la-fiesta-de-la-sagrada-familia [Consultado: abril 2022]

61. Tranié, Julien. ¿De dónde viene el culto a la Sagrada Familia? La Croix en español. 21/12/2020. En: https://es.la-croix.com/fiestas-religiosas/de-donde-viene-el-culto-de-la-sagrada-familia [Consultado: abril 2022]

62. ACIPrensa. Solemnidad de María, Madre de Dios. En: https://www.aciprensa.com/recursos/solemnidad-de-santa-maria-madre-de-dios-1904 [Consultado: abril 2022]

63. Martindale, Cyril. Epifanía. Enciclopedia Católica. En: https://ec.aciprensa.com/wiki/Epifan%C3%ADa [Consultado: abril 2022]

64. Redacción de ACIPrensa. Hoy se inicia la Octava de Navidad, celebramos el nacimiento de Jesús 8 días seguidos. 25/12/2021. En: https://www.aciprensa.com/noticias/hoy-se-inicia-la-octava-de-navidad-celebramos-el-nacimiento-de-jesus-8-dias-seguidos-72671 [Consultado: abril 2022]

65. Cabrol, Fernand. Octava. Enciclopedia Católica. En: https://ec.aciprensa.com/wiki/Octava [Consultado: abril 2022]

66. Leben, J. Christi des Erlösers, Münster, 1887, pág. 312

67. Tighe, William J. Calculando la Navidad: la auténtica historia del 25 de diciembre. Traducido por EuLalos Traduccions. 25/12/2003. En: https://mercaba.org/LITURGIA/Nv/calculando_la_navidad.htm [Consultado: enero 2022]

68. El clima y el tiempo promedio en todo el año en Belén. Weather Spark. En: https://es.weatherspark.com/y/98811/Clima-promedio-en-Belén-Territorios-Palestinos-durante-todo-el-año [Consultado: marzo 2022]

69. Goldreich, Yair (2003), The Climate of Israel: Observation, Research and Application, Springer, ISBN 0-306-47445-X

70. Martínez Álvarez, Álvaro. La agricultura en los textos bíblicos del Antiguo Testamento. 2013, Colegio Oficial de Ingenieros Agrónomos de Centro y Canaria; Colegio Oficial de Ingenieros Agrónomos de Castilla y León y Cantabria. p. 14

71. Evangelio según San Lucas. La Biblia. La Casa de la Biblia, 7ª ed. Navarra, 1992. p. 1548

72. Génesis. Biblia de Jerusalén. Ed. Desclee de Brouwer, Bilbao, 1967. p. 22

73. Éxodo. Biblia de Jerusalén. Ed. Desclee de Brouwer, Bilbao, 1967. p. 65

74. Josefo, Flavio. La guerra de los judíos. Ed Porrúa, México, 2003. Libro 3, capítulo 10:8.

75. Belén: casa del pan – Mapa y Ubicación Geográfica. Mapas Bíblicos, Bibliatodo. En: https://www.bibliatodo.com/mapas-biblicos/belen [Consultado: abril 2022]

76. Arbez, Edward. Belén. Enciclopedia Católica. En: https://ec.aciprensa.com/wiki/Belén [Consultado: abril 2022, febrero 2023]

77. Miqueas. Biblia de Jerusalén. Ed. Desclee de Brouwer, Bilbao, 1967. p. 1260

78. Oficina Central de Estadísticas de Israel. En: https://web.archive.org/web/20181120155307/http://www.cbs.gov.il/ishuvim/reshimalefishem.pdf [Consultado: abril 2022]

79. Nazaret. Estudios Bíblicos.org. Diccionario Bíblico. En: https://estudiosbiblicos.org/diccionariobiblico/dictionary/nazaret/ [Consultado: abril 2022]

80. Llamas Martínez, P. Enrique. El libro de la Virgen. Edicel Centro Bíblico Católico. Valencia, 2010. p. 93

81. San Pablo. Primera Carta a los Corintios. Biblia de Jerusalén. Ed. Desclee de Brouwer, Bilbao, 1967. p. 1545

82. San José. Enciclopedia Católica. En: https://ec.aciprensa.com/wiki/San_José traducido por Christian Longarini

de St. Joseph." The Catholic Encyclopedia. Vol. 8. New York: Robert Appleton Company, 1910. http://www.newadvent.org/cathen/08504a.htm [Consultado: mayo 2022]

83. Ángeles. Enciclopedia Católica. Traducido por Bartolomé Santos de: Pope, Hugh. "Angels." The Catholic Encyclopedia. Vol. 1. New York: Robert Appleton Company, 1907. 17 dic. 2012 http://www.newadvent.org/cathen/01476d.htm [Consultado: mayo 2022]

84. Los ángeles. Catecismo de la Iglesia Católica. Asociación de Coeditores del Catecismo – Librería Editrice Vaticana. Bilbao. NC#329

85. Biblia de Jerusalén. Ed. Desclec dc Brouwer, Bilbao, 1967.

86. Peña Benito, P. Ángel. Ángeles en acción. Lima, Perú, 2006. pp. 10, 14.

87. La Biblia. La Casa de la Biblia, 7ª ed. Navarra, 1992.

88. F. Josefo "Guerras", I, XXVIII, 4- nota en Whiston

89. Herodes. Enciclopedia Católica. Traducido por Javier Algara de: Tierney, John. "Herod." The Catholic Encyclopedia. Vol. 7. New York: Robert Appleton Company, 1910. http://www.newadvent.org/cathen/07289c.htm [Consultado: mayo 2022]

90. Evangelios apócrifos. Ed. Creación, Madrid, 2008.

91. Reyes Magos. Enciclopedia Católica. Traducción de José Demetrio Jimenez LHM, de: Drum, Walter. "Magi." The Catholic Encyclopedia. Vol. 9. New York: Robert Appleton Company, 1910. http://www.newadvent.org/cathen/09527a.htm [Consultado: mayo 2022]

92. Evangelio según san Mateo. La Biblia. La Casa de la Biblia, 7ª ed. Navarra, 1992. p. 1454

93. https://dle.rae.es/reliquia [Consultado: junio 2022]

94. Pascual, P. Fernando. Los católicos y las reliquias. Catholic.net. En: https://es.catholic.net/op/articulos/1084/cat/113/los-catolicos-y-las-reliquias.html#modal [Consultado: junio 2022]

95. Relics. Catholic Online. En: https://www.catholic.org/encyclopedia/view.php?id=9934 [Consultado: junio 2022]

96. Blandy, Tifaine. El regreso a Tierra Santa de la reliquia de la Santa Cuna y su relación con el Terra Sancta Musseum. Terra Sancta Musseum. 11/12/2019. En: https://www.terrasanctamuseum.org/es/el-regreso-a-tierra-santa-de-la-reliquia-de-la-santa-cuna-y-su-relacion-con-el-terra-sancta-museum/ [Consultado: junio 2022]

97. Pesebre. Enciclopedia Católica. En: https://ec.aciprensa.com/wiki/Pesebre [Consultado: junio 2022]

98. Equipo sacerdotal. ¿Qué pasó con la cuna del Niño Jesús? Parroquias de Nuestra Señora de los Desamparados y San Lucas. Madrid, 2/01/2019. En: https://parroquiasdesancristobal.archimadrid.es/2019/01/02/que-paso-con-la-cuna-del-nino-jesus/ [Consultado: junio 2022]

99. La Basílica Papal de Santa María la Mayor. El interior. Vatican.va En: https://www.vatican.va/various/basiliche/sm_maggiore/sp/storia/interno.htm [Consultado: junio 2022]

100. La reliquia de la Cuna de Jesús regresa a Belén. Vatican News. En: https://www.vaticannews.va/es/iglesia/news/2019-12/regreso-reliquia-cuna-belen-pesebre-francisco-jerusalen-navidad.html [Consultado: junio 2022]

101. De Mattheais, Nicoletta. Los pañales del Niño Jesús: ¿podían faltar? Reliquiosamente. En: https://reliquiosamente.com/2020/01/04/los-panales-del-nino-jesus-podian-faltar/ [Consultado: junio 2022]

102. Daud, María Paola. Estas son algunas de las santas reliquias del Niño Jesús. Aleteia, 14/12/2021. En: https://es.aleteia.org/2021/12/14/estas-son-algunas-de-las-santas-reliquias-del-nino-jesus/ [Consultado: junio 2022]

103. Fernández, Víctor. El misterio del Santo Pañal. La Razón. 20/11/2021. En: https://www.larazon.es/cataluna/20211120/xuqatakq7rhmbkbe5r53keyk2q.html [Consultado: junio 2022]

104. Estas son algunas de las santas reliquias del Niño Jesús. El Pan de los pobres (Aleteia, 17/12/2021). En: https://www.elpandelospobres.com/noticias/estas-son-algunas-de-las-santas-reliquias-del-nino-jesus [Consultado: junio 2022]

105. La Catedral. Dubrovnik Touristic Board. En: https://tzdubrovnik.hr/lang/es/get/sakralni_objekti/5036/_la_cathÃ©drale.html [Consultado: junio 2022]

106. Iartz. Historia de Dubrovni. Experiencias viajeras. En: https://www.experienciasviajeras.blog/historia-dubrovnik/ [Consultado: junio 2022]

107. La Gruta de la Leche. Bein Harim Tourism Services. En: https://www.beinharimtours.com/es/the-milk-grotto/ [Consultado: junio 2022]

108. La Gruta de la Leche – Belén: Allí ocurren muchos milagros. Fuente: Gaudium Press. Primeros Cristianos, 31/10/2018. En: https://www.primeroscristianos.com/esta-la-gruta-la-leche-belen-alli-ocurren-muchos-milagros/ [Consultado: junio 2022]

109. Esparza, Daniel. La "Gruta de la Leche": destino de peregrinaciones desde el siglo IV. Aleteia, 29/12/2016. En: https://es.aleteia.org/2016/12/29/la-gruta-de-la-leche-destino-de-peregrinaciones-desde-el-siglo-iv/ [Consultado: junio 2022]

110. El Prodigio de la Santa Leche de la Virgen (que se licúa una vez al año). Foros de la Virgen. En: https://forosdelavirgen.org/el-prodigio-de-la-santa-leche-de-la-virgen-que-se-licua-una-vez-al-ano-13-12-27/ [Consultado: junio 2022]

111. De Matthaeis, Nicoletta. Il latte della Vergine Maria. Reliquiosamente. 1/10/2015. En: https://reliquiosamente.com/2015/10/01/il-latte-della-vergine-maria/ [Consultado: junio 2022]

112. Catedral de Colonia. El Arte Cristiano. En: https://www.elartecristiano.com/catedral-de-colonia [Consultado: junio 2022]

113. Sánchez Silva, Walter, ¿Dónde están las reliquias de los Reyes Magos? La respuesta de Benedicto XVI. ACI Prensa, 06/01/2022. En: https://www.aciprensa.com/noticias/donde-estan-las-reliquias-de-los-reyes-magos-la-respuesta-de-benedicto-xvi-35199 [Consultado: junio 2022]

114. La basílica de San Eustorgio y la tumba de los Reyes Magos. Sitios Históricos, 09/10/2017. En: https://sitioshistoricos.com/la-basilica-de-san-eustorgio-y-el-sepulcro-de-los-reyes-magos/ [Consultado: junio 2022]

115. Longenecker, Dwight. ¿Dónde están las reliquias de los tres reyes magos? Aleteia, 06/01/2016. En: https://es.aleteia.org/2016/01/06/donde-estan-las-reliquias-de-los-tres-reyes-magos/ [Consultado: junio 2022]

116. Bustamante Ibarra, Jesús. Las reliquias de los Reyes Magos. Catholic.net. Fuente: boletinturistico.com. En: https://www.es.catholic.net/op/articulos/2314/las-reliquias-de-los-reyes-magos-.html#modal [Consultado: junio 2022]

117. El Relicario más Grande de la Cristiandad contiene las Reliquias de los Reyes Magos. Foros de la Virgen María. En: https://forosdelavirgen.org/cosas-colosales-de-las-reliquias-de-los-tres-reyes-magos-14-07-28/ [Consultado: junio 2022]

118. Daud, María Paola. San Eustorgio y las reliquias de los Reyes Magos. Aleteia, 06/01/2020. En: https://es.aleteia.org/2020/01/06/san-eustorgio-y-las-reliquias-de-los-reyes-magos/ [Consultado: junio 2022]

119. La strana storia dei Re Magi a Milano. La Storia Viva, 04/01/2016. En: https://lastoriaviva.it/la-strana-storia-dei-re-magi-a-milano/ [Consultado: junio 2022]

120. Ospino, Luis. Los tres dones de los magos: las reliquias más preciadas del monte Athos. Greek Reporter, 15/12/2020. En: https://es.greekreporter.com/2020/12/15/los-tres-dones-de-los-magos-las-reliquias-mas-preciadas-del-monte-athos/ [Consultado: junio 2022]

121. De Matthaeis, Nicoletta. Le altre reliquie dei Re Magi. Reliquisamente, 03/04/2014. En: https://reliquiosamente.com/2014/04/03/le-altre-reliquie-dei-re-magi/ [Consultado: junio 2022]

122. El Evangelio Árabe de la Infancia. En: Evangelios apócrifos. Ed. Creación, Madrid, 2008.

123. La historia de la "reliquia" más singular de la Cristiandad. Aleteia, tomado de Finesettimana.org, 27/03/2018. Luigi Accatoli, La Lecttura, Corriere della Sera, 29/03/2015. En: https://es.aleteia.org/2018/03/27/la-historia-de-la-reliquia-mas-singular-de-la-cristiandad/ [Consultado: junio 2022]

124. La Basílica de la Natividad en Belén. Primeros Cristianos, 22/12/2020. En: https://www.primeroscristianos.com/la-basilica-de-la-natividad-en-belen/ [Consultado: junio 2022]

125. Orígenes. Contra Celso, 1, 51.

126. Belén: Basílica de la Natividad. Opus Dei, 24/12/2012. En: https://opusdei.org/es/article/belen-basilica-de-la-natividad/ [Consultado: junio 2022]

127. San Cirilo de Jerusalén. Catequesis, 12, 20.

128. En este lugar nació Jesús: Belén, la basílica y la gruta de la Natividad. Foros de la Virgen María. En: https://forosdelavirgen.org/belen-la-basilica-y-la-gruta-de-la-natividad/ [Consultado: junio 2022]

129. Ignacio. La Iglesia de la Natividad en Belén. Visitar Tierra Santa, 2/05/2019. En: https://www.visitartierrasanta.com/iglesia-de-la-natividad/ [Consultado: junio 2022]

130. Juan Pablo II. Carta del Santo Padre Juan Pablo II sobre la peregrinación a los lugares vinculados con la Historia de la Salvación. Dicasterio per la Comunicazione, Librería Editrice Vaticana, 1999.

131. La Basílica de la Natividad de Belén recobra el esplendor de la época de las Cruzadas. ABC, 18/12/2018. En: https://www.abc.es/cultura/abci-basilica-natividad-belen-recobra-esplendor-epoca-cruzadas-201812181311_noticia.html [Consultado: junio 2022]

132. Aleteia Team. Tras las huellas de Jesús: La Gruta de la Leche. Aleteia, 19/12/2019. En: https://es.aleteia.org/2019/12/19/tras-las-huellas-de-jesus-la-gruta-de-la-leche/ [Consultado: junio 2022]

133. Aguilar Valdés, P. José de Jesús. La Gruta de la Leche en Belén. YouTube, 08/09/2018. En: https://youtu.be/HYlKFWYtskc [Consultado: junio 2022]

134. O'Farrill, Roberto. Gruta de la leche. Ver y Creer, 06/08/2019. En: https://www.verycreer.com/index.php?option=com_content&view=article&id=2279:ver-y-creer-gruta-de-la-leche&catid=15&Itemid=28 [Consultado: junio 2022]

135. Bowler, Gerry. Santa Claus, a biography. McClelland & Steward. 2007. Edición Kindle.

136. Biografía de San Nicolás. ACI Prensa. En: https://www.aciprensa.com/recursos/biografia-3761 [Consultado: junio 2022]

137. Civil Deveus, R. Nicolás de Bari, San. Enciclopedia Mercabá. En: https://www.mercaba.org/Rialp/N/nicolas_de_bari_san.htm [Consultado: junio 2022]

138. Redacción de ACI Prensa. San Nicolás, el verdadero "Santa Claus" de la historia. ACI Prensa, 6/12/2014. En: https://www.aciprensa.com/noticias/san-nicolas-el-verdadero-santa-claus-de-la-historia-21146 [Consultado: junio 2022]

139. Nicolás de Bari, San – Leyendas e iconografía. Enciclopedia Católica. Fuente: Iconografía del arte cristiano, de Louis Réau. Tomado de: www.historiarte.net. En: https://ec.aciprensa.com/wiki/Nicolás_de_Bari,_San_-_Leyendas_e_iconograf%C3%ADa [Consultado: junio 2022]

140. Blog de B4M. La Navidad en Alemania. 28/11/2018. En: https://www.bridge4mobility.com/es/la-navidad-en-alemania/ [Consultado: junio 2022]

141. Gómez Fernández, Francisco José. Breve historia de la Navidad. Ediciones Nowtilus, 2019.

142. MPV. El origen histórico de Santa Claus: ¿fue un invento de Coca Cola? ABC, 24/12/2019. En: https://www.abc.es/historia/abci-origen-historico-santa-claus-invento-coca-cola-201912240041_noticia.html [Consultado: junio 2022]

143. Sánchez Becerril, Fran. Así era Santa Claus antes de "fichar" por Coca-Cola: ni rojo ni gordo. El Mundo, 22/12/2016. En: https://www.elmundo.es/f5/comparte/2016/12/22/5859726de2704eeb4d8b45c7.html [Consultado: junio 2022]

144. History.com Editors. Santa Claus. History, 16/02/2010. En: https://www.history.com/topics/christmas/santa-claus [Consultado: junio 2022]

145. Handwerk, Brian. De San Nikolás a Santa Claus; la sorprendente historia de Papá Noel. National Geographic, 7/12/2017 (actualizado de un original publicado el 20/12/2013). En: https://www.nationalgeographic.es/historia/2017/11/de-san-nicolas-a-santa-claus-la-sorprendente-historia-de-papa-noel [Consultado: junio 2022]

146. Así es la casa donde vive Papá Noel. Clarín Viajes, 21/12/2018. En: https://www.clarin.com/viajes/casa-vive-papa-noel_0_O_NTMyqmX.html [Consultado: junio 2022]

147. Espada, Blanca. ¿Dónde vive Papá Noel? Estos son los lugares que podemos explicarle a los niños. Ok Diario, 24/12/2021. En: https://okdiario.com/bebes/donde-vive-papa-noel-8278467 [Consultado: junio 2022]

148. L.N. Los Reyes Magos, la historia de una tradición que nació en los Evangelios. Estrella Digital, 5/01/2021. En: https://www.estrelladigital.es/articulo/cultura/reyes-magos-historia-

tradicion-nacio-evangelios/20210105121508444035.html [Consultado: junio 2022]

149. González, Eduardo. Los regalos de Reyes Magos, una tradición hispana con 500 años de historia. The Diplomat, 06/01/2018. En: https://thediplomatinspain.com/2018/01/los-regalos-de-reyes-magos-una-tradicion-hispana-con-500-anos-de-historia/ [Consultado: junio 2022]

150. Vega, Mivette. ¿De dónde viene la tradición de los Reyes Magos? Su historia y datos curiosos. The Americano. 06/01/2021. En: https://theamericanonews.com/2021/01/06/tradicion-de-los-reyes-magos/ [Consultado: junio 2022]

151. Cardozo Román, Daisy. ¿Cómo surge la tradición de celebrar la llegada de los Reyes Magos? Última Hora, 5/01/2020. En: https://www.ultimahora.com/como-surge-la-tradicion-celebrar-la-llegada-los-reyes-magos-n2863396.html [Consultado: junio 2022]

152. Nivar Andujar, Kederlin Rsmin. ¿Cómo se festeja el Día de Reyes en todo el mundo? CDN, 04/01/2022. En: https://cdn.com.do/estilos-de-vida/como-se-festeja-el-dia-de-reyes-en-todo-el-mundo/ [Consultado: junio 2022]

153. En España, los Reyes Magos, pero ¿quién entrega los regalos en el resto de Europa? El Plural, 05/01/2021. En: https://www.elplural.com/sociedad/espana-reyes-magos-dia-reyes-quien-entrega-regalos-resto-europa_256635102 [Consultado: junio 2022]

154. Galán, Javier; Villar, Guillermo. Los Reyes Magos traen festivo a 25 países. El País, 05/01/2017. En: https://elpais.com/cultura/2017/01/05/actualidad/1483615089_702913.html [Consultado: junio 2022]

155. Arrieta, Julio. Olentzero, un nombre que roza los 400 años. El Correo, 23/12/2021. En: https://www.elcorreo.com/tiempo-de-historias/olentzero-historia-20211220123807-nt.html [Consultado: julio 2022]

156. Olentzero. En: https://olentzerok.com/olentzero/ [Consultado: julio 2022]

157. El Apalpador. Personaje mágico de la Navidad gallega. Recreación de la Historia. En: https://recreacionhistoria.com/el-apalpador-personaje-magico-de-la-navidad-gallega/ [Consultado: julio 2022]

158. Rodríguez de la Torre, Lorena, La historia el Apalpador y otros mitos navideños, La Región, 29/12/2015. En: https://www.laregion.es/articulo/ourense/historia-apalpador-y-otros-mitos-navidenos/20151229205620590343.html [Consultado: julio 2022]

159. Tió de Nadal. Wikipedia. En: https://es.wikipedia.org/wiki/Tió_de_Nadal [Consultado: julio 2022]

160. San Miguel, Marta. ¿Quién es el Esteru? El Diario Montañés, 24/12/2016. En: https://www.eldiariomontanes.es/cantabria/201612/23/quien-esteru-20161223133503.html [Consultado: julio 2022]

161. ¿Quieres saber todo sobre Kris Kringle? Apréndelo aquí. Hablemos de mitologías. En: https://hablemosdemitologias.com/c-mitologia-navidena/kris-kringle/ [Consultado: julio 2022]

162. La Befana. Blog-Italia.com En: https://blog-italia.com/descubre-italia/fiestas-y-tradiciones-italianas/la-befana [Consultado: julio 2022]

163. Thimmesch, Debra. The legend of La Befana. ItaliaRail. 20/12/2019. En: https://www.italiarail.com/culture/legend-la-befana [Consultado: julio 2022]

164. Descubre todo sobre Perchta, una mujer mitológica. hablemos de mitologías.com. En: https://hablemosdemitologias.com/c-otras-mitologias/perchta/ [Consultado: julio 2022]

165. Arbaiza, Victoria. Secretos de Ded Moroz, el Papá Noel ruso. Russia Beyond, 03/01/2020. En: https://es.rbth.com/cultura/2016/12/23/secretos-de-ded-moroz-el-papa-noel-ruso_665241 [Consultado: julio 2022]

166. Ded Moroz: El abuelo del frío, el Santa Claus ruso. España rusa. En: https://espanarusa.com/es/pedia/article/625697 [Consultado: julio 2022]

167. Zarzuela, Azucena. Leyenda de Navidad de Babushka: la anciana que lleva regalos en Rusia. Diario femenino. En: https://www.diariofemenino.com/actualidad/cultura/leyenda-de-navidad-de-babushka-la-anciana-que-lleva-regalos-en-rusia/ [Consultado: julio 2022]

168. López, Alfred. ¿Quiénes son los encargados de traer los regalos navideños? (IV) 20minutos, 05/01/2021. En: https://blogs.20minutos.es/yaestaellistoquetodolosabe/tag/the-jolly-swagman/ [Consultado: julio 2022]

169. Los 5 personajes navideños más famosos del mundo. OkDiario, 20/12/2019. En: https://okdiario.com/fiestas/5-personajes-navidenos-mas-famosos-del-mundo-4953577 [Consultado: julio 2022]

170. Descubre todo sobre Belsnickel, quien porta regalos de navidad. Hablemos de mitologías. En: https://hablemosdemitologias.com/c-mitologia-navidena/belsnickel/ [Consultado: julio 2022]

171. Basu, Tanya. La historia de Krampus, el diablo de la Navidad. National Geographic, 07/12/2017. En: https://www.nationalgeographic.es/historia/2014/12/historia-krampus-diablo-navidad [Consultado: julio 2022]

172. Manzanas, Janire. ¿Quién es la Señora Claus? Origen y curiosidades. OkDiario, 04/12/2019. En: https://okdiario.com/curiosidades/quien-senora-claus-origen-curiosidades-4895242 [Consultado: julio 2022]

173. Elena. Cascanueces en Navidad, ¿Cuál es su origen y por qué son tan famosos? mercadillosnavideños.com, 18/04/2021. En: https://mercadillosdenavidad.com/cascanueces-en-navidad/ [Consultado: julio 2022]

174. Gómez Téllez, Karla Jazmín. El Cascanueces: la historia detrás del clásico navideño. Crea Cuervos, 16/11/2020. En: https://creacuervos.com/el-cascanueces-la-historia-detras-del-clasico-navideno/ [Consultado: julio 2022]

175. La historia de un Cascanueces. Alejandro Dumas, Vida y Obras. En: https://www.alexandredumasobras.com/2016/07/la-historia-de-un-cascanueces.html [Consultado: julio 2022]

176. Ballet el cascanueces. todoballet.com. En: https://todoballet.com/ballet-el-cascanueces/ [Consultado: julio 2022]

177. El cascanueces, la historia tras la figura. DW. En: https://www.dw.com/es/el-cascanueces-la-historia-tras-la-figura-navideña/g-46705637 [Consultado: julio 2022]

178. Historia de Rodolfo, el reno de la nariz roja. Origen y curiosidades. Super Curioso. En: https://supercurioso.com/historia-de-rodolfo-el-reno/ [Consultado: julio 2022]

179. Donoso, Juan Eduardo. Rodolfo el reno no existe, en realidad es "Rodolfa". Super Madre, 17/12/2017. En: https://www.supermadre.net/rodolfo-el-reno-no-existe/ [Consultado: julio 2022]

180. ¿Quién es el Sr. Scrooge y por qué odia la Navidad? OkDiario, 07/12/2019. En: https://okdiario.com/curiosidades/quien-sr-scrooge-que-odia-navidad-4906562 [Consultado: julio 2022]

181. Carbonilla. Ciber Cuentos, 01/12/2008. En:
http://www.cibercuentos.org/carbonilla/ [Consultado: julio 2022]

182. Los duendes de la Navidad. Navidad, tu revista de Navidad. En:
https://navidad.es/los-duendes-de-navidad/ [Consultado: julio 2022]

183. Espada, Blanca. El Grinch: 10 curiosidades sobre el personaje que odia la
Navidad. Ok Diario, 08/12/2021. En:
https://okdiario.com/navidad/grinch-10-curiosidades-sobre-personaje-que-
odia-navidad-8229914 [Consultado: julio 2022]

184. De Celano, Tomás, Vida Primera, 84: Fuentes franciscanas (FF), n. 468

185. Historia del Belén. Belenistas de Valencia. En:
https://www.belenistasdevalencia.com/historia-del-belen/ [Consultado:
julio 2022]

186. Ferrando Castro, Marcelo. Historia de la Navidad: la historia del Belén o
Pesebre. RedHistoria, 02/12/2017. En: https://redhistoria.com/historia-la-
navidad-la-historia-del-belen-pesebre/ [Consultado: julio 2022]

187. Ferreiro, Noelia. Hemos encontrado el belén más antiguo del mundo. Viajar,
13/12/2021. En: https://viajar.elperiodico.com/viajeros/belen-mas-
antiguo-mundo [Consultado: julio 2022]

188. Ministerio de Cultura. El belén napolitano del Museo Nacional de Cerámica.
España.

189. Misha. Las Nacimientos ("Betlémy") por estas tierras. Viviendo Praga,
25/12/2020. En: https://www.viviendopraga.com/las-nacimientos-betlemy-
por-estas-tierras/ [Consultado: julio 2022]

190. Historia y origen del Belén. Artesanía Serrano. En:
https://artesaniaserrano.com/blog/origen-belen/ [Consultado: julio 2022]

191. Martínez Cano, Julia. El origen del Belén napolitano. Homsapiens,
28/12/2016. En: https://www.homonosapiens.es/el-origen-del-belen-
napolitano/ [Consultado: julio 2022]

192. Pesebre en el mundo: las diferentes tradiciones que no conoces. Holyblog,
23/12/2020. En: https://www.holyart.es/blog/articulos-religiosos/pesebre-
en-el-mundo-las-diferentes-tradiciones-que-no-conoces/ [Consultado: julio
2022]

193. Recorrido por belenes del mundo a través de 3300 piezas de 96 países. Ávila.
EFE. 08/12/2018. En:

https://www.efe.com/efe/castillayleon/sociedad/recorrido-por-belenes-del-mundo-a-traves-de-3-300-piezas-96-paises-avila/50000473-3836700 [Consultado: julio 2022]

194. De Sancha, María. Curiosidades del belén: el caganer, la machorrita, el pesebre español más grande del, mundo… Huffpost, 23/12/2016 actualizado 06/03/2018. En: https://www.huffingtonpost.es/2016/12/23/curiosidades-belen_n_13810914.html [Consultado: julio 2022]

195. Diaz, Paula. El belén más grande del mundo está en… Extremadura. ABC, 11/12/2015. En: https://www.abc.es/viajar/destinos/espana/abci-belen-mas-grande-mundo-esta-extremadura-201512110609_noticia.html [Consultado: julio 2022]

196. García, Isabel. El Belén más grande del mundo según el Récord Guinnes está en… Alicante. El Mundo, 11/12/2021. En: https://www.elmundo.es/viajes/espana/2021/12/11/61aca10d21efa05c7e8b4571.html [Consultado: julio 2022]

197. Mauro, JP. El pesebre más pequeño del mundo es microscópico. Aleteia, 09/12/2020. En: https://es.aleteia.org/2020/12/09/el-pesebre-mas-pequeno-del-mundo-es-microscopico/ [Consultado: julio 2022]

198. Ostúzar, Omar. Cinco árboles sagrados para los mayas. BlogXcaret, 08/07/2014. En: https://blog.xcaret.com/es/5-arboles-sagrados-para-los-mayas/ [Consultado: julio 2022]

199. Mari, José. La importancia del árbol de la vida en el mundo de los celtas. Caminando por la historia, 14/12/2017. En: https://caminandoporlahistoria.com/arbol-de-la-vida-celta/ [Consultado: julio 2022]

200. El Árbol de la Vida. Gaudium Press, 18/12/2012. De Revista Heraldos del Evangelio, diciembre 2007. En: https://es.gaudiumpress.org/content/42782-el-arbol-de-navidad/ [Consultado: julio 2022]

201. Redacción. El origen histórico del árbol de Navidad. National Geographic, 19/12/2020. En: https://historia.nationalgeographic.com.es/a/de-donde-viene-arbol-navidad_9997 [Consultado: julio 2022]

202. Díaz Pinto, Alberto. Este es el origen del árbol de Navidad y de por qué se le ponen bolas. La voz del muro, 26/12/2019. En: https://lavozdelmuro.net/origen-arbol-navidad/ [Consultado: julio 2022]

203. Nuño, Ada. Lutero, San Bonifacio y una princesa rusa: la historia del árbol de Navidad. Alma, Corazón y Vida, 08/12/2021. En: https://www.elconfidencial.com/alma-corazon-vida/2021-12-08/arbol-navidad-vacaciones-fiestas-lutero-bonifacio-princesa_3335579/ [Consultado: julio 2022]

204. ¿Cómo llegó la tradición del árbol de Navidad a México? La Agenda Pública Mx, 28/11/2018. En: https://laagendapublica.mx/como-llego-la-tradicion-del-arbol-de-navidad-a-mexico/ [Consultado: julio 2022]

205. Shapiro, Laurie Gwen. How a World War II Bomber Pilot Became "the King of Artificial Trees" The New York Times, 19/12/2021. En: https://www.nytimes.com/es/2021/12/19/espanol/navidad-piloto-nazis.html [Consultado: julio 2022]

206. Jüngst, Heike. La frondosa historia del árbol de Navidad. DW, 18/12/2012. En: https://www.dw.com/es/la-frondosa-historia-del-árbol-de-navidad/a-16461170 [Consultado: julio 2022]

207. Origen de las bolas de Navidad. La Provincia, 09/12/2021. En: https://www.laprovincia.es/navidad/2021/12/09/origen-bolas-navidad-60266100.html [Consultado: julio 2022]

208. ¿Quiñen inventó las luces navideñas? Muy Interesante, 02/12/2019. En: https://www.muyinteresante.com.mx/preguntas-y-respuestas/quien-invento-las-luces-navidenas/ [Consultado: julio 2022]

209. Bacallao, Juan. ¿Quién inventó las luces de Navidad? Culturizando.com, 06/12/2018, actualizado 15/12/2021. En: https://culturizando.com/quien-invento-las-luces-de-navidad/ [Consultado: julio 2022]

210. Cantú, Jonathan. La evolución de las luces de Navidad. Aquí se habla, 24/12/2010. En: https://www.manifestodelashostilidades.com/2010/12/la-evolucion-de-las-luces-de-navidad.html [Consultado: julio 2022]

211. Mosher, Dave. The Curious Evolution of Holidays Lights. Wired, 23/12/2010. En: https://www.wired.com/2010/12/holiday-light-history/ [Consultado: julio 2022]

212. Del Valle-Reyes, Fr. Tomás. Historia de la Corona de Navidad. Descubriendo el Siglo XXI, 30/11/2017. En: https://siglo21sclubdeamigos.blogspot.com/2017/11/historia-de-la-corona-de-navidad.html [Consultado: julio 2022]

213. Redacción ACI Prensa. Conoce el significado cristiano del árbol de Navidad. ACI Prensa, 30/11/2021. En:

https://www.aciprensa.com/noticias/sacerdote-explica-cual-es-el-sentido-cristiano-del-arbol-de-navidad-90921 [Consultado: julio 2022]

214. Sentido cristiano del Árbol de Navidad. ACI Prensa. En: https://www.aciprensa.com/navidad/arbol-deco.html [Consultado: julio 2022]

215. Brigitte. Las 11 mejores especies reales de árboles de Navidad. Tu Hogar Perfecto, agosto 2020. En: https://tuhogarperfecto.com/decoracion/Las-11-mejores-especies-reales-de-arboles-de-navidad [Consultado: julio 2022]

216. Tipos de abetos de Navidad. La Villa, 31/12/2021. En: https://blog.gardencenterejea.com/tipos-de-abetos-para-navidad/ [Consultado: julio 2022]

217. Oller Oller, Jorge. Siete pisos, o el árbol de Navidad más grande del mundo. Cuba periodistas, 29/12/2020. En: https://www.cubaperiodistas.cu/index.php/2020/12/siete-pisos-o-el-arbol-de-navidad-mas-grande-del-mundo/ [Consultado: julio 2022]

218. El Papa encenderá el árbol de Navidad más grande del mundo con un iPad. EuropaPress, 14/11/2011. En: https://www.europapress.es/portaltic/internet/noticia-papa-encendera-arbol-navidad-mas-grande-mundo-ipad-20111114182709.html [Consultado: julio 2022]

219. Alberti, Laura. La historia del árbol de Navidad de Giubbio, el más grande del mundo. Italiani, L'Italia nel cuore, 09/12/2021. En: https://italiani.it/es/árbol-de-navidad-gubbio-el-más-grande-del-mundo/?cn-reloaded=1 [Consultado: julio 2022]

220. Pascual Estapé, Juan Antonio. El árbol de Navidad más pequeño del mundo es 20,000 veces más pequeño que un pelo. Computer Hoy, 26/12/2020. En: https://computerhoy.com/noticias/life/arbol-navidad-mas-pequeno-mundo-780107 [Consultado: julio 2022]

221. Hinson, Tamara. Los 12 árboles de Navidad más espectaculares del mundo. CNN en español, 24/12/2013. En: https://cnnespanol.cnn.com/2013/12/24/los-12-arboles-de-navidad-mas-espectaculares-del-mundo/ [Consultado: julio 2022]

222. García, Isabel. El árbol de Navidad más grande del mundo y otros abetos espectaculares de París a Nueva York. El Mundo, 24/12/2021. En: https://www.elmundo.es/viajes/el-baul/2021/12/24/61c17df0fc6c83000f8b456f.html [Consultado: julio 2022]

223. Honduras entra en el Guinnes con el árbol de Navidad humano más grande del mundo. ABC, 02/12/2014. En: https://www.abc.es/sociedad/20141202/abci-arbol-navidad-humano-201412021443.html [Consultado: julio 2022]

224. El mapa con los 10 árboles de Navidad más famosos del mundo. Traveler. 6/12/2020. En: https://www.traveler.es/viajeros/articulos/mapa-arboles-navidad-mas-famosos-del-mundo/19746 [Consultado: julio 2022]

225. Cómo decorar el árbol de navidad: 5 ideas, orden y paso a paso. Antena 3 Noticias, 05/12/2021. En: https://www.antena3.com/noticias/sociedad/como-decorar-arbol-navidad-cinco-ideas-orden-paso-paso_2021120361ac4a8f27c4590001679f4a.html [Consultado: julio 2022]

226. Origen y significado de la flor de Pascua, la planta de Navidad. Díselo con flores, el blog de Interflora, 26/12/2018. En: https://www.interflora.es/blog/origen-significado-flor-de-pascua/ [Consultado: julio 2022]

227. Pascual, Anabel. Almería, la meca de la flor de Pascua española, produce un 25% del total nacional. EFE: Agro, 1/12/2017. En: https://efeagro.com/flor-de-pascua-espana/ [Consultado: julio 2022]

228. Euphorbia pulcherrima. Wikipedia. En: https://es.wikipedia.org/wiki/Euphorbia_pulcherrima [Consultado: julio 2022]

229. Muérdago en Navidad: ¿Qué significa y cuál es su historia? Cestalia. En: https://www.cestalia.com/blog/muerdago-en-navidad [Consultado: julio 2022]

230. Mendenhall, Martha. ¿Cuáles son los colores para las diferentes festividades en la Iglesia Cristiana? eHow, 20/11/2021. En: https://www.ehowenespanol.com/cuales-son-colores-diferentes-festividades-iglesia-cristiana-info_197801/ [Consultado: julio 2022]

231. Bello, Adriana. ¿Por qué el verde y el rojo son los colores de la Navidad? Aleteia, 07/12/2017. En: https://es.aleteia.org/2017/12/07/por-que-el-verde-y-el-rojo-son-los-colores-de-la-navidad/ [Consultado: julio 2022]

232. Dean, Kerri. Student Research: The History of Christmas Lights. Claremont Graduate University, 09/12/2015. En: https://www.cgu.edu/news/2015/12/history-of-christmas-lights/ [Consultado: agosto 2022]

233. A history of Christmas Lighting in the U.S. gvec, 23/12/2019. En: https://www.gvec.org/a-history-of-christmas-lighting-in-the-u-s/ [Consultado: agosto 2022]

234. Copper, Karen. The history of the city's Christmas light displays. South West Journal, 14/12/2019. En: https://www.southwestjournal.com/voices/moments-in-minneapolis/2019/12/the-history-of-the-citys-christmas-light-displays/ [Consultado: agosto 2022]

235. Las ciudades con luces navideñas más impactantes del mundo. EnelX. En: https://www.enelx.com/cl/es/historias/las-ciudades-con-luces-navidenas-mas-impactantes-del-mundo [Consultado: agosto 2022]

236. Rosado, Benjamín G. Iluminaciones Ximénez, la familia que enciende el mundo por Navidad. Fuera de Serie, 05/12/2019. En: https://www.expansion.com/fueradeserie/arquitectura/2019/12/05/5ddd0bd0e5fdea65108b45f2.html [Consultado: agosto 2022]

237. Vallés, Tere. La Navidad y sus tradiciones: Los Nacimientos. Catholic.net. En: https://es.catholic.net/imprimir.php?id=18257 [Consultado: agosto 2022]

238. Origen de las tarjetas de felicitación de Navidad ¿cuál es? Gráficas Urania, 21/11/2014. En: http://www.graficasurania.com/origen-de-las-tarjetas-de-felicitacion-de-navidad/ [Consultado: agosto 2022]

239. Abel G. M. El curioso origen del Concierto de Año Nuevo de Viena. National Geographic, 16/01/2022. En: https://historia.nationalgeographic.com.es/a/pasado-imperialista-concierto-ano-nuevo-viena_17556 [Consultado: agosto 2022]

240. En Viena la música está en casa: El Musikverein. Viener Mozart Konzerte. En https://www.mozart.co.at/musikverein-es.php [Consultado: agosto 2022]

241. The Musikverein's Concert Halls. Musikverein. En: https://www.musikverein.at/en/halls [Consultado: agosto 2022]

242. Precio de las entradas del Concierto de Año Nuevo: Cómo comprar las entradas para 2022. Antena 3 Noticias, 01/01/2021. En: https://www.antena3.com/noticias/cultura/precio-entradas-concierto-ano-nuevo-como-comprar-entradas-2022_202012315feebac6098a9d0001eef851.html [Consultado: agosto 2022]

243. McKeever, Amy. Así nació la tradición de los mercadillos navideños. National Geographic, 09/12/2021. En: https://www.nationalgeographic.es/viaje-y-aventuras/2021/12/asi-nacio-la-tradicion-de-los-mercados-navidenos#:~:text=Los%20mercadillos%20navide%C3%B1os%20de%20Europa,d%C3%ADa%20en%20Nochebuena%20en%201434. [Consultado: agosto 2022]

244. Couto, Erica. Historia de los mercadillos navideños. Muy Interesante, 08/12/2021. En: https://www.muyhistoria.es/edad-media/fotos/historia-de-los-mercadillos-navidenos-371638531113 [Consultado: agosto 2022]

245. González, Eduardo. Historia del mercadillo de Navidad en la Plaza Mayor de Madrid. The Diplomat, 27/12/2021. En: https://thediplomatinspain.com/2021/12/historia-del-mercadillo-de-navidad-en-la-plaza-mayor-de-madrid/ [Consultado: agosto 2022]

246. El misterioso origen del amigo invisible. ABC, 17/11/2017. En: https://www.abc.es/sociedad/abci-misterioso-origen-amigo-invisible-201711171252_noticia.html [Consultado: agosto 2022]

247. Madrid 1962. Epula, banquetes públicos en la antigua Roma. Domus romana, 28/12/2018. En: https://domus-romana.blogspot.com/2018/12/epula-banquetes-publicos-en-la-antigua.html [Consultado: agosto 2022]

248. El origen histórico del "lote" o cesta de Navidad. MABA Radio, 30/11/2019. En: https://mabaradio.com/el-origen-histrico-del-lote-o-cesta-de-navidad/ [Consultado: agosto 2022]

249. Qué significa aguinaldo en Navidad. Qsignificaen.com. En: https://quesignificaen.com/que-significa-aguinaldo-en-navidad/ [Consultado: agosto 2022]

250. Redacción. ¿En qué países se da aguinaldo y cuánto reciben los trabajadores? El Universal, 18/12/2021. En: https://www.eluniversal.com.mx/mundo/en-que-paises-se-da-aguinaldo-y-cuanto-reciben-los-trabajadores [Consultado: agosto 2022]

251. Rojas, Santiago. Aguinaldo: en qué otros países de Latinoamérica se paga. Perfil, 03/06/2022. En: https://www.perfil.com/noticias/economia/aguinaldo-en-que-paises-de-latinoamerica-se-paga.phtml [Consultado: agosto 2022]

252. Sosa Quiñones, Elaivis; Suarez, Carmen. Comunicación personal con el autor. Agosto, 2022

253. Arcoya, Encarni. Aguinaldos y pagas de Navidad: este es el origen de ellos. Navidad, tu revista de Navidad. En: https://navidad.es/aguinaldos-pagas-de-navidad-origen/ [Consultado: agosto 2022]

254. Hidalgo, Carlos. ¿Sabes de dónde viene la paga extra de Navidad? El País, 16/12/2018. En: https://elpais.com/economia/2018/12/14/actualidad/1544783414_396869.html [Consultado: agosto 2022]

255. Redacción. Las Misas de Aguinaldo, regalo de Navidad de la Iglesia a parte de América y Filipinas. GaudiumPress, 22/12/2014. En: https://es.gaudiumpress.org/content/65829-las-misas-de-aguinaldo-regalo-de-navidad-de-la-iglesia-a-parte-de-america-y-filipinas/ [Consultado: agosto 2022]

256. De Freitas Martínez, Inés Mariantt. Comunicación personal con el autor.

257. García de Fleury, María. Misas de Aguinaldo. 800 Noticias, 17/12/2020. En: https://800noticias.com/misas-de-aguinaldo-por-maria-garcia-de-fleury [Consultado: agosto 2022]

258. Almeida, María del Pilar. Las Posadas de Navidad. Primada de Cuba, Arquidiócesis de Santiago de Cuba, 22/12/2017. En: https://www.arzobispadosantiagodecuba.org/2017/12/22/las-posadas-de-navidad/ [Consultado: agosto 2022]

259. Fernández, Tere. Las Posadas. Catholic.net. En: https://es.catholic.net/op/articulos/678/cat/105/las-posadas.html#modal [Consultado: agosto 2022]

260. Redacción. ¿Cuál es el origen y significado de las pastorelas? El Universal, 01/12/2020. En: https://www.eluniversal.com.mx/nacion/sociedad/navidad-2020-cual-es-el-origen-y-significado-de-las-pastorelas [Consultado: agosto 2022]

261. Osuna, Amaia. Nacimientos vivientes, una tradición navideña que maravilla. Vanguardia MX, EFE. 04/12/2021. En: https://vanguardia.com.mx/show/artes/nacimientos-vivientes-una-tradicion-navidena-que-maravilla-BC1271993 [Consultado: agosto 2022]

262. El mayor belén viviente de Europa, construido por presos en la lusa Braga. EFE, 12/12/2018. En: https://www.efe.com/efe/espana/gente/el-mayor-belen-viviente-de-europa-construido-por-presos-en-la-lusa-braga/10007-3840257 [Consultado: agosto 2022]

263. García, Concha. ¿Cuál es el origen de la Cabalgata de los Reyes Magos? La Razón, 05/01/2021; actualizado 05/10/2021. En: https://www.larazon.es/cultura/20210105/shczii223jacfj7dpixvxqph4y.html [Consultado: agosto 2022]

264. Teresa. Origen de la Cabalgata de los Reyes Magos. Sobrehistoria.com, 23/11/2021. En: https://sobrehistoria.com/origen-cabalgata-reyes-magos/ [Consultado: agosto 2022]

265. Ya vienen los Reyes. Revive_Madrid. En: https://www.revivemadrid.com/senas-de-identidad/origen-cabalgata-reyes-magos [Consultado: agosto 2022]

266. Palomo, Miguel A. 5 cabalgatas de Reyes Magos muy diferentes. El Viajero Fisgón, 30/12/2016. En: https://www.elviajerofisgon.com/magazine/5-cabalgatas-de-reyes-magos-muy-diferentes/ [Consultado: agosto 2022]

267. Redacción. Las cabalgatas de los Reyes Magos se tomaron las calles de Polonia. Gaudium Press, 07/1/2022. En: https://es.gaudiumpress.org/content/las-cabalgatas-de-los-reyes-magos-se-tomaron-la-calles-de-polonia/ [Consultado: agosto 2022]

268. ¿Cómo comenzó la tradición de las 12 uvas en España? Diario de Sevilla, 31/12/2021. En: https://www.diariodesevilla.es/sociedad/comienzo-tradicion-uvas-nochevieja-Espana_0_1642935979.html [Consultado: agosto 2022]

269. Arias, MJ. ¿Por qué en España se toman 12 uvas en Nochevieja y qué hacen otros países? Yahoo!noticias, 30/12/2020. En: https://es.noticias.yahoo.com/por-que-12-uvas-tradiciones-paises-nochevieja-ano-nuevo-094127720.html [Consultado: agosto 2022]

270. Herrero, Nacho. 12 secretos de las uvas de Fin de Año. El Periódico de Aragón, 31/12/2018. En: https://www.elperiodicodearagon.com/sociedad/2018/12/31/12-secretos-12-uvas-ano-46697042.html [Consultado: agosto 2022]

271. Bello, Adriana. La historia detrás de la famosa bola de Times Square. Aleteia, 31/12/2017. En: https://es.aleteia.org/2017/12/31/la-historia-detras-de-la-famosa-bola-de-times-square/ [Consultado: agosto 2022]

272. Así nació la tradición de las campanadas de Año Nuevo en la Puerta del Sol de Madrid. Inmigrantes en Madrid, 05/11/2018. En: https://www.inmigrantesenmadrid.com/campanadas-ano-nuevo-puerta-del-sol/ [Consultado: agosto 2022]

273. Historia de la Lotería de Navidad. Loterías y Apuestas del Estado. En: https://www.loteriasyapuestas.es/es/loteria-nacional/historia-del-juego/historia-de-la-loteria-de-navidad [Consultado: agosto 2022]

274. Curiosidades sobre el sorteo. Loterías y Apuestas del Estado. En: https://www.loteriasyapuestas.es/es/loteria-nacional/historia-del-juego/curiosidades [Consultado: agosto 2022]

275. Historia de la Lotería de Navidad. El Economista. En: https://www.eleconomista.es/especiales/loteria-navidad/historia.php [Consultado: agosto 2022]

276. El Colegio y su Historia. Colegio San Ildefonso. En: https://www.educa2.madrid.org/web/centro.cp.sanildefonso.madrid/histori a [Consultado: agosto 2022]

277. Pérez Polo, Raquel. Doña Manolita: la historia de la lotera más famosa de España. COPE, 02/12/2021. En: https://www.cope.es/actualidad/vivir/loteria-de-navidad/noticias/dona-manolita-historia-lotera-mas-famosa-espana-20211202_1633663 [Consultado: agosto 2022]

278. Villatoro, Manuel P. Historia de la Lotería del Niño: 200 años entre guerras y crisis. ABC. En: https://www.abc.es/loteria-del-nino/historia.html [Consultado: agosto 2022]

279. Lotería del Niño. Así ha cambiado el Sorteo del Niño a lo largo de la historia. RTVE, 04/01/2022. En: https://www.rtve.es/rtve/20220104/loteria-nino-historia-asi-cambiado/2248161.shtml [Consultado: agosto 2022]

280. Historia de la ONCE. ONCE. En: https://www.once.es/conocenos/la-historia/historia-de-la-once [Consultado: septiembre 2022]

281. Curiosidades y otros datos del Sorteo Extraordinario de Navidad de la ONCE. JuegosONCE. En: https://www.juegosonce.es/once-navidad [Consultado: septiembre 2022]

282. Valenzuela, Juan Luis. El discurso del Rey: cómo se redacta, quien lo confecciona y cuándo y dónde se graba. elplural.com, 25/12/2021. En: https://www.elplural.com/politica/discurso-rey-como-se-redacta-quien-confecciona-cuando-donde-se-graba_281165102 [Consultado: agosto 2022]

283. Bestard, Bartomeu. El canto de la sibil.la. Diario de Mallorca, 06/12/2010. En: https://www.diariodemallorca.es/palma/2010/12/06/canto-sibil-4083979.html [Consultado: agosto 2022]

284. La Pastorela de Braojos de la Sierra (Madrid). El 24 y 25 de diciembre de 2021 y el 1 y 6 de enero de 2022. GastroCulturaViajera, 21/12/2021. En: https://www.gastroculturaviajera.com/2021/12/la-pastorela-de-braojos-de-la-sierra.html [Consultado: agosto 2022]

285. Vera, Paula. Navidad canaria representada por los Ranchos de Pascua. Marca Canaria. En: https://marcacanaria.com/navidad-canaria-representada-por-los-ranchos-de-pascua/ [Consultado: agosto 2022]

286. Las mil y una carreras de San Silvestre para despedir el año. Pin and Travel. En: https://www.barcelo.com/pinandtravel/es/carrera-de-san-silvestre-vallecana-mundo/ [Consultado: agosto 2022]

287. Redacción, El origen de los "Ugly Sweaters" para que te los pongas esta Navidad. El Imparcial, 25/11/2021. En: https://www.elimparcial.com/locurioso/El-origen-de-los-Ugly-Sweaters-para-que-te-los-pongas-esta-Navidad-20211125-0155.html [Consultado: agosto 2022]

288. Redacción Web. Las tradiciones más extrañas de la Navidad en cada país. Tiempo, 24/12/2021. En: https://tiempo.hn/tradiciones-extranas-de-navidad-en-el-mundo/ [Consultado: agosto 2022]

289. Sirvent, Antonio. Una breve historia de la cultura del turrón en Alicante. RAE Alicante cultura, Revista de Estudios Alicantinos, octubre de 2014. En: https://www.alicantecultura.org/una-breve-historia-de-la-cultura-del-turron-en-alicante/ [Consultado: agosto 2022]

290. El Origen del Turrón y su historia. Turrones La Colmena. En: https://turroneslacolmena.com/origen-turron-historia/# [Consultado: agosto 2022]

291. Definición del turrón de Jijona. Antonio Plá Ferrándiz. En: https://www.antonioplaferrandiz.com/es/content/7-historia-del-turron [Consultado: agosto 2022]

292. Origen del turrón: todo lo que tienes que saber. Virginias. En: https://virginias.es/origen-turron/ [Consultado: agosto 2022]

293. Figuras Pacheco, Francisco. Historia del turrón (y prioridad de los de Jijona y Alicante. Alicante, 1955.

294. Tipos de turrones: Conócelos y escoge tu favorito. Cestalia. En: https://www.cestalia.com/blog/tipos-de-turrones-conocelos-y-escoge-tu-favorito [Consultado: agosto 2022]

295. Sirvent Coloma, Bernat. El pedido de Cuba: euforia y prosperidad en Jijona. MJ Made in Jijona, 11/05/2020. En: https://madeinjijona.com/el-pedido-de-cuba-euforia-y-prosperidad-en-jijona/ [Consultado: agosto 2022]

296. Equipo Editorial. Denominación de origen Turrón de Jijona y Alicante. Arecetas, 20/08/2021. En: https://www.arecetas.com/articulos/denominacion-de-origen-turron-de-jijona-y-alicante/ [Consultado: agosto 2022]

297. El curioso origen del turrón de yema tostada. Turrón Picó. En: https://turronpico.com/origen-del-turron-de-yema-tostada/ [Consultado: agosto 2022]

298. Robledo, Vanesa, Conoce todos los tipos de turrones que existen. J.A. Serrano, Cultura inquieta, 25/08/2022. En: https://www.jaserrano.nom.es/conoce-todos-los-tipos-de-turrones-que-existen/ [Consultado: agosto 2022]

299. Nuevas variedades de turrones: ¿se parecen en algo al turrón tradicional? Eroski Consumer, 01/12/2020. En: https://www.consumer.es/alimentacion/nuevas-variedades-turron.html [Consultado: agosto 2022]

300. Garrigós Sirvent, Bernardo. Sanchis Mira SA: Orígenes de Antiu Xixona. Real Asociación de Cronistas Españoles. En: https://www.cronistasoficiales.com/?p=141054 [Consultado: agosto 2022]

301. Sierra, M. Elaboran la pastilla de turrón de Jijona más grande del mundo, de 56 metros. La Razón, 26/09/2021. En: https://www.larazon.es/comunidad-valenciana/20210926/gczjvl2ysratlkdaesy5l3rk2m.html [Consultado: agosto 2022]

302. Agencia EFE. El turrón más caro del mundo cuesta 250 euros y se hace en Alicante. COPE, 04/12/2021. En: https://www.cope.es/actualidad/vivir/noticias/turron-mas-caro-del-mundo-cuesta-250-euros-hace-alicante-20211204_1660059 [Consultado: agosto 2022]

303. Blanco García, Sonsoles; Orzáez Villanueva, María Teresa. El mazapán dentro de la historia de los dulces. Offarm, Vol. 21, Núm. 11, Diciembre 2002. Pp. 126-132. En: https://www.elsevier.es/es-revista-offarm-4-articulo-historia-nutricion-el-mazapan-dentro-13041305 [Consultado: septiembre 2022]

304. Origen e Historia del Mazapán y sus leyendas. Mazapán.es. En: https://www.mazapan.es/origen-e-historia/ [Consultado: septiembre 2022]

305. Historia del mazapán. Mazapanes Ruiz. En: http://www.mazapanesruiz.com/es/historia-del-mazapan [Consultado: septiembre 2022]

306. Gómez, Iván. Historia del mazapán: las huellas del origen y su llegada a México. Elsofá.mx. En: https://elsofa.mx/historia/historia-del-mazapan-origen-llegada-mexico/ [Consultado: septiembre 2022]

307. Peris, Diego. El mazapán de los boticarios. Lanza, Diario de La Mancha, 06/01/2021. En: https://www.lanzadigital.com/blogs/arquitectura-cultura-politica/el-mazapan-de-los-boticarios/ [Consultado: septiembre 2022]

308. Ya están aquí los turrones y mazapanes. España Gastronomía, 02/12/2016. En: https://espana.gastronomia.com/noticia/6379/ya-estan-aqui-los-turrones-y-mazapanes [Consultado: septiembre 2022]

309. Diferencia entre mantecado y polvorón. La Dama de Estepa, 29/11/2018. En: https://www.damadeestepa.es/blog/diferencia-entre-mantecado-y-polvoron.html [Consultado: septiembre 2022]

310. Vega, Ana. El mantecado, el polvorón y su navideña historia. El comidista, 26/12/2017. En: https://elcomidista.elpais.com/elcomidista/2017/12/20/articulo/1513763109_357404.html [Consultado: septiembre 2022]

311. El origen de los polvorones: de receta de aprovechamiento a dulce navideño. El Blog Ruralvía, 30/12/2021. En: https://blog.ruralvia.com/origen-de-los-polvorones-diferencia-mantecados/ [Consultado: septiembre 2022]

312. Estepa hace un polvorón de 320 kilos y 5 metros de largo. Cosas de Comé, Diario de Sevilla, 29/11/2018. En: https://sevilla.cosasdecome.es/estepa-polvoron-320-kilos-5-metros-largo/ [Consultado: septiembre 2022]

313. Pasteles de Gloria caseros de Alicante, con moniato o batata. Turronesydulces.com. En: https://www.turronesydulces.com/blog/comercio-electronico/pasteles-de-gloria/ [Consultado: septiembre 2022]

314. Origen de los bastones de caramelo de Navidad. Sobrehistoria.com, 04/11/2021. En: https://sobrehistoria.com/origen-de-los-bastones-de-caramelo-en-navidad/ [Consultado: septiembre 2022]

315. Jaime. Cuál es el origen de los "bastones de caramelo" navideños. Cunavidad, 04/11/2018. En: https://www.cunavidad.com/curiosidades-navidad/cual-es-el-origen-de-los-bastones-de-caramelo-navidenyos.php [Consultado: septiembre 2022]

316. Amor, Lorenza. Por qué han escaseado los bastones de caramelo esta Navidad en los Estados Unidos. El Diario, 21/12/2021. En: https://eldiariony.com/2021/12/21/por-que-han-escaseado-los-bastones-de-caramelo-esta-navidad-en-estados-unidos/ [Consultado: septiembre 2022]

317. Bonilla, Mer. Por qué el roscón de Reyes sabe a roscón de Reyes. El Español, 05/01/2017. En: https://www.elespanol.com/cocinillas/recetas/postres/20170105/roscon-reyes-sabe/1000734976497_30.html [Consultado: septiembre 2022]

318. Gómez Santos, Alberto. El Origen del Roscón de Reyes. Recreación de la Historia, 26/12/2020. En: https://recreacionhistoria.com/el-origen-del-roscon-de-reyes/ [Consultado: septiembre 2022]

319. Fuchs, Liliana. Por qué comemos roscón de Reyes para finiquitar la Navidad: historia y orígenes del dulce que copiamos a los franceses. Directo al paladar. En: https://www.directoalpaladar.com/cultura-gastronomica/que-comemos-roscon-reyes-para-finiquitar-navidad-historia-origenes-dulce-que-copiamos-a-franceses [Consultado: septiembre 2022]

320. Lizarralde, Chema. "Bolo Rei", "galette des Rois" y otras versiones del mítico roscón de Reyes: estas son las diferencias. Gastronomía, 20 minutos, 03/01/2022. En: https://www.20minutos.es/gastronomia/productos/otras-versiones-del-roscon-de-reyes-estas-son-las-diferencias-4935829/ [Consultado: septiembre 2022]

321. Ayuso Rejas, Miguel. Ocho claves para distinguir y elegir un buen roscón de Reyes artesanal (y acertar siempre). Directo al paladar, 04/01/2019. En: https://www.directoalpaladar.com/cultura-gastronomica/ocho-claves-para-distinguir-al-elegir-buen-roscon-reyes-artesanal-acertar-siempre [Consultado: septiembre 2022]

322. El roscón de reyes más largo del mundo. OkDiario, 09/01/2020. En: https://okdiario.com/curiosidades/roscon-reyes-mas-largo-del-mundo-record-guinness-5015883 [Consultado: septiembre 2022]

323. Capel, José Carlos. La fiebre del panettone. El País, 15/12/2013. En: https://elpais.com/elpais/2013/12/15/gastronotas_de_capel/1387100866_138710.html [Consultado: septiembre 2022]

324. Porzio, Stanislao. Il panettone. Guido Tomasi Editore, 2007

325. Italia – Panettone. Postres originales, 21/12/2015. En: https://postresoriginales.com/italia-panettone/ [Consultado: septiembre 2022]

326. Panettone, el pan típico de la Navidad italiana. Directo al paladar, 21/12/2014. En: https://www.directoalpaladar.com.mx/ingredientes-y-alimentos/panettone-el-pan-tipico-de-la-navidad-italiana [Consultado: septiembre 2022]

327. Historia y origen del Panettone. Biopanadería, 12/07/2020. En: https://biopanaderia.com/blogs/bioblog/historia-y-origen-el-panettone [Consultado: septiembre 2022]

328. Redazione. Il panettone più grande al mondo è Milanese: riprende lo skyline della città ed è da Guinness. Milano Today, 17/12/2018. En: https://www.milanotoday.it/attualita/panettone-guinness-record.html [Consultado: septiembre 2022]

329. Pandoro o panettone? La storia di un dilemma natalizio tutto made in Italy. IEX, Italian's Excellence. En: https://www.italiansexcellence.it/storia-dei-dolci-natalizi-pandoro-o-panettone/ [Consultado: septiembre 2022]

330. Castelli, Eleanora. El pandoro italiano: dulce tradicional de la Navidad. Origen y receta. Galakia.com, 18/10/2015. En: https://galakia.com/pandoro-italianodulce-tradicional-de-navidadorigen-receta/ [Consultado: septiembre 2022]

331. Martínez, Elena. Las peladillas, un detalle exquisito para ocasiones especiales. Bon Viveur. En: https://www.bonviveur.es/gastroteca/las-peladillas-un-detalle-exquisito-para-ocasiones-especiales [Consultado: septiembre 2022]

332. Molinero, Rosa. Peladillas: el dulce olvidado de bodas, bautizos y comuniones, El Comidista, 03/09/2020. En: https://elcomidista.elpais.com/elcomidista/2020/07/30/articulo/15960971 66_298661.html [Consultado: septiembre 2022]

333. Maestro García, Luis María. Historia de la Peladilla. Rincón de la Cultura, 20/12/2015. En: https://www.espanaaqui.com.br/rincondelacultura/historia-de-la-peladilla/ [Consultado: septiembre 2022]

334. Bonet, Elena. Las peladillas. Enfemenino, 22/12/2009. En: https://www.enfemenino.com/organizacion/boda-las-peladillas-s450318.html [Consultado: septiembre 2022]

335. Fuchs, Liliana. En defensa de la fruta escarchada: un devaluado manjar de reyes que (bien hecho) es una delicia. Directo al Paladar. En: https://www.directoalpaladar.com/cultura-gastronomica/defensa-fruta-escarchada-devaluado-manjar-reyes-que-bien-hecho-delicia [Consultado: septiembre 2022]

336. López, Alfonso. Frutas escarchadas. La recuperación de un manjar de reyes. De Rechupete. En: https://www.recetasderechupete.com/frutas-escarchadas-la-recuperacion-de-un-manjar-de-reyes/33996/ [Consultado: septiembre 2022]

337. Stollen, pan alemán de Navidad. Bake Street, 24/11/2017. En: https://bake-street.com/stollen-pan-aleman-de-navidad/ [Consultado: septiembre 2022]

338. Torreblanca, Jacob; Torreblanca, Paco. La historia del Stollen. Dulces experiencias. Yo Dona Blogs, El Mundo. En: https://www.elmundo.es/yodonablogs/2006/12/21/cocina/1166692127.html [Consultado: septiembre 2022]

339. Dresdner Christollen / Dresdner Stollen / Dresdner Weilhnachtsstollen IGP. Agriculture and rural development, Comisió Europea. En: https://agriculture.ec.europa.eu/farming/geographical-indications-and-quality-schemes/geographical-indications-food-and-drink/dresdner-christsollen-pgi_es [Consultado: septiembre 2022]

340. Rosetti le Strange, Nicole. Stollen. 196 Flavors. En: https://www.196flavors.com/es/alemania-stollen/ [Consultado: septiembre 2022]

341. María José. Stollen, pan alemán dulce de Navidad y su origen. Tartas de luna llena, 27/11/2018. En: https://www.tartasdelunallena.com/stollen-pan-aleman-dulce-de-navidad-y-su-origen/ [Consultado: septiembre 2022]

342. Longest Christmas stollen. Guinness World Records. En: https://www.guinnessworldrecords.com/world-records/longest-christmas-stollen# [Consultado: septiembre 2022]

343. Monge Peñuelas, Pilar. Francia – Tronco de Navidad. Postres Originales, 04/12/2014. En: https://postresoriginales.com/francia-tronco-de-navidad/ [Consultado: septiembre 2022]

344. Elaboran en Aspe el brazo de gitano navideño más largo del mundo, de 1,1 kilómetro. El Mundo, 10/12/2012. En: https://www.elmundo.es/elmundo/2012/12/10/alicante/1355135520.html [Consultado: septiembre 2022]

345. Longest yule log. Guinness World Record. En:
https://www.guinnessworldrecords.es/world-records/longest-yule-log
[Consultado: septiembre 2022]

346. Christmas pudding, el postre navideño. Absolut Viajes, 12/07/2018. En:
https://www.absolutviajes.com/inglaterra/christmas-pudding-el-postre-
navideno/ [Consultado: octubre 2022]

347. El Christmas pudding, uno de los más famosos postres ingleses para
Navidad, chic y exquisito. Revista Todo lo Chic, 07/12/2016. En:
https://www.revistatodolochic.com/el-christmas-pudding-uno-de-los-mas-
famosos-postres-ingleses-para-navidad-chic-y-exquisito/ [Consultado:
octubre 2022]

348. López, Alfred. Ya está el listo que todo lo sabe de la Navidad. Alfred López,
2019.

349. La ciudad noruega de Bergen levanta una Navidad más su pueblo de galletas
de jengibre. 20minutos.es, 23/12/2016. En:
https://www.20minutos.es/noticia/2919738/0/pueblo-galletas-jengibre-
noruega-bergen-navidad/ [Consultado: octubre 2022]

350. Largest gingerbread village. Guinness World Records. En:
https://www.guinnessworldrecords.es/world-records/largest-gingerbread-
village [Consultado: octubre 2022]

351. Largest gingerbread village (área). Guinness World Records. En:
https://www.guinnessworldrecords.es/world-records/393155-largest-
gingerbread-village-area [Consultado: octubre 2022]

352. Cabrera, Andrea. ¿Cuál es el origen de las galletas de jengibre? México Food
and Travel, 17/12/2021. En: https://foodandtravel.mx/cual-es-el-origen-
de-las-galletas-de-jengibre/?cn-reloaded=1 [Consultado: octubre 2022]

353. Dulces navideños típicos de Italia. ConociendoItalia.com, 20/01/2020. En:
https://www.conociendoitalia.com/dulces-navidenos-tipicos-de-italia/
[Consultado: octubre 2022]

354. Guitián, Jorge. Cómo celebrar la Navidad como un gallego. Condé Nast
Traveler, 23/12/2019. En:
https://www.traveler.es/gastronomia/articulos/galicia-en-navidad-platos-y-
postres-tradicionales-que-comer/16941 [Consultado: octubre 2022]

355. Neules, los dulces que no pueden faltar en Navidad en Cataluña.
Gastronomía, 20minutos, 5/1/2022. En:
https://www.20minutos.es/gastronomia/productos/neules-los-dulces-que-

no-pueden-faltar-en-navidad-en-cataluna-4936843/ [Consultado: octubre 2022]

356. Vulcano, Carlos. 5 dulces típicos de Navidad en Inglaterra. Salir.com, 7/9/2018. En: https://www.salir.com/5-dulces-tipicos-de-navidad-en-inglaterra-51.html [Consultado: octubre 2022]

357. Santana, Felicia. Los 5 mejores postres navideños en Latinoamérica. Nedik, 23/12/2015. En: https://nedik.com/recetas/postres/los-5-mejores-postres-navidenos-en-latinoamerica/ [Consultado: octubre 2022]

358. Ideas de postres originales para Navidad. Recetas Nestlé. En: https://www.recetasnestlecam.com/escuela-sabor/trucos/postres-originales-navidad [Consultado: octubre 2022]

359. Iborra, Elisabeth G. ¿Qué se come por Nochebuena y Navidad en cada comunidad autónoma de España? Consumo Claro, 22/12/2019. En: https://www.eldiario.es/consumoclaro/comer/comidas-navidenas-tipicas-comunidades-autonomas_1_1183163.html [Consultado: octubre 2022]

360. Fuchs, Liliana. Nochebuena y Navidad por el mundo: qué se come en cada región. Directo al Paladar. En: https://www.directoalpaladar.com/cultura-gastronomica/nochebuena-navidad-mundo-que-se-come-cada-region [Consultado: octubre 2022]

361. Jones, Jaime. Así es la cena de Navidad en 19 países diferentes. BuzzFeed, 20/12/2017. En: https://www.buzzfeed.com/jamiejones/cena-de-navidad-en-paises-diferentes [Consultado: octubre 2022]

362. Jaime. Navidad en Polonia, la comida tradicional en la Nochebuena polaca. Cunavidad, 18/12/2018. https://www.cunavidad.com/lugares-navidad/navidad-en-polonia-la-comida-tradicional-en-la-nochebuena-polaca.php [Consultado: octubre 2022]

363. Encuentran en Turquía la tumba de San Nicolás, el santo que inspira la figura de Papá Noel. infoCatólica, 21/10/2022. En: https://www.infocatolica.com/?t=noticia&cod=44704 [Consultado: octubre 2022]

364. Cost, Ben. Real-life Santa Claus' grave found: 'An extremely important discovery'. New York Post, 19/10/2022. En: https://nypost.com/2022/10/19/real-life-st-nicholas-grave-discovered-in-turkey/ [Consultado: octubre 2022]

365. Hallan en Turquía el lugar de la tumba de 'Santa Claus'. ABC, 20/10/2022. En: https://www.abc.es/cultura/hallan-turquia-lugar-tumba-santa-claus-20221019123103-nt.html [Consultado: octubre 2022]

366. Sánchez, Norlys. La primera Navidad de América Latina se celebró en La Hispaniola. El Caribe, 01/12/2014. En: https://www.elcaribe.com.do/sin-categoria/primera-navidad-america-latina-celebro-hispaniola/ [Consultado: octubre 2022]

367. Pérez, Miguel. La primera navidad americana fue celebrada en español. Hidden Hispanic Heritage. Originally published by Creators.com as America's First Christmas - on December 27, 2011. En: https://www.hiddenhispanicheritage.com/25-la-primera-navidad-americana-fue-celebrada-en-espantildeol.html [Consultado: octubre 2022]

368. Navidad: el origen de las tradiciones culinarias navideñas en América Latina. El Universal, 23/12/2021. En: https://www.eluniversal.com.mx/cultura/navidad-el-origen-de-las-tradiciones-culinarias-navidenas-en-america-latina [Consultado: octubre 2022]

369. ¿Cuál es el origen del día de acción de gracias? Queen's Gate School, 18/10/2021. En: https://academiadeidiomasvalladolid.com/origen-de-accion-de-gracias [Consultado: octubre 2022]

370. Yanes, Javier. ¿Cuál fue el primer día de Acción de Gracias? OpenMind BBVA, 25/11/2014. En: https://www.bbvaopenmind.com/humanidades/sociologia/cual-fue-el-primer-dia-de-accion-de-gracias/ [Consultado: octubre 2022]

371. Prado, Anabel. Qué se come en Navidad en Estados Unidos. Salir.com, 04/05/2022. En: https://www.salir.com/que-se-come-en-navidad-en-estados-unidos-118.html [Consultado: octubre 2022]

372. Comidas típicas que las familias argentinas eligen para Navidad. La Capital, 22/12/2020. En: https://www.lacapital.com.ar/informacion-general/comidas-tipicas-que-las-familias-argentinas-eligen-navidad-n2631756.html [Consultado: octubre 2022]

373. Cena de Navidad en Brasil. AbsolutViajes, 12/7/2018. En: https://www.absolutviajes.com/brasil/cena-de-navidad-en-brasil/ [Consultado: octubre 2022]

374. Choperena, Érika. Comida tradicional de Navidad en México, ¿desde cuándo existe? Animal Gourmet. En:

https://www.animalgourmet.com/2020/12/18/comida-tradicional-de-navidad-en-mexico-desde-cuando-existe/ [Consultado: octubre 2022]

375. Noboa, Daniel. 16 alimentos que no deben faltar en las navidades venezolanas. Comedera. En: https://www.comedera.com/16-alimentos-navidades-venezolanas/ [Consultado: octubre 2022]

376. Cena navideña colombiana: todo lo que necesita conocer. Hablemos de culturas. En: https://hablemosdeculturas.com/cena-navidena-colombiana/ [Consultado: octubre 2022]

377. Vélez, Norys. Menú para la cena de Nochebuena. Conéctate.com. do, 18/12/2021. En: https://www.conectate.com.do/articulo/menu-para-la-cena-de-nochebuena-republica-dominicana/ [Consultado: octubre 2022]

378. Recetas típicas de Navidad en Puerto Rico. Cookpadblog. En: https://blog.cookpad.es/2010/12/recetas-tipicas-de-navidad-en-puerto.html [Consultado: octubre 2022]

379. ¿Por qué celebrar la cena de Navidad de empresa? VenusPlace, 09/09/2019. En: https://www.venuesplace.com/es/idea/176-por-que-celebrar-la-cena-de-navidad-de-empresa [Consultado: noviembre 2022]

380. Ortiz, Teresa. La tradición de comer lentejas en Nochevieja y cómo hacer las lentejas de la suerte. Natursan. En: https://www.natursan.net/la-tradicion-de-comer-lentejas-en-nochevieja-y-como-hacer-las-lentejas-de-la-suerte/ [Consultado: noviembre 2022]

381. Pepe Arias, Gimena. Vino caliente y especiado: la receta europea para combatir el frío. Gourmet, 20/06/2021. En: https://www.clarin.com/gourmet/vino-caliente-gluhwein-mulled-wine_0_PBywvK6p2.html [Consultado: noviembre 2022]

382. El ponche de huevo. Navidad, tu revista de Navidad. En: https://navidad.es/el-ponche-de-huevo/ [Consultado: noviembre 2022]

383. Sáncez de Toca, Melchor. Juan Pablo II y la cultura. Alfa & Omega, 19/05/2005. En: https://alfayomega.es/juan-pablo-ii-y-la-cultura/ [Consultado: noviembre 2022]

384. Juan Pablo II. Carta Encíclica Redemptor Hominis. 04/03/1979. Dicastero per la Comunicazione - Libreria Editrice Vaticana, 1979.

385. Juan Pablo II. Discurso del Santo Padre Juan Pablo II a la Organización de las Naciones Unidad para la Educación, la Ciencia y la Cultura. 02/06/1980. Dicastero per la Comunicazione - Libreria Editrice Vaticana, 1980.

386. Juan Pablo II. Discorso di Giovanni Paolo II ai partecipanti al Congresso Nazionale del Movimiento Ecclesiale di Impegno Culturale. 16/01/1982. Libreria Editrice Vaticana, 1982.

387. Equipo editorial. Música. Etecé, Argentina. Para: *Concepto.de*. En: https://concepto.de/musica/ Última edición: 2 de febrero de 2022. [Consultado: noviembre 2022]

388. Historia y origen de la música. Scena, Escuela de artes escénicas. En: https://scenamalaga.com/historia-y-origen-de-la-musica/ [Consultado: noviembre 2022]

389. Schidlowsky, León. Introducción al estudio de la música judía. Revista Musical Chilena, Vol 15, Núm. 77 (1961) En: https://revistateoria.uchile.cl/index.php/RMCH/article/view/16079/16594 [Consultado: noviembre 2022]

390. San Agustín. Confesiones. Ed. Espasa-Calve-Colección Austral, 1965. Libro X, XXXIII, 50.

391. Sadurní, JM. El origen de los villancicos, las alegres canciones de la Navidad. Historia National Geographic, 18/12/2020. En: https://historia.nationalgeographic.com.es/a/origen-villancicos-alegres-canciones-navidad_15987 [Consultado: noviembre 2022]

392. Bowler, Gerry. The World Encyclopedia of Christmas. McClelland & Stewart, 2000. Edición de Kindle.

393. Gómez Fernández, Francisco José. Breve historia de la Navidad (Spanish Edition). Nowtilus, 2019. Edición de Kindle.

394. San Efren de Nísibis. Himnos de Navidad y Epifanía. A cargo de Efrem Yildiz Sadak. Ed. San Pablo, 2016.

395. La lírica popular: jarchas, cantigas de amigo y villancico. Wikimpace. En: https://avempace.com/wiki/index.php/La_l%C3%ADrica_popular:_jarchas,_cantigas_de_amigo_y_villancicos#Villancicos [Consultado: diciembre 2022]

396. Historia de los villancicos ingleses (Christmas carols). Online School by Cambridge House. En: https://online-school.cambridge-house.com/historia-de-los-villancicos-ingleses-christmas-carols/ [Consultado: diciembre 2022]

397. García Reche, Carlos. El origen de los villancicos. Press Music, 31/12/2018. En: https://press-music.com/el-origen-de-los-villancicos/ [Consultado: diciembre 2022]

398. Orígenes del villancico español. MúsicaAntigua.com, 02/01/2021. En: https://musicaantigua.com/origenes-del-villancico-espanol/ [Consultado: diciembre 2022]

399. EuropaPress. Datan en el siglo XVIII los primeros villancicos en gallego, pero el término panxoliña nació hace 79 años. Diario de Pontevedra, 24/12/2021. En: https://www.diariodepontevedra.es/articulo/cultura/satan-s-xviii-primeros-villancicos-gallego-termino-panxolina-nacio-hace-70-anos/202112241158341177856.html [Consultado: diciembre 2022]

400. Martínez-Méndez, Paloma. La historia de los villancicos en América Latina, desde Canadá. Radio Canadá Internacional, 10/12/2020. En: https://www.rcinet.ca/es/2020/12/10/la-historia-de-los-villancicos-en-america-latina-desde-canada/ [Consultado: diciembre 2022]

401. Redacción NAM. ¡Villancicos, aguinaldos y gaitas! Así suena la Navidad venezolana. Noticia al Minuto, 24/12/2018. En: https://noticiaalminuto.com/villancicos-aguinaldos-y-gaitas-asi-suena-la-navidad-venezolana-24dic-video/ [Consultado: diciembre 2022]

402. Adeste fideles. Himnology Archive. En: https://www.hymnologyarchive.com/adeste-fideles [Consultado: diciembre 2022]

403. Collins, Ace. Stories behind the greatest hits in Christmas. Zondervan, 2020. Edición de Kindle.

404. Conferencia de Obispos Católicos de Cuba. Cuba canta su fe. Cantoral Nacional. Obra Nacional de la Buena Prensa, México, 1996.

405. Daranas Ventura, Facundo. Breve historia de dos villancicos "nuestros". Canarias Ahora, 21/12/2019. En: https://www.eldiario.es/canariasahora/lapalmaahora/lapalmaopina/breve-historia-villancicos_132_1177077.html [Consultado: diciembre 2022]

406. Antequera, Luis. De la oración del Avemaría, una reseñita histórica. Religión en Libertad, 09/12/2013. En: https://www.religionenlibertad.com/blog/32607/de-la-oracion-del-avemaria-una-resenita-historica-.html [Consultado: diciembre 2022]

407. Sarracanta, Francesc. Gounod. Historias de la sinfonía. En: https://www.historiadelasinfonia.es/naciones/la-sinfonia-en-francia/la-sinfonia-en-la-segunda-mitad-del-siglo-xix/gounod/ [Consultado: diciembre 2022]

408. Schubert/Litz: Ave Maria. La belleza del escuchar. 25/08/2014. En: https://www.labellezaescuchar.com/search?q=ave+maria [Consultado: diciembre 2022]

409. Roman, Manuel. La historia de Navidades Blancas, el villancico más vendido de la historia. Libertad Digital, 24/12/2015. En: https://www.libertaddigital.com/cultura/musica/2015-12-23/la-historia-de-navidades-blancas-el-villancico-mas-vendido-1276564411/ [Consultado: diciembre 2022]

410. Almond, BJ. Carol of the Bells wasn't originally a Christmas song. Rice University News and Media Relations, 13/12/2004. En: https://news.rice.edu/news/2004/carol-bells-wasnt-originally-christmas-song [Consultado: diciembre 2022]

411. Fox TV Digital Team. The Ukranian history of Carol of the Bells. Fox9 KMSP, 2/12/2022. En: https://www.fox9.com/news/carol-of-the-bells-history-ukraine [Consultado: diciembre 2022]

412. Ruehl, Kim. Deck the halls song history. Live about dotcom. En: https://www.liveabout.com/deck-the-halls-traditional-1322574 [Consultado: enero 2023]

413. Cuál es el origen del Burrito sabanero. Infobae, 25/12/2021. En: https://www.infobae.com/america/mexico/2021/12/25/cual-es-el-origen-del-burrito-sabanero/ [Consultado: diciembre 2022]

414. Billboard Staff. The 100 best Christmas songs of all time: Staff list. Billboard, 30/11/2022. En: https://www.billboard.com/lists/best-christmas-songs/100-trans-siberian-orchstra-christmas-eve-sarajevo-12-24/ [Consultado: diciembre 2022]

415. Ceballos, Noel. El tamborilero: Historia secreta del villancico más épico de todos los tiempos. CQ, 10/12/2020. En: https://www.revistagq.com/noticias/articulo/el-tamborilero-villancico-raphael-historia [Consultado: diciembre 2022]

416. Vasco, Aurora. El Tamborilero, un villancico que ha recorrido todo el mundo. ABC, 23/12/2013. En: https://www.abc.es/sociedad/20131223/abci-villancico-tamborilero-navidad-201312191141.html [Consultado: diciembre 2022]

417. Benavente, Elena. El tamborilero: un villancico y un misterio sin resolver en torno a una mujer. El Mundo, 21/12/2020. En: https://www.elmundo.es/loc/famosos/2020/12/21/5fdc9d4821efa051508 b4609.html [Consultado: diciembre 2022]

418. Sánchez Gómez, Alicia. 50 años de Feliz Navidad, la canción de José Feliciano que cautivó a todo el mundo. Los 40, 30/11/2020. En: https://los40.com/los40/2020/11/30/los40classic/1606739747_062464.ht ml [Consultado: diciembre 2022]

419. Hernández, Andrés. Se oye un canto en alta esfera. Historias de himnos, 25/03/2017. En: https://historiasdehimnos.com/2017/03/15/se-oye-un-canto-en-alta-esfera/ [Consultado: diciembre 2022]

420. Ballús Casóliva, Glòria. Fum, fum, fum. Regió7, 22/12/2020. En: https://www.regio7.cat/cultures/2020/12/22/fum-fum-fum-49941597.html [Consultado: diciembre 2022]

421. Zirpolo, Mike. Jingle Bells (1935) Benny Goodman with Bunny Berigan. Swing & Beyond, 16/12/2022. En: https://swingandbeyond.com/2022/12/16/jingle-bells-1935-benny-goodman-with-bunny-berigan/ [Consultado: diciembre 2022]

422. Redacción. Quién fue la Marimorena y por qué el origen de este villancico está relacionado con Cuenca. Life! Cuenca, 25/12/2021. En: https://www.lifecuenca.es/reportajes/lifestyle/quien-fue-marimorena-origen-este-villancico-esta-relacionado-con-cuenca-6677 [Consultado: diciembre 2022]

423. El Mesías de Händel, mucho más que el Aleluya. Info Actualidad, 14/12/2017. En: https://infoactualidad.ucm.es/index.php/reportajes/860-el-mesias-de-haendel-mucho-mas-que-el-aleluya [Consultado: diciembre 2022]

424. Díaz, Raúl. El Mesías, una breve explicación del clásico. Proceso, 24/12/2014. En: https://www.proceso.com.mx/cultura/2014/12/24/el-mesias-una-breve-explicacion-del-clasico-141414.html [Consultado: diciembre 2022]

425. Masse, Francisco. Breve historia de… el Aleluya de Händel en la Navidad. Milenio, 10/12/2016. En: https://www.milenio.com/cultura/breve-historia-de-el-aleluya-de-handel-en-la-navidad [Consultado: diciembre 2022]

426. Brunthaler, Fritz. La historia de Noche de Paz (Sitille Nacht). Omnes, 24/12/2022. En: https://omnesmag.com/recursos/la-historia-de-noche-de-paz-stille-nacht/ [Consultado: diciembre 2022]

427. Hernández, Andrés. Noche de paz. Historias de Himnos, 03/04/2017. En: https://historiasdehimnos.com/2017/04/03/noche-de-paz/ [Consultado: diciembre 2022]

428. Letra y traducción O Tannebaum (Oh Christmas Tree) Christmas carol. Greelane, 04/11/2019. En: https://www.greelane.com/es/idiomas/alemán/german-versions-of-o-tannenbaum-4066932/ [Consultado: enero 2023]

429. O Tannebaum. Kripkit. En: https://kripkit.com/o-tannenbaum/ [Consultado: enero 2023]

430. Navidad en Sol. Comunidad de Madrid. En: https://www.madrid.org/navidadensol/2022/navidadensol.html [Consultado: enero 2023]

431. Albert, Maddy. 11 Iconic Christmas songs that were written by Jews. Keller, 22/12/2020. En: https://www.kveller.com/11-iconic-christmas-songs-that-were-written-by-jews/ [Consultado: enero 2023]

432. Estrada Silva, Fernando. Historia de la Navidad en el cine. Escuela de Cine Ilumina, 25/12/2021. En: https://www.escuelailumina.com/post/historia-de-la-navidad-en-el-cine [Consultado: enero 2023]

433. Domeño Martínez de Morentin, Asunción. ¿Qué dice el cine? La Navidad en la gran pantalla. Cátedra de Patrimonio y Arte Navarro, Universidad de Navarra, 15/12/2005. En: https://www.unav.edu/web/catedra-patrimonio/actividades/ciclos-y-conferencias/2015/que-dice-el-cine-la-navidad-en-la-gran-pantalla [Consultado: enero 2023]

434. Mateos, Alberto. Vida y pasión de Jesucristo. Camino de Emaús, 01/07/2010. En: https://www.caminodeemaus.net/peliculas-cristianas/vida-y-pasion-de-jesucristo/ [Consultado: enero 2023]

435. La vie du Christ (1906) The birth, the Life and the Death of Christ. A Cinema History. En: http://www.acinemahistory.com/2021/07/la-vie-du-christ-1906-birth-life-and.html [Consultado enero 2023]

436. Mateos, Alberto. Del pesebre a la cruz. Camino de Emaús, 12/07/2010. En: https://www.caminodeemaus.net/peliculas-cristianas/del-pesebre-a-la-cruz/ [Consultado: enero 2023]

437. Christus. IMDb. En: https://www.imdb.com/title/tt0006511/ [Consultado: enero 2023]

438. Mateos, Alberto. Christus. Camino de Emaús, 15/01/2011. En: https://www.caminodeemaus.net/peliculas-cristianas/christus/ [Consultado: enero 2023]

439. Christus – 1916. YouTube. En: https://youtu.be/fOO2WB7lB6g [Consultado: enero 2023]

440. Martínez-Salanova Sánchez, Enrique. Jesucristo en el cine. Portal de Educomunicación. En: https://educomunicacion.es/cineyeducacion/jesucristo.htm [Consultado: enero 2023]

441. La más grande historia jamás contada. DeCine21. En: https://decine21.com/peliculas/la-historia-mas-grande-jamas-contada-5940 [Consultado: enero 2023]

442. Jesús de Nazaret. DeCine21. En: https://decine21.com/peliculas/jesus-de-nazaret-6927 [Consultado enero 2023]

443. Méndiz, Alfonso, La imagen de Jesucristo en el cine - ¿Qué imagen de Jesús nos ha transmitido el cine? Primeros Cristianos, 14/09/2021. Publicado inicialmente en Nuestro Tiempo, 03/2008. En: https://www.primeroscristianos.com/la-imagen-de-jesucristo-en-el-cine/ [Consultado enero 2023]

444. Jesus (1979 film). Warner Bros Fandom. En: https://warnerbros.fandom.com/wiki/Jesus_(1979_film) [Consultado enero 2023]

445. María de Nazaret (1995). DeCine21. En: https://decine21.com/peliculas/maria-de-nazaret-1995-16666 [Consultado enero 2023]

446. Marie de Nazareth. FilmAffinity España. En: https://www.filmaffinity.com/es/film463251.html [Consultado enero 2023]

447. Jesús, el nacimiento. FilmAffinity México. En: https://www.filmaffinity.com/mx/film883632.html [Consultado enero 2023]

448. Se estrena en el Vaticano una película sobre el nacimiento de Jesús titulada Nativity. La Opinión de Murcia, 26/11/2006. En:

https://www.laopiniondemurcia.es/cultura/2006/11/26/estrena-vaticano-pelicula-nacimiento-jesus-33086895.html [Consultado enero 2023]

449. Jesús, el nacimiento (2006). D-Movies, 23/08/2021. En: https://reelmoviesdaniela.blogspot.com/2021/08/jesus-el-nacimiento-2006.html [Consultado enero 2023]

450. The Nativity. La Vanguardia, Películas y series. En: https://www.lavanguardia.com/peliculas-series/series/the-nativity-34647 [Consultado enero 2023]

451. María de Nazaret recibe en roma la "bendición" del Papa. Religión, 14/05/2012. En: https://www.periodistadigital.com/cultura/religion/vaticano/20120517/maria-nazaret-recibe-roma-bendicion-papa-noticia-689400778612/ [Consultado enero 2023]

452. María de Nazaret, la miniserie sobre la figura de la Virgen María, ya disponible en DVD. TeleCinco, 25/04/2013. En: https://www.telecinco.es/tvmovies/maria-de-nazaret/maria-de-nazaret-tienda-de-mediaset-dvd_18_1593900148.html [Consultado enero 2023]

453. Lanzan filme en realidad virtual: Jesús VR – The Story of Christ. AciPrensa, 06/09/2016. En: https://www.aciprensa.com/noticias/lanzan-filme-en-realidad-virtual-jesus-vr-the-story-of-christ-41214 [Consultado enero 2023]

454. The Chosen (Los elegidos). The Chosen. En: https://thechosen.es/producto/dvd-the-chosen-los-elegidos-temporada-1/ [Consultado enero 2023]

455. Los Elegidos (The Chosen). JustWatch. En: https://www.justwatch.com/es/serie/the-chosen/temporada-1 [Consultado enero 2023]

456. The Chosen, la serie sobre la vida de Jesús, da la sorpresa en Estados Unidos: Un fenómeno mundial. COPE, 24/11/2022. En: https://www.cope.es/religion/hoy-en-dia/iglesia-universal/noticias/the-chosen-serie-sobre-vida-jesus-sorpresa-estados-unidos-fenomeno-mundial-20221124_2417369 [Consultado enero 2023]

457. El Hijo del Hombre. Películas Católicas. En: https://www.peliculascatolicas.com/peliculas/el-hijo-del-hombre/ [Consultado enero 2023]

458. Estreno mundial online de la película El Hijo del Hombre. Goya Producciones, 02/03/2022. En:

https://www.goyaproducciones.com/estreno-mundial-online-de-la-pelicula-el-hijo-del-hombre/ [Consultado enero 2023]

459. Los primeros dibujos animados de la historia. Uniat. En: https://www.uniat.edu.mx/los-primeros-dibujos-animados-de-la-historia/ [Consultado enero 2023]

460. The Greatest Adventure: Stories from the Bible. CEGAnMo. En: https://www.ceganmo.com/2008/07/hanna-barbera-presents-greatest.html [Consultado enero 2023]

461. Historias de La Biblia de Osamu Tezuka (Serie de TV). FilmAffinty España. En: https://www.filmaffinity.com/es/film497985.html [Consultado enero 2023]

462. Aller, María. ¿Por qué tienes que ver Qué bello es vivir estas navidades? Fotogramas, 20/12/2021. En: https://www.fotogramas.es/noticias-cine/a38535580/que-bello-es-vivir-motivos-para-verla/ [Consultado enero 2023]

463. Pierce, Kenneth. Película apostólica recomendada: "El cuarto rey mago" (1986). CatholiLink, 30/11/2015. En: https://catholic-link.com/cuarto-rey-mago-pelicula-apostolica-recomendada-adviento/ [Consultado enero 2023]

464. Panero, José Luis. La primera Navidad: refrescante comedia familiar, inteligente, frenética y optimista, a cargo de Ficarra y Picone. COPE Blogs, 11/12/2020. En: https://www.cope.es/blogs/palomitas-de-maiz/2020/12/11/critica-cine-la-primera-navidad-comedia-inteligente-a-cargo-de-ficarra-y-picone-bosco-films/ [Consultado enero 2023]

465. Scrooge, or Marley's Ghost (1901) DFI ScreenOnline. En: http://www.screenonline.org.uk/film/id/698299/index.html [Consultado enero 2023]

466. Holiday Inn (Quince días de placer). Sensacine. En: https://www.sensacine.com/peliculas/pelicula-583/ [Consultado enero 2023]

467. Joyeux Noël. UniFrance. En: https://es.unifrance.org/pelicula/25621/joyeux-noel# [Consultado enero 2023]

468. Zuñiga Lacruz, Ana. Fiesta, juego y didactismo en el contexto navideño áureo: dos autos al nacimiento de Cristo en la Nochebuena de Cosme Gómez de Tejada y de los Reyes. RILCE 38,1 (2022): 365-83. En: https://dadun.unav.edu/bitstream/10171/63990/1/rhereder%2c%2016.pdf [Consultado enero 2023]

469. Huet, Chalotte. El teatro popular navideño leonés en la actualidad. Biblioteca Virtual Miguel de Cervantes. En: https://www.cervantesvirtual.com/obra-visor/el-teatro-popular-navideno-leones-en-la-actualidad/html/ [Consultado enero 2023]

470. Fermin Rapisarda, Zara. Cuentos y clásicos de Navidad adaptados al teatro. El Teatro, 21/12/2022. En: https://www.el-teatro.com/cuentos-y-clasicos-de-navidad-adaptados-al-teatro/ [Consultado enero 2023]

471. Martín Descalzo, José Luis. Vida y misterio de Jesús de Nazaret. Ediciones Sígueme, 1986. Capítulos 2-9

472. Giovanni Papini: una Historia de Cristo. Protestante Digital, 08/06/2012. En: https://protestantedigital.com/magacin/12753/Giovanni_Papini_una_Historia_de_Cristo [Consultado enero 2023]

473. Ricciotti, Giuseppe. Vida de Jesucristo. Ed. Edibesa, 2016.

474. González, Luis Daniel. El espíritu de la Navidad, de G. K. Chesterton. En: https://luisdaniel-bf.medium.com/el-esp%C3%ADritu-de-la-navidad-de-g-k-chesterton-99234dc99440 [Consultado enero 2023]

475. Solinet. Poesías de Navidad de grandes poetas. Solidaridad.net, 15/12/2020. En: https://solidaridad.net/poesias-de-navidad-de-grandes-poetas902/ [Consultado enero 2023]

476. Díaz-Cano Arévalo, Mariola. 7 poemas de grandes escritores dedicados a la Navidad. Actualidad Literaria. En: https://www.actualidadliteratura.com/7-poemas-grandes-escritores-navidad/ [Consultado enero 2023]

477. Maayan-Fanar, Emma, Linn, Ravit, Tepper Yotam, Bar-Oz, Guy. Christ's fase revealed at Shitva: an Early Byzantine wall painting in the desert of the Holy Land. Cambridge University Press, 29/08/2018. En: https://www.cambridge.org/core/journals/antiquity/article/christs-face-revealed-at-shivta-an-early-byzantine-wall-painting-in-the-desert-of-the-holy-land/1D3584D4866168E6764035D5DE740781# [Consultado febrero 2023]

478. Sienra, Regina. La Virgen con el Niño: el dúo divino que ha inspirado a los artistas por siglos. My Modern Met en Español, 17/05/2021. En: https://mymodernmet.com/es/virgen-con-nino-historia-arte/ [Consultado febrero 2023]

479. Visedo Manzanares, José Arturo. La Natividad según los artistas. Medicina Gaditana, 10/12/2018. En: https://medicinagaditana.es/la-natividad-segun-los-artistas/ [Consultado febrero 2023]

480. Las imágenes de la Navidad. Universidad Pontificia Católica de Chile, 17/12/2020. En: https://www.uc.cl/noticias/las-imagenes-de-la-natividad/ [Consultado febrero 2023]

481. Del Vando Blanco, Carmen. La Navidad más antigua del mundo. Descubrir el Arte, 19/12/2014. En: https://www.descubrirelarte.es/2014/12/19/la-natividad-mas-antigua-del-mundo.html [Consultado febrero 2023]

482. Collins, Neil. Gislebertus: escultor románico, biografía. Gallerix. En: https://es.gallerix.ru/pedia/sculpture--gislebertus/ [Consultado febrero 2023]

483. IBÁÑEZ PALOMO, Tomás: Anunciación Preñada, *Base de datos digital de iconografía medieval.* Universidad Complutense de Madrid, 2015. En: www.ucm.es/bdiconografiamedieval/anunciacion-prenada [Consultado febrero 2023]

484. Anunciación preñada. Museo del Greco. En: https://www.culturaydeporte.gob.es/mgreco/la-coleccion/colecciones/seleccion-de-piezas/escultura/anunciacion-prenada.html# [Consultado febrero 2023]

485. Análisis y comentario. Anunciación y visitación catedral de Reims. Palios, 13/01/2018. En: https://palios.wordpress.com/2018/01/13/analisis-y-comentario-anunciacion-y-visitacion-catedral-de-reims/ [Consultado febrero 2023]

486. La Anunciación – Iconografía y bestiario. AsturNatura. En: https://www.asturnatura.com/iconografia-bestiario-romanico/la-anunciacion.html [Consultado febrero 2023]

487. Natividad y Epifanía. Museo Pío Cristiano. Museos Vaticanos. En: https://www.museivaticani.va/content/museivaticani/es/collezioni/musei/museo-pio-cristiano/nativita-epifania/nativita-epifania.html [Consultado febrero 2023]

488. Gª Guitiérrez, Fernando, S.J. La Adoración de los Reyes en la Puerta de los Palos. Arquidiócesis de Sevilla, 07/01/2014. En: https://www.archisevilla.org/la-adoracion-de-los-reyes-en-la-puerta-de-los-palos/ [Consultado febrero 2023]

489. La Adoración de los Reyes, hoya celada en la Catedral de Siena. CaminarTe in Toscana. En: https://www.guidaturistica-michelebusillo.com/es/la-adoracion-del-los-reyes-hoya-celada-en-la-catedral-de-siena-guia-turistico-oficial-siena/ [Consultado febrero 2023]

490. The Adoration of the Magi. V&A, 05/09/1996. En: https://collections.vam.ac.uk/item/O1234825/the-adoration-of-the-magi-altarpiece-andrea-della-robbia/ [Consultado febrero 2023]

491. Isla de Navidad: mapa, lugares turísticos, bandera y mucho más. Hablemos de Islas. En: https://hablemosdeislas.com/c-oceania/isla-de-navidad/ [Consultado febrero 2023]

492. González, Diego. Una isla llamada Navidad. Fronteras, 29/12/2009. En: https://fronterasblog.com/2009/12/29/una-isla-llamada-navidad/ [Consultado febrero 2023]

493. Barra de Navidad (Jalisco y Colima). México Desconocido. En: https://www.mexicodesconocido.com.mx/barra-de-navidad-jalisco-y-colima.html [Consultado febrero 2023]

494. La Comuna de Navidad. La Municipalidad. En: https://www.la-municipalidad.cl/municipalidad-navidad.html [Consultado febrero 2023]

495. García, Alby. Navidad, el pueblo mágico de Jalisco en donde la Navidad dura todo el año: FOTOS. El Heraldo de México, 26/12/2019. En: https://heraldodemexico.com.mx/estilo-de-vida/2019/12/26/navidad-el-pueblo-magico-de-jalisco-en-donde-la-navidad-dura-todo-el-ano-fotos-141556.html [Consultado febrero 2023]

496. The History of Christmas, Michigan. Upper Peninsula Supply Co, 25/12/2013, actualizado 21/12/2017. En: https://upsupply.co/journal/the-history-of-christmas-michigan [Consultado febrero 2023]

ANEXOS

FELIZ NAVIDAD

ANEXO I

LA NAVIDAD EN DIFERENTES IDIOMAS

Idioma	Navidad	Feliz Navidad
Albanés	Krishtlinder	Gëzuar Krishtëlindjet
Afrikaans	Kersfees	Geseënde Kersfees
Alemán	Weihnachten	Glücklich Weihnachten
Árabe	عيد الميلاد	عيدميلادمجيد
Búlgaro	Коледа	Весела Коледа!
Catalán	Nadal	Feliç Nadal
Checo	Vánoce	Veselé Vánoce
Chino simplificado	圣诞节	圣诞快乐
Coreano	크리스마스	메리 크리스마스
Criollo haitiano	Nwèl	Jwaye Nwèl
Croata	Božić	Sretan Božić
Danés	Jul	Glædelig jul
Eslovaco	Vianoce	Veselé Vianoce
Esloveno	Božić	Vesel Božič
Español	Navidad	Feliz Navidad
Esperanto	Kristnasko	Feliĉan Kristnaskon
Euskera	Gabonak	Eguberri on
Estonio	Jõulud	Häid Jõule
Filipino	Pasko	Malugod na Pasko
Finés	Joulu	Iloista Joulua
Francés	Nöel	Joyeux Nöel
Galés	Nadolig	Nadolig Llawen
Gallego	Nadal	Bo Nadal
Griego	Χριστούγεννα	Καλά Χριστούγεννα!
Guaraní	Navidad rehegua	Vy'apavẽ arareñóire
Hawaiano	Kalikimaka	mele Kalikimaka
Hebreo	חַג הַמוֹלָד	חג מולד שמח
Húngaro	Karácsony	Boldog Karácsonyt
Inglés	Christmas	Merry Christmas
Irlandés	An Nollaig	Nollaig Shona
Islandés	Jól	Gleðileg jól
Italiano	Natale	Buon Natale
Japonés	クリスマス	メリークリスマス
Latín	Nativitatis	Felicem natalem Christi
Letón	Ziemassvētki	Priecīgus Ziemassvētkus
Lituano	Kalédos	Linksmų Šv. Kalėdų

325

Luxemburgués	Chrëschtdag	Schéi Chrëschtdeeg
Maltés	Milied	Il-Milied It-Tajjeb
Maorí	Kirihimete	Meri Kirihimete
Náhuatl	Tlacatilizilhuitl	Cualli tlacatilizilhuitl
Neerlandés	Kerstmis	Vrolijk kerstfeest
Noruego	Jul	God jul
Polaco	Boże Narodzenie	Wesołych Świąt Bożego Narodzenia
Portugués	Natal	Feliz Natal
Quechua	Navidad	Navidadpi kusikuy
Rumano	Crăciun	Crăciun Fericit
Ruso	Рождество	С Рождеством
Serbio	Božić	Srećan Božić
Suajili	Krismasi	Krismasi Njema
Sueco	Jul	God Jul
Ucraniano	Різдво	щасливого Різдва
Vietnamita	Giáng sinh	Chúc Mừng Giáng Sinh
Turco	Noel	Mutlu Noeller
Yidis	ניטל	לעבעדיק ניטל
Yoruba	Keresimesi	Ikini ọdun Keresimesi
Zulú	Ukhisimusi	Jabulela Ukhisimusi

ANEXO II

LOS 20 EVANGELIOS DE LOS CUALES HA LLEGADO A NOSOTROS ALGUNA INFORMACIÓN[7, 8]

1-4. Los Evangelios Canónicos

5. El Evangelio según los hebreos

6. El Evangelio de Pedro

7. El Evangelio según los egipcios

8. El Evangelio de Matías

9. El Evangelio de Felipe

10. El Evangelio de Tomás

11. El Proto-Evangelio de Santiago

12. El Evangelio de Nicodemo (Acta Pilati)

13. El Evangelio de los Doce Apóstoles

14. El Evangelio de Basílides

15. El Evangelio de Valentino

16. El Evangelio de Marción

17. El Evangelio de Eva

18. El Evangelio de Judas

19. El escrito Genna Marias

20. El Evangelio Teleioseos

ANEXO III

17 PAISES QUE NO CELEBRAN LA NAVIDAD [36, 47]

Afganistán

Arabia Saudita

Argelia

Bután

Brunéi

China

Comoras

Corea del Norte

Mauritania

Mongolia

Paquistán

República Árabe Saharaui Democrática

Somalia

Tayikistán

Túnez

Uzbekistán

Yemen

FELIZ NAVIDAD

ANEXO IV

LOS TIEMPOS LITÚRGICOS EN LA IGLESIA CATÓLICA[52, 53]

Adviento: Los cuatro domingos (semanas) anteriores a la Navidad. Color litúrgico: morado, significa profundización espiritual, tiempo de preparación para la Navidad.

Navidad: Desde el 25 de diciembre al Bautismo del Señor (primer domingo después del 6 de enero). Color litúrgico: blanco, representa la pureza y un tiempo de júbilo.

Tiempo ordinario: 34 semanas, distribuidas en 2 partes: desde el Bautismo del Señor al Miércoles de Ceniza, y después desde Pentecostés hasta la fiesta de Cristo Rey. Color litúrgico: verde, representa la esperanza y la vida.

Cuaresma: Desde el Miércoles de Ceniza hasta el Jueves Santo, 40 días. Color litúrgico: morado.

Triduo Pascual: Viernes Santo, Sábado Santo, Domingo de Pascua. Color litúrgico: rojo el viernes, simboliza el martirio y la fuerza del Espíritu Santo, y blanco el domingo de Resurrección. El Sábado Santo no se celebra misa.

Pascua: Desde el Domingo de Pascua a la Solemnidad de Pentecostés, 50 días. Color litúrgico: blanco

ANEXO V

IGLESIAS DEDICADAS A LA NAVIDAD

IGLESIAS DEDICADAS A LA NATIVIDAD

CISJORDANIA, REGIÓN DE PALESTINA

Basílica de la Navidad, Belén

Gruta de la Leche, Belén

ITALIA

Iglesia de la Natividad de nuestro Señor Jesucristo, Roma

Appio-Barrio Latin, vía Gallia. Construida en 1936, erigida parroquia en 1937. Es el hogar del título de Cardenal *Natividad de Nuestro Señor Jesucristo en Vía Gallia.*

Iglesia-Oratorio de la Natividad

Villa di Coldrerio, data de 1674. Obra de Carlo Beccaria, alumno de Gian Lorenzo Bernini.

Iglesia Ortodoxa Rusa de la Natividad, Florencia

Vía Leone, 10, Florencia. Su construcción se debe a la Gran Duquesa Marija Nikolaevna, hija del zar Nicolás I, fue consagrada el 8 de noviembre de 1903

Iglesia de Santa María de Belén

Prá della Valle, Padua. Construida a inicios del siglo XIII

ESPAÑA

Iglesia de Nuestra Señora de la Natividad, Alborea

Alborea, Albacete. Conocida como la Catedral de la Manchuela. Construido en diferentes épocas, desde el siglo XVI al XVIII.

Iglesia de Nuestra Señora de la Natividad, Jamilena

Jamilena, Jaén. Construida entre los siglos XVI y XVIII. De estilo renacentista.

Iglesia de Nuestra Señora de la Natividad, Villanueva de la Reina

Se comenzó a construir en 1604, sobre un antiguo templo bajomedieval y fue restaurada en 1980.

Iglesia de la Natividad, Durro

Església de la Nativitat, Durro, Lérida, Cataluña.

Parroquia de la Natividad del Señor, Málaga

Calle Manuel de Falla, 1, Málaga

ALBANIA

Iglesia de la Natividad de Cristo, Shkoder

Rruga Hasan Riza Pasha 39, Shkodër, Albania, construida en 2000. Es un templo ortodoxo de dos plantas con tres cúpulas originales. La iglesia original fue destruida en varias ocasiones, durante el período comunista y más tarde durante el conflicto de las Balcanes, hasta que en 2000 se construyó el nuevo templo.

BULGARIA

Monumento Iglesia de la Natividad de Cristo, Shipa

Es una iglesia monumento en homenaje a los soldados ortodoxos caídos durante la conquista ruso-turca de 1877, cuando se restauró el estado de Bulgaria después de 500 años de ocupación otomana. Las campanas están fundidas con treinta toneladas de cartuchos gastados. Se encuentra en 6150 Shipka, Bulgaria.

Iglesia de la Natividad, Arbanasi

Se trata de una pequeña iglesia, que por fuera apenas se reconoce, pues poco se diferencia de las casas del pueblo, situado a 232 kilómetros de Sofía, la capital. Pero en su interior, las paredes están decoradas totalmente con pinturas de escenas religiosas, de autor anónimo pero datadas como procedentes del siglo XVI. Es como una pequeña Capilla Sixtina búlgara.

CHILE

Parroquia de la Natividad del Señor

Avenida Ossa, 479, Comuna de la Reina, Santiago de Chile. Construida en 1906 como Capilla de San José, se reconstruye en 1946, pasando a su nombre actual. Fue reconstruida entre 1983 y 1984.

COLOMBIA

Parroquia Natividad de Cristo, Cúcuta

Pertenece a la Diócesis de Colombia de la Iglesia Episcopal Anglicana. Se encuentra en Calle 7Nte No. 12E-71 Barrio Los Acacios, Cúcuta, Colombia.

EGIPTO

Catedral de la Natividad, El Cairo

Inaugurada el 6 de enero de 2019, se trata de una catedral copta. Con sus 63000 metros cuadrados, es considerada la catedral más grande de Oriente Medio. Puede albergar 2500 personas en la planta baja y 7500 en la superior. Durante décadas hubo problemas para construir iglesias en Egipto, para no ofender al islam, pero luego del asesinato de centenares de coptos por los yihadistas, desde 2016 la presidencia del país y las fuerzas armadas asumieron la construcción de este templo.

ESTADOS UNIDOS DE AMÉRICA

Iglesia Episcopal de la Natividad, Huntsville

The Episcopal Church of Nativity, 208 Eustis Avenue, Huntsville, Alabama.

Iglesia de la Natividad, Nueva Jersey

180 Ridge Road, Fair Haven, NJ. Parroquia católica

Iglesia de la Natividad de Nuestro Señor, Chicago

Esta iglesia católica es uno de los edificios más antiguos de la ciudad. Fundada en 1868 para acoger a los inmigrantes irlandeses. Se construyó en un terreno adquirido, en los cuales existían unos establos, por lo cual se decidió darle el nombre de la Natividad, dado que Jesús había nacido en un establo. Tiene 185 vitrales muy notables, la mayoría de ellos son de 1907.

Catedral de la Natividad, Betlehem

Es la catedral de la diócesis de la Iglesia Episcopal de Betlehem, en 321 Wyandotte St, Betlehem, Pensilvania

Iglesia Católica de la Natividad, Indianápolis

7225 Southeastern Ave, Indianápolis, Indiana.

Iglesia de la Natividad, California

6309 El Apajo Road, Rancho Santa Fe, CA. Iglesia católica

FRANCIA

Iglesia del Val-de-Grâce

1 Place Alphonse Laveran, V Distrito, París. Construida entre 1645 a 1667, por orden de su fundadora, la reina Ana de Austria. Está dedicada a *Jesús nacido y a su madre, la Virgen.*

Iglesia Nuestra Señora de la Natividad, Moret-sur-Loing

Église Notre-Dame de la Nativité, de fines del siglo XII al siglo XIII, Moret-sur-Loing.

Iglesia de la Natividad, La Garde

Eglise de la Nativité, Paroisse de La Garde. 42 Rye Victor Thouron, La Garde

Eglise Notre Dame de la Nativité, Les Gets

La Iglesia de Nuestra Señora de la Natividad, en 7 impasse du musée Les Gets, Francia, es un templo del siglo XV, reconstruido en 1895.

Eglise Notre-Dame de la Nativité, Alan

Place de la Mairie 31420, Alan, Francia. Planeada desde 1270, se completó entre los siglos XIII y XIV.

Iglesia de la Natividad, Villeurbanne

Av Général-Leclerc, Villeurbnne. Frente a la Place Grandclément.

LETONIA

Catedral de San Boris y Gleb

Construida en 1905, pertenece a la Iglesia Ortodoxa Letona y está dedicada a la Natividad. Es de estilo neo ruso y tiene capacidad para cinco mil fieles.

Catedral de la Natividad de Cristo, Riga

Se comenzó a construir en 1876 y se inauguró en 1884, es de estilo neobizantino y conserva iconos de gran valor. Durante la primera guerra mundial las tropas alemanas la convirtieron en iglesia luterana, pero una vez concluida volvió a ser catedral ortodoxa. Los comunistas soviéticos la cerraron al culto y la convirtieron en un planetario. Cuando Letonia recuperó la independencia, en 1991, fue reabierta al culto y restaurada.

MÉXICO

Parroquia Natividad del Señor, de Monterrey

Paseo de los Conquistadores, 700, Monterrey. La primera misa se celebró en 1978, y el templo se construyó entre 1979 y 1985.

MOLDAVIA

Catedral de la Natividad de Cristo, Tiraspol

Es una iglesia ortodoxa, depende de la Iglesia Ortodoxa Rusa. Fue construida entre 1998 y 2000.

Catedral de la Natividad, Chisináu

Se encuentra en Chisináu y pertenece a la Iglesia Ortodoxa Rusa. Fue construida entre 1830 y 1836. Fue bombardeada y seriamente dañada durante la Segunda Guerra Mundial, y no se reconstruyó hasta 1956. En 1962 los comunistas destruyeron el campanario y la reconvirtieron en sala de exposiciones. En 1990 fue reconstruida según su diseño original y consagrada en 1996.

RUMANIA

Catedral de la Natividad, Suceava

Aunque se la conoce como catedral, debido a su tamaño, en realidad funciona como iglesia parroquial. Pertenece a la iglesia ortodoxa rumana, se construyó entre 1991 y 2015. Con sus 82 metros de altura, es uno de los edificios de iglesias ortodoxas más altos del mundo.

RUSIA

Iglesia de la Natividad, de los Stróganov

Es el nombre con el que se conoce a la Catedral de la Santísima Virgen María, en Nizhny Novgorod, Rusia. Se comenzó a construir en 1696 y fue consagrada en 1719. Ha tenido una historia accidentada hasta que los Soviets ordenaron su demolición, que fue detenida gracias a un religioso que logró demostrar su valor arquitectónico. Fue cerrada al culto por los comunistas en los años 30 y reconsagrada en 1993.

Iglesia de la Natividad de Cristo en el Campo Rojo, Novgorod

También se le conoce como Iglesia de la Natividad de Cristo en el Cementerio, por encontrarse en el Cementerio de la Natividad, en Okolny Gorod, Nóvgorod. Construida entre 1381 y 1382, aunque según las crónicas, existió una iglesia anterior, desde 1266. Actualmente se utiliza como museo.

Catedral de la Natividad de Cristo, Alexandrov

Se encuentra en la Plaza de la Catedral, 1, en Alexandrov. Su antigüedad se remonta al siglo XI, como una iglesia de madera de pequeñas dimensiones, que fue sustituida, gracias al emperador Pedro I, por una iglesia de piedra. Ha recibido el beneficio de restauraciones hasta en ocho ocasiones. Durante la época soviética, fue cerrada, se le despojó de todos los utensilios litúrgicos y la biblioteca. En 1929, por decisión de las autoridades comunistas, se demolieron la cabecera de la catedral y la parte superior del campanario. Sus locales fueron utilizados para eventos culturales, club juvenil, y hasta una panadería. A partir de 1991 la Iglesia Ortodoxa Rusa la recuperó y el templo fue restaurado gradualmente hasta que en 2003 se completó la obra principal.

Iglesia de la Natividad de Cristo, San Petersburgo

Es un templo del siglo XVIII, construido entre 1781 y 1787. Fue derribado en 1934, en la época soviética. Reconstruida en 2017-2020 sobre una base histórica.

Catedral de la Natividad de Cristo, Vologodonsk

Pertenece a la Iglesia Ortodoxa Rusa y fue construida entre 2001 y 2011.

Iglesia de la Natividad de Cristo, Krasnodar

En 1991 la parroquia ortodoxa del nuevo distrito Jubileo, de Krasnodar, decidió reunir fondos para la construcción de la iglesia, lo cual ya fue posible iniciar en 1992, completándose la construcción en 1999. Se encuentra en Krasnodar, ul. Terraplén de Navidad, 1.

Iglesia de la Natividad de Cristo, Besedy, Moscú

Construida en 1599.

Iglesia de la Natividad de Cristo, Magadán

Se encuentra en la ciudad de Magadán, a 6000 kilómetros de Moscú. La ciudad de Magadán fue fundada en 1929, como campo de trabajos forzados. La iglesia es una parroquia católica, fundada en una capilla instalada en la habitación de un apartamento, hacia 1994. El P. Michael Shields, su párroco, la construyó con la ayuda de unos amigos. Lograron terminarla en 2002 y tiene una activa comunidad local.

Iglesia de la Natividad de Cristo, Gorodishe, Kostroma

Fue construida por los Morozov entre 1649 y 1652, en una colina alta sobre el Volga. Es muy pintoresca y hermosa, con sus techos verdes y paredes blancas. Fue cerrada por los comunistas en 1936 y las campanas arrojadas desde los campanarios, excepto la mayor, porque no pudieron con ella. En 1941 emitieron un decreto para demolerla, pero el inicio de la guerra se los impidió. En 1986 se inició la restauración y en 1990 se devolvió a los creyentes. Se encuentra en la calle Dachnaya, 17ª.

Iglesia de la Natividad de Cristo, Kollontai

Se trata de una iglesia nueva, construida en un lugar de San Petersburgo donde no había previamente ninguna edificación religiosa. Inicialmente se construyó un templo de madera, a instancias del cabildo, y en 2002 y 2004 se vertieron los cimientos del futuro templo, de hormigón mezclado con agua bendita, tomada de 24 fuentes. Se encuentra en Kollontai, 17, San Petersburgo

Iglesia de la Natividad, Totma

SERBIA

Iglesia de la Natividad de Cristo, Pirot

Es una iglesia ortodoxa serbia, localizada en Pirot, Serbia. Construida en 1834. Está parcialmente hundida en el suelo, pues las leyes otomanas obligaban a que una iglesia no podía ser más alta que la mezquita turca, por lo cual se construyó de esta manera con una altura de apenas diez metros.

UCRANIA

Iglesia de la Natividad de Cristo, Kiev

Existen menciones sobre una iglesia de madera a partir de 1520, la cual fue sustituida por su estado ruinoso, a partir de 1807, completándose la construcción de la nueva iglesia de piedra entre 1809 y 1814. En 1935 los comunistas soviéticos decidieron demolerla. La existencia de fotografías y bocetos del templo original permitió reproducirla en detalle entre 2002 y 2004.

Iglesia de la Natividad de Cristo, Monasterio de Pechersk Lavra - Kiev

IGLESIAS DEDICADAS A LOS REYES MAGOS O A LA EPIFANIA

Cappella dei Magi, Florencia, Italia

La Capilla de los Reyes Magos es una estancia del Palazzo Medici Riccardi, en Florencia. Sus muros están cubiertos por frescos de Benozzo Gozzoli.

Parroquia Epifanía del Señor, Carabanchel, Madrid

Calle Nuestra Señora de la Luz, 64, Carabanchel, Madrid. El templo fue consagrado el 29 de enero de 2011.

Parroquia de la Epifanía y Santo Tomás de Villanueva, Valencia

Construida entre 2008 y 2010, al unificarse las antiguas parroquias de la Epifanía y Santo Tomás. La primera parroquia de la Epifanía fue creada en 1967.

Parroquia de los Santos Reyes, Castellnovo

Calle Iglesia, 5, Castellnovo, Comunidad Valenciana. Es un templo renacentista, construido entre los siglos XVII y XVIII. Se encuentra en la Plaza del Olmo, que debe su nombre a un olmo plantado en 1812, con motivo de la Constitución de Cádiz.

Catedral de los Tres Reyes, Timika, Papua, Indonesia

Fue construida en 2005, un año después que el papa Juan Pablo II creara la diócesis de Timika.

Iglesia de la Epifanía, Yaroslavl, Rusia

Inicialmente era un templo de madera que pertenecía al cercano Monasterio de la Transfiguración. En 1684 fue fundada, construida con las aportaciones de un donante privado. El hermoso templo fue dañado por el impacto de proyectiles de artillería durante el levantamiento de la Guardia Blanca en 1918. Durante el poder soviético su pórtico occidental fue convertido en garaje con taller para la reparación de automóviles. Años después de la perestroika, en el 2000, comenzaron las labores de restauración a gran escala que le devolvieron todo su esplendor y se recuperaron los servicios litúrgicos.

Catedral de la Epifanía, Kazan

Sobre una antigua iglesia de madera, del siglo XVI, se comenzó a construir el templo de piedra en 1730. A lo largo de los años ha sido mejorada y restaurada. Durante el poder comunista soviético, fue ocupada, demolidos algunos de sus edificios, se organizó una colección de animales y se construyó un edificio residencial. Intentaron volar el campanario, pero se salvó por el riesgo de destrucción de casas cercanas. En 1996 fue devuelta a los fieles y se ha reconstruido, aunque el interior permanece con sus paredes cubiertas con yeso blanco y sin pinturas. Se encuentra en la calle Bauman, 78.

Iglesia de la Epifanía, Kasimov

La Iglesia de la Epifanía de Kasimov es la iglesia ortodoxa más antigua de Kasimov, se construyó entre 1661 y 1700, en el lugar que ocupaba desde el siglo XIII el Monasterio de la Epifanía. Fue cerrada durante el poder soviético y convertida en almacén de materias primas. Fue devuelta a los fieles en 1994. Se encuentra en la calle Oktyabrskaya, 8.

Parroquia La Epifanía, Medellín, Colombia

Transversal 56ª, 57-44, Bello, Antioquía, Colombia.

Parroquia La Epifanía, Bogotá, Colombia

Carrera 44ª, 24ª-37, Bogotá, Colombia

Iglesia de los Reyes Magos, Nova Almeida

Es un templo católico en Nova Almeida, Serra, estado de Espíritu Santo, Brasil. Se considera un importante ejemplo de arquitectura jesuítica

Iglesia Epifanía del Señor, Chile

Avenida Bellavista esquina noroeste Arzobispo Casanova, Metropolitana de Santiago, Santiago, Providencia, Chile.

Iglesia Episcopal de la Epifanía, Santo Domingo, República Dominicana

Iglesia Luterana de la Epifanía, Bayamón, Puerto Rico

Catedral de la Epifanía, Florida

Es la catedral de una diócesis joven, fundada por san Juan Pablo II en 1984. Se trata de la Diócesis de Venice. Tiene sus antecedentes en la Parroquia de la Epifanía, que puede rastrear sus orígenes hasta 1935.

Catedral de la Epifanía, Iowa

Con su arquitectura neogótica, la Catedral de la Epifanía se yergue en 1000 Douglas, Sioux City, Iowa. Tuvo sus inicios como iglesia de Santa María en 1891. Es una catedral católica.

Iglesia de la Epifanía del Señor, Nueva York

373 Second Avenue, Gramercy Park, Manhattan Nueva York. Construida en 1965-67, para reemplazar la antigua iglesia de 1870. La parroquia fue fundada

en 1868.

Iglesia Catedral Anglicana de la Epifanía, Columbia

Se localiza en 2512 North Beltine Boulevard, Columbia. Es la catedral de la Diócesis de la Santa Cruz (Holy Cross). Fue fundada en 1984 y pertenece a la Federación de Iglesias Anglicanas de las Américas.

Iglesia de la Epifanía, Washington

Es una iglesia episcopal, consagrada en 1852

Lutheran Church of Epiphany, Nueva York

35 Fulton Avenue, Hempstead, New York

IGLESIAS DEDICADAS A LA ESTRELLA DE BELEN

Iglesia Cristiana Bautista Estrella de Belén, León

Paseo de las Codornices 111, León, México

Iglesia Bautista Estrella de Belén, Jalisco

Sta Cecilia 750, Col. Santa Margarita, Zapocan, Jalisco, México

Iglesia Cristiana Bautista Estrella de Belén, Cancún

Calle 70 Norte, Mza 6, It 2, Cancún, México

Iglesia Bautista Estrella de Belén, Puerto Rico

Iglesia Evangélica La Estrella de Belén, La Paz, Bolivia

Asamblea de la Iglesia Cristiana Estrella de Belén

Del Progreso, 6892, Esteban Etchevarría, Buenos Aires, Argentina

Fuentes

Wikipedia

Iglesia de Boris y Gleb, Kideksha: descripción, historia, arquitectura, hechos interesantes. Nextews

Márquez, Jaime. La Catedral de la Natividad, en Chisinau. Viaje a Europa del Este. En: https://viajeaeuropadeleste.com/2012/08/01/la-catedral-de-la-natividad-en-chisinau/

Lozano, J. En un retiro Dios le dijo: Ve al gulag a rezar, y dejó todo para iniciar una misión en Siberia. ReligiónenLibertad, 18/12/2018. En: https://www.religionenlibertad.com/personajes/728126046/En-un-retiro-Dios-le-dijo-Ave-al-gulag-a-rezarA-y-dejo-todo-para-iniciar-una-mision-en-Siberia.html

Iglesia de la Natividad (Villanueva de la Reina). Jaenpedia. En: https://jaenpedia.wikanda.es/wiki/Iglesia_de_la_Natividad_(Villanueva_de_la_Reina)

Catedral de la Natividad. Turismo Riga. En: http://www.turismoriga.com/catedral-ortodoxa-de-la-natividad-de-riga.html

La Iglesia de la Natividad de Arbanasi, Bulgaria. PrepararMaletas. En: https://www.prepararmaletas.com/2017/01/iglesia-natividad-arbanasi.html

Nuestros inicios. Parroquia Natividad del Señor de Monterrey. En: http://www.natividadmty.org/historia

Makur, Markus. New Papua 349 Cathedral packs in 50,000 people. UCAnews, 08/10/2010. En: https://www.ucanews.com/story-archive/?post_name=/2010/10/08/indonesian-papua-gets-new-cathedral&post_id=53582

La Iglesia de la Epifanía (Yaroslval): Historia y modernidad. Paultaner-Mitchell.com. En: https://paulturner-mitchell.com/es/29175-cerkov-bogoyavleniya-yaroslavl-istoriya-i-sovremennost.html

Edificio religioso Iglesia de los Santos Reyes. Prepara tu escapada. En: https://preparatuescapada.com/castellon/castellnovo/iglesia-de-los-santos-reyes

Iglesia de la Natividad de Cristo. Travel Guía. En: https://travel-guia.com/es/ukrania/kiev/igreja-da-natividade-de-cristo.html

Catedral de la Natividad de Cristo – un templo construido por Pedro I. Caleche. En: https://ec.caleche.org/1679-cathedral-of-the-nativity-of-christ-a-temple-built-by.html#

Catedral de la Natividad, Suceava. En: https://hmong.es/wiki/Cathedral_of_the_Nativity,_Suceava

Iglesia de la Natividad de Cristo, Krasnadar. Fartice. En: https://es.fartice.com/iglesia-de-la-natividad-de-cristo-krasnodar/

Iglesia de la Natividad de Cristo (Elías el Profeta) en Gorodishche – memoria de la familia de los boyardos Morozov. Caleche. En: https://uy.caleche.org/1531-church-of-the-nativity-of-christ-elijah-the-prophet-o.html

Shkoder. TurismoAlbania.es. En: https://www.turismoalbania.es/shkoder/

Monasterio de Shipka. Monumento Iglesia de la Natividad de Cristo. Vela de Jerusalén. En: https://santosepulcro.co.il/es/religious-objects/shipkinskiy-monastyr-khram-pamyatnik-rozhdestva-khristova-/

Iglesia de la Epifanía del Señor. Touristlink. En: https://es.touristlink.com/Estados-Unidos/iglesia-de-la-epifania-del-senor-ny/overview.html

Cathedral Church of the Epiphany. Faithstreet. En: https://www.faithstreet.com/church/cathedral-church-of-the-epiphany-columbia-sc

ANEXO VI

ESPECIES QUE SUELEN UTILIZARSE COMO ÁRBOL DE NAVIDAD [215, 216]

Abies nordmandiana

Abeto noble (Abies procera Rehd)

Abeto Fraser (Abies fraseri)

Abeto Douglas (Pseudotsuga menziesii)

Abeto balsámico (Abies balsamia)

Abeto azul de Colorado (Picea pungens)

Abeto blanco (picea glauca)

Abeto coreano (Abies koreana)

Abies pinsapo

Pino silvestre o escocés (Pinus sylvestris)

Pino blanco del este (Pinus strobus)

Picea abies Excelsa

Picea abies Compacta

Picea glauca Conica

Picea abies Olhendorfii

Picea abies inversa

Pices abies Nidiformis

Picea bicolor Acicularis

Picea glauca Cinderella

Picea pungens Koster

Picea pungens Montgomery

Picea orientalis Aureospicata

Picea omorica Nana

Cedro rojo del este (Juniperus virginiana)

Ciprés de Leyland (Cupressus leylandii)

ANEXO VII

MERCADILLOS DE NAVIDAD

EUROPA

ALEMANIA

Mercadillo de Navidad de Gengenbach (*Gengenbacher Adventsmarkt*)

Se celebra en la Plaza del Ayuntamiento. Tiene como fondo el Calendario de Adviento más grande del mundo, en la fachada del propio Ayuntamiento, cuyas ventanas ofrecen un hermoso espectáculo visual y lumínico. Cuenta con 40-50 casetas de venta[1].

Mercado de Navidad de Nuremberg (*Christkindlesmarkt*)

Es el más famoso y uno de los más visitados de Alemania. Tiene más de 180 puestos de madera, que venden desde pan de jengibre picante de Nuremberg, panes de fruta, juguetes, árboles de Navidad, pesebres, salchichas alemanas y vino caliente especiado[2].

Nuremberg celebra además el Mercado de Navidad de ciudades hermanadas o *Markt der Partnerstädte*, el cual tiene la peculiaridad de incluir la celebración de la Navidad en lugares como Venecia, Glasgow, Praga, Córdoba, Atlanta, Turquía o China.

Mercado de Navidad de la Plaza de Gendarmenmarkt, Berlín

Es considerado el más bello de Berlín, tiene como fondo las torres de la catedral francesa (*Französischer Dom*)) y la alemana (*Deutscher Dom*). Se encuentra en Gendarmenmarkt 10117 Berlín, Alemania[3].

Mercadillo de Navidad de la Catedral, Colonia (*Weihnachtsmarkt am Kölner Dom*)

Es el mercado navideño más grande e importante de la ciudad, conocida como la capital de los mercadillos navideños. En el centro de sus 150 puestos, hay un escenario donde se ofrecen actuaciones musicales y artísticas.

Colonia tiene otros mercadillos famosos como el Mercado de Navidad de los Ángeles (*Markt der Engel, Weihnacht auf dem Neumarkt*), el Mercado de Navidad de los cuentos (*Märchenweihnachtsmarkt auf dem Rudolfplatz*) o el Mercado de Navidad del Puerto (*Kölner Hafen Weihnachtsmarkt*)[4, 5]

Strizelmarkt, Dresde

Se celebra en la plaza de Altmarkt y es el más antiguo de Europa, pues sus inicios son de 1434. Tiene más de 250 puestos. El 8 de diciembre se prepara un pastel de *Stollen*, típico de la zona, que tiene más de 3 toneladas de peso. Elaborado por 125 hornos de la ciudad, llega a la plaza arrastrado por caballos, para el disfrute de todos los asistentes[6].

AUSTRIA

Christkindlmarkt en Salzburgo

Es de gran belleza, al celebrarse en la plaza a los pies de la fortaleza de Hohensalzburg y la Catedral, ambas bellamente iluminadas. Se celebra desde el siglo XV.

Christkindlmarkt en la plaza del Ayuntamiento, Viena

Viena florece con multitud de mercadillos, entre los cuales destaca el que se celebra en la Rathausplatz o plaza del Ayuntamiento. Aparte de las ventas, los niños pueden fabricar velas o pastas de Navidad[7].

BÉLGICA

Winters Wonders, Bruselas

Tiene lugar en la Grand Place de Bruselas, adornada por un inmenso árbol en su centro. Aparte de poder disfrutar de las tiendas, comida caliente y dulces de todo tipo, se puede patinar sobre hielo o montar en la gran rueda.

Mercado de Navidad de Brujas

Se celebra en *Grote Markt*, la plaza principal de Brujas, y entre toda la oferta navideña, también se pueden disfrutar las mejores patatas fritas del mundo.

DINAMARCA

Mercado de Navidad del Parque Tivoli, Copenhague.

Instalado en el Parque Tivoli, el más famoso de Copenhague, tiene unas 60 casetas con puestos de comida y bebida, juegos, música en directo y la aldea de Santa Claus[9].

ESPAÑA

Mercado de Navidad de la Plaza Mayor, Madrid

Es digno de ser visitado, sus puestos ofrecen todo lo que se puede necesitar en Navidad en un ambiente muy divertido y colorido, en una de las más hermosas plazas españolas.

Cíes Market, Vigo

Aunque ha comenzado a celebrarse hace pocos años, el mercado de Navidad de Vigo, en la Alameda de la ciudad, tiene más de 100 puestos y ofrece atracciones para pequeños y mayores, ventas de comidas navideñas y una noria gigante, además de nieve artificial y pista de patinaje sobre hielo.

Mercado de Navidad y feria de los belenes en Sevilla

La Feria de los Belenes de Sevilla se ha convertido en un referente nacional, que, junto al mercado, ofrecen adornos y artesanía a lo largo de varias calles del centro de la ciudad.

Mercado de Navidad de la Plaza de la Reina, Valencia

Es uno de los mercados de Navidad más grandes de España, con sus más de 300 casetas. Además de la decoración y gastronomía navideña, la plaza acoge un belén a tamaño real, donado por el Gremio de Artistas Falleros de Valencia[8].

FRANCIA

Christkindelsmärik, Estrasburgo

Es un referente para los mercadillos navideños franceses, de hecho, se agotan las reservas de alojamiento en la ciudad para la Navidad desde muy pronto en el año. Tiene lugar en la plaza a los pies de la catedral y cuenta con más de 300 puestos.

En la ciudad hay, además, otros mercados navideños temáticos, como el mercado de pasteles navideños, el de asociaciones, el de productos locales y otros[6].

Mercadillo de Navidad de la Torre Eiffel, Champs de Mars, París

Se trata del *Village de Nöel*, especializado en comidas gourmet y cocina local, que también vende adornos, artesanía y regalos. Consta de unas 50 casetas de madera y una pista de patinaje. Está considerado uno de los más bonitos de París[7].

FINLANDIA

Mercado de Navidad de Helsinki (*Tuomaan joulumarkkinat*)

Se localiza en la Plaza del Senado (*Senaatintori*) y es el mayor mercado navideño de Helsinki. Tiene unos 13° puestos en los que se puede encontrar artesanía finlandesa, adornos navideños hechos a mano, así como postres y bebidas típicos del país. Y una sauna, que en Finlandia es toda una institución.

Mundo de Navidad de Helsinki (*Helsingin Joulumaailma*)

Podemos encontrarlo en Mannerheimintie 3, en el centro de Helsinki. Allí encontraremos desde el pesebre a sombreros de lana, guantes, velas, juguetes y delicias gastronómicas locales, como mermeladas, tartas de queso, almendras tostadas y comida típica[10].

HUNGRIA

Mercado de Navidad de la Basílica de San Esteban (*Adventi Ünnep a Bazilikánál*), Byudapest

Es uno de los más bellos de Budapest. Se localiza en la Plaza de San Esteban (Szent István tér) frente a la Basílica de San Esteban, que se iluminará cada noche con un hermoso espectáculo de luces. En el centro del mercado suele haber un gran árbol y una pista de patinaje sobre hielo de 200 metros cuadrados. Fue elegido en 2021 como el mejor de Europa en una votación online de lectores de *European Best Destinations* (EBD) que contó con el voto de 173 620 viajeros de todo el mundo[11].

Feria de Navidad en la Plaza Vörösmarty, Budapest

Está considerado uno de los 10 mercados navideños más hermosos de Europa. Se localiza en la Plaza Vörösmarty, en el 1051 Budapest, Vörösmarty tér. Fue una de las primeras plazas donde se abrió un mercado de Navidad, en 1998. Cada domingo del Adviento, a las 16:00, se enciende una vela en la guirnalda gigante, ceremonia que acompaña un *coro de ángeles*. Entre las ofertas gastronómicas, no hay que perderse el famoso pastel de chimenea, conocido localmente como *Kürtőskalács*.[12]

ITALIA

Mercatino della Befana, Roma

Se instala en la Plaza Navona, lo que le da un ambiente especial. Está dedicado a la Befana y se pueden encontrar adornos y dulces navideños.

Mercadillo de Navidad de Bolzano, Bolzano

Es uno de los mercados navideños más famosos de Italia. Tiene unos 100 puestos, que son casas de madera, en los que puedes encontrar desde las hermosas cerámicas de Thun hasta delicias locales como los *canederli*, unas bolas de pan elaboradas con *speck*, un jamón con sabor a enebro, típico de la región del Tirol, así como vinos calientes confeccionados con vino dulce y canela[13].

NORUEGA

Mercadillo de Navidad de Oslo

Se organiza en la Plaza del Ayuntamiento, la Radhusplassen, muy cerca del puerto. Unos 80 puestos venden todo lo esperado en un mercadillo navideño, con la particularidad de que no solo son productos noruegos, sino que se pueden encontrar productos de Suecia, artículos religiosos o de Navidad de Bielorrusia, lana de Kashmir o alpaca de Perú[14].

PAÍSES BAJOS

Mercado de Navidad de Valkenburg

Es un mercadillo de Navidad muy peculiar, pues está situado en la cueva Fluweel y sus puestos se distribuyen en esta impresionante gruta natural. De hecho, está considerado el mercado subterráneo de Navidad más grande y antiguo de Europa. En el centro de la cueva suele estar el jardín encantado, donde puede catarse la *Glühwein*, una bebida típica holandesa, elaborada con vino caliente hecho de limón, naranja, azúcar, canela, clavo, cardamomo y brandy[6].

POLONIA

Mercado de Navidad en Cracovia (*Jarmark Bożonarodzeniowy Krakow – Targach Bożonarodzeniowych*)

Está situado en la Plaza del Mercado y ofrece desde los típicos productos navideños hasta joyas de ámbar del Báltico, cristal de Bohemia y deliciosos platos tradicionales polacos. Suele ser amenizado por un coro de villancicos, danzas y espectáculos. También pueden admirarse los belenes en miniatura polacos[15].

Mercado de Navidad de Varsovia

En Barbakan (*Jarmark Bożonarodzeniowy na Barbakanie*), casi en las afueras de la ciudad, puedes encontrar el Mercado de Navidad de Varsovia, en la plaza frente al Castillo Real. Consta de unos 60 puestos de madera y un árbol de Navidad central, y se venden todos los productos navideños como adornos, comidas, bolas de vidrio talladas a mano, jerséis, etc[16].

PORTUGAL

Mercado de Navidad de Funchal, Madeira

Es un Mercado de Navidad tradicional, considerado uno de los mejores de Europa. Lo sitúan en la avenida Arriaga, donde toda Funchal de convierte en un bello belén iluminado con miles de bombillas en sus calles[17].

Wonderland Lisboa

Es un mercado navideño lleno de actividades navideñas y buen gusto, situado en el Parque Eduardo VII, en Lisboa. Además de los puestos de venta, hay una noria, una pista de hielo, y el pueblo de Santa Claus[18]. Es muy concurrido y el ambiente navideño es muy alegre.

REINO UNIDO

Mercadillo de Navidad de *East Princess Street Gardens*, en Edimburgo

Junto a Princess Street, la calle comercial de la capital escocesa, con las mejores vistas de la parte antigua de la ciudad y el castillo de Edimburgo, se celebra el mercadillo navideño, en el que no falta el belén (se le puede ver en St. Andrew Square) y venta de productos navideños de todo tipo[18]. Un evento que le caracteriza es la cabalgata de antorchas de Hogmanay, que tiene muchos años de historia.

Oxford Christmas Market, Oxford

Se instala en la. Calle Broad, cerca del Castillo de Oxford. Es un mercadillo de estilo alemán, incluso se venden las típicas salchichas alemanas y panes de especias, aunque por supuesto no faltan las delicias locales, como los *mice pies* (pequeños pasteles con frutos secos)[13].

REPÚBLICA CHECA

Mercadillo de Navidad en la Plaza de la Ciudad Vieja (*Staromestské námestí*), Praga

En un escenario ambientado por la iluminación de la catedral, el reloj astronómico y la iglesia de Nuestra Señora de Tyn, se organiza el mercadillo con unos 100 puestos que venden joyería, juguetes y artículos de vidrio, así como jamón asado, dulces, *svarák*, un vino dulce típico de la época navideña checa, y el grog, licor especial mezclado con agua, azúcar y limón[13]. Un coro de niños suele cantar villancicos en las tardes. Staroměstské náměstí, Praha 1

Mercado de Navidad en la Plaza de Wenceslao (*Václavské náměstí*), Praga

Los mercadillos de Praga se consideran entre los más románticos de Europa y este no es una excepción. Allí puedes encontrar artesanía y comida típica checas. Dirección: Václavské náměstí, Praha 1

SUECIA

Mercado navideño de Gamla Stan, Estocolmo

Se celebra en el casco antiguo de la ciudad vieja, en la plaza Stortorget. Sus puestos son rojos, y venden *glögg* (vino caliente), pan de jengibre, dulces, artesanías y muchos productos suecos, así como carne de ciervo y reno[19].

AMÉRICA

ARGENTINA

Christmas Market, Palermo

Se celebró por primera vez en 2017, siendo promocionado como el primer mercadillo navideño de Latinoamérica. Se localiza en Tribuna Plaza, Av. del Libertador 4401. Se inspira en los mercados navideños europeos y cuenta con espectáculos en vivo en los cuales los artistas interpretan canciones navideñas, una casa de Papá Noel[20].

CANADÁ

German Christmas Market, Québec

Es uno de los mercadillos canadienses más espectaculares. Se localiza en la Plaza de la Alcaldía, donde pueden verse los puestos que simulan pequeñas casas de campo. Está inspirado en los mercadillos alemanes, por lo que pueden degustarse comidas típicas germanas, como salchichas, castañas, *bretzels* o vino caliente[21].

Toronto Christmas Market, Toronto

Está considerado uno de los mejores mercadillos navideños de Canadá. Tiene la peculiaridad de ser benéfico. Las dos primeras semanas, su entrada es gratuita siempre que aportes 8 latas de comida para donar, a partir de entonces las entradas pueden adquirirse online o el mismo día presencialmente. Tiene lugar en el Distillery District y es todo lo que se puede esperar de un mercadillo europeo, solo que en Canadá. Suele contar con la venta de productos locales, así como golosinas importadas de Alemania, Países Bajos e Inglaterra[22].

ESTADOS UNIDOS DE AMÉRICA

Mercadillo de Navidad de *Bryant Park*, Nueva York

Está ubicado en Manhattan, entre la 5th y 6th Avenidas con la 40-42th, en la plaza de Bryant Park, detrás de la Biblioteca de Nueva York. Aparte de los puestos de venta, cuenta con una gran pista de hielo para patinaje[23].

The Great Dickens Christmas Fair, San Francisco

Se celebra en el *Cow Palace Exhibition Hall* y tiene 120 000 pies cuadrados. Es muy pintoresco pues se ambienta en el Londres victoriano y no solo las decoraciones lo evocan, sino más de 800 personas vestidas a la usanza de la época representando personajes de Dickens. Pueden encontrarse bailes, música, tiendas de Navidad, que ofrecen todo tipo de productos navideños[24].

Downtown Holiday Market, Washington, D.C.

Se ubica en los exteriores de la *National Portrait Gallery* y el *American Art Museum* del Instituto Smithsonian. Tiene unos 60 puestos, con una característica: los vendedores, que son más de 150 artesanos, se rotan dichos puestos[25].

ASIA

JAPÓN

Roppongi Hills, Tokio

Es un mercadillo navideño inspirado en los típicos mercados de Navidad alemanes. Se celebra desde 2006. Sus 11 puestos venden más de 2000 productos navideños germanos, que incluyen calendarios de adviento, decoraciones, regalos, comidas y bebidas. Puede saborearse el *glühwine* y platos tradicionales típicos de la Navidad en Alemania. De la misma forma, puedes encontrar conciertos y visitas de Papá Noel.

Ebisu Garden, Tokio

Es un mercado navideño de inspiración francesa, por lo que pueden encontrarse desde especialidades como las *galettes* o velas artesanales hasta decoraciones tradicionales. En el centro de la plaza se coloca un enorme candelabro Baccarat y también un árbol navideño de grandes proporciones[26].

COREA DEL SUR

Mercado Navideño Europeo, Seúl

Suele abrir solo un fin de semana a inicios de diciembre, en los alrededores de la plaza Bunsumaru del Arroyo Seongbukchon, en la capital coreana. Suele contar con puestos navideños de Alemania, España, Suiza, Bélgica, Bulgaria y otros países europeos, apoyados por las respectivas embajadas. Se vende todo tipo de productos navideños y en la gastronomía, si llevas tu propio recipiente (vasos, táperes) recibirás un descuento de 500 wones en cada menú. Hay espectáculos musicales de jazz o villancicos y hasta danza tradicional alemana. Dirección: Dongsomun-dong 2-ga 2-4, Seongbuk-gu, Seúl[27].

TAIWÁN

En 2020 se celebró en el sector de Xinyi, en Taipei, un Mercado Europeo Navideño, organizado por la Asociación de Ciudadanos Franceses en Taiwán. Se vendieron artesanías, especialidades culinarias, así como vinos y licores, de varios países del viejo continente. Se recaudaron fondos para una organización benéfica taiwanesa.

Fuentes

1. Isa y Sergio. Mercado de Navidad de Gengenbach. Vacaciones por Europa. En: https://www.vacacionesporeuropa.com/mercado-navidad-gengenbach.html [Consultado agosto 2022]

2. Isa y Sergio. Mercado de Navidad de Nuremberg. Vacaciones por Europa. En: https://www.vacacionesporeuropa.com/mercado-navidad-nuremberg.html [Consultado agosto 2022]

3. Mercado de Navidad en Berlín. Guía de Alemania. En: https://www.guiadealemania.com/mercado-de-navidad-en-berlin/ [Consultado agosto 2022]

4. Escribano, David. Colonia, la capital de los mercadillos navideños. Condé Nast Traveler, 30/10/2019. En: https://www.traveler.es/experiencias/articulos/colonia-mejores-mercadillos-navidenos/16494 [Consultado agosto 2022]

5. Isa y Sergio. Mercado de Navidad de Colonia. Vacaciones por Europa. En: https://www.vacacionesporeuropa.com/mercado-navidad-colonia.html [Consultado agosto 2022]

6. Sierra, María. Los mejores mercados de Navidad de Europa. Blog de viajes, eDreams, 09/11/2021. En: https://www.edreams.es/blog/mercadillos-navidenos-europa/ [Consultado agosto 2022]

7. Redacción Viajes NG. 25 mercadillos navideños de Europa para enamorarse. Viajes National Geographic, 15/10/2021. En: https://viajes.nationalgeographic.com.es/a/21-mercadillos-navidenos-europa-para-enamorarse_10942 [Consultado agosto 2022]

8. Los mejores mercados navideños en España. LaguiaGO!, 23/12/2021. En: https://www.laguiago.com/espana/los-mejores-mercados-navidenos-espana/ [Consultado agosto 2022]

9. Los mercadillos navideños más impresionantes de Europa. El Mundo. En: https://saposyprincesas.elmundo.es/viajar-con-ninos/por-el-mundo/turismo-familia-loira-atlantico/ [Consultado agosto 2022]

10. Mercados de Navidad en Helsinki. La Guía de los Mercados de Navidad. En: https://www.mercados-navidad.es/mercado-de-navidad-en-helsinki/ [Consultado agosto 2022]

11. Rodríguez, Cecilia. Los 20 mejores mercadillos de Navidad. Forbes España, 19/12/2021. En: https://forbes.es/lifestyle/130530/los-20-mejores-mercadillos-de-navidad/ [Consultado agosto 2022]

12. Mercado de Navidad de Budapest. La Guía de los Mercados de Navidad. En: https://www.mercados-navidad.es/mercado-de-navidad-en-budapest/ [Consultado agosto 2022]

13. Los 60 mejores mercadillos navideños en 2021 – Viaje por los mercados de Navidad de Europa. Surfing the planet, 2021. En: https://www.surfingtheplanet.com/mejores-mercados-navidenos-europa/ [Consultado agosto 2022]

14. López, Roberto El Mercadillo de Navidad de Oslo. Viaje a Escandinavia. En: https://viajeaescandinavia.com/noruega/el-mercadillo-de-navidad-de-oslo [Consultado agosto 2022]

15. Mercado de Navidad en Cracovia (Krakow). La Guía de los Mercados de Navidad. En: https://www.mercados-navidad.es/mercado-de-navidad-en-cracovia-krakow/ [Consultado agosto 2022]

16. Valchyshen, Olga. Mercado de Navidad de Varsovia 2022-2023. Rove.es, 28/01/2022. En: https://rove.me/es/to/warsaw/warsaw-christmas-market [Consultado agosto 2022]

17. González-Hontoria, Marta. Dónde están los mercadillos navideños más bonitos y famosos de Europa. El Mundo, 07/12/2021. En: https://www.elmundo.es/viajes/europa/2021/12/07/61a8ca7721efa052218b45f8.html [Consultado agosto 2022]

18. Los mejores mercadillos de Navidad en Portugal. Portugal Premium Tours, 2019. En: https://www.premiumtours.pt/es/las-10-mejores-experiencias-navidenas/ [Consultado agosto 2022]

19. Los 10 mejores mercadillos navideños de Europa. FLiXBUS. En: https://www.flixbus.es/descubre/ideas-para-viajar/mercadillos-navidenos/europa?wt_mc=acq.es.FlixBus.sea-nonbrand.google.6978013740.13950384378_123712214814.ad&wt_cc1=non-branded&wt_cc5=&utm_source=google&utm_medium=sea-nonbrand&utm_campaign=6978013740.13950384378_123712214814.non-branded&utm_term=&utm_content=es.FlixBus&gclid=Cj0KCQjwxb2XBhDBARIsAOjDZ35HQkrql2AK-9d8GyMWYAAvDIqgkznKSm602leevORmyGLwtLlDSPYaAp0wEALw_wcB [Consultado agosto 2022]

20. Este diciembre SALE PALERMO: el primer mercado navideño de Latinoamérica desembarca en Argentina. Norte en línea, 2017. En: https://www.norteenlinea.com/noticias/ocio/este-diciembre-sale-palermo-el-primer-mercado-navideno-de-latinoamerica-desembarca-en-argentina-2 [Consultado agosto 2022]

21. Badajoz, Patricia. Los 7 mejores mercadillos navideños de América para disfrutar de la Navidad al otro lado del Atlántico. Menzig, 05/12/2019. En: https://www.menzig.es/a/mercadillos-navidad-america-estados-unidos-canada-colombia/

[Consultado agosto 2022]

22. Toronto Christmas Market at the Distillery District (Distillery Winter Village). Justin + Lauren adventure and kind travel, 15/12/2021. En: https://justinpluslauren.com/toronto-christmas-market/ [Consultado agosto 2022]

23. Los mejores mercados navideños en Nueva York en 2021. Organizotuviaje.com, 2021. En: https://www.organizotuviaje.com/los-mejores-mercados-navidenos-de-nueva-york/ [Consultado agosto 2022]

24. Great Dickens Christmas Fair 2022. Rove.es, 16/02/2022. En: https://rove.me/es/to/san-francisco/great-dickens-christmas-fair [Consultado agosto 2022]

25. Budd, Ken. 9 mercados navideños en Estados Unidos. AARP, 07/11/2019. En: https://www.aarp.org/espanol/turismo/nacional/info-2019/fotos-mercados-de-navidad-eventos-festivos-invierno.html [Consultado agosto 2022]

26. Mercados navideños en Tokio: guía definitiva. Go! Go! Nihon, 07/12/2019. En: https://gogonihon.com/es/blog/mercados-navidenos-en-tokio-guia-definitiva/ [Consultado agosto 2022]

27. Sienta la Navidad en el Mercado Navideño Europeo de Seúl. Imagine your Korea, 03/12/2019. En: https://spanish.visitkorea.or.kr/spa/KOI/6_5_view.jsp?cid=2639374 . [Consultado agosto 2022]

ANEXO VIII

PLATOS TÍPICOS DE LA CENA O COMIDA DE NAVIDAD EN ESPAÑA

ENTRANTES

Aceitunas aliñadas (Andalucía)

Angulas (País Vasco)

Berenjenas de Almagro (Castilla La Mancha)

Gulas (País Vasco)

Jamón ibérico

Jamón de Jabugo (Andalucía)

Jamón de Teruel (Aragón)

Pastel de *kabratxo* (País Vasco)

SOPAS Y CALDOS DE NAVIDAD

Ajoblanco extremeño (Extremadura)

Caldo al Jerez (Andalucía)

Caldo de Navidad (Cataluña)

Cocido de pava con pelotas de carne y caldo (Murcia)

Crema de almendras (Baleares)

Escudella i car d'olla (Cataluña)

Fabada (Asturias)

Porrusalda de bacalao

Puchero de pelotas de carne (Comunidad Valenciana, Murcia)

Pucherito de hierbabuena (Andalucía)

Sancocho (Canarias)

Sopa de ajo (Castilla La Mancha)

Sopa de Galets (Cataluña, Islas Baleares)

Sopa de Navidad (Aragón)

Sopa de marisco (Andalucía)

Sopas de pescado

Sopa de picadillo (Andalucía)

Sopa rellena (Baleares)

Zarangollo (Murcia)

CARNES

Asado de ternasco (Aragón)

Cabrito a la sidra (Asturias)

Capón de Villalba (Galicia)

Carrilladas ibéricas (Andalucía)

Cochinillo asado (Castilla La Mancha, Galicia, Madrid)

Cordero asado (Castilla y León, Navarra, Aragón)

Cordero en chilindrón (Navarra)

Lacón con grelos (Galicia)

Lechazo (Castilla La Mancha)

Pata de cochino asada (Canarias)

Pavo de Navidad

Pavo trufado (Andalucía, Extremadura)

Perdices en escabeche (Castilla La Mancha)

Picantones rellenos (Cataluña)

Pollo al chilindrón (Navarra)

Pollo en su jugo (Asturias)

Ropavieja (Canarias)

PESCADOS

Atascaburras con migas de bacalao (Castilla La Mancha)

Bacalao ajoarriero (Navarra)

Bacalao a la riojana (La Rioja)

Bacalao con coliflor (Galicia)

Besugo con lombarda (Aragón)

Besugo al horno (La Rioja, Madrid)

Lenguado

Merluza con almejas (Asturias)

Rape en salsa verde con almejas

MARISCO

Almejas a la marinera (Asturias, Galicia)

Centollo (Galicia)

Coctel de mariscos (Galicia)

Lapas con mojo verde (Canarias)

Vieiras al horno (Galicia)

OTROS

Bollos preñaos (Asturias)

Caracoles a la montañesa (Cantabria)

Callos con lombarda y garbanzos (Madrid)

Cardo (Navarra, Aragón, La Rioja, País Vasco)

Cardo con almendras (Aragón, País Vasco)

Cardo con bechamel (Aragón, La Rioja)

Cardo con nueces (Teruel)

Gofio escaldado (Canarias)

Lombarda braseada con manzana, castañas y naranja (Madrid)

Paella (Comunidad Valenciana)

Papas arrugás (Canarias)

Tortos de maíz con queso Cabrales (Asturias)

POSTRES

Abuelas (Andalucía)

Arroz con leche (Asturias)

Bandullo (Galicia)

Bienmesabe (Canarias)

Casadiellas (Asturias)

Filloas (Galicia)

Frixuelos (Asturias)

Pestiños (Andalucía)

Quesadillas (Canarias)

Rosquitos (Andalucía)

Sopa de almendras (Galicia)

Torrijas en almíbar (Galicia)

Tejas de Tolosa (País Vasco)

Truchas (empanadillas) de cabello de ángel o batata (Canarias)

Tortas de Pascua (Murcia)

Tortas de recao (Murcia)

ANEXO IX

PLATOS TÍPICOS DE LA CENA O COMIDA DE NAVIDAD EN OTROS PAÍSES

EUROPA

ALEMANIA

Carpa (norte), Ganso (sur), ganso a la berlinesa con repollo. Ensalada de salchichas con patatas, Glühwein,

Christstollen, Plätzchen, Früchtebrot, Zimtsterne, Lebkuchen, Spekulatius, Dominosteine, Welfenspeise, Grünkohlessen

Fuentes:

Comida de Navidad. Destino Alemania, En: https://destinoalemania.com/comida-de-navidad/ [Consultado noviembre 2022]

Figueredo, Mariana. Sabores de la comida típica navideña en Alemania. Universal de Idiomas, 16/12/2016. En: https://blog.universaldeidiomas.com/sabores-de-la-comida-tipica-navidena-de-alemania/ [Consultado noviembre 2022]

BÉLGICA

Cena de Nochebuena. El plato principal es el pavo relleno

Bouche de Noel (pastel relleno de crema)

Desayuno del día 25: *Cougnolles*, un pan dulce.

BULGARIA

La **Nochebuena o *Budni Vecher*** tiene un menú sencillo, serán 7, 9, u 11 platos, siempre un numero impar. No puede contener carne, pescado, ni derivados animales como huevos o leche. Simboliza la sencillez con que nació y vivió Jesús.

Pitka, un pan especial relleno de *kasmeti* o suertes, unos papelitos con la ventura para el próximo año. *Sarmí*, hojas de col o parra envolviendo un relleno de arroz o carne picada. *Baklavá*, un pastel hecho con pistachos o nueces trituradas. Al terminar la cena se dejan los platos en la mesa hasta la mañana siguiente, por si vienen los espíritus ancestrales.

La **comida navideña** si es lujosa y abundante, el plato principal es el cerdo.

Y algunas familias celebran otra comida el día 26. En tiempos del comunismo estaba prohibido celebrar la Navidad, así que el pueblo se inventó una fiesta popular que, casualmente, caía el 26 de diciembre, para así poder celebrarla y la tradición ha quedado.

DINAMARCA

Julefrokost (almuerzo / fiesta de Navidad). Puede celebrarse todos los fines de semana de diciembre e incluye cerdo asado, patatas hervidas y caramelizadas, repollo rojo, salsa. *Fåsselår,* es una pierna de cordero que se deja en salmuera durante 30 días y luego se cuelga para que se seque. Se come con pan blanco tostado.

Ris à lĝamende', pudin de arroz frío con crema batida, vainilla, almendras y salsa de cerezo caliente o *Risengrød*, pudin de arroz caliente o arroz con leche. Galletas navideñas danesas.

Fuente:

Mckinney, Toni. Cinco comidas navideñas de Dinamarca. Essentials99, 03/12/2021. En: https://essentials99.com/alimentos/cinco-comidas-navidenas-de-dinamarca/ [Consultado noviembre 2022]

FRANCIA

Nochebuena: *la cena del despertar:* Foie, queso, salmón ahumado, caviar, marisco. Ostras.

En la Provenza se celebra el *Gros Souper et les treize desserts* comida con 7 platos y 13 postres que representan la Última Cena

FINLANDIA

Cena de Nochebuena: Arenque con verduras gratinadas o cazuelas, Jamón navideño, *Glögi, Kiisseli* (sopa de frutas), Salmón fresco marinado, *Lasimestarin silli* (Tarro maestro de arenques), Pan navideño, Ensalada Rosolli, Cochinillo asado, Guisos (colinabo, o zanahorias), Arroz con leche (desayuno), Gachas de arroz

Joulutortut (Pasteles de Navidad)

Fuente:

¿Cómo es la Navidad en Finlandia?: Tradiciones, costumbres y recetas. Navidad, tu revista de Navidad. En: https://navidad.es/como-es-la-navidad-en-finlandia/ [Consultado noviembre 2022]

GRECIA

Almuerzo de Navidad el 25. Pavo asado, relleno, *Avgolemono* (sopa griega de pollo con huevo y limón), hojas de col rellenas. El plato principal suele ser el cerdo.

Melomakarona o gallegas griegas de Navidad. *Kourabiedes*, galletas de mantequilla y almendras, también típicas de estas celebraciones. Diples, pastas griegas. *Christopsomo* (pan de Cristo)

Fuente:

Potter, Darrel. Una guía de comida griega de Navidad. YourTripAgent, enero 2022. En: https://www.yourtripagent.com/9851-guide-to-greek-christmas-foods [Consultado noviembre 2022]

HUNGRÍA

Babieves (sopa de alubias), *Töltött káposzta* (hojas de col rellenas con carne, arroz y especias), *Halászlé* o sopa del pescador, una sopa de pescado sazonada con pimentón, *Húsleves* (sopa de pollo), Carpa frita, *Pálinka*, bebida tradicional húngara.

Mákos guba (postre hecho con pan especial húngaro y semillas de amapola), *Bejgli* (hojaldre que recuerda el brazo gitano y relleno de semillas de amapola o puré de nueces).

Fuente:

Navidad en Hungría. Cómo celebran el día de Navidad. Vivir Europa, 25/12/2011. En: https://www.vivireuropa.com/navidad-en-hungria-como-celebran-los/ [Consultado noviembre 2022]

IRLANDA

Roasted Goose (ganso asado, acompañado de patatas asadas y verduras, o bien de manzanas asadas o puré de manzanas), Pavo relleno, Ganso, Jamón asado, *Irish mince pies hot* (pastelillos de carne calientes), *Spiced Beef* (ternera con especias)

Pudín de Navidad (*Christmas Pudding*), Pastel de Navidad (*Christmas Cake*), *Sherry Triffle, Cadbury's Roses* (surtido de chocolates torneados con formas diversas.

Fuentes

¿Qué comen los irlandeses en Navidad? AbsolutViajes, 7/12/2020: En: https://www.absolutviajes.com/irlanda/que-comen-los-irlandeses-en-navidad/ [Consultado noviembre 2022]

ITALIA

En el norte, almuerzo de Navidad. En el sur, cena de Nochebuena: *Il Cenone*

Vigilia di Natale: **Cena de Nochebuena:** *Pasta in brodo* (sopa de pasta), *Capitone* (anguila hembra, asada), Bacalao, Calamares, Pasta para compartir. En Toscana: jabalí o solomillo con verduras.

Natale: **Comida del día de Navidad:** Lasaña boloñesa, ravioles, *pasta al forno* (pasta horneada), cordero asado con patatas, ternera asada, gallina de Guinea rellena.

Il Giorno di Santo Stefano: **Cena del segundo día de Navidad**

El 26 de diciembre, día de San Esteban, se aprovechan las sobras de los días anteriores, pero mejorándolas con nuevos ingredientes.

Pandoro, Panettote, Tiramisú, *Tronchetto di Natale* (Tronco de Navidad)

Fuentes

Catani, Enrico: Top 5 (+1) Platos navideños que comer en Italia. ItalyXP.com. 22/10/2018. En: https://italyxp.com/es/blog/roma/mejor-navidad-comida-italia. [Consultado octubre 2022]

Donaldson, Emma. Comida tradicional italiana de Navidad. Idealista/news, 20/12/2021. En: https://www.idealista.it/es/news/estilo-de-vida-en-italia/2020/12/14/7049-comida-tradicional-italiana-de-navidad [Consultado octubre 2022]

NORUEGA

Cena: *Ribbe* o costillas de cerdo, *Pinnekjøtt* o costillas de cordero o de oveja curadas en salmuera o sal marina. Se preparan al vapor sobre ramas de abedul. Bacalao. El *Lutefisk*, un pescado seco que se conserva en agua con sosa cáustica es también muy frecuente desde el siglo XV.

Arroz con leche con nata montada, o bien *multekrem*, moras de los pantanos con nata montada, más habitual en el norte.

Fuente:

El sabor de la Navidad. Recetas típicas de las fiestas en Noruega. Nouega, 2021. En: https://www.visitnorway.es/tipico-de-noruega/navidad/el-sabor-de-la-navidad-noruega/ [Consultado noviembre 2022]

POLONIA

Cena de Nochebuena. No se come carne

Barszcz czerwony (sopa de remolachas), *Grzybowa* (Sopa de champiñones), *Pierogi* (especie de raviolis o empanadillas rellenas con puré de patatas, queso, chucrut, cebolla), *Karp* (Carpa), *Karp po żydowsku* (Carpa al estilo judío), *Śledź* (Arenques), *Kapusta z grochem* (Col con chícharos), *Ryba po grecku* (Pescado a la griega)

Kutia (pudín a base de granos de trigo, semillas de amapola, a veces cebada), *Piernik* (galletas de jengibre), *Makowiec* (pastel enrollado de semillas de amapola)

Fuente:

Comida Tradicional Navideña de Polonia | Tradición Polaca. Chido Fajny. En: https://www.chido-fajny.com/2016/12/comida-tradicional-navidena-de-polonia-tradicion-polaca.html [Consultado noviembre 2022]

PORTUGAL

Consoada, costumbre portuguesa de la cena de Navidad. Se deja un sitio vacío en la mesa, pero con todo preparado, en memoria de los que ya no están.

Bacalao (*Bacalhau à Brás* en Lisboa, *Bacalhau da Consoada*), *Sonho de Natal*

Bolo Rei, Filhós, Fatias douradas, rabanadas o fatias de parida.

Fuente:

¡A qué sabe la Navidad en Lisboa? Viajestic. En: https://www.porconocer.com/portugal/la-reposteria-portuguesa-por-navidad.html [Consultado noviembre 2022]

REINO UNIDO

La celebración es el día 25. Pavo asado, o bien ganso, lomo de cerdo, solomillo o costillar de ternera. Cerdo a la brasa. Patatas asadas, coles de Bruselas, salsas. Salsa de arándanos. Lombarda braseada

Christmas pudding. Pudin de Yorkshire, *Mince pies, Christmas Trifle*

Fuentes:

Siete platos de Navidad tradicionales en Reino Unido. Easy Viajar, 30/12/2021. En: https://www.easyviajar.com/noticia/siete-platos-tradicionales-de-navidad-en-reino-unido-93840 [Consultado noviembre 2022]

REPÚBLICA CHECA

Sopa de pescado, de legumbres o de setas. Carpa. Cerdo dorado. Ensalada de patata

Vánočka (pan tradicional checo, parecido al brioche, trenzado con pasas y almendras), pastel de frutas, Strudel de manzana, pan de jengibre, *Kuba*

Fuente:

Las tradiciones culinarias checas siguen vivas en Navidad. Radio Prague International, 23/12/2020. En: https://espanol.radio.cz/las-tradiciones-culinarias-checas-siguen-vivas-en-navidad-8703285 [Consultado noviembre 2022]

RUSIA

Kutiá o *Kutya*, un alimento ritual hecho de trigo y miel y que puede contener nueces, pasas y semillas de amapola. *Pagach* (pan de cuaresma, es lo primero que se come en la cena de Navidad, primero mojándolo en miel y luego en ajo picado, para representar la dulzura y la amargura de la vida). *Bobal'ki* (galletas). El ganso asado era el plato principal de la cena navideña rusa, aunque podía encontrarse también cochinillo. *Coulibiac,* un pastel ruso con varias capas de relleno. Vinagreta, ensalada confeccionada con remolacha, patata, zanahoria, pepinillo en vinagre, y aceite.

Kozuli (galletas de jengibre crujiente, hecho con sirope, que pueden estar decoradas con azúcar glaseado. *Vzvar* (bebida similar a una compota, hecha con frutas y bayas al horno, miel, especias y hierbas.

Fuente:

Los platos más exquisitos de una cena navideña en la Rusia antigua. Russia Beyond. En: https://es.rbth.com/cocina/84362-platos-exquisitos-cena-navidena-rusia [Consultado noviembre 2022]

SUECIA

La cena es el día 24. Paté de hígado, jamón de Navidad (*julskinka*), Salchichas de cerdo (*prinskorv*), Arenque, Bacalao (*lutfisk*), *Janssons frestelse* (gratinado con patatas, cebollas y anchoas noruegas), *Koldomar* (Rollos de col rellena de carne), *Dopp I gritan* (pan que se sumerge en el caldo y jugos que quedan después de la ebullición del jamón)

Galletas de jengibre, *Risgrynsgröt* o gachas de grano de arroz, vendría a ser el arroz con leche sueco.

Fuente:

Comida sueca en Navidad. AbsolutViajes, 12/07/2018. En: https://www.absolutviajes.com/suecia/comida-sueca-en-navidad/ [Consultado noviembre 2022]

SUIZA

No hay un menú tradicional específico.

Fondue Chinoise, *Raclette*, Pierna de jamón cocida acompañada de ensalada de patatas

Galletas (*Tirggel, Läckerli, Zimtsterne, Brunsli, Mailanderli, Vanillekipferl o Spitzbuben*).

Fuente:

Las tradiciones gastronómicas de la Navidad en Suiza. CSM, 10/12/2020. En: https://colegiosuizomadrid.com/tradiciones-gastronomicas-navidad-suiza/ [Consultado noviembre 2022]

UCRANIA

La víspera de Navidad, el 5 de enero, se celebra la *Sviatá Vecheria»* («Свята Вечеря» - «da santa cena»). Se preparan 12 platos especiales, todos platos de vigilia pues ese día se acaba el ayuno.

Kutya o Kutiá, Uzvár, una bebida muy popular. *Varenyky,* el plato típico tradicional de Ucrania, son como unos *dumplings* hechos de una masa sin levadura y rellenos de patata, queso fresco, setas, verduras, frutas, bayas u otros alimentos. *Borshch,* sopa de remolacha ucraniana. *Deruny,* unas tortitas de patata. *Pampykhy,* rosquillas navideñas ucranianas, *Kalach,* pan tradicional eslavo, que en Ucrania hornean con forma redonda y trenzada con un agujero en su centro.

Fuente:

La santa cena y la Navidad en Ucrania. Tradiciones. Ucrania de hoy, 29/12/2012. En: http://ucraniadehoy.blogspot.com/2012/12/parte-i-la-cena-santa-y-navidad-en.html [Consultado noviembre 2022]

AMÉRICA

ARGENTINA

Cena: Asado, *Vitel Toné*, lechón asado o al horno, huevos/tomates rellenos, mayonesa de ave, empanadas.

Tarta helada, garrapiñadas, alfajores, pan dulce, frutos secos, budín, ensalada de frutas con helado.

Fuentes:

10 comidas típicas de Navidad en Argentina. 10Puntos. En: https://www.10puntos.net/10-comidas-tipicas-de-navidad-en-argentina/ [Consultado octubre 2022]

¿Qué eligen los argentinos para comer en Navidad y Año nuevo? Conclusión, 29/11/2016. En: https://www.conclusion.com.ar/gastronomia-y-algo-mas/que-eligen-los-argentinos-para-comer-en-navidad-y-ano-nuevo/11/2016/ [Consultado octubre 2022]

BOLIVIA

Picana, un plato preparado con carnes de res, cerdo, cordero y pollo; pavo relleno, lechón o chancho al horno. Chocolate y buñuelos

BRASIL

Bolinho de Bacalhau (especie de croquetas), *Bacalhau dourado de Natal*, *Perú de Natal*

(pavo relleno de frutas y frutos secos), *Salpicão* (plato frío a base de pollo, legumbres, mayonesa, manzana verde, pasas, piña), *Tender de Natal* (lomo de cerdo adobado que puede servirse relleno o solo), pavo al horno, lechón asado. *farofa*, harina crocante de yuca.

Rabanada, *Panettone* adaptado a Brasil, que incluye versiones saladas con salame, bacalao, tomate seco, mozzarella de búfala o yuca. Galletas de jengibre.

Fuente:

Ránking: qué se come en Brasil en las cenas de Navidad y Año Nuevo. Turismo Integral, 29/12/2019. En: https://www.turismointegral.net/ranking-que-se-come-en-brasil-en-las-cenas-de-navidad-y-ano-nuevo/ [Consultado noviembre 2022]

CANADÁ

Mulled wine o sidra, *Tourtière* (pastel de carne o pescado), pavo asado, coles de Bruselas con castañas

Butter Tarts (tartitas de mantequilla), *Bûchon de Noël*, *Nanaimo Bars*, también conocidos como *Mabel's bars* en honor a su creadora. Son unos pastelitos con tres capas: chocolate, natilla y galleta. *Eggnog* o ponche de huevo, *Barley Candy*, *Chicken Bones*

Fuente:

Daniel. La cena navideña en Canadá. AbsolutViajes, 08/12/2020. En: https://www.absolutviajes.com/canada/la-cena-navidena-en-canada/ [Consultado noviembre 2022]

CHILE

Ensalada de patata con mayonesa, ensalada de apio con aguacate (palta), marisco chileno, arroz con pasas, pollo o pavo asado con castañas, pollo al pil pil, pan de Pascua, budín o queque de Navidad, cola de mono (ponche chileno a base de pisco con café con leche, azúcar y canela), rompón (bebida fría a base de ron, leche, yemas de huevo, vainilla y azúcar)

Fuente:

Recetas típicas de Navidad en Chile. Copiad Blog. En:
https://blog.cookpad.es/2010/11/recetas-tipicas-de-navidad-en-chile.html
[Consultado noviembre 2022]

COLOMBIA

Salpicón (coctel de frutas). Empanadas. Papas rellenas de queso. Arepa de choclo. Tamales. Sancocho. Pavo. *Navajón*, ponche a base de huevo y aguardiente.

Buñuelos. Natillas. Hojuelas. Arroz con leche. Desamargado (dulce de limón, al cual se le quita el amargo para que puedan comerse como cualquier otra fruta en almíbar). Brazo de reina

Fuente:

9 platos típicos colombianos que no pueden faltar en Navidad. Colombia. En:
https://www.colombia.co/actualidad/especiales/9-platos-tipicos-colombianos-que-pueden-faltar-en-navidad/ [Consultado noviembre 2022]

COSTA RICA

Pierna de cerdo horneada

CUBA

Cena de Nochebuena: Lo tradicional era cerdo o lechón asado, arroz blanco, frijoles negros, o bien moros y cristianos o congrí, yuca con mojo, ensalada.

Buñuelos, turrones, avellanas, nueces, uvas, manzanas

El 25, la montería, lo que quedaba de la cena de Nochebuena.

ECUADOR

Tamales, pernil, pavo al horno, arroz navideño, marisco en salsa

bizcocho mañanita, pristiños y buñuelos, bizcochuelos

EL SALVADOR

Arroz con guandú, pavo horneado con salsa criolla

ESTADOS UNIDOS DE AMÉRICA

Pavo asado, relleno, salsa de arándano. *Prime ribo* (carne de costilla asada). Puré de patatas. Cazuela de camote. Coles de Bruselas al horno.   Pan de maíz navideño.

Ponche de huevo. Tarta de manzana. Galletas de jengibre. Pudin de Navidad

Fuentes:

González, Corina. Los platos típicos de Estados Unidos para Navidad y la cena de Año Nuevo. AS, 25/12/2021. En: https://us.as.com/us/2021/12/26/actualidad/1640473907_944092.html [Consultado noviembre 2022]

GUATEMALA

Jamón horneado tipo Virginia. Lomo Tres Pimientas

HONDURAS

Nacatamales: tamales rellenos de pasas, aceitunas o carne, pollo horneado, pierna de cerdo horneada. Torrejas

JAMAICA

Rasht beef, Jamón horneado, pollo, rabo de buey con curry, torta de frutas, vino de sorrel o acedera, ponche de huevo.

MÉXICO

Bacalao (a la Vizcaína, pero adaptado, se parece al pescado a la veracruzana). Pavo. Romeritos. Ensalada de manzana. Tamales. Ponche. Buñuelos.

Fuente:

Molina, Alicia. Los 7 platillos típicos en la cena de Navidad en México. Cultura Colectiva, 6/12/2019. En: https://culturacolectiva.com/comida/que-se-come-en-la-cena-de-navidad-en-mexico/ [Consultado noviembre 2022]

NICARAGUA

Gallina rellena. Lomo relleno navideño. Nacatamales, Jamón de pernil glaseado con piña. Tarta de Navidad

PANAMÁ

Lechona, pernil, pavo y jamón, solos o combinados. El pavo y el jamón solamente se comen en Navidad y no durante el año. Tamales. Arroz con guandú. Rosca de huevo. Chicha de Saril. Dulce de frutas. Ron Ponche.

PARAGUAY

Sopa paraguaya. Pollo o pavo relleno. *Chipa guau* (torta de maíz). Clericó (bebida alcohólica frutal). Pan dulce (*panettone*)

PERÚ

Pavo relleno al horno. Lechón al horno. Gallina al horno. Puré de manzana.

Puré de camote. Arroz a la jardinera. Arroz navideño. Panetón. Chocolate caliente. *Tanta Wawa* (pan dulce, en quechua significa pan de niños)

Fuente:

Navidad en Perú: 11 deliciosas opciones para tu cena de Nochebuena. La República, 24/12/2021. En: https://larepublica.pe/gastronomia/2021/12/21/11-platillos-tipicos-de-navidad-que-puedes-comer-en-peru-evat/ [Consultado noviembre 2022]

PUERTO RICO

Lechón de vara, lechón asado. Arroz con gandules. Asopado de pollo. Ensalada de papa. Morcilla puertorriqueña. Pastel de plátano. Guineos en escabeche. Ensalada de coditos.

Arroz con leche, flan. Tembleque puertorriqueño, hecho con crema de coco, leche y azúcar. Coquito (bebida preparada con coco y crema de leche). Arroz con dulce.

Fuente:

Descubre la comida navideña de Puerto Rico. Lanas Pocket. En: https://www.lanaspocket.com/single-post/descubre-la-comida-puertorriqueña-navideña [Consultado noviembre 2022]

REPÚBLICA DOMINICANA

Pollo/cerdo asado. Cerdo en vara. Pasteles en hoja. Empanadas de yuca. Ensalada rusa. Pan telera. Ponche. Frutos secos y nueces. Manzanas/uvas/peras. Gomitas.

Fuente:

Medina, Daniela. 10 comidas que los dominicanos disfrutan comer durante las festividades navideñas. Casa de Campo Living, 16/12/2014. En: https://casadecampoliving.com/es/10-comidas-que-los-dominicanos-disfrutan-comer-durante-las-festividades-navidenas/ [Consultado noviembre 2022]

URUGUAY

Nunca se come pollo en Navidad. Parrilla de carne y anchuras (vísceras y casquería). Asados de lechón y cordero. Lengua a la vinagreta. Ensalada rusa. Huevos rellenos. Ensalada de frutas. *Fainá*, una masa similar a la pizza. Chivitos: pan tostado con manteca, feta de jamón y churrasquito jugoso. Ricarditos uruguayos, hechos a base de galleta, merengue y baño de chocolate. Postre Chajá, que lleva merengue, bizcochuelo, crema, durazno y frutilla.

Fuente:

Su, Il. Cena de Navidad en Uruguay. Festejos y alegría y buena comida en Familia. Junta Departamental de Tacuarembó, 15/12/2017. En: https://tacuarembo.net/cena-navidad-uruguay-festejos-alegria-buena-comida-familia/ [Consultado noviembre 2022]

La gastronomía uruguaya en navidad. Recetas de Uruguay. 28/01/2017. En: https://www.cocina-uruguaya.com/articulos/la-gastronomia-uruguaya-en-navidad [Consultado noviembre 2022]

VENEZUELA

Hallacas. Ensalada de gallina. Pan de jamón. Pernil de cochino. Asado negro. Jamón planchado.

Dulce de lechosa. Ponche crema. Leche de burra. Torta negra. Panetón, pan de pascua o pan dulce (*panettone*).

Fuente:

Recetas típicas de la Navidad en Venezuela. Cookpad Blog. En: https://blog.cookpad.es/2010/11/recetas-tipicas-de-navidad-en-venezuela.html [Consultado noviembre 2022]

ASIA

COREA DEL SUR

Corea del Sur es el único país de Asia donde la Navidad es un día festivo, pues un tercio de la población es cristiana. Suelen comer:

Boshingtan, sopa de carne de perro. *Jeotgal*, platillo salado fermentado que lleva pescado y marisco y se suele acompañar de manitas de cerdo, estofados y sopas. *Bulgogi*, carne de ternera cortada en tiras y marinada en salsa de soja. *Manduguk*, sopa de carne de res y *dumplings* de carne. Pasteles temáticos y tartas navideñas.

FILIPINAS

Bibingka, pastel de arroz hecho con leche de coco y agua revestido de hojas de plátano. Cerdo asado. *Kakanin* (galletas de arroz). *Salabat*, que es un té de jengibre.

JAPÓN

No teniendo una tradición asentada, suelen ir al KFC. *Kurisumaku keiki* o *keki*, pastel de Navidad japonés.

ÁFRICA

ANGOLA

Las familias cristianas suelen reunirse después de misa en casa de sus padres.

Bacalahau Cozido, *Bolo Rei* y *Kissangua*, una bebida de maíz, aunque también se bebe vino portugués o champán.

EGIPTO

El 10% de la poblaciónegipcia es cristiana, la mayoría pertenece a la Iglesia Ortodoxa copta. Suman alrededor de 10 millones de personas. En la Nochebuena se consumen dos platillos: uno dulce (el *Kahk el Eid*, una pequeña galleta circular, cubierta de azúcar en polvo y que se puede rellenar con dátiles, nueces o pistachos) y otro salado, el *Fatteh*. En la mañana de Navidad es tradición desayunar té con *Kahk el Eid* (galletas). El momento gastronómico fuerte es la cena de Navidad, en la cual destacan el *Fatteh*, un plato de arroz, pan y carne y las *Wara'einab*, hojas de parra rellenas.

Fuente:

Martínez Rodríguez, Juanma. Cultura gastronómica: Cómo celebran y qué comen durante Navidad en Egipto. H Gastrolab, 3/12/2021. En: https://www.gastrolabweb.com/especiales/2021/12/3/cultura-gastronomica-como-celebran-que-comen-durante-navidad-en-egipto-17926.html [Consultado noviembre 2022]

ETIOPÍA

Es un país donde el cristianismo llegó temprano y que nunca fue colonizado. Así que mantiene tradiciones peculiares. La Navidad se llama *Ganna* y se celebra el 7 de enero, pues mantienen el calendario juliano. En la Nochebuena se ayuna. El 25 se come el *doro wat*, estofado espeso picante de carne, pollo y vegetales. Se come con *injera*, el pan plano etíope, hecho de trigo. Beben vino hecho en casa o cerveza.

Fuente:

La Navidad en Etiopía | ¿Cómo se celebra y cuáles son sus tradiciones? Supercurioso. En: https://supercurioso.com/navidad-en-etiopia/ [Consultado noviembre 2022]

SUDÁFRICA

Jamón glaseado, pavo, pierna de cordero. Cangrejo de río. Maíz a la parrilla. Pasteles de carne. Ensalada de patatas. Pudín de Malva.

OCEANÍA

AUSTRALIA

Barbacoas, pavo relleno, pollo relleno, pudín de Navidad con *Brandy Butter*, tarta Pavlova, *White Christmas (*postre tradicional australiano hecho con frutas secas como cerezas glaseadas, coco desecado y sultanas, mezclado con chocolate blanco, burbujas de arroz y aceite de coco*)*, *Trifle (*Postre navideño de origen inglés formado por capas de fruta fresca, crema pastelera y jalea, separadas por capas de biscocho, y que suele servirse en una copa*)*. *Christmas Damper* (pan dulce que se come con sirope).

Fuentes

Wyndham, Claire. 20 popular Christmas Foods in Australia. Chef's Pencil, 19/11/2021. En: https://www.chefspencil.com/20-popular-christmas-foods-in-australia/ [Consultado octubre 2022]

NUEVA ZELANDA

Carnes asadas, *crackers*, pudin, *trifle*, tarta de Navidad, pastelillos de fruta, pastel Pavlova.

FELIZ NAVIDAD

ANEXO X

MÚSICA Y CANCIONES DE NAVIDAD

ALGUNOS TÍTULOS DE MÚSICA DE NAVIDAD

A Belén, pastores

A Belén, pastorcitos

Adeste fideles

A la nanita, nana

A las 12 de la noche

A las arandelas

Al filo de medianoche

Al mundo Paz (*Joy to the world*)

Alegría, alegría

Anunciando al Rey del Cielo

Arbolito

Arrurú

Astro del Ciel

Ave María

Away in a manger (Allá en el pesebre)

Campana sobre campana

Campanas de Navidad

Canción para la Navidad

Canta, ríe, bebe

Cantad, pastores

Cantemos, pastores

Carol of the Bells (Villancico de las campanas)

Carrasclás

Cinco para las doce

Con la flor de Pascua

De tu carita divina

Deck the halls

Diciembre

Dime niño

El abeto

El buen rabadán

El burrito orejón

El burrito sabanero

El Mesías

El portal de Belén

El trineo

Feliz Navidad

Fum, fum, fum

Gloria in excelsis Deo

Ha nacido un niño

Hark! The herald angels sing.

La Marimorena

Los campanilleros

Los peces en el río

Mary's boy child

Noche de paz

Oh, Santísimo, felicísimo

O Tannembaum

Puer natus in Bethlehem

Santa la Noche

Soy un pobre pastor

The first Noel

Tu scendi dalle stelle

Vamos pastores

Ven a mi casa esta Navidad

Veni, Veni, Emmanuel

Venid pastorcitos

Venid pastores

Virgen María de la Navidad

Ya viene la vieja

Ya vienen los Reyes

ALGUNOS TÍTULOS DE CANCIONES NAVIDEÑAS

All I want for Christmas is You

Blanca Navidad (*White Christmas*)

Blue Christmas

Christmas Lights

Christmas tree

Do They Know It's Christmas?

Have yourself a Merry little Christmas

Here comes Santa Claus

Holly Jolly Christmas

I'll Be Home for Christmas

It's the most wonderful time of the year

Jingle bells

Jingle bell rock

Last Christmas

Let it snow

Navidad

Rocking around the Christmas tree

Rodolfo, el reno de la nariz roja

Santa Claus llegó a la ciudad

Santa tell me

Thank God It's Christmas

We wish you a Merry Christmas

FELIZ NAVIDAD

ANEXO XI

VILLANCICOS Y CANCIONES DE NAVIDAD DE AUTORES CUBANOS

HERMANO ALFREDO MORALES MUSTELIER

Cántico de los ángeles

Campanitas cubanas

Décimas al Niño Jesús

La Rosa Blanca (con letra de Mercedes García Tudirí)

Ofrenda de un guajirito

Nace el Señor

Navidades cubanas

Serenata navideña al Niño Dios

JOSÉ CARLOS VASCONCELOS HERNÁNDEZ

Llegará

Cantemos todos

Con hojas muertas

Duerme ya

En tu alma llevas

Familia de Nazaret

La Navidad toca tu puerta

Hoy nos nació la esperanza

La Navidad llegó

Navidad es tiempo

Navidad

No teman

Bajo la luz de una estrella

La Navidad es nuestro canto

Yo creo en ti

En la blanca Navidad

Solo Él

Navidad es oración

Ya está llegando

Mi Dios nació

Niño Jesús bendito

Compartiendo amor

Alegría, paz y amor

¡Qué resuenen las campanas!

Vengo de lo alto del monte

Entre los hombres

Anuncio navideño

Un villancico para Dios

Una pandemia en Navidad

Villancico de amor

Villancico nocturno para una noche

Villancico del agua

NENA COLL

Cuba canta al Niño Dios

Din, din, din, la campanita

Duerme, mi niño, duerme, Jesús

Nochebuena cubana

El niñito de Belén

Noche de fiesta cubana

¿Por qué llora el niño?

Repica bien, campanero

¡Suenen trompetas!

PERLA MORÉ

Cuba canta un son

Décimas de Navidad

Gloria de Navidad

RAFAEL SEGREDO

Canta tú también

Cuba le canta al Rey

Feliz Navidad

ROGER HERNÁNDEZ

Cantándote un son

El clavel

¿Quién vino?

ROGELIO ZELADA/ORLANDO RODRÍGUEZ

Al que está en la cuna

Ya llegó la Navidad

TONY RUBÍ

Amor y paz

De ti nacerá, María

El amor ha besado la tierra

En una cuevita

Guajirito de la paz

Hermanos, Dios ha nacido

Qué has hecho, mi bien

Navidad es el amor que florece

Porque Dios ha nacido

Vamos, Juan

Fuentes

Conferencia de Obispos Católicos de Cuba. Cuba canta su fe. Cantoral Nacional. Obra Nacional de la Buena Prensa, México, 1996.

Vida del Hermano Alfredo Morales Mustelier. En: http://delasallealumni.org/nuestroseducadores/VidaObra-HnoAlfredoMoralesMustelier.pdf [Consultado enero 2023]

José Carlos Vasconcelos, comunicación personal. Diciembre, 2022.

Tony Rubí. Música litúrgica de Tony Rubí. En: https://www.tonyrubi.com [Consultado enero 2023]

FELIZ NAVIDAD

ANEXO XII

EL NACIMIENTO DE JESÚS EN EL CINE

La vie et la passion de Jésus-Christ

Español: La vida y la pasión de Jesucristo. Francia, 02/12/1898, 11 minutos.

Director: Louis Lumière, Alexandre Promio, Georges Hatot. Elenco: Bretteau. Pathé Frères.

El vie et la passion de Jésus-Christ

(La Passion de Notre-Seigneur Jésus Christ)

Español: La Vida y la Pasión de Jesucristo; La Pasión. Inglés: *The Life and Passion of Jesús Christ*. Otros títulos: La vida y la Pasión de Jesucristo; Nacimiento, Vida, Milagros, Pasión y Muerte de Nuestro Señor Jesucristo; La Pasión. Francia, 1903, 44 minutos.

Directores: Lucien Nonguet, Ferdinand Zecca. Elenco: Madame Moreau, Monsieur Moreau. Pathé.

La naissance, la vie et la mort de Notre-Seigneur Jésus-Christ

Español: Nacimiento, vida y muerte de Nuestro Señor Jesucristo. La vida de Cristo. Francia, 01/1906, 33 minutos.

Directora: Alice Guy-Blaché. Sté. des Etablissements L. Gaumont

From the Manger to the Cross, or Jesus of Nazareth

Español: Del pesebre a la Cruz, o Jesús de Nazaret. Estados Unidos, 1912,

60 minutos.

Director: Sidney Olcott. Elenco: Robert Henderson-Bland, Percy Dyer, Gene Gauntier, Alice Hollister. Kalem Company.

Christus

Español: Cristo. Italia, 1916, 88 minutos.

Director: Giulio Antamoro. Elenco: Alberto Pasquali, Amleto Novelli, Leda Gys. *Società Italiana Cines*

Il figlio dell'uomo

Español: El hijo del hombre. Italia, 1954, 69 minutos.

Director: Virgilio Sabel. Elenco: Franca Parisi, Eugenio Valenti, Elia Del Duca, Fiorella Mari. San Paolo Film, Parva Cinematografica.

King og kings

Español: Rey de reyes. Estados Unidos, 1961, 154 Minutos.

Director: Nicholas Ray. Elenco: Jeffrey Hunter, Hurd Hatfield, Siobhan McKenna, Robert Ryan. MGM.

Il Vangelio secondo Matteo

Español: El Evangelio según san Mateo. Italia/Francia 1964, 137 minutos.

Director: Pier Paolo Passolini. Elenco: Enrique Irazoqui, Margherite Caruso, Marcello Morante, Luigi Barbini. Arco Film Roma y *Lux Compagnie Cinématographique.*

The greatest story ever told.

Español: La más grande historia jamás contada. Estados Unidos, 1965, 195 minutos (la versión original contaba 260 minutos)

Directores: George Stevens, David Lean, Juan Negulesco. Elenco: Max von Sidow, Dorothy McGuire, Charlton Heston, José Ferrer, Telly Savalas. *United Artist*, MGM.

Jesús, el niño Dios

México, 1971, 85 minutos.

Director: Miguel Zacarías. Elenco: Guillermo Murray, Gayle Bedall, Ivan J. Rado, Alfredo Melher. Panorama Films, S.A.

A vida de Jesus Cristo

Español: La vida de Jesús Cristo. Brasil, 01/01/1971, 90 minutos.

Directores: William Cobbett, José Regattieri. Elenco: Hermir Valvassori, María Salles, Fernanda Montenegro, Angelito Mello. Difilm.

La vida de Nuestro Señor Jesucristo

México, 1986, 91 minutos.

Director: Miguel Zacarías. Elenco: Claudio Brook, Jorge Rivero, Gayle Bedall, Guillermo Murray. Panorama Films, Zach Motion Pictures Inc. Es una reedición, en la que se utiliza metrajes de películas anteriores del mismo director, entre ellas Jesús, el niño Dios.

Il Messia

Español: El Mesías. Italia/Francia, 1975, 140 minutos.

Director: Roberto Rossellini. Elenco: Pier Maria Rossi, Mita Ungaro, Carlos de Carvalho, Antonella Fasano. *France 3, Orizzonte* 2000, *Procinex, Teléfilm.*

Jesus of Nazareth

Español: Jesús de Nazaret. Italia/Gran Bretaña, 27/03/1977, 371 minutos

Director: Franco Zeffirelli. Elenco: Robert Powell, Olivia Hussey, James Mason, Anne Bancroft, Michael York, Peter Ustinov, Rod Steiger, Anthony Quinn, Laurence Olivier, Claudia Cardinale, James Earl Jones. *CCI Entertainment.*

Jesus

Español: Jesús. También conocida como *The Jesus Film.* Estados Unidos, 19/10/1979, 115 minutos (128 minutos remasterizada).

Directores: Peter Sykes, John Krish. Elenco: Brian Deacon, Rivka Neumann, Yosef Shiloach. *Warner Bros Pictures (Warner Communications)*

Marie de Nazareth

Español: María de Nazaret. Francia/Bélgica/Marruecos, 1995, 110 minutos.

Director: Jean Delannoy. Elenco: Myriam Muller, Didier Bienaimé, Eric Jakobiak, Jean Pierre Germain. Delvision, C.F.R.T., Films Azur, *Moroccan Productions and Services.*

The Nativity Story

Español: Natividad: Jesús: El nacimiento, El nacimiento. Estados Unidos, 2006, 101 minutos.

Directora: Catherine Hardwicke. Elenco: Keisha Castle-Hughes, Oscar Isaac, Shohreh Aghdashloo, Hiam Abbass. *New Line Cinema.*

Maria di Nazaret

Español: María de Nazaret. Italia/Alemania/España, 01/04/2012, 200 minutos.

Director: Giacomo Campiotti. Elenco: Alissa Jung, Paz Vega, Antónia Lišková, Andreas Pietschmann. Lux Vide, Bayerischer Rundfunk, Beta Film GmbH, Tellux, Telecinco, *Radiotelevisione Italiana*.

The Bible

Español: La Biblia. Estados Unidos, 2013. 10 episodios de 45 minutos. El capítulo 6, Esperanza, está dedicado al Nacimiento de Cristo.

Directores: Crispin Reece, Tony Mitchell, Christopher Spencer. Elenco: Diogo Morgado, Leila Mimmack, Roma Downey. LightWorkers Media, History Channel.

Jesús VR: The Story of Christ

Español: Jesús VR: La historia de Cristo. Estados Unidos/Canadá, 2016, 90 minutos.

Dirección: David Hansen. Elenco: Tim Fellingham, Mish Boyko, Christian Serritiello, Rhys Howells. *Autumn Productions*.

Joseph and Mary

Español: José y María. Canadá, 05/07/2016.

Director: Roger Christian. Elenco: Lawrence Bayne, Lara Jean Chorostecki, Steven McCarthy, Joseph Mesiano. Leif Fims, *Sugar Shack North Productions*

The Chosen

Español: Los elegidos. Estados Unidos, 2017 y siguientes, capítulos de 54 minutos.

Director: Dallas Jenkins. Elenco: Jonathan Roumie, Shahar Isaac, Liz Tabish, Paras Patel, Eric Avari, Yasmin Al-Bustamiy otros. *Out of Order Studios*.

O Filho do Homem

Español: El Hijo del Hombre. Brasil, 2019, 120 minutos.

Director: Alexandre Machafer. Elenco: Allan Ralph, Lucas Apóstolo, Fernanda Martínez, Fifo Benicasa. Fundación Cesgranrio.

Jesús

Brasil, 2018, 193 episodios de 45 minutos.

Director: Edgard Miranda. Elenco: Dudu Azevedo, Mayana Moura. Day Mesquita. Cláudia Mauro. Rede Record. Clasificada como telenovela.

Fuentes

La vie et la passion de Jésus-Christ. La Vanguardia, Películas y Series. En: https://www.lavanguardia.com/peliculas-series/peliculas/la-vie-et-la-passion-de-jesus-christ-195210 [Consultado enero 2023]

La Vie et la passion de Jesus Christ (Passion and Death of Christ) (1903). PubDomainTv, YouTube. En: https://youtu.be/w5VPWPgkT8A [Consultado enero 2023]

La vie du Christ (1906) The Birth, the Life and the Dead of Christ. A Cinema History. En: http://www.acinemahistory.com/2021/07/la-vie-du-christ-1906-birth-life-and.html [Consultado enero 2023]

Méndiz Noguero, Alfonso. 100 años del filme Del pesebre a la cruz (1912) disponible ahora en Internet. Jesucristo en el cine, 29/09/2012. En: https://jesucristoenelcine.blogspot.com/2012/09/100-anos-del-filme-del-pesebre-la-cruz.html [Consultado enero 2023]

Mateos, Alberto. Christus. Camino de Emaús, 15/01/2011. En: https://www.caminodeemaus.net/peliculas-cristianas/christus/ [Consultado enero 2023]

Rey de Reyes. IMDb. En: https://www.imdb.com/title/tt0055047/ [Consultado enero 2023]

El evangelio según San Mateo. FilmAffinity España. En: https://www.filmaffinity.com/es/film511986.html [Consultado enero 2023]

La historia más grande jamás contada. ClasicoFilm. En: https://www.classicofilm.com/2019/04/la-historia-mas-grande-jamas-contada.html [Consultado enero 2023]

Jesús, el niño Dios. IMDb. En: https://www.imdb.com/title/tt0244565/?ref_=tt_sims_tt_i_1 [Consultado enero 2023]

El hijo del hombre (1954). Peliplat. En: https://www.peliplat.com/es/library/movie/pp12592726 [Consultado enero 2023]

Bernstein, Gustavo. Especial Cristo en el cine, por Gustavo Bernstein. Hacerse la crítica. En: https://hacerselacritica.com/especial-cristo-en-el-cine-el-mesias-porgustavo-bernstein/ [Consultado enero 2023]

Jesús de Nazaret. DeCine21. En: https://decine21.com/peliculas/jesus-de-nazaret-6927 [Consultado enero 2023]

Jesus (1979 film). Warner Bros Fandom. En: https://warnerbros.fandom.com/wiki/Jesus_(1979_film) [Consultado enero 2023]

Marie de Nazareth. FilmAffinity España. En: https://www.filmaffinity.com/es/film463251.html [Consultado enero 2023]

Jesús, el nacimiento. FilmAffinity México. En: https://www.filmaffinity.com/mx/film883632.html [Consultado enero 2023]

Tv: Maria di Nazaret, storia di un'amicizia con Maddalena. ANSA.IT. En: https://www.ansa.it/web/notizie/photostory/spettacolo/2012/03/30/visualizza_new.html_159552344.html?idPhoto=1 [Consultado enero 2023]

Jesus VR: The Story of Christ. FilmAffinity España. En: https://www.filmaffinity.com/es/film847354.html [Consultado enero 2023]

Los elegidos (The Chosen) (Serie de TV). FilmAffinity España. En: https://www.filmaffinity.com/es/film771480.html [Consultado enero 2023]

El Hijo del Hombre. Películas Católicas. En: https://www.peliculascatolicas.com/peliculas/el-hijo-del-hombre/ [Consultado enero 2023]

José y María. La Vanguardia. Películas y Series. En: https://www.lavanguardia.com/peliculas-series/peliculas/jose-y-maria-419303 [Consultado enero 2023]

La Biblia. Sensacine. En: https://www.sensacine.com/series/serie-10215/ [Consultado enero 2023]

ANEXO XIII

ALGUNAS PELÍCULAS BASADAS EN *A CHRISTMAS CAROL*, CUENTO DE NAVIDAD, DE CHARLES DICKENS

The Dead of Poor Joe. Reino Unido, 1 minuto. Director: George Albert Smith. Elenco: Laura Bayley, Tom Green. Warwick Trading Company

Scrooge, or Marley's ghost. Reino Unido, 1901, 5 minutos. Director: Walter R. Booth. Elenco: Daniel Smith. *Paul's Animatograph Works*

A Christmas Carol. Estados Unidos, 1910, 17 minutos. Director: J. Searle Dawley. Elenco: Marc McDermott Edison Manufacturing Company

Il sogno dell'usurario. Sueño del usurero. Italia, 1910. Se desconocen otros datos, película perdida. Società Italiana Cines. La única versión italiana de Cuento de Navidad.

Scrooge. Reino Unido, 1913. Director: Leedham Bantock. Elenco: Seymour Hicks, William Lugg, JC Buckstone, Leedham Bantock. Zenith Film Company. Se estrenó en los Estados en 1914 con el título **Old Scrooge**.

Scrooge. Reino Unido, 1928, 9 minutos. Director: Hugh Croise. Elenco: Bransby Williams. British Sound Film Productions. Fue la primera versión hablada de un fragmento de Canción de Navidad, aunque en sus últimos minutos.

Scrooge. Reino Unido, 1935, 78 minutos, 63 minutos en la versión editada en los Estados Unidos. Director: Henry Edwards. Elenco: Sir Seymour Hicks, Donald Calthrop, Robert Cochran. Julius Hagen Productions. Títulos alternativos: A Christmas Carol, Old Scrooge.

A Christmas Carol. Cuento de Navidad. Estados Unidos, 1938, 69 minutos. Director: Edward L. Marin. Elenco: Reginal Owen, Gene Lockhart, Kathleen Lockhart. Loew's Incorporated/Metro-Goldwyn-Mayer

Leyenda de Navidad. España, 80 minutos. Director: Manuel Tamayo. Elenco: Jesús Tordesillas, Lina Yegros, Emilio Santiago. Panorama. Se hizo una adaptación para televisión en 1966.

A Christmas Carol. Cuento de Navidad. Estados Unidos, 1947. Somar Alberg, David Carradine, John Carradine, Eva Marie Saint. *DuMont Television Network.*

Scrooge. Estrenada como *A Christmas Carol* en Estados Unidos. Cuento de Navidad de Dickens. Director: Brian Desmond Hurst. Elenco: Alastair Sim, Katthleen Harrison, Mervin Johns. Reino Unido, 1951, 87 minutos. George Minter Productions.

Scrooge. Muchas gracias, Mr. Scrooge. Reino Unido, 1970, 118 minutos. Director: Ronald Neame. Elenco: Albert Finney, Alec Guinnes, Edith Evans. Cinema Center Films, Waterbury Films. Es una adaptación musical de la obra.

Mickeys's Christmas Carol. Una Navidad con Mickey. Estados Unidos, 1983, 24 minutos. Director: Burny Mattinson. *Walt Disney Productions.* Dibujos animados.

A Christmas Carol. Reino Unido/Estados Unidos, 1984, 100 minutos. Director: Clive Donner. Elenco: George C. Scott, Frank Finlay, Angela Pleasence, Susannah York. *Entertainment Partners Ltd.*

Scrooged. Los fantasmas atacan al jefe. Estados Unidos, 1988, 101 minutos. Director: Richard Donner. Elenco: Bill Murray, Karen Allen, John Forsythe, Robert Mitchun. Mirage Productions, Paramount Pictures.

The Muppets Christmas Carol. Los teleñecos en Cuento de Navidad. Estados Unidos, 1992, 86 minutos. Director: Brian Henson. Elenco: *The Muppets*, Michael Caine. *Walt Disney Pictures.*

A Christmas Carol. Un cuento de Navidad. Estados Unidos, 1999, 95 minutos. Director: David Hugh Jones. Elenco: Patrick Stewart, Richard E. Grant, Joel Grey. *Hallmark Entertainment.*

A Christmas Carol: The Musical. Estados Unidos, 2004, 87 minutos. Director: Arthur Allan Seidelman. Elenco: Kelsey Grammer, Jesse L. Martin, Jane Krakowskim Jennifer Love Hewitt, Geraldine Chaplin. *Hallmark Entertainment.*

Disney's A Christmas Carol. Cuento de Navidad. Estados Unidos, 2009, 95 minutos. Director: Robert Zemeckis. Elenco (Animación): Jim Carrey, Gary Olman, Colin Firth. *Walt Disney Pictures, ImageMovers Digital, ImageMovers.*

The Man Who Invented Christmas. El hombre que inventó la Navidad. Reino Unido, 2017, 104 min. Director: Bharat Nalluri. Elenco: Dan Stevens, Christopher Plummer, Jonathan Pryce. *Parallel Films, Rhombus Media*

A Christmas Carol. (Miniserie) Reino Unido, 2019, 3 capítulos. Director: Nick

Murphy. Elenco: Guy Pearce, Andy Serkis, Stephen Graham. FX Productions

Spirited. El espíritu de la Navidad. Estados Unidos, 2022, 127 minutos. Directores: Sean Anders, John Morris. Elenco: Will Ferrell, Ryan Reynolds, Octavia Spencer. Gloria Sanchez Productions, Maximum Effort, Mosaic Media Group. Distribuida por Apple TV+.

Fuentes:

DFI ScreenOnline

FilmAffinity España

IMDb

Internet Archive

YouTube

La Vanguardia, Películas y Series

Wikipedia. https://en.wikipedia.org/wiki/Adaptations_of_A_Christmas_Carol

Scrooge on screens. En: https://scroogeonscreens.weebly.com

Scrooge (1928). Scrooge on screens. En:
https://scroogeonscreens.weebly.com/scrooge-1928.html [Consultado enero 2023]

FilaSiete. Todas las versiones cinematográficas de Cuento de Navidad, de Dickens.
FilaSiete, 1/12/2018. En: https://filasiete.com/noticias/actualidad-del-cine/todas-las-versiones-cinematograficas-de-cuento-de-navidad-de-dickens/ [Consultado
enero 2023]

FELIZ NAVIDAD

ANEXO XIV

ALGUNAS PELÍCULAS CLÁSICAS DE LA TEMPORADA NAVIDEÑA

The visit of Santa Claus. Santa Claus. Reino Unido, 1898, 1 minuto.

Dirección: George Albert Smith. Protagonistas: Dorothy Smith, Harold Smith, Laura Bayley. Productora: G.A.S. Films.

Holiday Inn. Quince días de placer. Estados Unidos, 1942, 100 minutos. Dirección: Mark Sandrich. Elenco: Bing Crosby, Fred Astaire, Marjorie Reynolds, Virginia Dale. Paramount Pictures.

It's a Wonderful Life! ¡Qué bello es vivir! Estados Unidos, 1946, 130 minutos. Director: Frank Capra. Elenco: James Stewar, Donna Reed, Lionel Barrymore, Thomas Mitchell. Liberty Fims Inc. Distribuida por *RKO Radio Pictures.*

White Christmas. Navidades blancas, en España; Blanca Navidad, en Hispanoamérica. Estados Unidos, 1954, 120 minutos. Director: Michael Crutiz. Elenco: Bing Crosby, Danny Kaye, Rosemary Clooney. *Paramount Pictures.*

The Fourth Wise Man. El cuarto Rey Mago. Estados Unidos, 1985, 72 minutos. Dirección: Michael Ray Rhodes. Elenco: Martin Sheen, Alan Arkin, Eileen Brennan. *Paulist Productions.*

Joyeux Noël. Feliz Navidad. Francia/Alemania/Bélgica/Rumanía, 2005, 115 minutos. Director: Christian Carion. Elenco: Diane Kruger, Benno Fürmann, Daniel Brühl, Guillaume Canet. *UGC Fox Distribution, Senator Films, Sony Pictures Releasing, Big Bang Media, Media Pro Pictures.*

Il primo Natale. La primera Navidad. Italia, 2019, 100 minutos. Directores: Salvatore Ficarra, Valentino Picone. Elenco: Salvatore Ficarra, Valentino Picone, Massimo Popolizio, Roberta Mattei. Tramp Ltd, *Medusa Produzione, Banca Sella Patrimoni.*

Fuentes

Santa Claus. FilmAffinity España. En:
https://www.filmaffinity.com/es/film422330.html [Consultado enero 2023]

Joyeux Noël. UniFrance. En: https://es.unifrance.org/pelicula/25621/joyeux-noel# [Consultado enero 2023]

DFI ScreenOnline

FilmAffinity España

IMDb

Internet Archive

YouTube

La Vanguardia, Películas y Series

FELIZ NAVIDAD

ANEXO XV

LA NAVIDAD EN LA PINTURA

LA ANUNCIACIÓN

La Anunciación. Robert Campin. 1420-1425. Museo del Prado, Madrid. Óleo sobre tabla.

Anunciación. Fra Angélico. 1425-1428. Retablo. Museo del Prado, Madrid.

La Anunciación de San Giovanni Valdarno. Fra Angélico. 1430. Tempera. Basílica de Santa María delle Grazie.

Arcángel Gabriel. Anuncio. Fra Angélico. 1431-1433

Virgen María Anunciate. Fra Angélico. 1431-1433

Anunciación. Fra Angélico. 1433-1434. Museo Diocesano de Cortona, Italia.

Anunciación. Jan van Eyck. Hacia 1434. Originalmente sobre tabla, ha sido transferida a lienzo. Galería Nacional de Arte, Washington.

Anunciación. Jan van Eyck. 1435-1441. Museo Thyssen-Bornemisza. Madrid.

Anunciación. Fra Angélico.1437-1446. Fresco. Museo Nacional de San Marcos, Florencia. Italia.

La Anunciación. Fra Angélico.1442-1443 o 1440-1445. Convento de San Marcos.

Anunciación. Fra Angélico. 1451-1452

La Anunciación. Fra Giovanni da Fiesole (Guido di Pietro). 1426. Tempera sobre tabla. Museo del Prado, Madrid.

La Anunciación. Rogier van der Weyden. Hacia 1434. Uno de los maestros primitivos flamencos. Es la tabla central del Tríptico de la Anunciación, Museo del Louvre, París. Los paneles laterales, están en la Galería Sabauda, Turín, Italia.

Madonna del Parto. Piero della Francesca. 1455-1465. Fresco en un muro de la iglesia de *Santa María a Momentana* en Monterchi. En 1785 un terremoto destruyó la iglesia quedando en pie solo el muro donde está la Virgen, por lo que se convirtió en un centro de peregrinación de mujeres embarazadas. En 1910 hubo otro temblor, pero se salvó nuevamente porque lo habían cambiado de sitio para restaurarlo. Es la única pintura de ese siglo que representa a la Virgen embarazada.

Anunciación. Leonardo da Vinci. 1472-1475. Óleo sobre tabla. Se cree es su primera obra completa. Galería Uffizi. Florencia

Anunciación. Leonardo da Vinci. 1478-1480. Temple y óleo sobre tabla. Museo del Louvre, París.

Anunciación, María. Tintoretto. 1528-1594

Anunciación. El ángel. Tintoretto. 1528-1594.

Anunciación. Estudio. Miguel Ángel, Michelangelo di Lodovico Buonarroti Simoni, 1547

La Anunciación. Juan Correa de Vivar. 1559. Museo del Prado, Madrid. Óleo sobre tabla.

La Anunciación. Luis de Morales. 1565. Óleo sobre tabla. Museo del Prado, Madrid.

Anunciación. Jacopo Tintoretto. Jacopo Robusti, Jacopo Comin (Il Furioso). 1576-1581.

La Anunciación. El Greco. 1576.

La Anunciación. El Greco. 1597-1600. Museo del Prado. Óleo sobre lienzo.

La Anunciación. Jacopo Tintoretto. Jacopo Robusti, Jacopo Comin (Il Furioso). 1583-1587. Óleo sobre lienzo. Museo Scuola Grande di San Rocco de Venecia.

La Anunciación. El Greco. 1600. Museo de Arte de São Paulo, Brasil.

La Anunciación. El Greco. 1598, 1604, 1610

Anunciación. Sir Pieter Paul Rubens. 1609-1610.

Anunciación. Tintoretto.

La Anunciación. Bartolomé Esteban Murillo. 1660. Óleo sobre lienzo. Museo del Prado, Madrid.

La Anunciación. Francisco Rizi. Hacia 1663. Óleo sobre lienzo. Museo del Prado, Madrid.

Anunciación. Filippo Lippi (Fray Filippo di Tommaso Lippi) Galería Nacional de Londres.

La Anunciación. Giovanni Bellini. Iglesia de *Santa María dei Miracoli*, Venecia. Lienzo

La Anunciación. Tiziano Vezellio. 1540. Óleo sobre lienzo. *Scuola Grande de San Rocco*.

Anunciación. Tiziano. 1559-1564. Iglesia de San Salvador, Venecia.

Anunciación. Botticelli. 1490. Galería Uffizi. Glasgow

Anunciación de Cestello. Botticelli. 1489. Galería Uffizi. Florencia

Anunciación. Caravaggio. 1608. Museo de Bellas Artes, Nancy, Francia.

EL NACIMIENTO DE CRISTO

La Natividad. También conocido como El Nacimiento de Jesús o La Natividad de Jesús. Giotto di Bondone. 1302-1305. Fresco en los muros de la Capilla Scrovegni de Padua, Italia.

Natividad mística. Alessandro di Mariano di Vanni Filipepi, más conocido como Sandro Boticcelli. 1501. Óleo sobre tela. *National Gallery*, Londres.

La Natividad. También conocido como el Recién Nacido. Georges La Tour. Museo de Bellas Artes de Rennes.

La Natividad. Fra Giovanni da Fiesole (Guido di Pietro), conocido como Fra Angélico. Alrededor de 1437. Convento de San Marcos de Florencia. Fresco.

Natividad. Fra Angélico. 1440-1441.

Nacimiento de Cristo. Juan Pantoja de la Cruz. 1603. Museo del Prado.

Natividad. Pietro da Cortona. 1658. Soporte: cuarenta y tres pequeñas placas de venturina y tres de pizarra.

Natividad. Guido de Siena. Hacia 1270.

La Natividad. Caravaggio. Incluida en un tríptico junto a La Adoración de los Pastores. En paradero desconocido desde 1969. Natividad con San Francisco y

San Lorenzo

Nacimiento de Jesús. Pietro Cavallini. 1291. Mosaico. Santa María del Trastevere. Roma.

La Maestá. La Natividad. Duccio di Buoninsegna. Temple sobre tabla. Gallery of Art, Washington, Estados Unidos. 1308-1311.

Natividad. Masaccio. 1427-1428. Temple sobre tabla. *Staatliche Museum*, Berlín, Alemania.

La Natividad. Hans-Memling. Brujas (Bélgica).

Nacimiento de Cristo. Pedro de Berruguette. Paredes de Nava, Palencia, España.

La Natividad. Alberto Durero. Temple sobre tabla. *Alte Pinakothek*, Munich, Alemania.

La Natividad de Jesús. Agnolo Tori o Angelo di Cosimo di Mariano o Agnolo Bronzino, más conocido como Bronzino, El Bronzino o Il Bronzino.

La Natividad. Jacopo Tintoretto. Jacopo Robusti, Jacopo Comin (Il Furioso). 1555-1559. Óleo sobre lienzo. Museum of Fine Arts, Boston, Estados Unidos.

La Natividad. El Greco. 1603-1605. Capilla mayor del Hospital de la Caridad de Illescas.

Natividad. Giovanni Battista Tiepolo. 1732. Basílica de San Marcos, Venecia.

La Natividad. Federico Barocci. 1597. Óleo sobre lienzo. Museo del Prado.

La Virgen y el Niño Jesús con San José. Leonardo da Vinci. 1472-1475
Tempera sobre tabla.

LA ADORACIÓN DE LOS PASTORES

Adoración de los Pastores. Bartolomé Esteban Murillo, 1655. Naturalismo barroco italiano.

Adoración de los Pastores. Hugo van del Goes. Es la tabla central del Tríptico Portinari. Galería de los Uffizi.

La Adoración de los Pastores. Antonio da Corregio.

La Adoración de los Pastores. Caravaggio. Expuesta en el Oratorio de San Lorenzo, en Palermo. Fue robada por la Cosa Nostra en 1969. Desde la Navidad de 2015 el lugar de la original lo ocupa una reproducción digitalizada. El original nunca se ha recuperado y se incluye entre los diez robos de arte más importantes de la historia. Forma parte de un tríptico que incluye La Natividad.

Adoración de los pastores. Fray Juan Bautista Maíno. 1602-1614. Museo del Prado. Óleo sobre lienzo.

Adoración de los pastores. El Greco. 1570.

Adoración de los pastores. El Greco. 1612-1614. Museo del Prado. Óleo sobre lienzo. ¿1610?

Adoración de los pastores. Anton Rafael Mengs. 1771-1772. Museo del Prado. Óleo sobre tabla de roble.

Adoración de los pastores. Bartolomé Esteban Murillo. 1650, Museo del Prado. Óleo sobre lienzo.

Adoración de los pastores. Giorgione. Antes de 1506.

Adoración de los pastores. Francisco de Zurbarán. Museo de Grenoble.

La Adoración de los pastores. Rembrant van Rijn. 1646.

Adoración de los pastores. Sir Pieter Paul Rubens. 1608.

Adoración de los pastores. Sir Pieter Paul Rubens. 1615.

Adoración de los pastores. Sir Pieter Paul Rubens. 1615-1616.

Adoración de los pastores. Sir Pieter Paul Rubens. 1621-1622.

Adoración de los pastores. Sir Pieter Paul Rubens. ¿?

Adoración de los pastores. Tintoretto. 1580.

La Adoración de los pastores. Tintoretto. 1578-1581.

LA ADORACIÓN DE LOS REYES

Tríptico de Santa Columba. Rogier Van der Weyden. Iglesia de Colonia, Alemania. Incluye la Adoración de los Magos. Los Magos son todos de tez blanca, representando las edades del hombre, en lugar de la tradicional representación de los continentes conocidos.

La Adoración de los magos. Leonardo Da Vinci. 1481. Óleo sobre tela. Galería Uffizi, Florencia.

Adoración de los magos. Albretch Dürer, en español, Alberto Durero, uno de los artistas más importantes del Renacimiento alemán. 1504. Óleo sobre tabla. Galería Uffizi, Florencia.

La Adoración de los Reyes Magos. Sir Pieter Paul Rubens. 1609. Óleo sobre lienzo. Museo del Prado. Rubens lo repintó y amplió entre 1628 y 1629

La Adoración de los Reyes Magos. Sir Pieter Paul Rubens. 1618-1619.

Adoración de los Magos. Sir Pieter Paul Rubens. 1626-1629.

La Adoración de los magos. Hans Memling. Óleo sobre tabla. Museo del Prado. También conocido como Tríptico del Prado. Destaca por ser la primera vez que el Rey Baltasar es representado como un hombre con piel negra en una obra de arte.

La Adoración de los Magos. Giotto di Bondone. Fresco en la Capilla de la

439

Arena, en Padua.

La Adoración de los Reyes Magos. Diego Velázquez, Diego Rodríguez de Silva y Velázquez. Óleo sobre lienzo. 1619. Museo del Prado.

La Adoración de los magos. El Bosco. Museo del Prado. Óleo sobre tabla.

La Adoración de los Magos. Tintoretto. 1582.

Adoración de los magos. Fra Angélico. 1423-1424.

Adoración de los magos. Fra Angélico. 1433.

Adoración de los magos. Fra Angélico. 1441-1442.

Adoración de los magos. Fra Angélico. 1445.

<u>OTROS</u>

Tondo Doni. O La Sagrada Familia. Miguel Ángel. Temple sobre tabla circular. Galería de los Uffizi, Sala 35, Florencia.

La Sagrada Familia con Santa Isabel y el infante san Juan Bautista. Peter Paul Rubens. 1614

La Sagrada Familia. El Greco, Doménikos Theotokópoulos. 1586-1588. Museo-Hospital de Santa Cruz, Toledo, España.

La Sagrada Familia. Francisco de Goya. 1775. Fue pintada para la decoración de la Basílica del Pilar, pero fue rechazada. Fue adquirida por el Museo del Prado en 1877.

Masacre de lo inocentes. Sir Pieter Paul Rubens. 1637.

Anunciación y Adoración de los magos. Fra Angélico. 1424.

Tríptico de la vida de la Virgen. Representa cuatro escenas: La Anunciación, la Visitación, la Adoración de los ángeles, la Adoración de los Magos. Dirk Bouts. 1445. Museo del Prado. Óleo sobre tabla

Visitación. Tintoretto. 1588

La Visitación. El Greco. 1610

Visitación. Fra Angélico. 1433-1434

Fuentes:

La Navidad en diez obras de arte. Ruta Cultural. En: https://rutacultural.com/la-navidad-en-diez-obras-de-arte/ [Consultado enero 2023]

La Navidad en el Museo del Prado. En: https://www.museodelprado.es/recorrido/la-navidad-en-el-museo-del-prado/c213ee6a-ff6f-458b-a183-419fd6da28e3 [Consultado enero 2023]

Jaromezuk, Andrés. Las 10 pinturas más bellas sobre la Navidad. CatholicLink, 15/12/2016. En: https://catholic-link.com/10-pinturas-bellas-navidad/ [Consultado enero 2023]

La representación de la Natividad en la pintura. iHistoriArte. En: https://ihistoriarte.com/arte/la-representacion-de-la-natividad-en-la-pintura/ [Consultado enero 2023]

Pianieto. El Nacimiento de Jesús en la pintura. PiaSweetHome, 24/12/2016. En: https://piasweethome.com/2016/12/24/la-natividad-en-la-historia-de-la-pintura/ [Consultado enero 2023]

Miguel Ángel. WikiArt. En: https://www.wikiart.org/es/miguel-angel [Consultado enero 2023]

Leonardo da Vinci. WikiArt. En: https://www.wikiart.org/es/leonardo-da-vinci/ [Consultado enero 2023]

FELIZ NAVIDAD

ANEXO XVI

LECTURAS RECOMENDADAS

Evangelio según san Mateo. Capítulos 1y 2. La Biblia.

Evangelio según san Lucas. Capítulos 1 y 2. La Biblia.

La infancia de Jesús. Benedicto XVI, Ed. Planeta, 21/11/2012. 144 páginas.

Breve historia de la Navidad. Francisco José Gómez, Ed. Nowtilus, 22/10/2013. 304 páginas.

The world encyclopedia of Christmas. Gerry Bowler. Mcclelland & Stewart Ed., 1/10/2004. 257 páginas.

Stories Behind the Greatest Hits of Christmas. Ace Collins. Ed. Zondervan, 2010. 224 páginas.

El nacimiento de Jesús según Mateo y Lucas. Armando Noguez. Ed. Verbo Divino, 2018. 240 páginas.

Vida y misterio de Jesús de Nazaret. José Luis Martín Descalzo. Ediciones Sígueme, 2001. Capítulos 2-9. 1056 páginas

El espíritu de la Navidad. Gilbert K. Chesterton. Ed. Espuela de Plata, 2017. 224 páginas.

ACERCA DEL AUTOR

Rolando Sabin (1961) es médico de profesión. Actualmente reside en Vigo.

Ha sido colaborador de la revista Cáritas Cubana y traductor para la Enciclopedia Católica.

Fue editor de las publicaciones Ecos del Sínodo y Pueblo de Dios, para las que también escribió.

Fue miembro del Consejo de Redacción de la revista *Caritas Cubana*

Ha publicado El Salvador del Cerro y La Lágrima de Judas. Uno de sus relatos, Rigidez, fue elegido para ser parte de una antología del cuento fantástico hispanoamericano.

FELIZ NAVIDAD

OTROS TÍTULOS PUBLICADOS

RIGIDEZ. Relato incluido en LA VENTANA – Breve antología de nueva literatura fantástica hispanoamericano. Grupo Editorial Evaned. 2008

EL SALVADOR DEL CERRO. 2013

LA LÁGRIMA DE JUDAS. 2014

FELIZ NAVIDAD

Made in the USA
Monee, IL
14 November 2023